Ralf-Peter Märtin

Die Varusschlacht

Rom und die Germanen

Büchergilde Gutenberg

Für Charlotte

Lizenzausgabe für die Büchergilde Gutenberg,
Frankfurt am Main, Wien und Zürich
Mit freundlicher Genehmigung der
S. Fischer Verlags GmbH, Frankfurt am Main

Satz: Fotosatz Reinhard Amann, Aichstetten
Druck und Bindung: GGP Media GmbH, Pößneck
Printed in Germany 2008
ISBN 978-3-7632-5976-2
www.buechergilde.de

Inhalt

Anhang

Prolog

Hiobsbotschaft

Vom Rhein brauchte der Kurier neun Tage. Quälte sich über den Reschenpaß, jagte im gestreckten Galopp durch die Poebene, querte den Apennin. Fünfmal so schnell wie der normale Reisende raste er dahin und wußte am Ziel nicht mehr, wie oft er die Pferde gewechselt, wie viele er zuschanden geritten hatte. Am 6. Oktober erreichte er Rom.[1] Die Prätorianer, zuständig für die Sicherheit der Hauptstadt, nahmen den Erschöpften als erste in Empfang. Dann die persönliche Leibwache des Kaisers: germanische Bataver vom Niederrhein, großgewachsene Krieger, Augustus unbedingt ergeben. Ihr Anführer geleitete ihn in den Palast. – Der Kurier, noch in Reisekleidern, verdreckt und abgehetzt, sah einen zierlichen, kaum mittelgroßen, immer noch gutaussehenden Mann um die Siebzig, der Schuhe mit dicken Sohlen trug, damit er größer erschien.[2] Er bemerkte es, als er das Knie beugte und die Papyrusrolle mit der Botschaft dem »Vater des Vaterlandes« und »Mehrer des Reiches« übergab.

Sie enthielt die Nachricht einer Katastrophe. Dem Bericht zufolge waren in den Wäldern und Sümpfen des nördlichen Germanien drei römische Legionen, sechs Kohorten Hilfstruppen und drei Alen Reiterei unter dem Befehl des Statthalters Publius Quinctilius Varus in einen Hinterhalt geraten und vollständig aufgerieben worden. Varus hatte die Schande nicht überleben wollen und sich in sein Schwert gestürzt. Haupt der Aufständischen war ein Cheruskerfürst in römischen Diensten, der Reiteroffizier Gaius Iulius Arminius. Das Massaker hatte sich im September[3] ereignet und mit ihrem Leben hatten die römischen Soldaten auch ihre Ehre durch den Verlust ihrer Feldzeichen, der drei goldenen Legionsadler, verloren.

Prätorianer

Draußen am Eingang seines aus Marmor errichteten repräsentativen Palasts,[4] »wert, daß ein Gott ihn bewohnt«, nach der Ansicht des Dichters Ovid,[5] standen zwei Lorbeerbäume und über ihnen hing ein Eichenkranz. Rühmende Auszeichnungen waren das, Augustus als Retter der Bürger vor Gewalt und Gefahr verliehen, Symbole seiner Sieghaftigkeit gegenüber inneren und äußeren Feinden.[6] Die war nun, im vierzigsten Jahr seiner Herrschaft (9 n. Chr.), zum erstenmal ernsthaft in Frage gestellt.

Der Kaiser war erschüttert. In der Geschichte des Römischen Reiches gab es wenige vergleichbar vernichtende Niederlagen. Die letzte war die Schlacht von Carrhae im fernen Mesopotamien gewesen, in der die Parther den römischen Feldherrn Marcus Licinius Crassus töteten. Aber das war 62 Jahre her und seit Augustus an der Spitze des Staates stand, waren die Siege zur Gewohnheit geworden, ja zur Notwendigkeit, denn durch sie legitimierte sich die neue politische Ordnung des Prinzipats.[7]

Rasch sprach sich die schlechte Neuigkeit in der Stadt herum. Der Verlust von 15 000 Mann gutausgebildeter Kampftruppen schmerzte empfindlich, denn die römische Armee war knapp kalkuliert. Das Reichsterritorium von 3,5 Millionen Quadratkilometern, daß sich vom Euphrat bis zum Atlantik, von der Nordsee bis in die Sahara erstreckte, verteidigten gerade einmal 28 Legionen, jede etwa 5500 Mann stark. Reserven waren nicht vorhanden und Verschiebungen nur im begrenzten Umfang möglich. Die Römer wußten, was die Vernichtung der drei Legionen bedeutete.[8] Neue Verbände mußten aufgestellt werden und nach Lage der Dinge würden die Bürger Roms die Zeche zahlen und die Mannschaften stellen. Schon marschierten die Prätorianer in den Stadtvierteln auf, um drohende Unruhen wegen der Rekrutierungen zu unterdrücken.

Die Öffentlichkeit erwartete von Augustus Zeichen der Trauer und des Mitgefühls und bekam sie. Er zerriß seine Kleider, stieß wieder und wieder mit dem Kopf gegen die Tür und rief: »Quinctilius Varus, gib mir die Legionen wieder«, berichtet der Augustus-Biograph Sueton. Monatelang schor er sich Bart und Haare nicht und entließ seine germanische Leibwache, obwohl der Stamm der Bataver seit Generationen Rom Truppen stellte und mit den Rebellen nichts zu schaffen hatte. Bis an sein Lebensende beging Augustus den Tag der Varusschlacht als Fastentag.[9]

Geschickt präsentierte er der beunruhigten Bevölkerung eine Begründung für die Niederlage, die weder die militärische Schlagkraft Roms noch die Führungsfähigkeit seiner politischen und militärischen Elite in Frage stellte. Nicht fehlbares menschliches Handeln war nach offizieller Lesart für die Niederlage verantwortlich, sondern der Wille der Götter. Ihn hatte man offensichtlich übersehen, dabei hatte es an Hinweisen nicht gefehlt. Den Tempel des Kriegsgottes Mars traf

Panzerstatue von Prima Porta, Augustus als Feldherr

ein Blitz von den Gipfeln der Alpen stiegen Feuersäulen auf und in Germanien hatte ein Standbild der Siegesgöttin Victoria ihr Antlitz nach Italien gedreht.[10] Zur Versöhnung und in schuldiger Demut vor dem Schicksal gelobte Augustus Jupiter, dem höchsten Gott, prachtvolle Spiele. Eine Geste, die schon deshalb für bessere Stimmung in der Stadt sorgte, weil sie aus ängstlichen Römern begeisterte Zuschauer machte.

Die Wirklichkeit sah trister aus. Fünf Tage bevor die Hiobsbotschaft aus Germanien eintraf, war auf dem Balkan einer der härtesten und blutigsten Kriege, den Rom je zu bestehen hatte, der pannonisch-dalmatische Aufstand, beendet worden. Den Sieg zu erringen, hatte es dreier Jahre, des Einsatzes aller militärischen Mittel und der Kunst des besten Feldherrn des Imperiums bedurft. Die Legionen waren erschöpft, die Ressourcen des Reiches überspannt. In Rom war es sogar zu einer Hungersnot gekommen. Was würde geschehen, wenn Arminius mit den Cheruskern und ihren Verbündeten über den Rhein vorstieß? Wartete nicht nördlich der Donau schon ein anderer Germanenfürst, der Markomannenkönig Marbod, auf die Gelegenheit zum Losschlagen? Kamen die Zeiten wieder als Rom selbst bedroht wurde, wie es in den Kimbern- und Teutonenkriegen, einhundertzwanzig Jahre vorher, geschehen war? Fiel nun alles was man in Jahrzehnten erobert und fest zu besitzen geglaubt hatte, die Länder westlich, nördlich und östlich des Alpenbogens, Gallien, Rätien, Noricum, Pannonien und Illyrien wie ein Kartenhaus in sich zusammen und von Rom ab? Wie war es zugegangen, daß dieses Germanien, in dem römische Truppen bis zum Elbfluß vorgedrungen waren, in dem es römische Stützpunkte, Straßen, Häfen, Märkte und Bergwerke gab, in dem erste römische Städte gegründet wurden, sich urplötzlich und unter der Führung eines römischen Offiziers erhob? Und wie war es möglich, daß die hochgerüstete römische Militärmaschine, die beste Armee der Welt, von undisziplinierten Barbarenhaufen geschlagen werden konnte? – Augustus war über den drohenden Verfall seines Ansehens und seiner Stellung so deprimiert, daß er sich, wenigstens eine Zeitlang, mit Selbstmordgedanken trug.[11]

Kapitel I

Die Barbaren des Nordens

Skythen, Kelten und Germanen

Sich für den Norden Europas zu interessieren, dafür gab es keinen vernünftigen Grund. Die Welt teilte sich nach Aristoteles, dem berühmten griechischen Philosophen, in fünf Klimazonen und durch den Willen der Götter saßen Griechen und Römer in der Besten von allen, der gemäßigten, in der Völker und Staaten gediehen. Damit war auch gleich erklärt, warum es die Barbaren des Nordens zu keiner staatlichen Ordnung gebracht hatten, die Römer aber zu einem Imperium.[1]

Der Römer Vitruv ergänzte diese Klimatheorie um eine biologische Variante. Im hohen Norden hätten die Völker viel Blut und seien deshalb tapfer. Im tiefen Süden, womit er Nordafrika meinte, hätten die dort Lebenden zu wenig und seien deshalb feige. Nur die Römer besäßen genau die richtige Menge und könnten deshalb die Südvölker durch ihren größeren Mut besiegen, die Nordvölker durch ihre größere Begabung.[2]

Schon hinter den Bergen fing das Barbarenland an. Denn deswegen waren die Alpen und das Balkangebirge von den Göttern aufgetürmt worden: um die angenehmen Bereiche der Erde von den weniger schönen zu trennen. Kälte herrschte im Norden und eisiger Wind, Regen peitschte von einem trüben Himmel, der sich im Winter vollends verdunkelte. In undurchdringlichen Wäldern, schwer passierbaren Sümpfen, weglosen Gebirgen und Steppen hausten zahllose wilde Völker, die sich nach unbekannten Gesetzen in explosionsartigen Schüben über die zivilisierte Welt ergossen. Im Prinzip bildeten sie ein ideales Sklavenreservoir, waren aber schwer zu unterwerfen, da ihre Lebensumstände sie kriegstüchtig und entbehrungsfähig machten.[3]

Den Völkerbrei, der da von Norden gegen die von der Natur gezogenen Grenzen schwappte, genauer einzuteilen, gab sich die Antike keine Mühe. Östlich des Tanais (Don), in den grenzenlosen Steppen Asiens, lebten die Reiterkrieger der Skythen, westlich davon bis zum Atlantik die Kelten. Hinter ihnen, in der äußersten Randzone der bewohnten Welt, an den Ufern des nördlichen Ozeans, siedelten die Fabelvölker: Oinonen, die sich von Hafer und Sumpfvogeleiern ernährten, Hippopoden mit Pferdefüßen und Panotier, die sich ihrer übergroßen Ohren wie warmer Mäntel bedienten.[4]

Ein Stamm namens Germanen tauchte spät und erstmals bei dem griechischen Historiker Poseidonios von Apameia (135–51 v. Chr.) auf, der das keltische Gallien – das Land zwischen den Pyrenäen im Süden und dem Rhein im Osten, dazu noch Belgien und die Westschweiz – aus eigener Anschauung kannte. Die Germanen, schrieb er um 80 v. Chr. in seinen »Historien«, lebten östlich davon und seien eine spezielle »wilde« Form der Kelten. Als Beweis führte er schaudernd ihre halbtierische Lebensweise an, die sie eindeutig einer niederen Kulturstufe zuordnete. Sie äßen gebratenes Fleisch »gliedweise« schon zum Frühstück, tränken Milch dazu und ungemischten Wein.[5] Barbarischer konnte man den Tag nicht beginnen.

Als eine besondere Gruppe von Stämmen, die sich von der althergebrachten Einteilung in Kelten und Skythen unterschied, wurden die Germanen erst von Gaius Julius Cäsar (100–44 v. Chr.) identifiziert. Für die Römer galt er als der eigentliche Entdecker des Nordens, dafür gerühmt von seinem Zeitgenossen Cicero, denn »Gegenden und Völker, von denen uns bislang kein Buch, keine Erzählung, kein Gerücht Kunde gebracht hatte, hat unser Feldherr, unser Heer, haben die Waffen des römischen Volkes durchwandert.«[6]

Cäsar war allerdings nicht als Tourist unterwegs, sondern eroberte in den Jahren 58 bis 51 v. Chr. Gallien und stieß erstmals in der römischen Geschichte mit seinen Legionen bis zum Rhein (Rhenus) vor.

Fortan galt dieser Fluß als Grenze zwischen Wildnis und Zivilisation.[7] Dahinter lagen unermessliche Urwälder, Ödlandzonen und fern im Norden das Mare Germanicum (Nordsee). Im Winkel zwischen Rhein und Donau türmten sich die Berge des unergründlichen Hercynischen Waldes, Quellgebiet aller nordwärts fließenden Ströme, der größte Eichenwald Europas, von dem es hieß, er sei »mit der Welt zugleich entstanden«.[8] Er erstreckte sich vom Schwarzwald bis zu den Karpaten. Genau wußte man es nicht, denn an sein Ende war noch niemand gekommen.[9] In ihm lebten viele bislang unbekannte Tiere und das römische Publikum las mit Begeisterung Cäsars Berichte über ein Rind, das wie ein Rehbock aussehe, aber mit nur einem Horn auf der Stirn, das sich an der Spitze verzweigte (Rentier). Über den Riesenhirsch namens »alce« (Elch), der im Stehen schlafe, weswegen die Jäger seine Ruhebäume ansägten (eine Falschinformation, nur Pferde sind dazu fähig). Über Stiere, die etwas kleiner als Elefanten seien und deren Hörner man als Trinkgefäße benutze (Auerochsen).[10]

Auf besondere Aufmerksamkeit aber konnte rechnen, was Cäsar über die Völker der Germanen seinem Schreibsklaven diktierte. Denn diese, behauptete er, würden Rom bedrohen, wie es die Kimbern und Teutonen vor fünfzig Jahren, zwischen 113 und 101 v. Chr., getan hatten. Bisher glaubten die Römer, sich damals gegen Kelten gewehrt zu haben – die waren längst keine Gefahr mehr. Jetzt erfuhren sie von Cäsar, daß es Germanen waren, die in mehr als zehnjährigen Kämpfen den römischen Staat fast an den Rand des Abgrunds gebracht hatten.[11] Das Trauma war nicht vergessen, die Erinnerung immer noch präsent. Nun lebte es wieder auf und verband sich mit einem neuen Begriff Germanen.

Furor Teutonicus

Was die Kimbern, Teutonen und Ambronen veranlaßt hatte, etwa um 115 v. Chr. ihre Wohnsitze in Jütland und auf den nordfriesischen Inseln (Amrum) aufzugeben, ist nicht ganz klar. Heutige Klimaforscher registrieren für diese Zeit eine feuchtkalte Abkühlungsphase, die mit

Ernteeinbußen und Krankheiten einhergegangen sein könnte,[12] wohingegen der um Christi Geburt lebende griechische Geograph und Historiker Strabo kurz und bündig und überaus typisch für das antike Barbarenbild die Freude am Beutemachen und Herumschweifen als Grund annahm.[13]

Der Heereszug von geschätzten 300 000 Menschen[14] wälzte sich mit Mann, Roß, Frauen, Kindern, Vieh und zahllosen Wagen durch Mitteleuropa und stieß in Noricum (Österreich) erstmals auf römische Truppen. Ein reichlich plumper Überrumpelungsangriff des kommandierenden Konsuls schlug unter großen Verlusten fehl und die Römer konnten froh sein, daß sich der Auswanderertreck nicht gen Süden nach Italien, sondern donauaufwärts nach Westen in Bewegung setzte. Der nächste Zusammenstoß erfolgte am 6. Oktober 105 v. Chr. in Südfrankreich bei Arausio (Orange). Diesmal hatte man sogar zwei römische Heere aufgeboten, doch da die beiden Befehlshaber in ihrer Arroganz sich über die einzuschlagende Strategie nicht einigen konnten, erlitten die Römer wiederum eine verheerende Niederlage. Die Zahl von 100 000 Toten in den zeitgenössischen Quellen ist zwar nicht wörtlich zu nehmen, macht aber das Ausmaß der Verluste deutlich.

Nach ihrem Sieg gerieten die Kimbern und Teutonen in eine den Römern völlig unverständliche Raserei und zerstörten und töteten alles, was ihnen im Kampf in die Hände gefallen war. Die Krieger zerfetzten kostbare Kleider, warfen Silber und Gold in die Rhône, zerbrachen Waffen und Rüstungen, ertränkten die Pferde. Gefangenen wurde keine Gnade gewährt, sondern man erhängte sie in den Bäumen oder übergab sie Priesterinnen, die ihnen über riesigen Kesseln die Kehle durchschnitten, »um aus dem hervorströmenden Blut wahr zu sagen.«[15]

Erst später begriffen die Römer, daß es sich um ein germanisches Opferritual handelte, die Feinde ihre gesamte Beute, einschließlich Mensch und Tier, aus Dank den Göttern weihten.[16] Das machte ihnen den Vorgang nicht sympathischer, sondern unterstrich nur noch mehr das Abstoßende dieses Barbarentums, die »sinnlose Vergeudung von Menschen und Gütern.«[17]

Die Götter der Germanen schienen dennoch für die Römer etwas übrig zu haben. Obwohl ihnen der Weg offen stand, marschierten die Feinde zunächst nicht nach Italien sondern teilten sich und griffen in zwei Heerhaufen Nordspanien und Nordgallien an. So blieben Rom drei Jahre, um eine durchgreifende Heeresreform durchzuführen, neue Truppen aufzustellen und sie ihrem besten Mann anzuvertrauen: Gaius Marius. Der machte mit hartem Training, einer neuen Befehlsstruktur und verbesserter Taktik aus den Legionen ein Instrument des Krieges, das all das in sich vereinigte, was den Germanen fehlte: die Fähigkeit zum Formationskampf, Eingreifreserven, Disziplin, Ausdauer und vorzügliche Bewaffnung. Marius ging kein Risiko ein und bereitete sein Heer sorgfältig auf die Entscheidung vor. Rom hatte nur noch dieses eine.

Als er im Jahre 102 v. Chr. nach Südfrankreich aufbrach, um den Gegner zu stellen, erwarteten ihn nur die Teutonen und Ambronen. Die Kimbern hatten sich von ihnen getrennt, waren wieder nach Norden an die Donau gezogen, um dann, die Alpen im weiten Bogen umgehend, vom Klagenfurter Becken nach Italien einzufallen.[18] Mit den Römern würden ihre Stammesgenossen leicht fertigwerden. Nach drei großen und etlichen kleinen Niederlagen nahmen sie die Legionen nicht mehr sonderlich ernst. Um so weniger, als Marius die ihm angebotene Schlacht verweigerte und sich, in den Augen der Germanen »feige«, in seinem Lager verschanzte. Also ließen die Teutonen ihn, wo er war, und zogen einfach in Richtung Seealpen weiter. So groß war ihr Heer, daß es sechs Tage brauchte, um die römischen Schanzen zu passieren. Die Germanen taten es provozierenderweise in Rufweite und fragten spöttisch, ob die Legionäre ihren Frauen in Rom etwas zu bestellen hätten. Ungerührt folgte Marius ihnen nach, bis er bei Aquae Sextiae (Aix-en-Provence) das Schlachtfeld gefunden hatte, das ihm zusagte. Dann setzte er in zweitägiger blutiger Schlacht sein taktisches Konzept um. Hielt Truppen in Reserve, die den wankenden Verbänden zu Hilfe kamen oder sie ablösten. Besetzte die Höhen, um den Feind sich müde stürmen zu lassen, und krönte das Ganze mit einem Angriff aus dem Hinterhalt. Dem hatten die Germanen nur ihre Kampflust und ihre Masse entgegenzusetzen. Die eine er-

Kimbernschlacht von Aquae Sextiae, Reliefdarstellung auf einem römischen Sarkophag

schöpfte sich, wie die andere sich verminderte. Der Sieg war so vollständig, die Zahl der getöteten Feinde so hoch, daß die Bewohner der nahe gelegenen Stadt Massilia (Marseille) ihre Weingärten mit den Knochen der Gefallenen einhegten. Später reiften auf dem Schlachtfeld »durch die Verwesung der Leichen Ernten von überreicher Fülle heran.«[19]

Ein Jahr später traf das gleiche Schicksal bei Vercellae (Vercelli) in Oberitalien die Kimbern. Die Zehntausende, die überlebten, endeten auf den Sklavenmärkten, was, verglichen mit den germanischen Sitten, eindeutig die humanere Praxis darstellte. Was aber den Römern im Gedächtnis haftete, war die Bedrohung durch einen Menschentyp, dessen Wildheit und Aggressivität keine Grenzen kannte, der weder sich selbst noch seinen Gegner schonte und dessen unkontrollierte Kampfeswut eher an ein Raubtier als an ein menschliches Wesen erinnerte.

Das zeigte sich schon bei ihrem Anblick, wenn sie ohne Rüstung, mit nacktem Oberkörper und rotgefärbten Haaren in den Kampf zogen. Wenn sie die Schilde aneinander schlugen und im Takt ihren Stammesnamen schrien. Selbst wenn sie wehklagten, wie es die Ambronen in der Nacht nach der Niederlage taten, »klang es nicht wie menschliches Weinen und Stöhnen, sondern wie tierisches Heulen und Brüllen, untermischt mit Drohungen und schrillen Klagerufen.«[20] In der Schlacht waren sie undiszipliniert, unfähig, sich zurückzuhalten, tapfer, aber ohne Überblick. Mit Ketten verbanden sie sich, um nicht getrennt zu werden. Prahlsüchtig waren sie und überaus stolz auf ihre Kraft und ihren Mut. Die Römer verachteten sie als Weichlinge, schützten sie sich doch mit Rüstungen und verschanzten sich hinter Wällen. Die Kimbern entblößten sich lieber, wenn es schneite, damit ihre Kleider nicht naß wurden, und machten sich einen Spaß daraus, »durch Eis und Schnee auf die Bergeshöhen zu klettern, sich auf ihre breiten Schilde zu setzen, und – unbekümmert um die schroffen Wände und klaffenden Schründe – in die Tiefe hinunter zu sausen.«[21] Wie die schrecklichen Giganten der Vorzeit wirkten sie, wenn sie nicht mit Werkzeug, sondern mit roher Kraft Bäume samt der Wurzel ausrissen, ohne Katapulte Felsbrocken schleuderten und Hügel nicht mit Ingenieurskunst, sondern mit bloßen Händen abtrugen. Doch kaum wurde es heiß, wie am 30. Juli bei Vercellae, und die Sonne blendete, war es um sie geschehen: »Frost und Kälte zu ertragen, war den Kimbern ein Leichtes, die Hitze aber lähmte sie völlig, sie keuchten, der Schweiß strömte ihnen herab und sie mußten sich zum Schutz vor der Sonne die Schilde vors Gesicht halten.«[22]

Fürchterlicher in ihrer Todesverachtung als die germanischen Männer waren nur ihre Frauen. Bei Aquae Sextiae stürzten sich die Teutoninnen mit Äxten und Schwertern gleichermaßen auf ihre flüchtenden Stammesgenossen wie auf die angreifenden Legionäre: »Sie warfen sich mitten ins Kampfgetümmel, rissen den Römern mit bloßen Händen die Schilde weg und packten ihre Schwerter, ließen sich verwunden und in Stücke hauen, bis zum Tode unbesiegt in ihrem Mut.« Noch radikaler wehrten sich die kimbrischen Frauen gegen die drohende Gefangenschaft: »In schwarzen Gewändern standen sie auf den Wagen und töteten die Fliehenden, mochte es auch der Gatte, der Bruder oder der Vater sein. Mit eigenen Händen erwürgten sie ihre kleinen Kinder, schleuderten sie unter die Räder und die Hufe der Zugtiere und brachten sich dann selber um.«[23] Dies taten schließlich auch die Frauen, die Marius darum baten, er möge sie den Priesterinnen der Göttin Vesta schenken, die ewige Jungfräulichkeit geschworen hatten und darum ein Leben in Keuschheit führten. Als der Feldherr ablehnte, begingen sie gemeinsam Selbstmord und erhängten sich.[24]

Konnte es mit solchen Völkern jemals Frieden geben? Waren sie in ihrer Primitivität überhaupt in der Lage, den Wert von Verträgen zu erkennen, geschweige denn sie einzuhalten? Waren sie – modern ausgedrückt – überhaupt integrationsfähig in die Welt der Mittelmeervölker oder war ihre Vernichtung und Versklavung die einzige Alternative?

Es gab Zeichen der Hoffnung. Die »humanitas«, die zivilisatorische Verfeinerung des Lebens, ging offenbar selbst an den harten Kimbernkriegern nicht spurlos vorbei. Ein Beobachter schrieb: »Wenn die Cimbern einmal Halt machten, büßten sie viel von ihrem Kampfgeist ein und wurden dadurch schlaffer und träger an Leib und Seele. Das kam davon, daß sie anstelle ihres bisherigen Lebens unter freiem Himmel in festen Häusern wohnten und statt der früheren Kalt- nun Warmbäder nahmen. Vorher gewohnt, rohes Fleisch zu verzehren, sättigten sie sich jetzt an Leckerbissen und einheimischen Gewürzen und übernahmen sich an Wein und schwerem Getränk, ganz gegen ihre bisherige Sitte. Diese Lebensweise raubte ihnen ihren wilden Mut und schwächte ihre Körper, so daß sie weder Mühen noch Strapazen, noch Hitze oder Kälte oder Mangel an Schlaf mehr ertragen konnten.«[25]

Cäsar

Hätte es die Germanen nicht gegeben, Cäsar hätte sie erfinden müssen. Denn ohne sie existierte für ihn kein hinreichender Grund, Gallien mit Krieg zu überziehen und schließlich vollständig für das Römische Reich zu erobern. Ursprünglich war das nicht vorgesehen. Aufgabe Cäsars hätte sein sollen, die seit 150 Jahren von Rom kontrollierte Provinz »Gallia Narbonensis« als Statthalter zu verwalten. Ein Gebiet, das die französische Mittelmeerküste und ihr Hinterland umfasste sowie das Rhônetal bis zum Genfer See hinaufreichte. Im übrigen, den Löwenanteil ausmachenden Gallien lebten unabhängige keltische Stämme auf einem hohen kulturellen Niveau, allerdings ohne eine einheitliche politische Führung.

Es war ein reiches und blühendes Land. Der vollentwickelte Ackerbau produzierte regelmäßig Getreideüberschüsse, das Fleisch der gallischen Rinder und Schweine, die Wolle der Schafe waren gesuchte Exportartikel, berühmt war die Pferdezucht, das Handwerk von höchster Kunstfertigkeit. Im Boden fanden sich Gold und Eisen. Ein gutausgebautes Straßen- und Flußwegenetz verband die etwa 200 »Oppida«, wie die Römer die befestigten Keltenstädte, meist verteidigungsgünstig auf Berghöhen gelegen, nannten. Für antike Verhältnisse war Gallien dicht bevölkert. Mutmaßliche Schätzungen liegen zwischen fünf und zwölf Millionen Einwohnern.[26]

Doch kein Paradies ohne Schlange. Im Falle Galliens bestand die Versuchung im fast ununterbrochenen Streit der führenden Keltenstämme um die Vorherrschaft. Die hießen Averner, Remer, Treverer, Häduer und Sequaner und letztere waren gerade dabei, den kürzeren zu ziehen. Deswegen holten sie sich Hilfe von außerhalb.

Östlich des Rheins, im heutigen Baden-Württemberg, in Thüringen und im Elbtal siedelte die Stammeskonföderation der Sueben. Cäsar charakterisierte sie »als größten und streitbarsten Stamm der Germanen«,[27] gegliedert in hundert Gaue, aus denen sie 100 000 Krieger aufbieten könnten. Die eine Hälfte bleibe zu Hause, um die Felder zu bebauen, die andere führe Krieg. Im nächsten Jahr würde dann gewechselt, damit niemand aus der Übung käme. Laut Cäsar lebten die Sueben vor allem von Milch und Fleisch und jagten leidenschaftlich gern. Sie waren kälteresistent, trugen selbst im Winter nur kurze Fellkleider und badeten zur Abhärtung in Flüssen. Sättel verachteten sie als für Weichlinge geschaffen. Diese Lebensweise machte sie stark, ungeheuer groß und unglaublich tapfer. Ihr höchster Ruhm bestand darin, so furchterregend auf ihre Nachbarn zu wirken, daß niemand wagte, sich in ihrer Nachbarschaft niederzulassen. Deshalb war ihr Gebiet von weiten Einöden umgeben.

Die Sueben, deren Gefährlichkeit Cäsar bewußt betonte und dabei

Büste Cäsars

alle bekannten Barbaren-Klischees bemühte, überschritten unter ihrem Anführer Ariovist den Rhein, um als Söldner der Sequaner gegen die Häduer zu kämpfen. Darin waren sie so erfolgreich, daß sie sich als Belohnung erst ein Drittel, dann sogar zwei Drittel des Sequanerlandes aneigneten und sich ihnen immer mehr Krieger anschlossen. Cäsar läßt einen Gallier klagen: »Als diese rohen und unkultivierten Menschen Felder, Kultur und Wohlstand Galliens schätzen gelernt hatten, folgten immer mehr und derzeit sind es schon 120000.« Da der germanische Ackerboden schlechter, die gallische Lebensweise attraktiver sei, kämen in wenigen Jahren alle Germanen über den Rhein. Cäsar glaubte zu wissen, was das bedeutete: Hätten sie erst ganz Gallien besetzt, würden sie wie ihre Vorfahren, die Kimbern und Teutonen, gegen Rom ziehen.[28]

Angesichts dieser Lage konnten die Römer nur dankbar sein, daß Cäsar den Galliern mit seinen Legionen zu Hilfe eilte und gegen Ariovist, den »König der Germanen«, präventiv zu Felde zog. Der stellte erstaunt die Frage, was Cäsar in seinem Gebiet zu schaffen habe, das ihm durch Tapferkeit und Kriegsglück zugefallen sei, schließlich marschiere er auch nicht in der römischen Provinz herum. Die Antwort auf diese Impertinenz eines Barbaren gab Cäsar mit dem Schwert. Bei Mühlhausen verlor Ariovist die Schlacht (58 v. Chr.) und floh mit seinen Scharen zurück über den Rhein. Die Anhänger Cäsars feierten den Sieger als einen zweiten Marius, der wie dieser Rom vor den Germanen gerettet habe.[29] Das lag in der Familie, denn die Gattin des Marius war Cäsars Tante.

Tatsächlich war die Lage weit weniger dramatisch. Sein mehr als zehnjähriger Aufenthalt in Gallien hatte aus Ariovist einen halben Kelten gemacht. Er trug einen keltischen Namen, hatte eine Keltenprinzessin geheiratet und sprach keltisch.[30] »König der Germanen« hatte ihn nur Cäsar genannt, bei Strabo, dem griechischen Historiker, heißt Ariovist dagegen »König der Kelten«. Sein Heer setzte sich aus allen möglichen Stämmen zusammen. In seinen Reihen standen genauso keltische wie germanische Krieger, in ihrer Bewaffnung und Kampfesweise nicht voneinander zu unterscheiden. Daß Cäsar in seinem Buch über die Gallischen Kriege Ariovist prahlen läßt, seine »sieggewohnten und waffengeübten Germanen« seien »seit vierzehn Jahren unter kein Dach gekommen«,[31] hatte nichts mit der Realität, aber sehr viel mit Cäsars Absicht zu tun, Ariovist als einen aggressiven, gefährlichen Barbaren zu beschreiben.

Denn Ariovist war kein nomadischer Reiterkrieger. Was er suchte, war nicht Beute, sondern Land, um es zu bebauen und sich darauf anzusiedeln – und über nichts anderes beklagten sich ja die Sequaner. Von Cäsar in Ruhe gelassen, wären seine Scharen mit Sicherheit genauso keltisiert worden wie Dutzende anderer germanischer Stämme rechts und links des Rheins. Ein Marsch auf Rom lag völlig außerhalb seines Horizonts. Wie die gallischen Fürsten wollte er sein: ein Territorium besitzen und für seine Herrschaft Anerkennung. Diese hatte ihm der Senat, das oberste politische Gremium der römischen Republik, sogar gewährt, als es ihm den Ehrentitel »König und Freund des römischen Volkes« verlieh – wie noch im Vorjahr geschehen.[32]

Aber ein Ariovist, der sich mit Rom arrangieren, seine neuaufgerichtete Herrschaft konsolidieren wollte, war keine Gefahr. Als Vorwand, Gallien zu erobern, taugte er nicht. Also machte ihn Cäsar zum gefährlichen, unberechenbaren, herumschweifenden Germanenkönig und seine Gefolgschaften zum germanischen Großverband, der östlich des Rheins lauerte und jederzeit mit gewaltigen Kriegermassen über die zivilisierte Welt hereinbrechen konnte.

Erst diese Drohkulisse lieferte die Begründung, warum Rom ein-

Cäsars Rheinübergang, Rekonstruktion

greifen, Gallien besetzen mußte. Cäsar verkaufte seine Okkupation, die ihm das Geld, die Legionen und den Ruhm verschaffte, um in Rom seinen Anspruch auf die Führung des Staates durchzusetzen, als Verteidigungskrieg gegen die Germanen. Nur er konnte ihn erfolgreich führen, da die Kelten dazu nicht in der Lage waren.

Dies sahen die Gallier anders. Sie verteidigten erbittert ihre angestammte Freiheit und wollten auf den Schutz Roms lieber verzichten, als sich unterwerfen. Sechs Jahre benötigte Cäsar, um ihren Widerstand zu brechen. Am Ende waren ein Viertel der Einwohner tot, ein weiteres Viertel in die Sklaverei gewandert, aber das Römische Reich war um eine halbe Million Quadratkilometer größer und reichte nun bis zum Atlantik und zum Rhein.

Der große Strom bot sich aus praktisch-militärischen Erwägungen an. Er war keine Völkergrenze, wie Cäsar behauptete, denn es gab sowohl linksrheinische Germanen als auch rechtsrheinische Kelten.[33] Während des langen gallischen Krieges, in dem die Legionen mehrmals in schwere Bedrängnis gerieten, griffen die als so gefährlich erachteten Germanen nicht etwa auf gallischer Seite in die Kämpfe ein, sondern ließen sich von Cäsar als Söldner anwerben. Nur mit ihrer Hilfe war es ihm möglich, die vorzügliche keltische Reiterei zu schlagen, was entscheidend zu seinem Sieg beitrug.[34] Wo Cäsar die eigentliche Bedrohung der Macht Roms sah, zeigte sich an den Stationierungsorten der Legionen. Ihre Lager wurden nicht am Rhein, sondern im Innern Galliens errichtet.

Die rechtsrheinischen Germanen einzuschüchtern und von Plünderungszügen abzuhalten, genügten zwei Brückenschläge, die Cäsar 55 und 53 v. Chr. ausführen ließ, da er es unter seiner und der Würde des römischen Volkes fand, per Schiff überzusetzen. Es waren technische Meisterleistungen, die ersten Brücken über den Rhein, von den Germanen bewundert und bestaunt.[35] Zugleich demonstrierten sie, daß die Macht Roms nicht an seinem Westufer endete.[36] Sechzehn Tage blieb Cäsar auf der östlichen Seite, dann kehrte er zurück und befahl, die Brücke abzubrechen. Er hatte erfahren, was er wissen wollte: Dieses Land, Germanien, zu erobern, lohnte sich nicht.

Kapitel II

Zweimal Germanien

Der römische Blick

Mit den Worten des römischen Historikers Tacitus beschrieben, bot Germanien »einen traurigen Anblick«. Es war »ein gestaltloses Land« voller »schauriger Wälder, grässlicher Sümpfe« und rauer Gebirge.[1] Es lag so abseits, so am Rand der Kulturwelt, daß die Götter des Acker- und Weinbaus, Ceres und Bacchus, vergessen hatten, es zu besuchen, und so »führen die Einwohner von allen Menschen das erbärmlichste Leben. Sie pflanzen keine Ölbäume und erzeugen keinen Wein«,[2] wie ein römischer Beamter beim Anblick dieses Notstandsgebiets nüchtern feststellte.

Wie weit Germanien vom Rhein nach Osten reichte, wußte man nicht genau. Cäsar vertrat die Ansicht, es erstrecke sich bis zu den Skythen, also bis zum Don. Zwei Jahrzehnte danach, etwa 30 v. Chr., grenzte es der römische Feldherr Agrippa mit der Weichsel ein, berechnete aber den Abstand zwischen diesem Fluß und dem Rhein mit 600 Kilometern als zu gering. Da ihm der gleiche Fehler in der Nord-Süd-Ausdehnung unterlief, wo Germanien vom Meer bis zur Donau reichte, wurde das Land für sehr viel kleiner als Gallien gehalten.[3] Wiederum fünfzig Jahre später wußte der griechische Geograph Strabo, »daß der Fluß Elbe Germanien in zwei Teile schneidet«, schätzte aber den Abstand zwischen Rhein und Elbe mit 3000 Stadien (555 km) viel zu groß. Was jenseits der Elbe lag, war ihm völlig unbekannt, wohingegen der römische Forscher Plinius 70 n. Chr. in seiner Naturgeschichte die Weichsel als Grenze wieder erwähnte.[4] Die in den Rhein fließenden Flüsse waren bekannt, ebenso Nord- (Mare Germanicum) und Ostsee (Mare Suebicum), aus denen das einzige germanische Handelsgut kam, das im Mittelmeerraum nicht vorhanden und dort wirklich begehrt war: Bernstein.[5]

Die zahlreichen Stämme, die Germanien bewohnten (s. Karte auf S. 28), Friesen und Chauken, Brukterer und Marser, Chatten und Cherusker, Ampsivarier und Sugambrer, Usipeter und Tenkterer, Sueben und Markomannen, Langobarden und Semnonen, um nur die wichtigsten zu nennen, kannten die Bezeichnung »Germanen« nicht. Daß sie von Cäsar so genannt wurden, ahnten sie so wenig, wie die Comanchen, Apachen, Sioux oder Assiniboins Nordamerikas den Namen »Indianer« auf sich bezogen. Es gab auch kein einheitliches »Germanenbewußtsein«. Jeder Stamm empfand sich als autonom. Auch die untereinander verwandten Sprachen schufen keine gemeinsame Identität, sowenig wie die ähnlichen Formen der Religion. Die Vorstellung eines »Volks der Germanen« stammt aus dem 19. Jahrhundert und entspricht nicht der historischen Realität. Möglich wäre, daß der Germanenbegriff des Poseidonios (s. Kap. I, S. 14) aktuell wurde, als die gallischen Kelten die von Osten einbrechenden wilden Scharen des Ariovist erblickten, ebenfalls denkbar, daß der Begriff schon für linksrheinische Germanen, die sich unter den Kelten angesiedelt hatten, in Gebrauch war; Cäsar hätte ihn dann für seine Zwecke instrumentalisiert und als Sammelbegriff für die rechtsrheinischen Stämme popularisiert.[6]

In seinem ethnographischen Werk über Land und Leute, der »Germania«, die um das Jahr 100 n. Chr. entstand, versuchte Tacitus eine Unterteilung der Germanen. Er hatte herausgefunden, daß sie sich von einem gemeinsamen Stammvater ableiteten, Tuisto, dessen drei Abkömmlinge den drei Hauptgruppen ihre Namen gaben: Ingävonen, Istävonen, Herminonen.[7] Sie entsprechen unserer modernen geographischen Einteilung in Nordsee-, Rhein-Weser- und Elbgermanen. Was auf der Karte überzeugend wirkt, läßt sich im Gelände nicht nachweisen. Wo immer die Archäologen zwischen Flandern und der norddeutschen Tiefebene ihren Spaten ansetzen: Die ausgegrabenen Siedlungen können in der Zeit um Christi Geburt nicht eindeutig

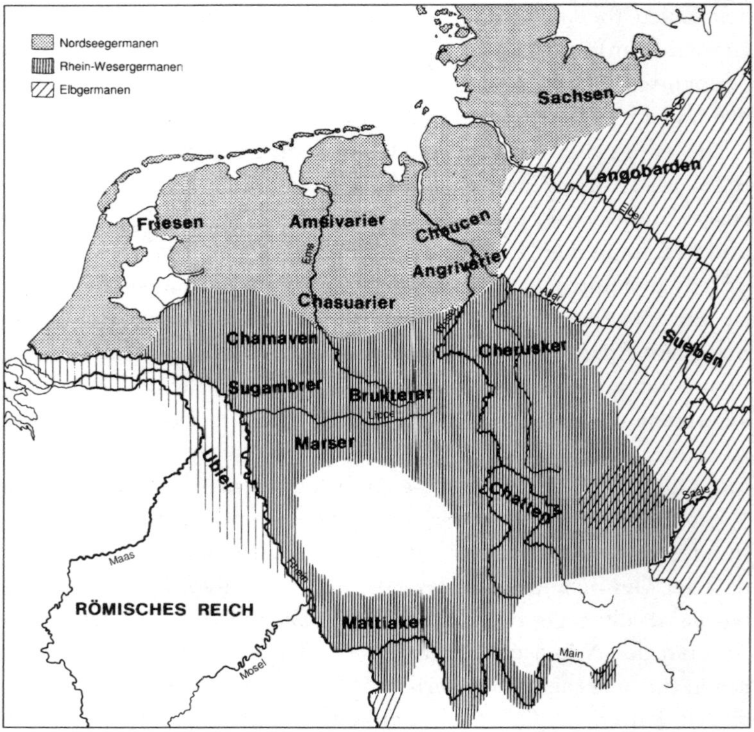

Stammesgebiete der Germanen im 1. Jh. n. Chr.

Kelten oder Germanen zugewiesen werden. Die Übernahme bestimmter Schmuckformen, Waffen oder anderer Gegenstände des Alltagsgebrauchs war ja nicht verboten. Ein »keltisierter« Germanenstamm folglich von einem keltischen kaum zu unterscheiden. Cäsars Völkergrenze Rhein war ein absichtsvolles, jedoch höchst wirkungsvolles Konstrukt, daß ein für allemal die Germanen jenseits der Zivilisation ansiedelte. Eben deswegen glaubten die römischen Geographen und Historiker, es träfe auf sie zu, was man schon immer von den Barbaren des Nordens zu wissen behauptete.

Um den turmhohen Unterschied zwischen Römern und Germanen

zu verdeutlichen, greift man am besten auf die Kolonialgeschichte zurück. Der amerikanische Kavallerieoffizier in den Indianergebieten, der englische oder deutsche Missionar in Afrika, empfanden gegenüber den »Wilden« genau das gleiche Überlegenheitsgefühl, die Gewissheit, auf einer höheren Stufe der Kultur zu stehen, wie die Römer gegenüber den Germanen. Und ebenso wie diese waren sie zutiefst davon überzeugt, daß es nur eine richtige Art zu leben, einen besten »way of life« gab: den eigenen.

Bestimmte Tatsachen in puncto Germanen standen für die Römer unverbrüchlich fest. Beispielsweise, daß der Germane viel redete, wenn der Tag lang war, aber nichts zuwege brachte. Denn er war faul und zu disziplinierter Arbeit unfähig. Er war jähzornig, grausam und neigte zu alkoholischen Exzessen: »Tag und Nacht durchzuzechen, ist für keinen eine Schande.«[8] Er war unzuverlässig bis zur Treulosigkeit und kannte zur Durchsetzung seiner Interessen nur Willkür und Gewalt. Er liebte die Freiheit, was aber nur bedeutete, daß er den Wechsel von Befehl und Gehorsam nicht verstand, der die Voraussetzung war für jegliche Ordnung, sei es im Staat, sei es in der Armee. So gesehen, konnte er froh sein, wenn er unter römische Herrschaft geriet, vertraut wurde mit Gesetz und Recht und damit langsam in den Status eines Vernunftmenschen aufstieg.[9]

Recht hatte Cäsar, diesseits des Rheins zu bleiben. Um so mehr, als man davon überzeugt war, daß die Charaktereigenschaften der Germanen sich verschlechterten, immer extremer wurden, immer wilder, je weiter man nach Osten kam. Dort gab es Stämme, die nur in der Nacht kämpften, schwarz bemalt die Gesichter, Leiber und Schilde, »grauenvoll und schattenhaft wie das Totenheer«. Andere wurden von einer Frau regiert, was der römische Geschichtsschreiber so unglaublich fand, daß er diesen Zustand schlimmer beurteilte als Sklaverei.[10]

In den Augen der Römer fehlte den Germanen jeder zivilisatorische Schliff. Das zeigte sich vor allem im Alltag. Kultivierte Menschen tranken keine Milch. Beim griechischen Dichter Homer war es die Nahrung der ungeschlachten einäugigen Kyklopen. Große Fleischmengen verzehrten sie, weil es ihnen an Brot fehlte, sie also zu wenig Getreide anbauten. Ebenso war das bei ihnen verbreitete Getränk, das ohne Hopfen hergestellte und deswegen wenig haltbare Bier, ein Zeichen des Mangels. Denn die Germanen verstanden sich nicht aufs Pflanzen von Reben und das Keltern der Trauben. Nicht einmal richtig genießen, konnten sie den Wein. Während man ihn in Italien mindestens im Verhältnis 1:3 mit Wasser mischte, ließ der trinkfreudige Bewohner der nördlichen Wälder jedes Maß vermissen und schüttete ihn pur in sich hinein. Völlig anders verfuhr man auch bei der Körperreinigung. Die Römer rieben ihre Körper mit Öl ab, entfernten dann den Schmutz mit Schabern und badeten anschließend in warmem Wasser. Der Germane bereitete aus Ziegentalg oder Wollfett, Buchenasche und Pflanzensäften eine Masse, die er Seife nannte, und sprang damit in Fluß oder See.[11a] Unterschiedlich war schließlich das Erscheinungsbild in der Öffentlichkeit. Die bei Kelten und Germanen übliche Kleidung, die Hose, hatte beim Rom-Besuch einer gallischen Delegation zu einem Auflauf geführt, wobei die Tunika und Toga tragenden Römer ihr Erstaunen über den lächerlichen Anblick kaum unterdrücken konnten. Gleiches galt für die germanentypischen Langhaarschöpfe und die wuchernden Vollbärte,[11] denen man einen militärisch-kurzen, kantigen, über der Stirn gerade abgeschnittenen Haarschnitt und ein glattrasiertes Kinn entgegensetzte.

Es gab freilich etwas, was die Römer an den Germanen bewunderten und fürchteten: ihre Kampfkraft. Sie stützte sich auf Tapferkeit bis zur Tollkühnheit, Gewandtheit, körperliche Stärke und Größe, Ausdauer und Gefolgschaftstreue bis in den Tod – was sie zu begehrten Söldnern und Leibwächtern machte. Aber worauf beruhte diese militärische Leistungsfähigkeit?

Sie mußte, darin stimmten die antiken Autoren überein, mit der kriegerischen Lebensweise der Germanen zusammenhängen. Statt die Felder zu bestellen, jagten sie lieber oder überfielen ihre Nachbarn. Ihre Häuser bauten sie mit Absicht schlampig und zugig, um sich abzuhärten. An den Baumaterialien Holz und Stroh (für die Dächer) und der rohen, hässlichen Art der Verarbeitung ließ sich der niedrige Grad ihrer Zivilisation ablesen.[12] Sie betrieben keine richtige Landwirtschaft, sondern nur eine Art Wanderfeldbau, damit sie jederzeit weiterziehen konnten. Die tapfersten Germanen, die Sueben, taten selbst das nicht: »Sie betreiben weder Ackerbau noch Vorratswirtschaft, sammeln keine Schätze, sondern wohnen in Hütten. Ihre meisten Nahrungsmittel nehmen sie vom Zuchtvieh, und so können sie es den Nomaden gleichtun, indem sie Hab und Gut auf Karren laden und mit ihren Herden dorthin ziehen, wo es ihnen beliebt.«[13]

Daraus ergaben sich zwei Folgerungen. Jederzeit war mit einem Angriff wilder Stämme aus der germanischen Wald- und Sumpffestung zu rechnen. Umgekehrt hatten die Römer im Fall einer Okkupation nichts zu gewinnen als mageres Vieh und nichts zu erwarten als Schwierigkeiten.

Germanenleben

Über die Germanen existieren nur römische und griechische Berichte. Sie selbst haben uns nichts hinterlassen, denn sie kannten keine Schrift, und auch diejenigen, die später im Dienst des Imperiums standen, Latein sprechen, schreiben und lesen lernten, sahen keine Veranlassung, etwas über ihre Vorfahren und ihre Lebensweise zu überliefern. Zweihundert Jahre Forschung in den Bereichen der Vergleichenden Sprachwissenschaft, vor allem aber die Ergebnisse der Archäologie, versetzen uns heute in die Lage, die Aussagen der antiken Quellen zu überprüfen – und in vielen Punkten richtigzustellen.

Das Leben in Germanien war hart. Die Bewohner fristeten ihr Dasein als Bauern, die mit ihren Sklaven, tagein, tagaus die Äcker bestellten. Mit primitiven hölzernen Hakenpflügen, von Rindern gezogen, kratzten sie über die Ackerkrume und bauten Gerste und Hirse, Dinkel und Emmer, Nacktweizen und Einkorn, Roggen und Hafer an.[14] Dabei war der Wanderfeldbau bei schlechteren Böden keine freiwillige Entscheidung für ein ungebundenes Nomadentum, sondern schiere Notwendigkeit, da die ungedüngten Böden rasch auslaugten. Er vollzog sich aber nicht jährlich, sondern in größeren zeitlichen Abständen. Sorgte man dann noch fürs Vieh (Rinder, Schafe, Ziegen) und die hochbeinigen Weideschweine, die man zur Mast in die Wälder trieb, blieb für die von den Römern so gerühmte »Schule des Krieges«, die Jagd, keine Zeit. Abgesehen davon, daß für bäuerliche Gemeinschaften, in denen die Arbeitskräfte knapp sind, die Pirsch auf Wolf, Bär oder Auerochse ein viel zu hohes Lebens- und Verletzungsrisiko darstellt.

Sowohl die Ausgrabungen germanischer Siedlungsplätze als auch Haar- und Mageninhaltsuntersuchungen von Moorleichen haben ergeben, daß sich die Germanen überwiegend vegetarisch ernährten. Fleisch und Fisch kamen höchst selten auf den Tisch. Der Wildtieranteil betrug nicht einmal fünf Prozent.[15] Tägliche Hauptspeise bildete ein grob geschroteter Brei aus Hirse, Hafer oder Gerste, dem englischen Porridge vergleichbar, dem als Nahrungsergänzung Erbsen, Bohnen, Linsen, Mohrrüben oder geröstete Eicheln hinzugefügt wurden. Brot gab es nur an Festtagen. Auch die Vorstellung, daß der Germane auf der Suche nach Wildfrüchten durch die Wälder streifte, muß ins Reich der Fabel verwiesen werden. Selten finden sich Beeren, Pflaumen, Wildkirschen oder Haselnüsse im Fundgut. Obstbau war unbekannt. Äpfel, Zwetschgen und Birnen, die diesen Namen verdienten, gab es erst, als die Römer diese und andere Sorten in Germanien kultivierten. In der auf bloße Selbstversorgung angelegten Landwirtschaft kam es offenbar immer wieder zu Nahrungsengpässen. Dies belegen »Harris-Linien«, die man bei Knochenuntersuchungen entdeckte. Sie deuten auf Wachstumsstörungen hin und sind Anzeichen von Ernährungsmängeln. Germanische Volkskrankheit Nummer eins, gleich gefolgt von der Arthrose, die an fast allen Skeletten der über 30jährigen nachzuweisen ist, war Karies. Zwar gab es kein Zuckerproblem – Honig war das einzig bekannte Süßungsmittel –, doch das mit Steinmühlen erzeugte Mehl war derart mit sandigem Abrieb versetzt, daß es wie Schmirgelpapier auf den Zahnschmelz wirkte.[16]

Städte gab es nicht. Die einst von Kelten in Germanien gegründeten »Oppida« waren seit der Mitte des ersten vorchristlichen Jahrhunderts verlassen und aufgegeben. Die Germanen lebten vorzugsweise in Einzelgehöften inmitten ihrer Äcker oder in Dörfern, die höchstens zehn bis dreißig Gehöfte mit etwa 100-200 Bewohnern umfassten.[17] Die Bauernhöfe glichen heutigen im Alpenvorland. Es

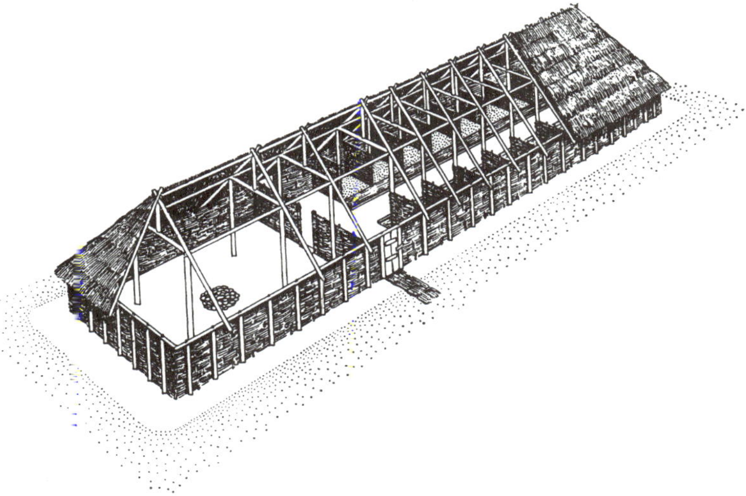

Germanisches Gehöft und Wohnstallhaus

waren Wohnstallhäuser von etwa 12 bis 25 Meter Länge, etwa 4 bis 6 Meter breit, wobei der Stallteil drei Viertel des Hauses einnahm. Das dort gehaltene »Großvieh« war verglichen mit römischem ausgesprochen klein. So wiesen die Pferde nur eine Widerristhöhe von 1,20 Meter auf (etwa mit heutigen Islandponys zu vergleichen), die Rinder brachten es auf bescheidene 1,10 Meter.[18] Es kam den Germanen allerdings mehr auf die Zahl als auf die Größe ihrer Tiere an. Rund um das Hauptgebäude lagen kleinere Häuser, in denen Schmiedewerkstatt, Backhaus, Töpferei, Webhaus und Speicher untergebracht waren. Damit deckte der einzelne Hof alle Bedürfnisse des bäuerlichen Lebens ab. Während die Töpferei nur von Hand ausgeführt wurde, da die Töpferscheibe unbekannt war, konnte die Webtechnik durchaus mit der römischen konkurrieren. Die Schmiede litten unter dem in ganz Germanien zu spürenden Eisenmangel, der sich nicht nur in der Herstellung von Ackergeräten, sondern vor allem bei der Bewaffnung auswirkte. Umschlossen wurden Siedlung und Hof meist von einer Palisade.

Die Häuser selbst waren in einer Holz-Ständer-Konstruktion erbaut, meist »dreischiffig« mit zwei Balkenreihen. Die Wände aus Flechtwerk verschmierte man mit Lehm, das Dach war mit Schilf gedeckt. Fenster,[19] Kamine oder Schornsteine existierten nicht. Es gab nur ein Windauge für den Rauchabzug. Wie archäologische Untersuchungen an Balken erwiesen, glich der einzige Wohn-, Schlaf-, Eßraum, in dem bis zu drei Feuerstellen brannten, ab einer Höhe von 1,20 Meter einer verqualmten Räucherkammer, die nach unseren Maßstäben extrem ungesund gewesen sein muß. Stall und Wohnbereich gingen ineinander über. Um die Körperwärme der Tiere auszunutzen, nahm man den Geruch in Kauf.[20]

Die adlige Oberschicht lebte nicht viel besser. Ihre Höfe waren größer, die Stallungen immerhin vom Haupthaus getrennt,[21] Kleidung und Waffen prächtiger und zahlreicher, die Palisaden höher, aber eigentliche Fürstensitze in Form von Burgen oder befestigten Plätzen sucht man vergeblich.[22] Denn die einzelnen Stämme hatten kein Zentrum und keinen Stammesführer oder König, dessen Befehle für alle galten. Man muß sich diese »Völker«, die etwa 50000 bis 150000 An-

Germanische Krieger mit charakteristischer Haartracht, dem Sueben-knoten

gehörige umfassten und deren Grenzen und Siedlungsgebiete sich beständig veränderten, als eine Ansammlung von Familienclans vorstellen, deren ureigenstes Interesse sich zunächst darauf richtete, die eigene Machtposition zu verbessern. Gemeinsam waren ihnen nur die heiligen Haine und die Opferplätze, an denen sie die Götter verehrten. Ein- oder zweimal im Jahr traf sich dort die Vollversammlung des Stammes zum »Thing«, auf dem Gericht gehalten und Angelegenheiten von allgemeiner Bedeutung erörtert wurden. Aber die hier getroffenen Entscheidungen waren nicht in unserem Sinne »verbindlich«. Recht zu bekommen, etwa als Geschädigter, dem eine Ausgleichszahlung (Wergeld) zugesprochen wurde, bedeutete zunächst nur, einen moralischen Sieg erfochten zu haben. Seinen Anspruch durchsetzen mußte das Opfer selber. Polizei, Gerichtsvollzieher und all das, was wir unter staatlicher Exekutive verstehen, gab es nicht. Übrigens auch keinen Staatsanwalt, der von sich aus bei Rechtsverletzungen tätig wurde. »Wo kein Kläger, da auch kein Richter«, lautete die Maxime.[23] War das Thing nicht in der Lage, Konflikte beizulegen, entstanden endlose Kleinfehden zwischen den Sippen bis hin zur Blutrache, die sich über Generationen hinzog.

Rolle des Adels war es, im Frieden zu vermitteln und Recht zu sprechen, im Krieg die Männer in den Kampf zu führen. Er tat es kraft seiner Abstammung, die in der Tiefe der Zeiten wurzelte, und weil er sich auf Vorfahren berief, die sich in der Vergangenheit durch Weisheit und Tapferkeit ausgezeichnet hatten. Die Germanen waren überzeugt – hierin unterschieden sie sich nicht von den Römern, – daß spezifische Eigenschaften an bestimmte adlige Geschlechter gebunden waren und diese Familien im besonderen Maße von den Göttern bevorzugt würden.

In Krieg und Frieden konkurrierten die adligen Familien um das höchste Ansehen im Stamm. Gewonnen hatte derjenige Anführer, der die meisten Gefolgsleute um sich scharen konnte:

»Das bedeutet Ansehen, das Macht, stets von einer großen Schar auserlesener junger Männer umgeben zu sein, im Frieden eine Zierde, im Krieg ein Schutz. Nicht nur beim eigenen Stamm, sondern auch bei den benachbarten Völkern erwirbt sich ein jeder Namen und Ruhm, wenn er durch die Anzahl und Tapferkeit seiner Gefolgsleute hervorragt«,[24] beschrieb Tacitus das Phänomen.

Einem charismatischen Anführer strömten von allen Stämmen Gefolgsleute zu. Entscheidend war, daß er »Heil« besaß, die Götter auf seiner Seite wußte. Man sah es an seinen kriegerischen Erfolgen, wenn er Waffen und andere Kostbarkeiten erbeutete, Gold, auch Land und Sklaven verteilte. Im Frieden war die Gefolgschaft ein teures Vergnügen. Im Gegenzug für ihre Treue bis in den Tod – so galt es als Schande, wenn die Gefolgsleute den Tod ihres Anführers in der

Schlacht überlebten – erwarteten sie Unterhalt und Geschenke für ihre Dienste: »Sie verlangen nämlich«, fährt Tacitus fort, »von der Freigebigkeit ihres Herrn das ihnen zustehende Streitroß, die ihnen zustehende blutige siegbringende Frame (Wurfspeer, Anm.d. Verf.) und festliche Gelage. Wenn sie nicht in den Krieg ziehen, verbringen sie nicht viel Zeit mit der Jagd, mehr mit Nichtstun, dem Schlafen und Essen ergeben. Gerade die tapfersten und größten Krieger tun gar nichts. Sie sind träge aus einem sonderbaren Widerspruch in ihrem Wesen heraus, da dieselben Menschen so sehr das Nichtstun lieben und die Ruhe des Friedens hassen.«[25] Dementsprechend mußte der Anführer seiner Gefolgschaft etwas bieten. Tatenlosigkeit führte unweigerlich zur »Kündigung« der Krieger, die nach dorthin abwanderten, wo mehr Ruhm, Ehre und Beute winkten. Wie diese auszusehen hatte, zeigt uns der Inhalt der germanischen Fürstengräber, in denen sich als Zeichen von Reichtum und Prestige vor allem römische Stücke (Waffen, Helme, Kessel, Schmuck) finden.[26]

Es gab zwei Strategien, um in ihren Besitz zu kommen. Die eine hatte Ariovist gewählt, als er den Rhein überquerte und sich mit Gewalt holte, was er wollte. Die andere bestand darin, römische Waffendienste zu nehmen, wie die germanischen Reiter im gallischen Krieg Cäsars. Seit das Imperium zum Nachbarn der Germanen geworden war, gab es für beide Alternativen Befürworter und Gegner in den Stämmen und Gefolgschaften: Romfeinde und -freunde. Abgesehen von der Varusschlacht hat nichts die Römer so aus dem Konzept gebracht wie die Unmöglichkeit, von einem germanischen Stammesführer eine verlässliche und alle seine Krieger bindende Zusage für Frieden oder Waffenstillstand zu erhalten.

Im Vergleich zu Gallien war Germanien dünnbesiedelt. Geschätzt werden zwei bis sechs Einwohner auf den Quadratkilometer, was ungefähr einer Bevölkerung von anderthalb bis drei Millionen Menschen entspricht.[27] Die Unzugänglichkeit des Landes und die mangelhaften Verkehrsverhältnisse wurden von den römischen Schriftstellern allerdings reichlich übertrieben dargestellt. Ähnlich wie heute von den Abenteurern und »Grenzgängern« packende Schilderungen ihrer überstandenen Gefahren gefordert werden, erwartete das römische Publikum in den Berichten über die nördlichen Länder und ihre Barbaren dramatische Bilder von Sumpf, Urwald und wilden Stämmen.

Die römischen Militärs an der Rheingrenze wußten es besser. Händler, Späher oder befreundete Stämme lieferten die Informationen, die ihnen vielleicht einmal nützlich sein würden. Germanien verfügte nicht über befestigte Straßen, wie sie die Römer überall in ihrem Herrschaftsgebiet bauten, aber es war nicht weglos. Alte Handelswege, beispielsweise die »Bernsteinstraße« von der Ostsee zur Adria oder der »Hellweg« vom Niederrhein zur Elbe, verliefen auf natürlichen Trassen, auf Höhenwegen in den Mittelgebirgen, auf Geestrücken in Norddeutschland. Durch die Moore führten Knüppeldämme und Bohlenwege.[28] Die zahlreichen Flüsse wurden als Transportwege genutzt. Daneben existierten Wirtschaftswege von Dorf zu Dorf und eine Vielzahl anderer Verbindungen, die abkürzten oder den Marsch bei schlechtem Wetter erleichterten. Sie zu begehen, war man freilich auf einheimische Führer angewiesen.[29]

Als literarische Fiktion erwies sich auch die Vorstellung eines flächendeckenden, unpassierbaren Urwalds. Natürlich war Germanien vor allem ein Waldland. Überließe man die Vegetation sich selbst, wären neunzig Prozent Mitteleuropas mit Wald bedeckt. Aber seit Jahrtausenden wurde gerodet und aufgelichtet, um Acker- und Weideflächen zu erhalten. Es wurde Holz für den Hausbau geschlagen, und das Vieh sorgte mit seinem Verbiß für das Niederhalten der Austriebe. In den Lößebenen der Wetterau und der norddeutschen Mittelgebirgsschwelle (Börden) sowie in den Flußtälern lagen kleinere und größere Siedlungsinseln inmitten von Wiesen und Feldern, allmählich von lichterem Bewuchs (Waldweide) in Urwald übergehend.[30]

Dieser Wald hatte in seinem Aussehen wenig mit unseren Forsten und Holzplantagen zu tun. Der Naturforscher Plinius, der als römischer Offizier an der Germanengrenze diente und ihn mit eigenen Augen sah, schwärmte: »Die ungeheure Größe der Eichen, seit Jahrhunderten unberührt, übertrifft alle Wunder. Ihre Wurzeln wölben sich gleich weiten Toren auf, so daß sie ganzen Reitergeschwadern Durchgang gewähren.«[31] Im Flachland wie im Mittelgebirge dominierten Buchenwälder. In niederen Lagen traten Eichen, in höheren Lagen der Bergahorn hinzu. Undurchdringlich waren diese Wälder nicht, denn ein Buchen-Hochwald ist am Boden durch Baumschatten wachstumsarm und keinesfalls mit einem tropischen Regenwald zu vergleichen. Natürlich existierten weglose, schwer passierbare Wälder. »Refugien«, in die man Flüchtlinge, die sich auskannten, möglichst nicht verfolgte. Doch im Bereich der Norddeutschen Tiefebene gab es durch feuchte Niederungen, Moore und Heiden, die ungefähr ein Viertel ihrer Fläche bedeckten, sogar offene Landschaften. Die Vorstellung eines Landes, daß »durch zahlreiche Flüsse unwegsam und wegen der Wälder und Sümpfe über weite Teile unzugänglich« sei, wie wir sie beim römischen Geographen Pomponius Mela und bei Tacitus[32] lesen, der Germanien nie besuchte, trifft genausowenig zu wie ein moderner Vergleich mit den hunderttausend Quadratkilometer umfassenden, russischen Pripjet-Sümpfen.[33] Höchstens in einem Punkt: Wie dort und in den vergleichbaren Landschaften Skandinaviens müssen im Sommer Myriaden von Mücken und Fliegen herumgeschwirrt sein, eine Plage für Mensch und Vieh.

Kapitel III

Die Römer

Schon die Zeitgenossen fragten sich, wie eine kleine Stadt am Tiber, umgeben von mächtigen Nachbarn, sich hatte aufschwingen können zur Herrin der Welt. Sich langsam vortastete in Mittelitalien, dann die Griechen Süditaliens besiegte und die Kelten der Poebene, die Flotten und Heere der Karthager in Nordafrika und Spanien und ihren berühmten Feldherrn Hannibal, bis sie schließlich die Könige des Ostens und ihre Reiche, Perseus von Makedonien, Mithridates in Kleinasien, Antiochos in Syrien und Palästina und zuletzt das uralte Ägypten, das reichste Land der Mittelmeerwelt, unterwarf.

Was besaßen die Römer, was andere Völker, die doch genauso tapfer waren, genauso eifrig und fromm in der Verehrung der Götter, nicht hatten? Der griechische Historiker Polybios, im zweiten Jahrhundert v. Chr. als Kriegsgefangener nach Rom gebracht, versuchte eine Antwort in seinen »Historien«, einer vierzig Bücher umfassenden Geschichte der Eroberung der Weltherrschaft durch Rom.

Polybios kannte die griechischen Stadtstaaten und ihre Verfassungen. Athens Demokratie, in der alle Ämter durch Wahlen der Bürger besetzt wurden, oder Sparta, das von einer adligen Elite regiert wurde, einer Aristokratie. Und natürlich kannte er die Herrschaft von Königen, die Monarchie. All diese Verfassungen unterlagen der Gefahr der Entartung. Die Demokratie konnte zur zügellosen Pöbelherrschaft werden, die Aristokratie sich von der Herrschaft der Besten zur Herrschaft der Reichen entwickeln, die Monarchie zur Tyrannis, zur willkürlichen Herrschaft eines Mannes, degenerieren.

Die Römer jedoch hatten es verstanden, die Vorteile der drei in einer Mischverfassung zu kombinieren. Ihr Staat verfügte über eine Volksversammlung, die jährlich die Beamten wählte, besaß einen Senat, das eigentliche Regierungsorgan, in dem die großen aristokratischen Familien vertreten waren, und mit den beiden Konsuln, den höchsten Staatsbeamten, zwei kleine »Könige«. Denn ihre Amtsgewalt in Krieg und Frieden war fast Monarchen gleich. Die Gefahr eines Machtmissbrauchs war jedoch gebannt. Die Konsuln kontrollierten sich gegenseitig, wurden nur für ein Jahr gewählt und durften erst nach einem Intervall von zwei Jahren erneut kandidieren. Nur in Notzeiten wählte man, befristet auf sechs Monate, einen Diktator. Die ganze Energie des Staates erschöpfte sich deswegen nicht in inneren Parteikämpfen, sondern verlagerte sich nach außen, in Eroberungen anderer Länder und Völker.[1]

Hundert Jahre später pries der römische Staatsmann Cicero aus den gleichen Gründen die Verfassung der »Res publica«, der römischen Republik, als die Beste aller möglichen.[2] Aber der ehemalige Konsul und gefeierte Schriftsteller, der in seinen Werken die »humanitas« (Menschlichkeit) als philosophisches Lebensprogramm propagierte, wurde auf Veranlassung seiner politischen Gegner am 7. Dez. 43 v. Chr. auf der Flucht erschlagen; seine rechte Hand, mit der er seine Reden verfasste, und sein Kopf, mit dem er sie erdachte, als abschrekkendes Beispiel auf dem Forum in Rom auf der Rednertribüne angenagelt.[3] Statt gegen äußere Feinde kämpften in einem zwanzigjährigen blutigen Bürgerkrieg Römer gegen Römer – und keine Verfassung, auch nicht die vorgeblich beste, gebot ihnen Einhalt.

Tatsächlich war es so, daß die Römer den Krieg für das Funktionieren ihres Staates brauchten. Der Bürgerkrieg, der in den Jahren 49–30 v. Chr. das Römische Reich erschütterte und aus dem Augustus als alleiniger Sieger hervorging, war nur die letzte Steigerung, die äußerste Konsequenz dieses Gesetzes.

Der römische Adel, die Nobiles, bildete eine Leistungselite. Kraft der Taten ihrer Vorfahren und ihrer eigenen traten sie in einem harten Konkurrenzkampf um Ämter, Statthalterposten, Militärkommandos gegeneinander an. Von Anbeginn waren sie darauf konditioniert, in der staatlichen Ämterlaufbahn (cursus honorum) und nirgendwo sonst, Karriere zu machen. Darauf wurden sie gründlich vorbereitet.

Schon im Alter von zehn Jahren begann die Ausbildung in Rhetorik. Vorzugsweise pflegte man griechische Lehrer damit zu betrauen, die als die besten galten. Sich präzise auszudrücken, schwungvoll und mitreißend zu reden, war unbedingte Notwendigkeit. Immer und überall das Wort zu ergreifen, witzig und treffend zu formulieren, erwartete das Volk ganz selbstverständlich von einem Aristokraten: vor dem Heer, um es zur Schlacht zu begeistern oder zur Disziplin zu mahnen, vor Gericht oder im Senat und in der Volksversammlung.

Körperliche Ertüchtigung war genauso wichtig. Wer später Legionen kommandieren wollte, mußte reiten, schwimmen und mit den Waffen umgehen können. Was man sonst noch zu wissen brauchte, lernten die jungen Adligen beim Heer. Als Militärtribunen begleiteten sie erfahrene Kommandeure ins Feld, dienten mehrere Jahre im Stab oder als Befehlshaber kleinerer Einheiten.

Im Winter, wenn der Krieg ruhte und sie nach Rom zurückkehrten, lernten sie als Zuschauer und Helfer ihrer Väter und Verwandten den Umgang mit Recht und Gesetz. Jede der großen Familien hatte zahllose Klienten. Bürger, die ihnen verpflichtet waren und die umgekehrt bei Streitigkeiten und Prozessen von ihnen Hilfe erwarteten. Die Gerichtsverhandlungen fanden öffentlich statt. Manche zogen mehr Publikum an als eine Vorstellung im Amphitheater. Sowohl als Verteidiger wie als Ankläger konnte man sich einen Namen machen.

Erst nach dieser gründlichen Ausbildung unter den kritischen Augen ihrer Standesgenossen und der Bürgerschaft und nachdem sie zehn Jahre im Heer und in der Stadtverwaltung Erfahrungen gesammelt hatten, durften sie sich im Alter von 31 Jahren für die Quästur, die erste Stufe der Ämterlaufbahn, bewerben[4a]. Gelang ihnen der Sprung und bewährten sie sich, konnten sie sich Hoffnungen machen, weiter aufzusteigen, zum Ädilen, später zum Prätor, der ein Lebensalter von vierzig Jahren voraussetzte. Die Krönung einer solchen Karriere bildete das Konsulat, das frühestens mit 43 Jahren bekleidet werden durfte. Die Chance, ein Amt zu erhalten, erhöhte sich dadurch, daß die Ämter jährlich neu besetzt wurden, andererseits war ihre

Zahl um so geringer, je höher man aufstieg. Den zwanzig Quästorenstellen, standen zehn für die Prätoren und nur zwei Konsuln gegenüber. Irgendwann das Konsulat oder zumindest die Prätur zu erlangen, war das erklärte Ziel der ehrgeizigen Adligen. Nach Ablauf der Amtszeit winkten dann ein lukrativer Statthalterposten in den Provinzen oder ein militärisches Kommando. Es machte auch einen Unterschied, ob die Laufbahn schon nach der Quästur endete oder ihre Fortsetzung in höheren Ämtern fand. Zwar stieg man schon als ehemaliger Quästor in den Senat auf und bestimmte dort die Geschicke des Staates mit, doch zeigte sich die Bedeutung seiner Mitglieder bei den Abstimmungen. Die Reihe war zunächst an den ehemaligen Konsuln, dann folgten die Prätoren, schließlich die übrigen Rangklassen.

Sich für die höchsten Ämter zu qualifizieren, gab es keine bessere Möglichkeit als den Krieg. Männer wie die Scipionen, Marius, Sulla, Pompeius, Crassus, Cäsar lieferten die Beispiele, daß »der Ruhm militärischen Erfolgs alle anderen überragt«,[4] daß nur er »die Ewigkeit der Zeiten«[5] überdauerte. Die Geschichte Roms war die Geschichte militärischer Heldentaten seiner Feldherrn, denen man Statuen mit der ehrenden Inschrift aufstellte: »Er hat das Gebiet des Reiches gemehrt«.[6] Krieg bedeutete Beute für die Soldaten, er füllte die Staatskasse und erlaubte den Bau repräsentativer Tempel und Foren, die Abhaltung aller Arten von öffentlichen Spielen. Vom Krieg profitierten alle, sei es durch die den römischen Bürgern gewährte Steuerfreiheit, das kostenlose »Grundeinkommen« für die in Rom lebenden Bürger in Form von Getreide-, Öl- und Geldspenden oder die Anlage von römischen »Kolonien«, Stadtgründungen auf dem besten Land der Unterworfenen.[7]

Rom war auf Krieg programmiert und nirgendwo zeigte sich dies deutlicher als im alle Bürger erhebenden und mitreißenden Schauspiel des Triumphs, der höchsten Ehrung, die einem Römer widerfahren konnte. An diesem Tag, wenn der siegreiche Feldherr auf prachtvoll geschmücktem Wagen mit seinen Soldaten in Rom einzog, galt er Jupiter, dem höchsten Staatsgott gleich. Kriege zu vermeiden, galt nicht als Tugend. Besser war es, der Gefahr mannhaft entgegenzutreten, sie schon im Keim zu ersticken, ehe sie sich wirklich zur Bedrohung auswuchs. Skrupel kannten die Römer nicht, da sie grundsätzlich »gerechte Kriege« führten. Immer gab es Bundesgenossen und befreundete Stämme, die verteidigt werden mußten, galt es, den Frieden der Welt wiederherzustellen, den nur Rom garantieren konnte, und unruhige Stämme vor sich selbst zu schützen wie beispielsweise in Gallien: »Wenn, was die Götter verhüten mögen, die Römer vertrieben werden, was hättet ihr zu erwarten als ewige Kriege unter euch selber?«[8]

Das Gefühl der Überlegenheit über andere Völker verließ den Römer nie. Es basierte auf der sicheren Gewissheit, die Götter auf seiner Seite zu haben, und auf den römischen Tugenden, deren Pflege die Grundlage für die Erfolge im Kriege waren. Die römischen Geschichtsbücher rühmten den Konsul Titus Manlius, der den eigenen Sohn hinrichten ließ, weil er zwar mit Erfolg, aber gegen den ausdrücklichen Befehl mit den Feinden gekämpft hatte. Denn nicht Tapferkeit allein gewann Kriege, sondern unbedingter Gehorsam (disciplina), der jedem verbot, seinen Platz in der Gefechtsordnung zu verlassen. Vorbilder waren Marcus Curtius, der sich mit Pferd und voller Rüstung in eine klaffende Spalte stürzte, die sich mitten auf dem Forum öffnete. Wenn Rom ewig bestehen wolle, hatten die Seher verkündet, müsse es in dieser Spalte begraben, wodurch die Stadt groß und mächtig sei. »Waffen und der Mut (virtus) eines Mannes!«, hatte Curtius ausgerufen, bevor er sich opferte.[9] Eben den zeigte Horatius Cocles, als er die Tiberbrücke, den Zugang zur Stadt, verteidigte, bis es gelang, sie abzubrechen. Dann sprang er mit seinen Waffen in den Strom, weil er lieber sterben als sich den Feinden ergeben wollte. Für diese Tat, die das eigene Leben geringer achtete als die Pflicht gegenüber den Mitbürgern und dem Staat (fides), lebte er im kollektiven Gedächtnis der Römer weiter.[10]

Dessen Träger bildeten die großen aristokratischen Familien, die seit Generationen im Senat vertreten waren, die durch ihren Einsatz und ihre Fähigkeiten das Weltreich begründet hatten und deshalb ganz selbstverständlich die führenden Positionen für sich einforderten. Warum dies so sein mußte, zeigten die Leichenbegängnisse. Während der normale römische Bürger ohne viel Aufhebens beigesetzt

Sitzung des Senats, Gemälde von Cesare Maccari (1840–1919)

wurde, war der Tod eines Angehörigen der vornehmen Geschlechter Roms, eines Claudiers, Aemiliers, Corneliers, Fabiers oder Valeriers, ein öffentliches Ereignis, an dem ganz Rom teilhatte.

Zunächst lud ein Herold alle Römer ein, den Leichnam des Verstorbenen von seinem Haus auf das Forum Romanum, den Versammlungsort der Bürgerschaft, zu begleiten. Der Tote selbst wurde sitzend oder stehend aufgebahrt, so daß ihn alle sehen konnten. Er trug die Amtstracht des höchsten Amtes, das er jemals innegehabt hatte, und ihm voran schritten die dazugehörigen Amtsdiener (Liktoren) mit den Zeichen seiner Amtsgewalt, einem Rutenbündel mit Richtbeil. Im Falle eines verstorbenen ehemaligen Konsuls waren dies zwölf, bei einem ehemaligen Prätor sechs. Vor dem Toten schritten alle Vorfahren der Familie, die es mindestens bis zum Ädil gebracht hatten. Sie wurden von Schauspielern dargestellt. Ihre Gesichter verdeckten Wachsmasken mit den Gesichtern der Verstorbenen. Auch diese Ahnen trugen die Gewänder ihrer Ämter, Togen mit Purpursaum, und wurden von Amtsdienern begleitet. Hatte der betreffende Vorfahr aber einen Triumph gefeiert und sich also als erfolgreicher Feldherr erwiesen, war sein Amtskleid purpurn und goldbestickt und es wurden Beutestücke des durch ihn errungenen Sieges im Zuge mitgeführt. Hinter dem Toten schritten die Angehörigen, Freunde, Klien-

Römischer Triumphzug, nach Reliefs vom Trajansbogen

ten. Welche Ausmaße ein solcher Zug annehmen konnte, zeigt die Beerdigung des jüngeren Drusus aus der Familie der Claudier, deren Urahn Attius Clausus Anfang des 6. Jahrhundert v. Chr. lebte und deren Mitglieder 28mal das Konsulat bekleideten, fünfmal die Diktatur und ein Dutzend Triumphe feierten. Allein für die Amtsdiener benötigte man über fünfhundert Schauspieler.[11]

Auf dem Forum angekommen, nahmen der Tote und alle Vorfahren ihre Plätze auf den eigens mitgetragenen elfenbeinernen Amtssesseln ein. Dann folgte, von einem seiner Söhne gesprochen, die Lobrede auf den Verstorbenen. Anschließend würdigte er die Ahnen des Geschlechtes, beginnend mit dem ältesten und zählte ihre Verdienste und Erfolge auf. Mit diesem Ritual feierten die großen Familien nicht nur sich selbst, sondern erinnerten auch an die großen Momente der römischen Geschichte, die untrennbar mit diesen Personen verknüpft waren. Allen Bürgern wurde vor Augen geführt, welche Leistungen in Politik und Krieg von dieser Familie für den Staat erbracht worden waren. Was wiederum ihre Angehörigen für zukünftige Aufgaben und Ämter empfahl. Eine Erkenntnis, die man mit einem attraktiven »Begleitprogramm«, mit Gladiatorenkämpfen, Theateraufführungen und einem großzügigen Trauermahl dem römischen Publikum nahebrachte.[12]

Über Jahrhunderte waren es immer die gleichen Familien, deren hervorragende Vertreter die Macht Roms vergrößerten[13] und im Laufe der Zeit bildete jede ein bestimmtes »Image«, eine besondere

Fähigkeit für bestimmte schwierige Staatsaufgaben aus. Die Manlier galten als hart und waren deshalb prädestiniert für Situationen, in denen energisch durchgegriffen werden mußte. Decier achteten ihr Leben für gering und opferten sich, wenn der Staat es von ihnen verlangte. Die Iunier feierten sich als Begründer und Schützer der republikanischen Traditionen, hatte doch einer von ihnen, der Konsul Lucius Iunius Brutus, den letzten römischen König im Kampf getötet.[14] Claudier waren als arrogant und hochmütig verschrien, aber berühmt für ihre Prinzipientreue und dem Festhalten an einmal gefassten Entschlüssen. Valerier wiederum standen dem einfachen Volk nahe und hielten in allem das rechte Maß. Die Cornelier schließlich galten als unbesiegbar, seit zwei Mitglieder ihrer Familie, die Scipionen, Hannibal und die Karthager besiegt hatten.[15]

Diese Vorstellungen hatten den Vorteil, daß man wußte, wen man vor sich hatte. Das positive Bild übertrug sich ganz automatisch auf alle Familienmitglieder, die wiederum standen unter dem Erwartungsdruck, ihren »Images« entsprechen zu müssen, ebenfalls so erfolgreich wie ihre Vorfahren zu sein. Es war ein doppelter Druck, dem sich ein junger Aristokrat ausgesetzt sah. Versagte er in Politik und Krieg, war damit nicht nur der Staat und die Bürgerschaft betroffen, sondern vor allem seine Familie. Das in Jahrhunderten aufgebaute gesellschaftliche Ansehen (dignitas), ihr Prestige und ihre Stellung wären beschädigt worden. Das durfte nicht geschehen und so waren alle Familienmitglieder, auch die weiblichen, aufgefordert, den einmal erreichten Status auf die nächste Generation mindestens zu übertragen, besser noch ihn durch kriegerische Taten und eine kluge Heiratspolitik zu verbessern.

Das System der konkurrierenden Adligen funktionierte über Jahrhunderte deswegen gut, weil sich die Aristokratie an ein von ihr selbst festgelegtes Gesetz hielt. Unabhängig davon, welche bedeutende Erfolge ein Konsul und Feldherr im Kriege geleistet hatte, welch neue Provinzen er erobert, wie gut er die Interessen des Staates in Verhandlungen vertreten hatte: Bevor er nach Rom zurückkehrte, entließ er seine Soldaten und trat von seiner herausgehobenen Stellung in den Kreis seiner Standesgenossen zurück, mochten sein Ruhm und sein Ansehen noch so gewaltig angewachsen sein. Im ersten Jahrhundert vor Christus aber traten Veränderungen ein, die den gleichberechtigten Wettkampf um Ämter, Ehren, Geld und Macht irreparabel beschädigten.

Bisher hatte jede aristokratische Familie, die einen mehr die anderen weniger, ihre Anhänger und Parteigänger (Klienten) unter den römischen Bürgern, die in der Volksversammlung zugunsten ihrer »Patrone« abstimmten, wenn es um die Besetzung der staatlichen Ämter ging. Plötzlich verschoben sich aber die Gewichte, denn eine ganz neue Gruppe von Klienten trat durch die Expansion des Reiches und die dafür benötigten großen Heeresaufgebote hinzu. Früher waren es römische Bauern gewesen, die nur in den Sommermonaten, zwischen Aussaat und Ernte, kämpften und dann auf ihre Höfe zurückkehrten. Aber der beständige Kriegseinsatz hatte viele von ihnen ruiniert. Sie strömten nach Rom und schlugen sich dort als »Proletarier«, die nichts besaßen als ihre Nachkommenschaft (proles), mit Gelegenheitsarbeiten durch. Dazu kam, daß an strategisch wichtigen Punkten dauerhaft Truppen stationiert werden mußten. Es war Marius, der Kimbern- und Teutonenbezwinger, der begriff, daß sich so kein Weltreich erhalten ließ, und der eine Heeresreform mit dem Ziel einer schlagkräftigen Berufsarmee begann. Statt der Bauern rekrutierte er die besitzlosen römischen Bürger, die gegen Sold und eine spätere Abfindung von Land und Sklaven in den Legionen dienten. Daß sie beides bekamen, hing von der Durchsetzungskraft ihres Feldherrn ab, der im Senat einen dementsprechenden Beschluß herbeiführen mußte, also von seiner Macht im Staat. Ihm diese zu verschaffen, waren sie jederzeit bereit.

Es dauerte nicht mehr lange, bis der erste erfolgreiche Feldherr, der Cornelier Lucius Sulla, der Versuchung erlag, seine politischen Vorstellungen mit Hilfe seiner Legionen durchzusetzen. Statt in langwierige Debatten seine Standesgenossen im Senat von seinem Programm zu überzeugen, marschierte er 88 v. Chr. in Rom ein und begann ein Schreckensregiment gegen seine Gegner. Ab diesem Zeitpunkt nahmen die innenpolitischen Auseinandersetzungen immer mehr den Charakter von Bürgerkriegen an. Die Aristokratie spaltete sich in verschiedene Parteien, jeweils gruppiert um charismatische Feldherrn, von denen jeder behauptete, die Republik zu verteidigen.

Auch Cäsar, nach seiner Eroberung Galliens, hatte nicht die mindeste Lust, wieder ins Glied zurückzutreten, um so mehr als er im Senat mit Anklagen über seine Amtsführung zu rechnen hatte. Der Bürgerkrieg, den er im Jahre 49 v. Chr. begann, endete im Jahre 45 v. Chr. mit seiner Ernennung zum Diktator auf Lebenszeit. Eine Stellung, die in der alten Verfassung der Republik überhaupt nicht vorgesehen war. Dagegen bäumte sich die aristokratische Opposition auf, zumal Cäsar sogar im Verdacht stand, die verhasste Königsherrschaft wieder einführen zu wollen. Genauso provozierte, daß er den Senat von 300 auf 900 Mitglieder erweiterte – und damit entwertete. Dessen Reihen füllte er mit seinen Anhängern.

Der Anschlag, dem Cäsar an den Iden (15.) des März 44 v. Chr. zum Opfer fiel, sah zwei Iunier, Decimus und Marcus Brutus, unter den Mördern. Letzterer, den Cäsar für seinen Freund hielt – »Auch du, mein Sohn Brutus?« –, vertrat den Standpunkt, man könne zwar leben, ohne zu befehlen, aber nicht, um jemandem untertan zu sein. Er repräsentierte die alte Adelsrepublik der Gleichen, die in Volksversammlung und Senat, auf dem Schlachtfeld und im Gerichtssaal in freier Konkurrenz um Ruhm, Ansehen und Ämter kämpften. Am Ende setzten sich die Besten durch – diejenigen, die für den Staat das meiste erreicht hatten. Die Republik war für Brutus kein Auslaufmodell, sondern durch die Tradition geheiligtes Vorbild. Ihre Verfassung hatte sich jahrhundertelang bewährt. Ihre Eliten, und kein König und Despot, begründeten das römische Weltreich. Als man den letzten König aus Rom vertrieb, eben denjenigen, den sein Vorfahr Lucius Brutus später tötete, schworen Volk und Senat, nie wieder einen Alleinherrscher in Rom zu dulden. Auch Marcus Brutus sah sich dieser Tradition seiner Familie verpflichtet – und eben deswegen stach er zu.

Kapitel IV

Augustus

Gaius Octavius, wie sein ursprünglicher Name lautete, wurde am 23. September 63 v. Chr. geboren. Er war ein Sohn des Gottes Apollo, der ihn in Gestalt einer Schlange gezeugt hatte, während seine Mutter im Tempel schlief. Als der Naturforscher und Astrologe Publius Nigidius sein Horoskop erstellte, erkannte er in dem Säugling den künftigen Herrn der Welt. Kaum zu sprechen imstande, befahl der kleine Gaius den Fröschen auf dem großväterlichen Landgut still zu sein, worauf diese nie mehr quakten. Ein Adler, der dem Kleinen das Frühstück aus der Hand riß, brachte es beschämt wieder zurück. Später loderten die Flammen beim Opfer bis in den Himmel auf, wie sie es nur einmal, bei Alexander dem Großen, getan hatten. Aber all das und noch viel mehr fabulierten die antiken Autoren später zusammen, als aus Gaius Octavius der Kaiser Augustus geworden war.[1]

Die Wirklichkeit sah ungleich bescheidener aus. Seine Familie gehörte nicht zu den großen aristokratischen Geschlechtern. Ein Leichenzug beim Tod eines Verwandten wäre von bestürzender Kürze gewesen, denn es gab keine zu rühmenden Ahnen. Die Octavier stammten nicht aus Rom, sondern aus dem dreißig Kilometer entfernten Velitrae (Velletri), einer Provinzstadt am Fuß der Albanerberge. Augustus' gleichnamiger Vater war das erste Familienmitglied, das es in den Senat geschafft hatte, wo er es bis zum Prätor und Statthalter von Makedonien brachte. Mehr über dessen Abstammung in Erfahrung zu bringen, war selbst dem Augustus-Biographen Sueton nicht möglich, obwohl er freien Zugang zu den Staatsarchiven hatte. Später füllten Augustus' politische Gegner diese Lücke mit der Behauptung, seine Vorfahren stammten von freigelassenen Sklaven ab, sie seien Seiler und Geldwechsler gewesen.[2]

Mütterlicherseits war die Ahnenreihe ohne Fehl und Tadel. Seine Großmutter Julia war die Schwester des Diktators, ihre Tochter Atia, seine Mutter, dessen Nichte. Er selbst war Cäsars Großneffe. Die Iulier führten ihre Herkunft bis auf die graue Vorzeit Roms zurück, sahen sich als Abkömmlinge alter Könige und des Trojaners Aeneas, der wiederum ein Sohn der Göttin Venus war. Keiner zelebrierte diese berühmte Abstammung bewußter als Cäsar: »In unserem Geschlecht vereinen sich die Ehrwürdigkeit der Könige, die bei den Menschen die höchste Macht haben, und die Heiligkeit der Götter, in deren Gewalt wiederum die Könige stehen.«[3] So ungefähr wird sich auch Octavius geäußert haben, als er in Vertretung seines Großonkels, der in Gallien unabkömmlich war, 51 v. Chr. die Leichenrede auf seine Großmutter hielt. Er war erst zwölf Jahre alt.

Beim Tod Cäsars zählte er achtzehn Jahre. Die Nachricht erreichte ihn in der griechischen Stadt Apollonia. Zurückgekehrt nach Italien erfuhr er, daß ihn Cäsar in seinem Testament als Haupterben eingesetzt und ihn gleichzeitig adoptiert, ihn also in die iulische Familie aufgenommen hatte. Fortan lautete sein Name wie der seines Adoptivvaters: Gaius Iulius Cäsar. Den bei Adoptionen üblichen Namenszusatz, der an seine Herkunftsfamilie erinnert hätte, »Octavianus«, ließ er weg.[4]

Das Erbe fiel ihm nicht zufällig zu. Cäsar hatte keinen Sohn. Octavian war sein nächster männlicher Verwandter. Seinen Großneffen zog er schon früh zu sich heran, verschaffte ihm trotz seiner Jugend ein Priesteramt und nahm ihn auf seinen Feldzug nach Spanien mit. Als Cäsar die Dolche der Verschwörer trafen, bereitete er gerade einen Krieg gegen die iranischen Parther vor. Es sollte ein Rachefeldzug werden, wie ihn die antike Welt noch nicht gesehen hatte. Denn das Reitervolk – der einzige ernsthafte Gegner Roms im Orient – hatte neun Jahre zuvor, 53 v. Chr., eine römische Armee unter ihrem Feldherrn Marcus Licinius Crassus vernichtend geschlagen. Crassus fiel, die Parther machten Tausende von Gefangenen und erbeuteten alle Legionsadler. Um diese Schmach zu tilgen, plante Cäsar nichts weniger als die Zerschlagung ihres Reiches. An seiner Seite sollte Octavian sein erstes großes militärisches Kommando erhalten und sich als Nachfolger des Diktators qualifizieren. Die dazu nötigen Truppen waren bereits aufgestellt und warteten in Süditalien und Makedonien auf den Marschbefehl. Aber all diese hochfliegenden Pläne wurden durch die Ermordung Cäsars zu Makulatur.

Doch der junge Octavian zeigte rasch seine überragenden politischen Fähigkeiten. Erbe zu sein bedeutete nicht nur, über Cäsars ungeheures Vermögen zu verfügen. Wichtiger noch waren die auf Cäsar eingeschworenen Legionen, die jetzt Octavian zujubelten, und dessen Anhänger in Rom und in den Provinzen. Doch wie es mit der römischen Republik weitergehen, wer sich letztlich durchsetzen würde, war alles andere als klar. Neben Octavian gab es noch andere Cäsarianer mit Macht und Einfluß, allen voran der zwanzig Jahre ältere Marcus Antonius, Cäsars bester, in vielen Schlachten bewährter Truppenführer. Den »Erben« empfand er als störende Konkurrenz seiner eigenen Pläne. Welche Verdienste hatte »der Junge«, wie er ihn spöttisch nannte, schon aufzuweisen? »Du verdankst doch alles nur deinem Namen«,[5] urteilte er abschätzig über ihn. Dagegen war es Marc Anton gewesen, der mit seiner berühmten Rede an der Bahre des toten Cäsar[6] dafür gesorgt hatte, daß die Mörder Rom verlassen mußten. Brutus und sein Mitverschwörer Cassius bildeten das dritte Machtzentrum. Sie stellten im Osten neue Legionen auf, um ihren Kampf für die Republik fortzusetzen. Schließlich gab es noch den Senat. Er verfügte zwar nicht über Truppen, aber er entschied über die Legitimität des Handelns aller Beteiligten.

Was Octavian zu wollen hatte, schrieb ihm die »pietas«, die fromme Sohnesliebe vor. Sie rief nach der Bestrafung der Mörder seines Adoptivvaters, gleichzeitig strebte er eine ähnlich überragende Machtstellung an, wie sie Cäsar innegehabt hatte. Antonius verlangte sie ebenfalls – und, wie er glaubte, mit mehr Recht. Der Senat sah in ihm die größere Gefahr für die Republik und entschied sich unter dem Einfluß Ciceros, der den jungen Mann sträflich unterschätzte und ihn für ungefährlich hielt, für Octavian. Seine Aufgabe sollte es sein, den Staat gegen Antonius zu verteidigen. Im Gegenzug wurde er in den

Senat aufgenommen und, kaum zwanzig Jahre alt, zum jüngsten Konsul der römischen Geschichte gewählt. Die gesetzlichen Vorschriften beachtete man in seinem Falle nicht.

Binnen Jahresfrist war aus dem »Jüngling« ein Machtfaktor geworden. Das begriff auch Marcus Antonius und schloß mit Octavian im November 43 v. Chr. ein Bündnis, in das noch ein anderer Cäsarianer, Lepidus, einbezogen wurde (2. Triumvirat). Zusammen kontrollierten die drei den gesamten Westen des Imperiums und teilten ihn unter sich auf. Dann widmeten sie sich ihren politischen Gegnern im Senat. Den Proskriptionen, die den Betreffenden für vogelfrei erklärten und seinen Mörder belohnten, fielen dreihundert Senatoren zum Opfer. Ihre Vermögen wurden eingezogen, ihre Plätze von Anhängern der Triumvirn eingenommen. Unter den Erschlagenen war auch Cicero. Ungerührt hatte Octavian diesen Preis für die Verständigung mit Antonius bezahlt.

Skrupellosigkeit war nicht der einzige negative Charakterzug Octavians. Ein Jahr später fiel bei Philippi in Makedonien »die Entscheidung über Freiheit und Volksherrschaft«[7] in einer der blutigsten Schlachten des Bürgerkrieges. De facto führte Antonius den Oberbefehl über die 28 Legionen des cäsarischen Lagers. Octavian, von Kindheit an von schwacher Gesundheit und besonders in militärischen Stresssituationen wenig belastbar, lag krank in einer Sänfte und war in der entscheidenden Phase der Schlacht nicht zu finden. Brutus und Cassius, die als Parole an ihre Soldaten »Freiheit« ausgegeben hatten und ihnen »ein Leben ohne Despoten und Tyrannen«[8] versprachen, wurden besiegt und endeten durch Selbstmord. Unter den vielen, die es ihnen nachtaten, war Sextus Quinctilius Varus, dessen Sohn Publius 51 Jahre später in Germanien auf gleiche Weise sterben sollte. 40 000 Tote bedeckten das Schlachtfeld.[9]

Während Antonius die Geschlagenen mit Großmut und als römische Bürger behandelte, zeigte sich Octavian als Wüterich und Leichenschänder. Er beschimpfte die Gefangenen und befahl, dem toten Brutus den Kopf abzuschlagen und ihn nach Rom zu schicken, wo er an der Statue Cäsars im Senat hingeworfen werden sollte. Das Vorhaben scheiterte nur, weil das Transportschiff in einen Sturm geriet und die abergläubische Besatzung die grausige Fracht über Bord gehen ließ.[10]

Der Ausgang der Schlacht betraf ganz unmittelbar auch die Frau, mit der Octavian einundfünfzig Jahre verheiratet sein sollte und deren politische Bedeutung als Ratgeberin ihres Mannes nicht hoch genug eingeschätzt werden kann: Livia Drusilla aus der hochberühmten Familie der Claudier. Ihr Vater focht auf der Seite der Cäsarmörder und beging Selbstmord, ohne auch nur zu erwägen, um Gnade zu bitten. Sie selbst wurde im gleichen Jahr mit einem nahen Verwandten verheiratet, dem um vieles älteren Tiberius Claudius Nero. Sie zählte ungefähr fünfzehn Jahre.[11]

Das Schicksal Neros gibt ein schönes Beispiel für eine politische Karriere im Bürgerkrieg ab, in dem es vor allem darauf ankam, immer auf der richtigen, also der Seite des Siegers, zu stehen. Nero setzte zunächst auf Cäsar, was ihm einen glanzvollen Aufstieg ermöglichte. Nach dessen Tod schwenkte er auf die Seite der Cäsarmörder, für deren Tat er im Senat eine Belohnung forderte. Rasch merkte er jedoch, daß er auf die schwächere Partei gesetzt hatte, und ging zu Marcus Antonius über, was ihm 42 v. Chr., im Jahr seiner Eheschließung mit Livia, die Prätur eintrug. Am 16. November des gleichen Jahres wurde ihr Sohn Tiberius, der spätere Kaiser, geboren.

Mit der Parteinahme für Antonius wählte Nero wiederum die falsche Seite. Der im Jahre 40 v. Chr. ausbrechende Machtkampf zwischen den Triumvirn sah ihn als politischen Flüchtling, gehetzt von den bewaffneten Anhängern Octavians. Begleitet von Livia und dem einjährigen Sohn, schlug er sich von Rom über Neapel nach Sizilien und von dort nach Griechenland durch. Nach einem längeren Aufenthalt in Sparta kehrte das Paar im Spätsommer 39 v. Chr. nach Italien zurück. In einem Vertrag hatten sich Octavian und Antonius über die Aufteilung ihrer Machtsphären geeinigt. Eine allgemeine Amnestie erlaubte allen ehemaligen Kontrahenten die Rückkehr. Livia erwartete wieder ein Kind. Nero spielte in der Politik keine aktive Rolle mehr. Einem geruhsamen Leben auf den Landgütern der Familie hätte nichts mehr im Wege gestanden. Doch am 23. September, auf der Feier seines 24. Geburtstags, begegneten sich Livia und Octavian.

Vier Monate später, am 17. Januar 38 v. Chr., im sechsten Monat schwanger, ehelichte sie den späteren Augustus. Was war geschehen?[12]

Vordergründig hatten Amors Pfeile die beiden getroffen und keine Konventionen galten mehr. Die knapp 20jährige, schöne, tatkräftige, ehrgeizige und intelligente Livia verband sich mit dem gutaussehenden, kaum älteren Octavian, dessen Witz und Charme sie gleichermaßen faszinierte wie sein messerscharfer Verstand. Die gegenseitige Anziehung war so groß, daß die Scheidung von ihrem Mann nur einen Monat nach ihrer Begegnung stattfand. Octavian wartete mit der seinen nur noch so lange, bis seine bisherige Frau, Scribonia, ihm eine Tochter, Julia, geboren hatte. Am Tag der Geburt trennte er sich nach nur einjähriger Ehe von ihr, die zehn Jahre älter war.[13]

»Liebesheiraten« spielten sonst in der Aristokratie nicht die mindeste Rolle. Wie in Adelsgesellschaften üblich, verheiratete man die Mädchen unter dem Gesichtspunkt des Macht- und Prestigezuwachses der großen Häuser. So hat es in späteren Jahren auch Octavian gehalten. Im Falle seiner eigenen Eheschließung zog er es vor, daß sich die Öffentlichkeit mehr über den Skandal erregte,[14] als Fragen nach anderen, ebenso wichtigen Motiven zu stellen. Sie liegen jedoch auf der Hand. Mit Livia tilgte er mit einem Schlag den Makel seiner kleinstädtischen väterlichen Herkunft. Fortan wurde er von den altadligen Familien als gleichrangig akzeptiert. In der Folgezeit konnte er auf ihre Hilfe rechnen. Aber auch Livia machte eine gute Partie, tauschte einen ältlichen Verlierer gegen den kommenden Herrscher des Römischen Reiches. Von ihrer Wahl profitierten ihre Söhne aus erster Ehe, Tiberius und der drei Monate nach der Hochzeit geborene Drusus. Nur der Wunsch nach eigenen Kindern erfüllte sich nicht. Nach einer Fehlgeburt blieb Livia zeitlebens unfruchtbar. Julia sollte Octavians einziges Kind bleiben. Und daran zerbrechen.

Livias Instinkt für den richtigen Mann hatte sie nicht getrogen. Am Ende gab es nur noch zwei Rivalen um die Macht in Rom: Octavian und Antonius. Der eine herrschte im Westen des Mittelmeers und in Italien, der andere kontrollierte den Osten und war mit Ägyptens Königin, Kleopatra, liiert. Im Jahre 31 v. Chr. standen sich beider Heere und Flotten bei Actium an der Westküste Griechenlands zur letzten Schlacht des Bürgerkrieges gegenüber.

Antonius zweifelte keinen Augenblick, sie zu gewinnen. Aus seinen 30 Legionen hatte er über 100000 Mann zusammengezogen, seine Flotte, verstärkt durch die Schiffe seiner ägyptischen Verbündeten, war der Octavians überlegen. Von den militärischen Fähigkeiten seines Gegners hielt er nichts – und hatte damit recht. Im Gegensatz zu Antonius, dem fröhlichen Zecher und tapferen Draufgänger, der gern mit seinen Soldaten am Lagerfeuer saß, war Octavian kein soldatischer Typ. Es Antonius gleichzutun, verbot sein schwacher Magen, der schon nach wenigen Gläsern Wein revoltierte. Dem Kriegsruhm des Rivalen hatte er wenig entgegenzusetzen. In Rom kursierte das boshafte Epigramm, er liebe das Glücksspiel vor allem deswegen, weil er beim Würfeln endlich einmal gewinnen könne.[15] Dabei war er keinesfalls feige. In einem Feldzug gegen dalmatische Stämme war er sogar verwundet worden, als er beim Sturm auf eine Befestigung in einen Graben fiel. Doch seine Schlachten schlugen andere, allen voran sein bester Feldherr und Jugendfreund Marcus Agrippa, dem er auch bei Actium das Kommando über Heer und Flotte überließ.

Octavians Stärken waren die Politik, die Auswahl der richtigen Männer und ein Gefühl für symbolische Handlungen, die mehr waren als bloße Propaganda. So gesehen, hatte Antonius die Schlacht schon verloren, bevor sie noch begonnen hatte. Denn der römischen Öffentlichkeit hatte Octavian längst klargemacht, daß hier nicht Römer gegen Römer kämpften, sondern ein Abtrünniger, ein orientalischer Despot gezüchtigt werden mußte, der gerade dabei war, die Provinzen des Ostens, den in langen Kriegen eroberten Besitz des römischen Volkes, an seine ägyptische Geliebte zu verschenken. Vergebens lehnte sich Antonius dagegen auf: »Was hat Dich denn so verändert? Daß ich die Königin (Kleopatra, Anm. d. Verf.) beschlafe? Sie ist meine Frau. Habe ich erst jetzt damit angefangen oder schon vor neun Jahren? Und Du, beschläfst Du denn bloß die Drusilla (Livia, Anm. d. Verf.)? Geh doch weg! Wenn Du diesen Brief liest, hast Du sicher Tertulla oder Terentilla oder Rufilla oder Salvia Titisenia oder sie alle beschlafen.«[16]

Monate lagen sich die Heere und Flotten gegenüber und belauerten sich gegenseitig. Erst als Krankheiten, Hunger und die fortgeschrittene Jahreszeit keinen anderen Ausweg ließen, griff Antonius mit der Flotte an. Die Entscheidung fiel, als Kleopatra die Nerven verlor und den Rückzug ihrer Kriegsschiffe anordnete. Antonius flüchtete mit und soll sich drei Tage lang verstört und sprachlos über die Niederlage im Vorschiff seiner Galeere aufgehalten haben. Sein Landheer desertierte oder lief zum Gegner über. Das vierstündige Gefecht wird auf den 2. September 31 v. Chr. datiert. Zum Andenken an den Sieg befahl Octavian den Bau eines Tempels, einer Stadt und die Abhaltung von jährlichen Spielen. Nach dreizehn Jahren beständiger Kämpfe »gewann er zum ersten Male die gesamte Macht, so daß auch die Zählung seiner Regierungsjahre als Alleinherrscher genau von jenem Tage an erfolgte«, kommentierte der Historiker Cassius Dio.[17]

Nach zwanzig Jahren Bürgerkrieg legte sich eine gespannte Ruhe der Erwartung über Staat und Gesellschaft. Unabdingbar war eine neue Ordnung, aber welche Formen würde sie annehmen? Das alte Modell der Republik, die freie Konkurrenz der Adelsfamilien, hatte seine zerstörerische Kraft gezeigt – die Bereitschaft, es wieder aufleben zu lassen, war nirgendwo vorhanden. Weder bei den einfachen Bürgern und Provinzbewohnern, die der ewigen militärischen Auseinandersetzungen müde waren, noch bei den adligen Familien selbst. Sie hatten in den Kriegen einen ungeheuren Blutzoll entrichtet, waren dezimiert, ruiniert oder ganz ausgerottet – wenn sie auf der falschen Seite gestanden hatten. Aber sie waren nicht verschwunden, und nicht nur die altadligen, sondern gerade die neu in den Senat gelangten Familien pflegten die Traditionen dieser ehrwürdigen Institution der Republik, die das Weltreich begründet hatte.

Octavian machte nicht den Fehler seines Großonkels Cäsar. Statt mit einer offen monarchischen Herrschaft den gesammelten Widerstand der Aristokratie herauszufordern, proklamierte er die Wiederherstellung der Republik und beteiligte beim Wiederaufbau des Staates die Senatsaristokratie. Gedeckt von dieser gesichtswahrenden Formel organisierte er freilich das Staatswesen so, daß nur ein Mann wirklich etwas zu sagen hatte: er selbst. Statt sich die Königskrone aufzusetzen oder wie Cäsar als Diktator auf Lebenszeit zu regieren, kombinierte er die alten republikanischen Ämter zu einer komfortablen Alleinherrschaft: das Konsulat und die Kommandogewalt über das Heer, das Recht des Volkstribunen, gegen alle Beschlüsse des Senats ein Veto einzulegen, den Zugriff und die Kontrolle von Staatskasse und Provinzen, später kam noch das Amt des obersten Priesters hinzu. Die so gewonnene Machtstellung nannte er Prinzipat, sich selbst bescheiden Princeps, »der erste Bürger«.

Offiziell lief fast alles in den gewohnten Bahnen, jedes Jahr wurden zwei Konsuln und die übrigen Beamten gewählt, allerdings war keiner auf der Kandidatenliste, den Octavian nicht wollte. Der Senat führte weiterhin die Regierungsgeschäfte, entschied über Krieg und Frieden, empfing Gesandtschaften – allerdings unter der steten Aufsicht des Princeps, der sich die letzte Entscheidung vorbehielt. Selbst der Begriff »Princeps« war nicht neu, es gab ihn schon in republikanischer Zeit. Er bezeichnete den ranghöchsten, ehrwürdigsten Senator, der als erster abstimmen durfte und dadurch die Meinungsbildung prägte. Dieses Recht nahm Octavian auch für sich in Anspruch.

Ihrem Stand und ihren Idealen entsprechend strebten die Adelsfamilien weiterhin nach Ansehen, Ruhm und Ehre, nach Statthalterposten und Kommandostellen, und wie von alters her waren kriegerische Taten die beste Qualifikation. Doch nicht mehr der Senat, nicht mehr die Volksversammlung beurteilten, was sie für den Staat geleistet hatten, sondern Octavian spielte den von allen anerkannten Schiedsrichter. An ihm schieden sich fortan die Geister. Während der republikanisch gesinnte Schriftsteller Tacitus den Verlust der »Freiheit« beklagte und den Prinzipat als System der Knechtschaft verurteilte, rühmte ihn der Historiker Cassius Dio als die Rettung des Staates. Schließlich habe die Republik in die Katastrophe der Bürgerkriege geführt.[18]

Mangelnde Tatkraft konnte man Octavian jedenfalls nicht vorwerfen. Als erstes löste er das Problem der Bürgerkriegsarmeen. Sie waren mit den Jahren auf über 60 Legionen angeschwollen, eine ungeheure Masse von fast 500 000 Soldaten,[19] ein gewaltiger Kosten- und Unruhefaktor. Es gab nicht wenige Stimmen in Rom, die nun den lange aufgeschobenen Partherkrieg forderten, aber Octavian, der in Alexandria das Grab Alexanders des Großen hatte öffnen lassen, »um einem König ins Gesicht zu sehen«,[20] wollte erst konsolidieren und dann expandieren. Statt wie Alexander bis an die Grenzen der Welt zu ziehen, kaufte er lieber in Italien Land für die Veteranen und verringerte so das Heer auf friedliche Weise um die Hälfte. Gleichzeitig schuf er sich damit eine verlässliche, ihm stets dankbare Klientenschar, die er jederzeit und schnell zu den Waffen rufen konnte. Der Sicherheit des Princeps diente auch eine neue Elite-Formation des Heeres, die Prätorianer, die in unmittelbarer Nähe Roms stationiert wurden.

Dann sorgte er für Arbeit und Brot in der Hauptstadt. Er begann ein großes, sich über seine ganze Regierungszeit erstreckendes Bauprogramm, das die Millionenstadt Rom zum repräsentativen Schaufenster des Reiches machte, indem er sie, mit seinen Worten »aus einer Lehmziegelstadt in eine marmorne verwandelte«.[21] Nach und nach entstanden nun jene Bauten, die wir mit dem Begriff des »Kaiserlichen Rom« verbinden, Augustus-Forum, Apollo- und Mars-Tempel,

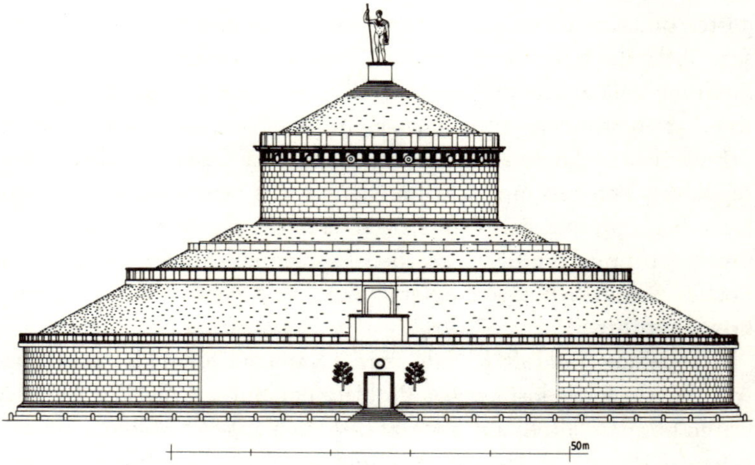

Mausoleum des Augustus, Rekonstruktion

Marcellus-Theater, Pantheon und das 45 Meter hohe Mausoleum für Augustus und seine Familie auf dem Marsfeld. Die Wirkung des bald einsetzenden Wirtschaftsaufschwungs schlug sich im tiefen Fall des Kreditzinses nieder, der von zwölf auf nur noch vier Prozent sank.[22]

Im nächsten Schritt reformierte er den Senat. Das erlauchte Gremium war im Lauf der Bürgerkriege mit immer neuen Parteigängern der jeweiligen Machthaber angefüllt worden, zählte über tausend Mitglieder und war dadurch kaum noch arbeitsfähig. Getreu seinem Prinzip »Eile mit Weile« reduzierte er ihn im Verlauf von zwölf Jahren auf sechshundert Senatoren. Damit war er immer noch doppelt so groß wie zu Zeiten der Republik.[23]

Am Forum Romanum erhob sich ein Tempel, gewidmet einem der ältesten römischen Götter, dem Janus. Er galt als Gott der Anfänge und Durchgänge, sein Blick ging in Vergangenheit und Gegenwart. Sein bronzenes, mehr als zwei Meter großes Standbild zeigte einen Kopf mit zwei Gesichtern. Sein Monat, der Januar, eröffnete das Jahr. Herrschte im Reich Frieden, schloß man die großen Doppeltore seines Tempels, standen sie offen, war es das Zeichen, »daß die Bürgerschaft in Waffen stehe«,[24] das Zeichen für Krieg. Seit zweihundert Jahren hatte das bärtige Antlitz des Gottes drohend hinausgeblickt, jetzt endlich, auf Befehl Octavians, drückte man die Türflügel zu und der Dichter Vergil jubelte: »Die Pforten des Krieges, die grausigen, werden dicht verschlossen mit Riegeln aus Erz.«[25]

Die nunmehr angebrochene Zeit des Friedens war im Gegensatz zu früher nicht als kurze Atempause zwischen zwei Kriegen gemeint. Sie bezeichnete den zukünftigen Zustand des Imperiums. Schöpfer dieses neuen Zeitalters war kein anderer als Augustus. Er gab ihm seinen Namen »Pax Augusta« und erhob diesen Frieden in die religiöse Sphäre, indem er ihm einen prächtigen Altar mitten in Rom weihte. Es war ein Friede, der zunächst die Einigkeit unter den römischen Bürgern meinte, dann das friedliche Zusammenleben von Römern und Provinzbewohnern im Imperium forderte, schließlich die ganze Welt unter römischer Herrschaft vereinen sollte. Diese »Pax Augusta« hatte mit Pazifismus nicht das geringste zu tun. Sie war nur zu römischen Bedingungen zu haben, setzte mithin voraus, daß die Unterworfenen die römische Herrschaft und den Führungsanspruch der Römer akzeptierten. Dies galt besonders für die noch außerhalb des Reiches lebenden Völker. Der Friede mit ihnen konnte nur durch Siege der Römer oder freiwillige Unterwerfung geschlossen werden. Alles andere, etwa ein förmlicher Vertrag zu gleichen Bedingungen, kränkte die Ehre Roms, es sei denn, man gewährte ihn als besondere Auszeichnung für Wohlverhalten aus freien Stücken.[26]

Octavians Bemühen, Recht und Gesetz wiederherzustellen, die Provinzverwaltung zu ordnen und ein neues rationelles Steuersystem einzuführen, krönte er mit der Aufhebung aller ungesetzlichen Anordnungen, die während des letzten Jahrzehnts der Bürgerkriege erlassen worden waren. Im Jahr 27 v. Chr. verlieh ihm der Senat als dem »Retter des Staates« den Ehrennamen Augustus, »der Erhabene«, und stellte in seinem Sitzungssaal einen goldenen Ehrenschild auf, der die vier Tugenden des Princeps rühmte: »Virtus«, die Tapferkeit im Kriege verbunden mit der von den Göttern geschenkten Sieghaftigkeit, »Clementia«, die Milde, »Iustitia«, die Gerechtigkeit gegenüber Mitmenschen und unterworfenen Feinden, schließlich »Pietas«, Frömmigkeit und Pflichterfüllung, auf die Bürger und Götter Anspruch erhoben. Drei davon waren altrömisch vertraut, neu war die Milde, die schon Cäsar ausgezeichnet hatte. Es war keine republikanische Tugend, sondern eine monarchische, denn sie ließ Gnade vor Recht ergehen.[27]

Augustus mit Eichenkrone, eine der höchsten Auszeichnungen, verliehen für die Rettung von römischen Bürgern aus Todesgefahr

Zehn Jahre später hatte Augustus seine Ziele erreicht.

Dank des Prinzipats herrschte überall Frieden im Reich, die Feinde im Osten und Westen streckten die Waffen, die Götter waren versöhnt und neue Ehegesetze sorgten für Sitte und Anstand. Es war der Anbruch eines neuen goldenen Zeitalters vergleichbar jenem, das am Anfang der Menschheitsgeschichte geherrscht hatte. Augustus feierte seinen Beginn zusammen mit allen Bürgern Roms vom 31. Mai bis zum 10. Juni 17 v. Chr. mit einem großen Dank- und Sühnefest an die Götter, den Säkularspielen, die nur in jedem Jahrhundert einmal begangen wurden. Augustus übernahm selbst die Regie und führte persönlich die Prozessionen an, die an drei aufeinander folgenden Tagen und Nächten den Schicksalsgöttinnen, der Mutter Erde, Jupiter, dem höchsten römischen Gott, und seiner Gemahlin Juno Opfer darbrachten. Am letzten Tag sang ein gemischter Chor aus 27 Mädchen und 27 Jungen ein Preislied, das der Dichter Horaz eigens für diese Feier verfasst hatte. Eingeschlossen in die Bitte an die Götter, es möge »Roms Macht und das Glück Italiens auf ein neu Jahrhundert von Jahr zu Jahr stets schöner erblühen«, war ein rühmendes Lob für Augustus. Denn »seinem Arm, allmächtig zu Land und Meer, beugt sich nun scheu der Meder; Skythen, jüngst noch trotzig, und Inder holen seine Bescheide.«[28]

Mit den Medern waren die Parther gemeint, die Augustus drei Jahre zuvor »besiegt« hatte, wovon ein zu seinen Ehren errichteter Triumphbogen am Forum Zeugnis ablegte und eine Inschrift verkündete: »Die Parther zwang ich, die Beute und die Feldzeichen dreier römischer Heere zurückzugeben und un-

Detail der Panzerstatue von Prima Porta. Unter den Augen der Götter überreicht der Partherkönig einem römischen Feldherrn einen Legionsadler

terwürfig die Freundschaft des römischen Volkes zu erbitten.«[29] Statt eines Krieges hatten diplomatischer Druck und eine Verstärkung der Truppen an der Ostgrenze ausgereicht, um den parthischen König gefügig zu machen. Augustus verstand es jedoch meisterhaft, sich als Rächer zu inszenieren, gleichzeitig als derjenige, der den Plan seines Adoptivvaters Cäsar in die Tat umgesetzt hatte, das Partherreich zu unterwerfen. Münzen zeigten knieende Parther, die demütig die Feldzeichen überreichten, ein Bildprogramm, das auch auf den Statuen des Augustus seinen Niederschlag fand.[30]

Dieser Erfolg war ihm wichtig. Denn ein von ihm persönlich geführter Feldzug gegen die unruhigen Stämme Nordwestspaniens hatte ihm nicht den gewünschten Ruhm und den Beweis seines Feldherrntalents gebracht. Wieder einmal warfen ihn die Anstrengungen des Krieges aufs Krankenlager und trotz Einsatzes von sieben Legionen brach der Widerstand erst zusammen, als der bewährte Marcus Agrippa auf dem Schauplatz erschien.

Vor allem aber galt es, die Götter zu versöhnen. Denn auf ihre Vernachlässigung führten die Römer die Krise ihres Staates zurück. Augustus setzte sämtliche Tempel wieder instand, organisierte die Priesterschaften neu und achtete darauf, daß die kultischen Zeremonien mit der unbedingt nötigen Sorgfalt abgehalten wurden. Die Rolle der Religion wieder zu stärken, war ein Teil der moralischen Erneuerung, die Augustus dem Gemeinwesen verordnete. »Durch unsere Laster, nicht durch irgendein Unglück, haben wir die Republik verloren«,[31] hatte bereits Cicero konstatiert, und auch Augustus war zutiefst davon überzeugt, daß man zu den altrömischen Tugenden, zu den Sitten der Vorfahren zurückkehren müsse. Dem diente eine rigorose Ehegesetzgebung für die Oberschicht, die eine Verweigerung der Ehe mit empfindlichen Strafen belegte und diejenigen in der Karriere und im Erbrecht bevorzugte, die mindestens drei Kinder hatten. Den eingerissenen lockeren Sitten sollte die Kriminalisierung des Ehebruchs einen Riegel vorschieben, der nun von Staats wegen verfolgt wurde. Den Junggesellen, die sich dem Zeugungszwang entzogen, hielt Augustus im Senat eine Standpauke: »Denn sicherlich besteht euer Vergnügen nicht in einem Alleinsein, das euch auf Frauen verzichten läßt, und es ist auch niemand unter euch, der für sich allein speist oder allein schläft; nein, ihr wollt nur volle Freiheit, um eurer Geilheit und Zuchtlosigkeit frönen zu können.«[32] Der Princeps fiel freilich als Vorbild aus. Seine Liebschaften waren allbekannt und über lange Zeit unterhielt er sogar ein Verhältnis zur Frau seines Freundes Mäcenas. Mit zahlreichen Nachkommen konnte der Vater eines einzigen Kindes ebenfalls nicht dienen.

Sich an den Vorfahren zu orientieren, bedeutete, in ihre kriegerischen Fußstapfen zu treten. Frieden und Wohlstand machten träge. Der Weg zur Gesundung des Staates führte über die Schlachtfelder. Da Augustus für das Reich das »Goldene Zeitalter« ausgerufen hatte, mußten sich die Energien des Staates nach außen entladen. Den von Augustus massiv geförderten Dichtern fiel die Aufgabe zu, den Anspruch auf Weltherrschaft in Verse und Prosa zu fassen. Vergil, der mit der »Aeneis« das neue Nationalepos der Römer schuf, leitete ihn unmittelbar von Jupiter, dem römischen Staatsgott, ab: »Den Römern setze ich weder in Raum noch Zeit eine Grenze, ein endlos Reich habe ich ihnen verliehn, den Herren der Welt, das Volk im Gewande der Toga.« Zu welchem Zweck formulierte er im gleichen Werk: »Du aber Römer, gedenk – so wirst du leisten dein Wesen – Völker kraft Amtes zu lenken und Ordnung zu stiften dem Frieden. Unterworf'ne zu schonen und niederzukämpfen Empörer!« [33] Der Historiker Livius, mit Augustus befreundet, ließ in seiner »Römischen Geschichte« den Gründer der Stadt, Romulus, zum Sprachrohr der Götter werden: »Verkünde den Römern, daß es der Wille der Himmlischen ist, daß mein Rom das Haupt des Erdkreises sei. Sie sollen also das Kriegswesen pflegen und sie sollen es wissen, und es ihren Nachkommen weitergeben, daß keine Macht der Welt den Waffen Roms widerstehen kann.«[34]

Kapitel V

Rheinfront

Das von Augustus ausgerufene goldene Zeitalter, einschließlich Weltfrieden, Versöhnung der Götter, Eintracht im Innern und Stärke nach außen, dauerte genau ein Jahr. Dann brachen Aufstände in längst unterworfenen Gebieten, in Spanien und im Alpenraum los, pannonische Stämme attackierten das römische Illyrien und die Provinz Makedonien wurde von Sarmaten und Skordiskern geplündert. Die schmählichste Niederlage aber erlitten die Römer dort, wo sie es am wenigsten erwarteten: am Rhein.

In den Jahrzehnten des römischen Bürgerkriegs, als die Legionen anderweitig beschäftigt waren, nutzten die östlich des Rheins wohnenden Stämme nur gelegentlich die Situation für Plünderungszüge, oder es kam vor, daß wagemutige römische Händler in Germanien erschlagen wurden.[1] Die römischen Statthalter wurden damit ohne weiteres fertig. Mehrmals überschritten die Legionen den Rhein und bestraften die jeweiligen Stämme. Zweimal entsandte Augustus seinen besten Mann nach Gallien, Marcus Agrippa. Er siedelte romfreundliche Germanenstämme wie die Ubier auf dem bevölkerungsarmen linksrheinischen Ufer an und begann mit einem großangelegten Straßenbauprogramm.[2] Von den römischen Ingenieuren geplant und von den Legionären gebaut, führten befestigte Straßen von Lugdunum (Lyon) nach Augusta Treverorum (Trier), von dort zum Ober- und Niederrhein.

Die Straßen waren der Schlüssel für die militärische Beherrschung des Raumes. Auf frostsicheren Steinfundamenten oder Kiesschichtungen gegründet, gepflastert oder geschottert, in einer Breite bis zu vierzig Metern einschließlich Gräben und Sommerweg, erlaubten die

»Eisenbahnen der Antike« das Marschieren und Fahren bei jeder Witterung. Zudem war die Trassenführung auf schnellste Verbindung von einem Ort zum anderen angelegt, verlief vorzugsweise schnurgerade und hielt sich nicht lange mit natürlichen Hindernissen auf, die mit Brücken, Tunneln und Dämmen beseitigt wurden. Die Marschzeiten verkürzten sich dadurch. Das erhöhte die Mobilität der Truppen, gleichzeitig vergrößerte sich der Radius des von ihnen kontrollierten Territoriums. Entfernungen wurden kalkulierbar. So veranschlagte man für die Verlegung einer Legion von Rom nach Köln exakt 67 Tage. Die rund 100 000 Kilometer Straßen, die Städte und Provinzen miteinander verknüpften, waren der Stolz des Imperiums und seine pulsierenden Adern. Sie symbolisierten den Herrschaftsanspruch des Reiches über die Natur und bewiesen die Leistung einer überlegenen Zivilisation.[3]

Römische Straße, Reste der Via Appia

Mehr und mehr versuchten die Römer, Einfluß im rechtsrheinischen Germanien auszuüben. Die Chatten veranlassten sie, das Lahntal zu besiedeln, und begannen bei Sugambrern, Usipetern und Tenkterern Tribute einzuziehen. Die damit beauftragten Zenturionen überlebten diese Zumutung allerdings nicht. Die erbosten Stämme töteten sie auf römische Art: durch Kreuzigung.[4] Dann überquerten sie den Strom, um in Gallien einzufallen. Der Statthalter Marcus Lollius, ein Vertrauter des Augustus, von ihm mit einem hohen Priesteramt und dem Rang eines Konsuls ausgezeichnet, zog ihnen mit einer Legion entgegen und wurde geschlagen. Die genauen Umstände sind unbekannt. Lollius, von Augustus hochgeschätzt, ein erfahrener Truppenführer, geriet in der Nähe des belgischen Tongeren in einen Hinterhalt.

Die Niederlage war nicht entscheidend und die über ihren leichten Sieg wohl selbst überraschten Sugambrer zogen sich eilends wieder über den Rhein zurück. Peinlich war jedoch, daß der Legionsadler in ihre Hände gefallen war. Das Feldzeichen aus purem Gold symbolisierte den Vogel Jupiters, des »Donnerers«, und hielt dessen vernichtende Blitze in seinen Krallen. Der Adler genoß religiöse Verehrung, sein Geburtstag wurde gefeiert, er war die Seele der Legion. Im Frieden war sein Platz im Fahnenheiligtum, und wer sich zu ihm flüchtete, genoß Asyl wie in einem Tempel. Im Krieg trug ihn ein ausgewählt tapferer Legionär, der Adlerträger (Aquilifer), dessen Kopf und Schultern das Fell eines Wolfes oder eines anderen wilden Tieres bedeckten, der Legion voran in den Kampf.[5] Ihn zu schützen, setzten die Soldaten ihr Leben ein, ihn zu verlieren, bedeutete Schande. Es war gerade einmal drei Jahre her, daß sich Augustus für die Rückgabe der an die Parther verlorenen Adler wie für einen Sieg hatte feiern lassen. Jetzt fiel die Niederlage des Lollius auf ihn zurück. Es war sein Kommandeur, seine Armee und sein neues Zeitalter, das eine Schlappe erlitt. Die Provokation der Sugambrer schmerzte um so mehr, als es Barbaren waren, die Rom herauszufordern wagten. Unter dem Druck der Öffentlichkeit und seiner selbst aufgestellten Ansprüche konnte er gar nicht anders: Er mußte nach Gallien und die Sache persönlich bereinigen.

Gallien gibt ein Beispiel dafür ab, wie lange es dauern konnte, bis ein erobertes und militärisch vollständig kontrolliertes Gebiet als Provinz organisiert wurde. Cäsar hatte den gallischen Krieg im Jahr 51 v. Chr. beendet, seitdem waren 35 Jahre verstrichen und immer noch fehlte eine einheitliche Provinzialordnung.[6] Die holte Augustus nun nach. In Lugdunum stiftete er eine gesamtgallische Kultstätte (Ara Galliarum). In ihr wurde die Personifikation der Macht Roms, die Göttin Roma, zusammen mit seiner Person in übermannshohen vergoldeten Bronzestandbildern verehrt. Denn wenn auch der lebende Princeps nicht beanspruchte, ein Gott zu sein, so wirkte doch in ihm eine göttliche, die Lenkung des Staates fördernde und beflügelnde Kraft (numen). Die für den Kult nötigen Priester (Flaminen) genossen hohes Prestige. Die Verleihung dieser Ämter an die gallischen Adligen bedeutete Auszeichnung und Ehre zugleich.

Lyon wurde Sitz des Provinzlandtages und zentraler Ort der römischen Administration. Die beschäftigte sich unverzüglich mit dem eigentlichen Sinn der Provinzialisierung, der Erhebung von Steuern (Zensus). Wie später in Palästina ging auch in Gallien «ein Gebot von dem Kaiser Augustus aus, daß alle Welt geschätzt würde« (Lukas, 2,1). Eine Volkszählung wurde durchgeführt und Listen angelegt, die alle nichtrömischen Bürger mit ihren Vermögen erfassten. Dann begann man das Land zu vermessen. Am Ende wurden Kopf- und Bodensteuer für jede einzelne Familie bestimmt.

Für ihr Geld und ihre Gebete erwarteten die Provinzialen Sicherheit. Dem trug Augustus mit einem neuen Verteidigungskonzept für Gallien Rechnung. Schluß sollte sein mit germanischen Raubzügen, ebenso mit der Unterstützung gallischer Rebellen durch Söldner von östlich des Rheins. Im Lauf von drei Jahren verlegte er die bis dahin im Innern Galliens stationierten sechs Legionen und ihre Hilfstruppen an den Rhein. Ihre neuen Lager entstanden in Noviomagus (Nijmwegen) und Castra Vetera (Xanten), in Asciburgium (Moers-Asberg), Novaesium (Neuss), Bonna (Bonn) und Mogontiacum (Mainz).[7] Wiewohl nur aus Holz, Erde und Fachwerk errichtet, wirkten sie allein durch ihre Dimensionen wie gewaltige Festungen. Die Zwei-Legionen-Lager von Noviomagus und Mogontiacum bedeck-

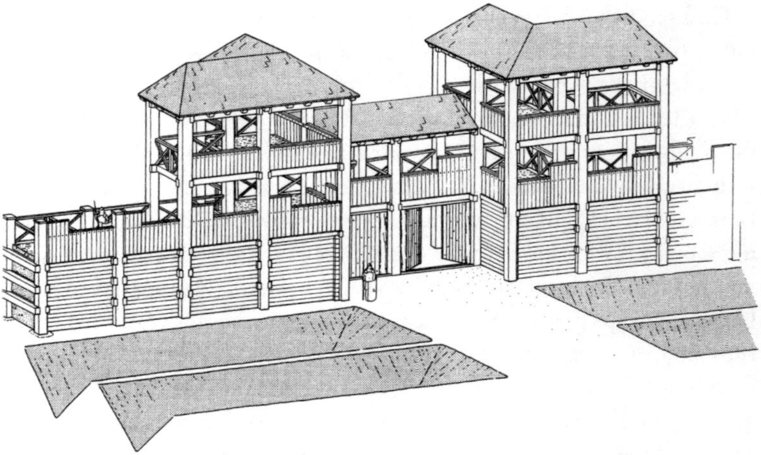

Die zunächst in Holz-Erde-Technik errichteten römischen Lager zeichneten sich durch beeindruckende Torbauten aus. Südtor des Lagers von Marktbreit (Rekonstruktion).

ten eine Fläche von 42 bzw. 36 Hektar und boten damit Platz für zehn- bis zwölftausend Mann. Gräben und Wälle umgaben sie. Die repräsentativen Toranlagen waren zehn Meter hoch. Die Positionen der Lager verrieten eine genaue Kenntnis Germaniens. Sie wurden gegenüber den Mündungen der Flüsse errichtet, die ins Innere führten: Main, Ruhr, Lippe, Sieg, Lahn oder kontrollierten wichtige Handelswege.[8]

Kam es zu innergallischen Unruhen, waren die Legionen am Rhein nahe genug, um jederzeit einzugreifen. Den Germanen gegenüber signalisierten die Lager, daß die Römer die Stromgrenze in Zukunft ernst nahmen. Dabei hatten sie die Option, sowohl zu blockieren, was über die rechtsrheinischen Zuflüsse und Wege über den Fluß wollte, als auch den Krieg nach Germanien hineinzutragen. Die Sugambrer gaben jedenfalls klein bei, baten um Frieden und retournierten umgehend den erbeuteten Legionsadler. Damit war die Rheingrenze erst einmal gesichert, und Augustus wandte sich zwei anderen Kriegsschauplätzen zu, die strategisch wichtiger waren: den Alpen und dem Balkan.

Noch Cicero hatte die hochaufragenden Berge im Norden als einen »Schutzwall des Reiches« begriffen, der Italien vor den Barbaren schützte, und der antike Geograph Strabo beschrieb ausführlich ihre Schrecken: grauenvolle Abgründe, Schnee und Eis, Lawinen.[9] Doch durch die Eroberung Galliens und des Rheintals bekamen die Alpen eine vollständig andere Qualität. Sie wurden zur Transitzone, deren Pässe, insbesondere die über den Mont Cenis und den Großen und Kleinen St. Bernhard, die kürzesten Verbindungen zu den neuen Provinzen darstellten. Doch bevor die römischen Pioniere sich daran machten, befestigte Straßen anzulegen, Brücken und Rasthäuser zu bauen, mußte man mit den Bergbauern fertigwerden, den Vindelikern und Rätern. Laut den römischen Quellen konnten sich diese Völker an Wildheit und Grausamkeit ohne weiteres mit den Germanen vergleichen. Insbesondere die Räter plagten ihre oberitalienischen und gallischen Nachbarn mit beständigen Überfällen, wobei sie »alles töteten, was männlich war, und zwar nicht nur diejenigen, die schon das Licht des Tages schauten, sondern auch die, die sich noch im Mutterleib befanden, wobei sie sich gewisser Zaubereien bedienten, um das Geschlecht festzustellen.«[10]

Feldzüge gegen die Alpenvölker wurden mit bescheidenem Aufwand schon früher geführt. Nach der Niederlage des Lollius gewannen sie eine neue propagandistische Bedeutung. Denn die Kommandeure waren keine geringeren als die Stiefsöhne des Princeps, Tiberius Claudius Nero, mittlerweile 27 Jahre alt, und sein vier Jahre jüngerer Bruder Nero Claudius Drusus. In einer großangelegten Zangenbewegung drangen ihre Heere, jeweils zwei bis drei Legionen stark (mit Hilfstruppen ca. 15 000 – 20 000 Mann) in die Alpen vor, besetzten die Täler und schnitten die Bewohner von der Versorgung ab. Tiberius stieß mit seinen Truppen von Westen her aus dem Bodenseegebiet vor, während Drusus durch das Etschtal und über den Reschenpaß ins Inntal marschierte.[11] Irgendwo südlich von Augusta Vindelicum (Augsburg), das später hier gegründet wurde, vereinigten sich die Legionen. Der Feldzug verlief äußerst erfolgreich und bewies mit den

Worten des Hofpoeten Horaz, »was Geist und ererbte Gaben, genährt im gesegneten Haus, auszurichten vermögen, was die väterliche Liebe des Augustus gewirkt an den jungen Neronen.«[12]

Die sofort eingeleiteten Befriedungsmaßnahmen erwiesen sich als überaus wirkungsvoll. Der »kräftigste und größte Teil der Jungmannschaften wurde aus dem Lande geführt« und in die Hilfstruppen gepresst. Zurück blieben nur so viele, »daß sie das Land bebauen, aber keinen Aufstand wagen konnten.«[13] Den Sieg seiner Stiefsöhne, der sein eigener war, rühmte ein noch heute teilweise erhaltener Ehrentempel, das »Tropaeum Alpinum« in La Turbie über Monaco. »Dem Imperator Augustus, weil unter seiner Führung die Völker der Alpen alle, wie sie die Gebiete vom adriatischen bis zum tyrrhenischen Meer bewohnen, unter die Herrschaft des römischen Volkes gebracht worden sind.«[14] Es folgten die Namen der 45 unterworfenen Stämme. Münzen wurden geschlagen, auf denen Tiberius und Drusus Augustus den Siegeslorbeer überreichten. Die peinliche Schlappe in Gallien war mehr als ausgeglichen, zudem hatten sich die Brüder als Feldherrn bewährt. Gelöst wurde darüber hinaus ein geographisches Rätsel, das schon den griechischen Historiker Herodot, den »Vater der Geschichtsschreibung« (Cicero), beschäftigte. »Die Donau«, schrieb er im 5. Jahrhundert v. Chr. in seinen »Historien«, »ist der größte aller uns bekannten Ströme.« Sie sei sogar dem Nil überlegen, da sie sommers wie winters immer die gleiche Menge Wasser führe. Von ihrer Quelle wußte er nur, daß sie weit westlich im Land der Kelten liege. Tiberius entdeckte sie eine Tagesreise entfernt vom Bodensee. [15]

Dem Balkan galt der weitere Ehrgeiz des Princeps. Die Römer kontrollierten bislang nur einen Landstreifen entlang der östlichen Adria, die Provinz Illyricum, ungefähr den Bereich der heutigen kroatischen Küste und ihr Hinterland. Das genügte nicht, um die östlichen und westlichen Teile des Imperiums auf dem Landweg miteinander zu verbinden. Truppen und Waren mußten den Seeweg von Brundisium (Brindisi) nach Dyrrhachium (Durres) nehmen, was ohne Gefahr nur im Sommer möglich war. Schon Cäsar hatte das ändern wollen, Augustus versuchte es in den Jahren 35-34 v. Chr. und stieß immerhin bis

Siegesdenkmal von La Turbie (Monaco).

zur Save vor. Marcus Agrippa sollte nun das Übrige erobern, ganz Dalmatien bis hinunter nach Griechenland. Ein weiterer Vorstoß war nach dem Norden geplant, nach Pannonien, dem heutigen Ungarn. Wie Cäsar, der bis zum Rhein vorgestoßen war und dadurch das Reich erweiterte, würde Augustus dasselbe an der Donau tun. Die Verhältnisse bei den dalmatischen und pannonischen Stämmen glichen denen in Germanien. »Sie bewohnen nicht Städte,« berichtete der aus Alexandria stammende Schriftsteller Appian, »sondern Dörfer oder Gehöfte mit ihren Sippen. Sie gehen nicht in Volksversammlungen und Beamte kennen sie nicht.«[16]

Jahre zuvor, bei einem Gespräch über Alexander den Großen, von dem es hieß, er habe nach seinen Eroberungen nicht mehr gewusst, was er tun solle, hatte Augustus noch Unverständnis geheuchelt, »denn es sei eine schwierigere Aufgabe, ein Reich zu ordnen als es zu gewinnen.«[17] Tatsächlich, hierin ganz der Sohn seines mittlerweile als Gott verehrten Adoptivvaters Cäsar, vergrößerte er das Imperium wie kein Herrscher nach ihm. »Ordnung« bedeutete in diesem Sinne, überall einzugreifen, wo es militärisch notwendig war. Er selbst hat die Kriterien dafür in seinem in Bronze eingegrabenen »Tatenbericht« formuliert: »Bei allen Provinzen des römischen Volkes, denen Völkerschaften benachbart waren, die unserem Spruche nicht gehorchten, habe ich die Grenzen erweitert.«[18]

Nirgendwo sonst wurde das Prinzip der römischen Expansion klarer benannt. Eine Provinz, Besitz des römischen Volkes, Steuern zahlend und dafür die »Pax Romana« empfangend als Garantie für Frieden und Wohlstand, hatte ein Recht auf sichere Grenzen. Eben deswegen mußten benachbarte Völker, die sich Rom nicht unterwarfen, bekriegt werden. So war es bei den Rätern geschehen, deren Angriffe die oberitalienischen und gallischen Provinzialen geschädigt hatten, so würde es den Pannoniern und Dalmatern blühen, weil sie die Provinz Illyricum belästigten – und den Germanen. Es war gar nicht erforderlich, daß sie über den Rhein gingen und die Legionen angriffen. Allein die Tatsache, daß sie nicht Teil des Imperiums werden wollten, sich nicht freiwillig unterordneten, stellte eine unerträgliche Provokation, eine latente Gefährdung dar. Wer nicht unser

Freund ist, kann nur unser Feind sein, lautete das römische Credo. Feinde aber mußten unterworfen – oder vernichtet werden.

Am 4. Juli des Jahres 13 v. Chr. kehrte Augustus in die Hauptstadt zurück. Die Angelegenheiten des Staates waren in guten Händen. In Gallien übernahm Drusus den Posten des Statthalters, um die Neuordnung der Provinz abzuschließen, auf dem Balkan kämpfte Marcus Agrippa und in Rom selbst bekleidete Tiberius zum ersten Mal das Konsulat, eine Auszeichnung, die er sich mit seinen militärischen Erfolgen verdient hatte. Sein Kollege im Amt, nur vier Jahre älter und mit ihm verschwägert, war Publius Quinctilius Varus. Wie Tiberius stammte Varus aus einer altadligen Familie, die sich bis auf die Gründung Roms zurückführte. Doch seit Generationen hatte aus ihr niemand mehr das Konsulat erreicht. Es war Augustus, der Varus' Karriere förderte, obwohl dessen Vater, ein überzeugter Republikaner, bei Philippi gegen ihn focht. Varus hatte den Princeps zusammen mit Tiberius in den Orient begleitet, als es darum ging, die Herausgabe der römischen Feldzeichen durchzusetzen. Mittlerweile war er mit beiden befreundet. Sogar Verwandtschaft verband ihn mit dem innersten Kreis der Macht. Wie Tiberius hatte er eine Tochter des Marcus Agrippa geheiratet, war also Schwiegersohn des nach Augustus mächtigsten Mann des Reiches.[19]

Im Sommer des nächsten Jahres begann der Krieg um Germanien. Sein Anfang ergab sich eher zufällig, aber er wäre sowieso gekommen. Angesichts der instabilen Herrschaftsverhältnisse, der ständig wechselnden Adels- und Stammeskoalitionen, der nach Ehre und Beute verlangenden Gefolgschaften, war es nur eine Frage der Zeit. Den Auslöser lieferten Unruhen in Gallien. Seine Bewohner wehrten sich gegen die Steuereintreiber, wollten nicht einsehen, daß die »Pax Romana« ihren Preis hatte: »Es kann nämlich Ruhe unter den Völkern nicht bestehen ohne Waffenmacht, Waffenmacht nicht ohne Soldzahlung, Soldzahlung nicht ohne Tribute.«[20] Wie Milch die Fliegen zogen die Rebellionen die rechtsrheinischen Germanen an. Unter der Führung der Sugambrer, denen sich wie üblich Krieger anderer Stämme anschlossen, überquerten sie den Rhein und fielen in Gallien ein.

Drusus, im Jahre 12 v. Chr. 26 Jahre alt, war so recht ein Mann nach dem Herzen der Römer. Blendendes Aussehen verband sich mit Anmut, persönliche Tapferkeit mit Feldherrntalent. Sympathisch und leutselig, ohne sich gemein zu machen, war er beliebt bei den Bürgern und der Abgott seiner Soldaten. Theodor Mommsen, der berühmte Althistoriker, nannte ihn »den populärsten Prinzen im Hause des Augustus«[21]. Drusus wurde drei Monate nach der skandalösen Hochzeit seiner Mutter Livia mit Octavian geboren. Doch der bei den tratschfreudigen Römern sofort umlaufende Vers, »Der Glückliche bekommt auch ein Dreimonatskind«,[22] der unterstellte, Drusus sei in Wirklichkeit der Sohn Octavians, war eine böswillige Verleumdung. Bis zum Alter von sechs Jahren lebte Drusus bei seinem natürlichen Vater. Nach dessen Tod wuchs er bei seiner Mutter im Haus des Augustus auf. Sein Stiefvater mochte ihn und kam mit seiner offenen, gutgelaunten Art, der seinen verwandt, hervorragend zurecht. Die Ämterlaufbahn durfte er fünf Jahre vor der üblichen Zeit beginnen und als Zeichen seiner großen Zuneigung gab Augustus ihm seine Nichte Antonia zur Frau. Fortan war er mit dem Princeps verwandtschaftlich noch enger verbunden.

Schon im Alpenkrieg hatte Drusus seine Fähigkeiten unter Beweis gestellt. Jetzt, gegen die germanischen Stämme, bot sich für ihn, und damit stellvertretend für Augustus als dem eigentlichen Oberkommandierenden, die Möglichkeit, sich als »Mehrer des Reiches« zu profilieren. Nach allem, was man wußte (vgl. Kapitel II, S. 26), war Germanien kleiner als Gallien und weniger dicht besiedelt. Cäsar hatte für seine Unterwerfung der Kelten acht Jahre gebraucht. Drusus hoffte, mit den Germanen rascher fertig zu sein. Praktische Gründe traten hinzu. Den unruhigen Galliern die Stärke Roms zu demonstrieren, war genauso nötig, wie sie ein für allemal von den germanischen Störern des Reichsfriedens zu befreien. Und wozu hatte man schließlich die Legionen? Erst vor kurzem war Spanien vollständig römisch geworden. Die freigewordenen Truppen brauchten ein Betätigungsfeld. Was konnte ehrenvoller und nützlicher sein als das Prinzip Vorwärtsverteidigung?[23] Keine Rolle spielte, daß in Germanien außer Kriegsgefangenen bislang nichts zu holen war. Die Römer akzeptierten auch

Statue des Drusus als Feldherr mit Muskelpanzer und Offiziersmantel (10 v. Chr.)

andere Währung. Sie wurde in Form von Auszeichnungen, Beförderungen, Triumphzügen und ehrenvollen Erwähnungen in den Geschichtsbüchern gezahlt. Der Kelte Calgacus, der hundert Jahre später fragte, was um alles in der Welt die Legionen Roms im schottischen Hochland suchten, erklärte es sich so: »Ist ein Feind reich, sind die Römer habsüchtig, ist er arm, verlangen sie nach Ruhm.«[24]

Der Feldzug begann vielversprechend. Drusus trieb den Feind ohne Mühe aus Gallien, setzte im Rheindelta bei der Insel der Bataver (Betuwe) über den Strom und verwüstete das Stammesgebiet der Sugambrer südlich und nördlich der Lippe. Ein für allemal machte er damit den Germanen klar, daß Rom keine unerlaubte Überschreitung des Rheins dulden würde. Tatsächlich war es die letzte für Jahrhunderte. Andererseits demonstrierte er, daß sich Rom erkenntlich zeigte, wenn man kooperierte. Die germanischen Bataver, für ihre Reitkunst berühmt, gewann er als Hilfstruppe. Im Gegenzug gewährte er dem Stamm Steuerfreiheit.[25] Sie wurden in der Folgezeit zu treuen Verbündeten und dienten sogar als Leibwache des Augustus.

Noch im gleichen Jahr unternahm Drusus einen Erkundungsvorstoß mit der römischen Flotte in die Nordsee. Um den Weg dorthin zu verkürzen, baute er einen Kanal (Fossa Drusiana) vom Rhein zum Ijsselmeer und gewann damit einen direkten und sicheren Zugang.[26] Die Kunde von Flüssen, die in den Ozean mündeten und parallel zum Rhein liefen, also ideale Transportwege ins Innere Germaniens abgaben, hatte schon der Grieche Pytheas von Massilia im 4. Jahrhundert v. Chr. mitgebracht. Von diesen Kenntnissen der antiken Geographen ausgehend und sicher gestützt durch vertrauenswürdige Berichte einheimischer Kundschafter wagte Drusus die Fahrt und entdeckte Amisia (Ems) und Visurgis (Weser). Nicht mehr bekannt war das Gezeitenproblem, das Pytheas in seinem Buch »Über den Ozean« beschrieben hatte. Die Flotte lief bei Ebbe auf. Nur dadurch, daß Drusus die ortsansässigen Friesen als Fußvolk angeworben hatte, konnte er sich aus der gefährlichen Lage befreien. Nach den Friesen unterwarfen sich auch die Chauken an der Wesermündung freiwillig. Der Winter stand bereits vor der Tür, als die Römer in ihre Ausgangsbasis Nijmegen zurückkehrten. Drusus verbrachte ihn in Rom. Ohne

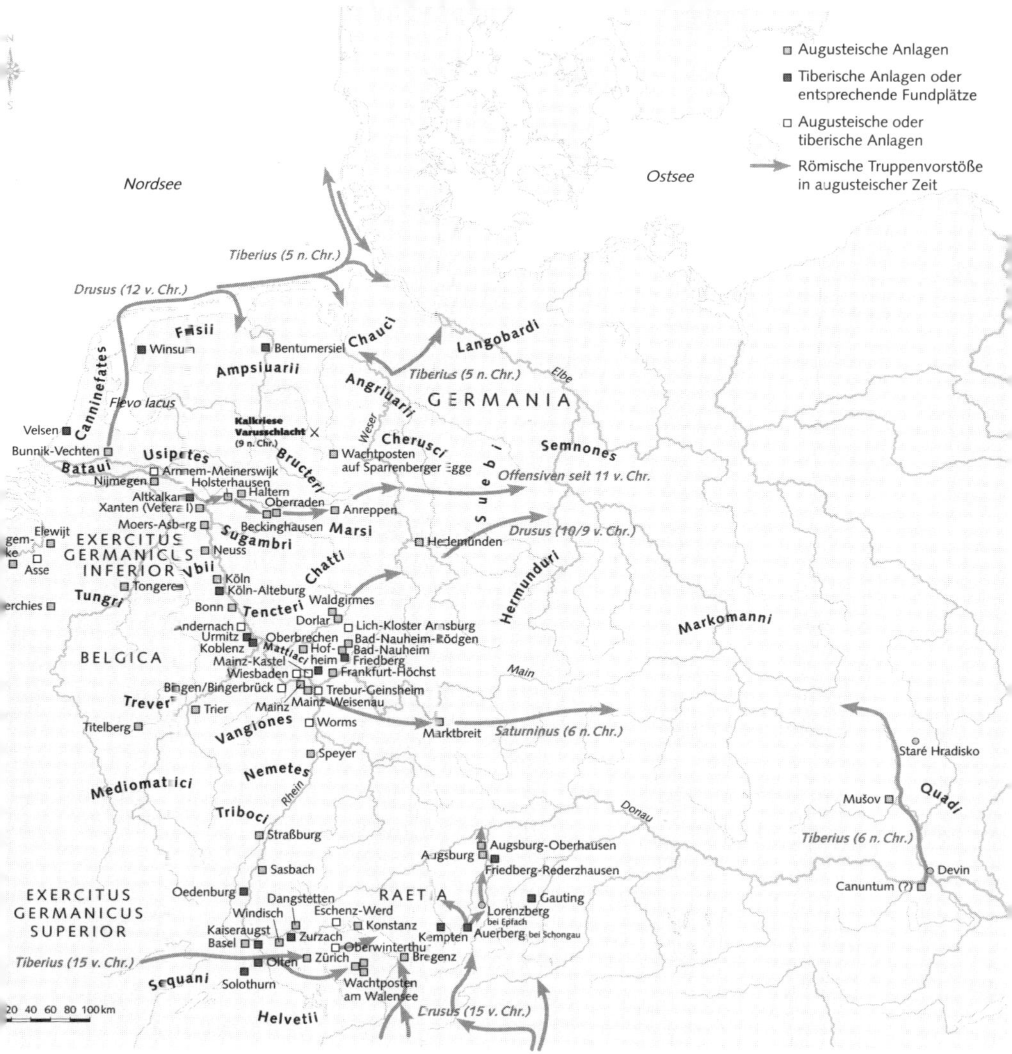

Römische Militäranlagen in augusteisch-tiberischer Zeit und die Feldzüge von 15 v. Chr. bis 6 n. Chr.

Zweifel hat er seine Pläne für das nächste Jahr mit Augustus abgestimmt.

Ein »Memorandum« über die Ziele der römischen Germanienpolitik ist uns nicht überliefert. Keine Belege finden wir in den zeitgenössischen Quellen, und auch Augustus schwieg sich darüber aus. Die moderne Geschichtswissenschaft nahm sich der »Lücke« an und spekuliert darüber seit mehr als hundert Jahren. Mommsen unterstellte den von ihm bewunderten, kühl-rational agierenden Römern ganz selbstverständlich einen »Generalplan«, der von der Elbe bis zur Donau auf die Beherrschung ganz Mitteleuropas abzielte.[27] Heutige Historiker sehen vor allem den Schutz Galliens im Vordergrund und hegen starke Zweifel, ob die Römer »eine generalstabsmäßige Eroberung Germaniens« wirklich planten.[28]

Als abwegig wird mittlerweile die populäre Vorstellung verworfen, Rom habe »sichere Stromgrenzen« angestrebt und mit der Elbe-Donau-Linie eine Verkürzung seiner Verteidigungslinien beabsichtigt. Zum einen waren die damals mäandrierenden, von Inseln durchsetzten Flüsse relativ leicht zu überschreiten – als krassestes Beispiel findet sich in den Quellen ein Germanenhäuptling, der ohne Probleme im Einbaum über die Elbe rudert[29] –, zum anderen führte ihr Lauf oft mitten durch die Stammesgebiete. Rom orientierte sich nicht an Flüssen, sondern an Siedlungsräumen, fruchtbarem Ackerland, Konzentrationen militärischer und politischer Macht. Nur notgedrungen, wie im Falle der Parther den Euphrat, akzeptierte man einen Fluß als Grenze, um ihn sofort zu überschreiten, wenn sich die Chance dazu und damit auf Territorialgewinn bot.[30]

Mehr ein »Produkt des Studiums moderner Atlanten« (J. Bleicken) als der historischen Wirklichkeit verpflichtet, erscheint auch die Idee, die römische Expansion habe sich das Erreichen der Linie Elbe-Donau zum Ziel gesetzt. Weder hatte die militärische Führung exakte geographische Vorstellungen von den Dimensionen des Raumes, noch spielte die Donau in dieser Zeit als Grenze überhaupt eine Rolle. Dementsprechend ausgebaut wurde sie erst unter den Kaisern Caligula und Claudius, also rund fünfzig Jahre später.[31] Es kam hinzu, daß die Legionen am Rhein noch immer aus Gallien versorgt wurden, da die umgebenden Stammesgebiete nicht genug Lebensmittel produzierten. Wie hätte man die benötigten Mengen, Tausende von Tonnen Getreide, an die Elbe schaffen sollen? Wichtiger schließlich als der Kampf gegen germanische Stämme war die Kontrolle des noch immer unruhigen Gallien. Vom Rhein ließ sich diese Aufgabe entschieden besser bewältigen als im fernen Osten. Für die Elbe als Grenze sprach militärisch gar nichts.

Quellen schweigen über das Selbstverständliche, was sich nicht zu berichten lohnt, da es ohnehin jeder als bekannt voraussetzt. Drusus hatte einen Germaneneinfall zurückgewiesen, Präsenz gezeigt und das Terrain erkundet. Im nächsten Schritt würde er die Sugambrer und ihre Bundesgenossen unterwerfen. Sie mußten Geiseln stellen, Tribut zahlen und ihre Krieger würden in den römischen Hilfstruppen dienen. Das war die übliche Vorgehensweise, um einen Unruheherd zu beseitigen. Es brauchte dafür weder eine Strategie noch eine dezidierte »Germanienpolitik«. Es war die normale Reaktion, wenn Barbaren die römische Ehre verletzten.

Die Sugambrer zu züchtigen, war auch deshalb geboten, weil sie zum wiederholten Male das Recht brachen. Im Verständnis der Römer hatten sie mit der Rückgabe des geraubten Adlers die Oberherrschaft des Imperiums anerkannt. Wenn sie nun, nach Barbarenweise, treulos, unfähig, den Wert von Verträgen zu begreifen, gegen das römische Volk zu Felde zogen, waren sie nichts weiter als Rebellen, Aufständische, die auf keine Schonung hoffen durften. Ein Exempel mußte statuiert werden. Es würde seine Wirkung auf die anderen Germanenstämme nicht verfehlen. Im Frühjahr des Jahres 11 v. Chr. kehrte Drusus zurück an die Rheinfront.

Mit drei Legionen und Hilfstruppen griff er diesmal die Sugambrer auf direktem Wege an. Ausgehend vom Lager Castra Vetera benutzte er die schiffbare Lippe zum Transport von Truppen und Troß und marschierte durch das Gebiet der Usipeter, die sich unterwarfen, nach Osten. Die Sugambrer führten gerade mit den südlich benachbarten Chatten (im heutigen Hessen) Krieg, so daß Drusus ungehindert bis zur Weser vorstoßen konnte. Dort kam er mit den Cheruskern in Kontakt.[32] Als die Lebensmittel knapp wurden und der Winter näherrückte, kehrten die Römer um. Auf dem Rückmarsch gerieten sie in unübersichtlichem, schluchtenreichen Gelände, bei einem nicht lokalisierten Ort namens Arbalo in einen Hinterhalt der Sugambrer und ihrer Verbündeten. Er brachte sie in eine fast aussichtslose Lage. Doch die Germanen jubelten zu früh. Als sie sich den Legionären, die sie bereits geschlagen wähnten, »ohne Regel und Ordnung« zum Nahkampf stellten, siegte die römische Disziplin und Taktik.[33]

Wie in einem Brennglas finden wir in diesem Feldzug alles konzentriert, was das Kriegführen in Germanien schwierig machte. Es gab keine Infrastruktur. Wollte die Armee in Formation marschieren, mußten Straßen und Brücken angelegt und gebaut, zumindest mußten die Pioniereinheiten die vorhandenen Wege verbreitern. Städte fehlten und Burgen, die man erobern und als Stützpunkte nutzen konnte. Das Land erzeugte nicht genug Nahrungsmittel, nicht genug Futter für Pferde und Maultiere. Die römische Armee war darauf angewiesen, alles Benötigte selbst mitzuführen. Daraus ergab sich die Notwendigkeit eines großen Troßes, der wiederum verursachte überlange Marschkolonnen. Sie verlängerten sich noch mehr, wenn sich die schmalen Pisten durch Sumpf, Gebirge und Wälder wanden. Immer drohten gerade im schwierigen Gelände Überfälle. Der Feind war dabei im Vorteil, da er sich jederzeit zurückziehen, die Legionäre ihn nicht stellen konnten.

Aber wenn man es recht bedachte, fielen diese Nachteile nicht allzu sehr ins Gewicht. Seit den Zeiten der Kimbern und Teutonen war kein römisches Heer von den Germanen besiegt worden. Schwerbewaffnete, für den Formationskampf trainierte Legionäre stießen auf undisziplinierte Bauernkrieger. Gegen den Guerilla-Kampf half Terror. Jederzeit waren die Römer in der Lage, tief ins Land einzudringen, Dörfer und Gehöfte niederzubrennen, die Ernte zu vernichten und das Vieh zu rauben. Richtige Partisanen waren die Germanen im Grunde nicht. Nur notgedrungen und im Bewusstsein ihrer eigenen Schwäche kämpften sie aus dem Hinterhalt. Eine Taktik, die sie selbst, anders als die Reiternomaden der Steppe, als wenig ehrenhaft empfanden. Eben deswegen konnte der Wechsel zu den Römern, dem Volk der überlegenen Waffen und verfeinerten Lebensart, eine echte Alternative sein.

Anstatt sich an den Rhein zurückzuziehen, blieb Drusus mitten im Lande der Sugambrer und demonstrierte, was Römer in kürzester

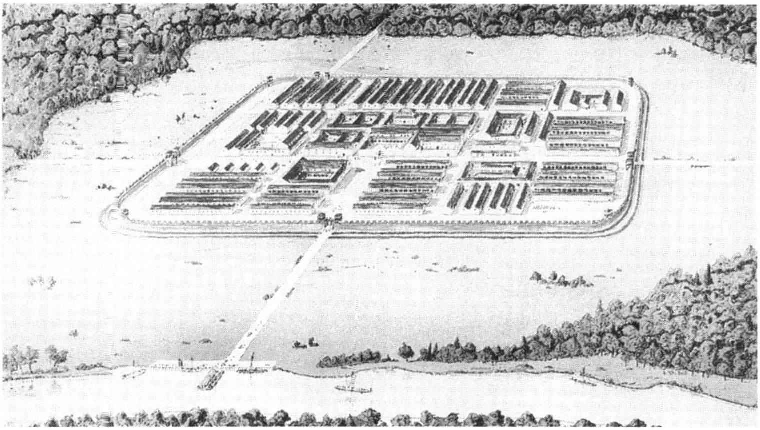

Römisches Legionslager in Germanien, Rekonstruktion

Zeit zu leisten imstande waren. Binnen weniger Monate stampften sie nahe der Lippe, etwa 135 Marschkilometer vom Rhein entfernt, das Legionslager Oberaden aus dem Boden. Es bot Raum für etwa 15 000 Soldaten und war damit die größte menschliche Siedlung, die es rechts des Rheins jemals gegeben hatte. Die siebeneckige Anlage, 680 Meter in der Länge, 840 Meter in der Breite, bedeckte eine Fläche von 56 Hektar. Sie umgab eine 2,7 Kilometer lange, drei Meter hohe und ebenso breite Holz-Erde-Mauer, die mit einem zinnenbekrönten Wehrgang abschloß. Alle 25 bis 30 Meter war ein Turm eingearbeitet. Allein für den Bau der Mauer mußten schätzungsweise 25 000 Eichen gefällt werden. Praktischerweise entstand dadurch eine waldfreie Zone rund um die Lagerfestung, die freies Schussfeld erlaubte. Vier mächtige Tore, die eine zwingerartige Konstruktion schützte, so daß ein Angreifer von drei Seiten her beschossen werden konnte, führten ins Innere. Vor der Mauer verlief ein fünf Meter breiter und drei Meter tiefer Spitzgraben.

Im Mittelpunkt des Lagers, direkt an seiner Hauptachse, der Via principalis, lag das Hauptquartier des Drusus (Praetorium). Der Sugambrer- oder Cheruskerfürst, der dem Statthalter und Feldherrn seine Aufwartung machte, erblickte eine repräsentative römische Villa mit Vorhalle, Vorhof und einem großen Innenhof auf einer Fläche von über 2400 Quadratmetern. Eingeladen zum Mahl kostete er unbekannte Speisen, Gewürze und Früchte, die Drusus aus den Mittelmeerländern heranschaffen ließ: Weintrauben, Oliven, Mandeln, Feigen, Pfeffer, Koriander. Deren Überreste fanden die Archäologen in den Latrinen des Lagers.

Die Versorgung der Truppen mit Brotgetreide erfolgte per Schiff. Mindestens 5000 Tonnen Weizen wurden jedes Jahr aus Gallien herangeschafft. Vom Rhein wurde die Fracht über die Lippe nach Oberaden transportiert.[34] In Beckinghausen, 2,5 Kilometer von Oberaden entfernt, entstand ein Hafen. Gleichzeitig wurden Wasser- und Straßenbauarbeiten begonnen. Welche Wirkung die »riesige Militärstadt« (J.-S. Kühlborn), die sich buchstäblich über Nacht wie durch Zauberei materialisierte, auf die Stämme der Umgebung ausübte, können wir nur ahnen. Beeindruckt waren sie auf jeden Fall.[35] Ein zweites, bislang nicht lokalisiertes Lager wurde im Maingebiet erbaut, um die Chatten einzuschüchtern.

Im Winter trafen sich Augustus und seine beiden Stiefsöhne Drusus und Tiberius in Lyon. Die Bilanz beider konnte sich sehen lassen. In Germanien waren mit Batavern, Chauken und Friesen Verbündete gewonnen, die Sugambrer und benachbarte Stämme in ihre Schranken gewiesen und unterworfen worden. Die unmittelbare Einflußzone Roms erstreckte sich nun bis zur Weser. Das Legionslager von Oberaden hielt die Präsenz des Reiches rechts des Rheins dauerhaft aufrecht, sorgte für Ruhe im Zentrum des germanischen Widerstands. Horaz hatte in einem Gedicht diesen Sieg bereits vorweggenommen. »Bekränzt mit Lorbeer«, sah er Augustus als Triumphator über »die verwegnen Sugambrer«.[36]

Tiberius, vier Jahre älter als sein Bruder, hatte ebenfalls zwei Jahre lang Krieg geführt. Er war der Erfahrenere der beiden, und die Aufgabe, die ihm Augustus übertrug, war die schwerere. Überraschend war 12 v. Chr. Marcus Agrippa gestorben, Tiberius wurde sein Nachfolger im Kommando auf dem Balkan. Die Provinz Illyricum zu befrieden, sie wie geplant zu erweitern, war ein hartes Brot. Es wurde daraus, nach dem Urteil des Historikers Velleius Paterculus, »ein schwerer, schrecklicher Krieg, der wegen seiner Nähe zu Italien eine ziemliche Bedrohung darstellte.«[37] Tiberius führte ihn mit Brachialgewalt, verwüstete Pannonien und verkaufte »den Großteil der wehrfähigen Männer in die Sklaverei, um sie aus dem Land zu schaffen.«[38] Am Ende wurde daraus ein Zweifrontenkrieg, weil sich auch noch die Dalmater gegen die römische Herrschaft auflehnten. Doch das ersehnte Ziel der Landverbindung zwischen der westlichen und östlichen Hälfte des Imperiums wurde genauso erreicht wie die Abdrängung der Stämme von der Grenze Italiens.

Augustus zeichnete die jungen Feldherrn aus. Auf dem Forum wurden ihnen Bronzestatuen errichtet und sie erhielten das Recht, mit einem Myrthenkranz auf dem Haupt als Sieger in Rom einzuziehen. Da die Kämpfe an beiden Fronten siegreich beendet waren, beschloß der Senat für das kommende Jahr die Schließung der Tore des Janus-Tempels als Zeichen des wieder eingekehrten Reichsfriedens. Es würde das dritte Mal während der Herrschaft des Augustus sein. Beim ersten Mal bedeutete der symbolische Akt das Ende der Bürgerkriege, beim zweiten Mal zeigte er den Sieg über Spanien an. Fünfzehn Jahre hatten die Pforten seitdem offengestanden. Es war ein spektakulärer, propagandistischer, mit allem Aufwand zu feiernder Akt, den Augustus, ohne dessen Zustimmung der Beschluß im Senat nicht gefasst worden wäre, beabsichtigte. Er konnte nur eines bedeuten: Rom hatte auf dem Balkan und in Germanien seine Ziele erreicht. Das goldene Zeitalter, abrupt unterbrochen durch die Niederlage des Lollius, fand seine Fortsetzung. Der Krieg war aus. Vorerst.

Kapitel VI

Germania pacata – Germanien unterworfen

Wo genau Drusus dem »Barbarenweib von übermenschlicher Größe« begegnete, das sich ihm drohend in den Weg stellte, wissen wir nicht genau. Es dürfte an der mittleren Elbe gewesen sein, wahrscheinlich in der Gegend von Magdeburg. Die Legionen hatten einen weiten Weg hinter sich gebracht. Von Mainz aus marschierten sie mainaufwärts und bogen dann im Raum Frankfurt nach Norden ab in die Wetterau. Vorbei an der mit einer Kohorte gesicherten Versorgungsbasis Rödgen (nahe Bad Nauheim) stießen sie durch die hessische Senke bis zur Werra vor, wo sie in Hedemünden Halt machten. Das Lager unweit des heutigen Hannoversch-Münden kontrollierte den wichtigen Nord-Süd-Fernweg von Nordhessen nach Niedersachsen, die Flüsse Weser und Werra und die unterhalb gelegene Furt.

Während von Wällen, Gräben und den drei riesigen Speichern des nur 3,2 Hektar großen Lagers von Rödgen oberirdisch keine Spur mehr vorhanden ist,[1] haben sich die Befestigungen von Hedemünden im Waldgelände des sogenannten »Burgbergs« gut erhalten. Der im Jahre 2003 gelungene Nachweis ihres römischen Ursprungs kam einer Sensation gleich, stellt Hedemünden doch den am weitesten östlich gelegenen Stützpunkt dar. Den Kern bildete ein dauerhaft genutztes kleines Standlager mit hölzernen Innenbauten. Bei Bedarf wurde es um Marschlager erweitert. Mit insgesamt 25 Hektar Fläche nur halb so groß wie Oberaden erfüllte es die Funktion einer logistischen Basis und war aufgrund seiner Lage von hervorragender strategischer Bedeutung: Ausgangspunkt für weitere Vorstöße in die Tiefe des germanischen Raums, Pfahl im Fleische für alle umliegenden

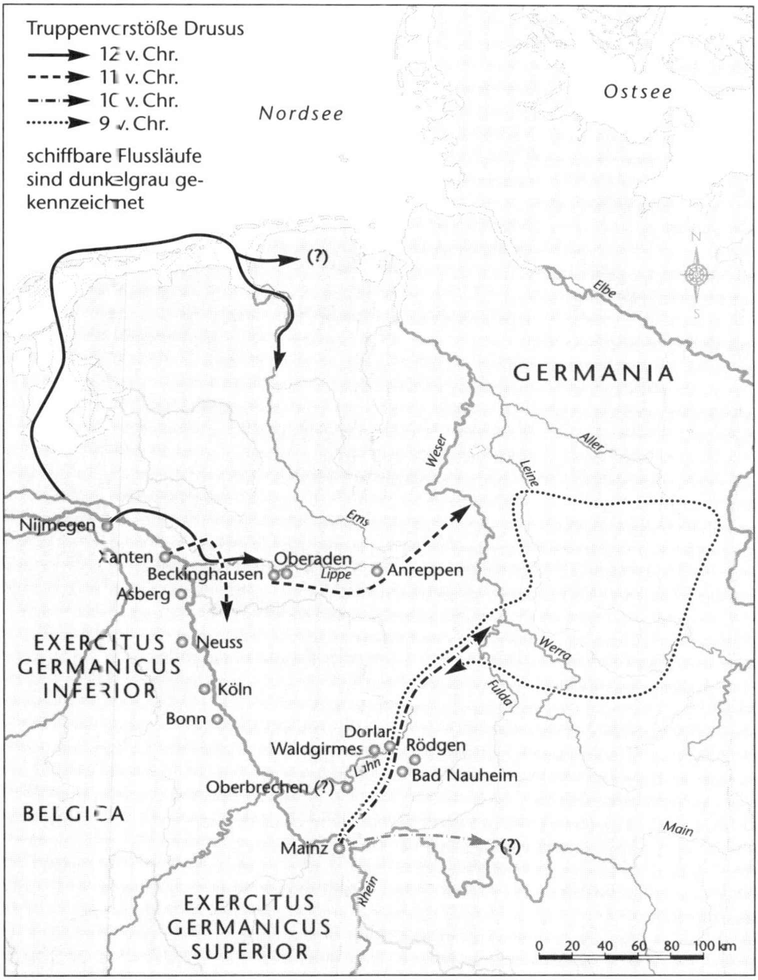

Germanien zwischen Rhein und Elbe. Römische Stützpunkte, schiffbare Flüsse, vermutete Route des Drususfeldzuges 9 v. Chr.

Das römische Versorgungslager Rödgen, Rekonstruktion

Stämme, Kopfstation für den Nachschub, der über die Lippe-Linie und über die Weser herangeschafft werden konnte. Archäologische Untersuchungen an Schiffswracks dieser Zeit haben ergeben, daß die römischen flachbödigen Lastkähne unbeladen nur einen Tiefgang von zwanzig Zentimetern aufwiesen. Damit ließen sich Transporte bis in die Oberläufe der Flüsse durchführen.[2]

Neu verproviantiert zogen die Legionen mit ihrem Feldherrn Drusus durchs Leinetal Richtung Hildesheim, bis sie das Flachland der norddeutschen Tiefebene erreichten. Am nördlichen Harzrand entlang bewegten sie sich nach Osten und kamen schließlich zur Elbe. Drusus hatte gerade befohlen, den Fluß zu überqueren, als das Riesenweib erschien und ihm in lateinischer Sprache Halt gebot: »Wohin willst du denn, unersättlicher Drusus? Dir ist es nicht vergönnt, alle

Römische Getreidespeicher, Nachbau

diese Lande zu schauen. Zieh also ab; denn schon ist das Ende deines Lebens und deiner Taten da!«[3] Der Feldherr, wie alle Römer abergläubisch, kehrte sofort um, allerdings nicht ohne vorher ein Siegesmal zu errichten. Doch entging er – wie hätte es angesichts der Prophezeiung anders sein können – seinem Schicksal nicht. Irgendwo im Thüringischen, vermutlich an der Saale, stürzte er unglücklich vom Pferd und brach sich den Unterschenkel. Die Wunde wurde brandig. Dreißig Tage später, im Herbst des Jahres 9 v. Chr., war Drusus tot.

Was war geschehen und wie kamen die Römer an die Elbe? Die geplante Schließung der Pforten des Janus-Tempels hatte auf unbestimmte Zeit verschoben werden müssen. Noch im Winter 11/10 v. Chr. reiste Tiberius überstürzt aus Lugdunum ab. Über die zugefrorene Donau waren Daker in Pannonien eingebrochen und auch die Dalmater revoltierten erneut. Aus Germanien kamen keine besseren Nachrichten. Der römische Druck schmiedete die Stämme zusammen. Aus Todfeinden wurden Verbündete. Sogar die Chatten schlossen Frieden mit den Sugambrern, räumten ihre von den Römern angewiesenen Wohnsitze im Lahntal und wurden Teil der antirömischen Koalition. Ein herber Rückschlag, denn die Chatten waren etwas Besonderes, weil sie fast wie Römer kämpften. »Für Germanen gehen sie mit viel Überlegung und großem Geschick vor. Sie übertragen das Kommando ausgewählten Leuten, hören auf Vorgesetzte, kennen geordnete militärische Verbände … verschieben auch einmal einen Angriff, teilen den Tag ein, verschanzen sich bei Nacht, zählen Glück zu den unwägbaren, Tapferkeit zu den sicheren Größen und setzen, was ganz selten vorkommt und sonst nur römischer Zucht vergönnt ist, mehr auf den Heerführer als auf das Heer. … Die anderen Stämme kann man in eine Schlacht ziehen sehen, die Chatten dagegen in den Krieg.«, schrieb anerkennend der Historiker Tacitus.[4]

Fast alle unterworfenen Stämme schlossen sich den Sugambrern und Chatten an, Usipeter, Tenkterer, Brukterer, Marser, Cherusker und Sueben. Immerhin hielten die Mattiaker, in der Gegend des heutigen Wiesbaden, weiter zu Rom. Ein nicht zu unterschätzender Vorteil, konnten doch die in Mainz stationierten Truppen weiter die heißen Quellen des Taunus nutzen. Um die Chatten direkt anzugreifen, führte Drusus den Hauptstoß von Süden her, ausgehend vom Legionslager in Mainz. Der Militärschriftsteller Florus berichtet, daß die Aufständischen so fest mit ihrem Sieg rechneten, daß sie bereits die Kriegsbeute unter sich aufteilten. Die Cherusker hatten sich die Pferde vorbehalten, die Sueben wollten Gold und Silber, die Sugambrer die Gefangenen.[5] Es kam umgekehrt. Eine breite Spur der Verwüstung hinter sich lassend, zog das römische Heer vom Main zur Weser, schlug die Germanen, wo immer sie sich zum Kampf stellten und machte seinerseits Beute.

Der Krieg begann sich sein eigenes Gesetz zu geben. Um Gallien zu sichern, eine schmachvolle Niederlage zu rächen, war man in Germanien einmarschiert. Aber mit begrenztem Einsatz, gestützt auf einige strategische Punkte und Linien, ließ sich das Land offenbar nicht kontrollieren. Wollte man Ruhe und die Germanengefahr ein für allemal ausschalten, mußte man den Einsatz der Mittel erhöhen und den Widerstand mit aller Härte brechen. Daß Augustus mit dieser Beurteilung der Lage übereinstimmte und im nächsten Jahr Großes von Drusus erwartete, zeigte das Konsulat, das ihm erstmals verliehen wurde. Am 30. Januar 9 v. Chr., am Geburtstag seiner Gattin Livia, weihte der Princeps zudem eines der repräsentativsten Monumente des augusteischen Rom. Die »Ara Pacis Augustae«, eine Altaranlage, die mitten auf dem Marsfeld den Ruhm des Augustus und seines Hauses als Bringer des Goldenen Zeitalters und des Friedens verkörperte. Auf ihrem südlichen Fries war auch Reichsfeldherr Drusus dargestellt. Jetzt mußte er nur noch siegen.

Das Rezept für den Erfolg hieß Zangenangriff. Es hatte sich schon beim Alpenfeldzug bewährt. Von Mainz und von Xanten stießen zwei Heeresgruppen nach Germanien vor und vereinigten sich an der Weser. Der Feldzug war alles andere als ein Spaziergang. Die Römer aufzuhalten, gelang den Germanen nicht, doch die erbitterten Kämpfe führten auf römischer Seite zu hohen Verlusten. Die Antwort darauf war systematischer Terror, der darauf abzielte, die Lebensgrundlagen der Stämme zu vernichten. In diesem Sinne war es nur logisch, an der Elbe nicht Halt zu machen. Denn der Strom durchfloß das Hauptsiedlungsgebiet der Sueben. Wollte man sie zum Kampf stellen, ihre Dörfer niederbrennen, ihr Vieh rauben, Frauen und Kinder versklaven, mußte der Übergang gewagt werden. Und eben den hätte ein Konsul und Feldherr des römischen Reiches von einem »barbarisches Riesenweib« sich verbieten lassen?

Die von den römischen Schriftstellern Cassius Dio und Sueton geschilderte Szene ist einmalig in der antiken Literatur. Natürlich war es Aufgabe der Kommandeure, den Willen der Götter zu beachten und ihre Absichten durch Eingeweideschauen, die Beobachtung der heiligen Hühner oder des Adlerflugs zu ergründen. Lateinisch sprechende Riesenweiber lassen sich aber weder bei den Römern noch bei den Germanen als Sprecherinnen überirdischer Mächte finden. Handelte es sich um die Schutzgöttin Germaniens, trat sie reichlich spät auf den Plan.[6] Außerdem war ihre Rolle bei den Römern anders definiert. Auf Darstellungen figurierte sie als trauernde Gefangene, als gebrochene Frau, die ihr Schicksal beklagt, als Symbol der Niederlage. Zur »Germania«, wie wir sie von zahlreichen Denkmälern kennen, zur Personifikation Deutschlands, einer Mischung aus Walküre und Mutter, den streitlustigen Blick in Richtung Frankreich gerichtet, wurde sie erst im 19. Jahrhundert.[7] Die Germanen hatten zwar keinen Mangel an Fruchtbarkeitsgöttinnen – Freya gibt noch heute unserem Freitag den Namen –, es gab heilkundige Frauen und Seherinnen –, Riesenweiber mit Fremdsprachenkenntnissen waren freilich auch ihnen unbekannt.

Es ist reizvoll, die Erscheinung als Allegorie zu interpretieren, die einen Vorgang plausibel machte, dessen wahre Gründe im Verborgenen bleiben sollten. Etwa eine sich andeutende Meuterei der Legionen bzw. einen geharnischten Protest der Stabsoffiziere, die ein weiteres Vordringen für zu riskant hielten. Die Kritik am Feldherrn hätte sich dann des Alexander-Motivs bedient. Wie Alexander der Große, der den Hyphasis, den indischen Grenzfluß, überschreiten wollte, aber von seinen eigenen Soldaten daran gehindert wurde, hätte auch »der unersättliche Drusus« immer weiter vorwärts gehen wollen und wie diesem folgten auch jenem die Truppen nicht mehr.[8] Die Erinnerung an dieses unschöne Ereignis durch eins zu ersetzen, das den Tod des Feldherrn als Götterwillen verklärte, entlastete das kollektive Gedächtnis.

Die Nachricht, daß Drusus im Sterben liege, erreichte Augustus bei der Vorbereitung großer Festlichkeiten. Tiberius hatte in Pannonien und Dalmatien die Aufständischen unterworfen. Da auch Drusus siegreich aus Germanien zurückkehrte, war ein gemeinsamer Triumphzug der Feldherrn in Rom geplant. Statt dessen jagte Tiberius in einem Gewaltritt nach Norden. Um schneller voranzukommen, wählte er nur einen Germanen als Begleiter. In 24 Stunden legte er 300 Kilometer durch die germanischen Wälder zurück und ließ sich weder durch das herbstliche Wetter, noch durch feindliche Stämme aufhalten. Weit östlich des Rheins stieß er auf die Legionen. Drusus lebte noch, aber Tiberius konnte ihn nicht retten.[9]

Tiberius liebte seinen Bruder, gerade weil er selbst von ganz anderem Charakter war. Im Gegensatz zum verbindlich-umgänglichen, rhetorisch gewandten und mitreißenden Drusus zeichnen die Tiberius' charakterisierenden Quellen ein dunkleres Bild. Er besaß einen Hang zur Melancholie, und eine Aura von Düsternis umgab ihn. Er

Porträtbüste des Tiberius (um 4 n. Chr.)

redete nicht viel. Wenn er sprach, dann bedächtig und ernsthaft. Nichts war ihm mehr zuwider als unverbindliche Konversation. Augustus klagte, daß jedes lockere und heitere Gespräch verstumme, kaum trete Tiberius hinzu. Der schlagfertige und ungeduldige Princeps spöttelte über die »langsam mahlenden Kiefer« des Stiefsohns und seine altrömisch stoisch-steife Haltung. Aber Tiberius war ein hervorragender Soldat. Persönlich tapfer, dabei uneitel; nicht am Schlachtenruhm ließ er sich messen, sondern daran, ob der Krieg siegreich beendet wurde. Dabei war er durchaus ehrgeizig und sich seines Wertes bewußt. Nie vergaß er, daß er aus einem der bedeutendsten Geschlechter Roms stammte – und aus seinen republikanischen Neigungen machte er, ebenso wie sein Bruder, kein Hehl. Augustus respektierte ihn, aber mehr als das brachte er nicht fertig. Neben dem breitschultrigen, hochgewachsenen Tiberius, der einen frischen Apfel mit dem Finger durchbohren konnte, so kräftige Hände hatte er, wirkte der kaum mittelgroße Augustus schmal und zerbrechlich. Krankheiten, die den Princeps regelmäßig plagten, kannte sein Stiefsohn nicht. Ärzte brauchte er nicht. Seine Kondition, wie beim Ritt durch Germanien bewiesen, war legendär. Während Sueton über Augustus berichtet, daß er sich »im Winter durch vier Hemden unter der dicken Toga schützte, dazu durch ein Unterhemd und einen Brustwärmer aus Wolle« und sogar in dieser Jahreszeit die Sonne nicht vertragen konnte,[10] machten Tiberius weder Hitze noch Kälte zu schaffen. Bei den Legionen stand er im besten Rufe. Er schonte die Mannschaften und handelte nach dem Prinzip »Sicherheit zuerst«. Gerade weil er sich seines hohen Ranges und seines Adels gewiß war, saß er unbefangen mit den Soldaten am Lagerfeuer, kümmerte sich fürsorglich um ihre Belange und trank sie, wenn es sein mußte, unter den Tisch. Aus Tiberius Claudius Nero war nach einem derartigen Gelage sein Spitzname Biberius Caldius Mero (Prinz Glühwein) geworden. Der Feldherr lachte nur darüber.[11]

Jetzt erwies er dem Bruder die letzte Ehre. Er tat es auf eine Weise, die seiner Hochschätzung und seiner Trauer entsprach. Er brachte ihn nach Hause – »wobei er den gesamten Weg zu Fuß an der Spitze des Zuges zurücklegte«.[12] Von der Saale bis zum Rhein, vom Rhein bis

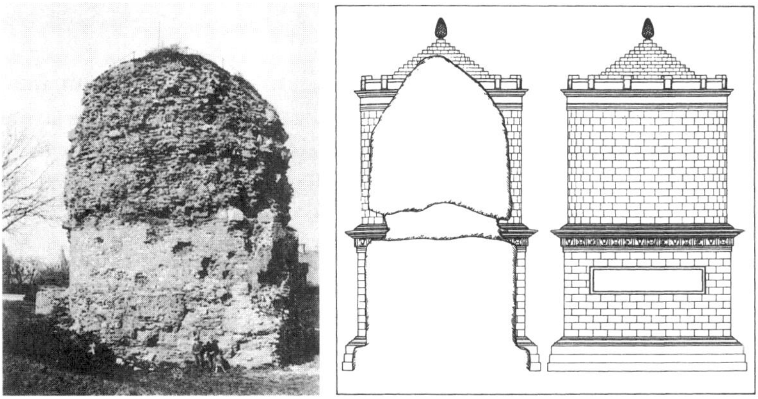

Kenotaph für Drusus, sogenannter Eichelstein in Mainz, jetziger Zustand und Rekonstruktion

zum Tiber, Meile um Meile, Woche für Woche schritt Tiberius der einbalsamierten Leiche seines Bruders voran. Bis in das Legionslager von Mainz trugen ihn, sich stetig abwechselnd, die Offiziere des Heeres, Zenturionen und Tribunen. Da die Asche des Verstorbenen, seinem Rang und seiner Zugehörigkeit zur Familie des Princeps gemäß, im Mausoleum des Augustus in Rom beigesetzt werden sollte, errichteten die Legionen in Mainz nur ein Kenotaph, ein leeres Ehrengrab. An diesem Monument, es steht noch heute,[13] wenn auch die schmückenden Marmorplatten, Inschriften und Statuen längst verschwunden sind, wurden jährlich Gedenkfeiern und Truppenparaden abgehalten. Von Mainz aus schulterten die vornehmsten Bürger der römischen Städte, die auf der Strecke lagen, die Bahre mit dem Toten. Bis Ticinum (Pavia) reisten ihm Augustus und Livia entgegen, um ihn nach Rom zu geleiten. Vor der feierlichen Einäscherung auf dem Marsfeld hielten Augustus und Tiberius die Leichenreden. Der Senat beschloß die Errichtung eines Triumphbogens und verlieh Drusus und seinen Nachkommen für seine militärischen Leistungen den Ehrennamen Germanicus.[14] Ob aus Zufall oder als gewollter Abschluß, der einen Höhepunkt der römischen Geschichte markieren sollte: Der Historiker Titus Livius, mit Augustus befreundet, ließ seine »Römische Geschichte« mit dem Tod des Drusus enden.

Im Frühjahr des Jahres 8 v. Chr. übernahm Tiberius das Kommando über die Rheinarmee. Seine Stellung in der Hierarchie des Principats war stärker denn je. Von den drei Feldherrn, die noch vier Jahre zuvor die Heere Roms befehligten, war nach dem Tod von Marcus Agrippa und Drusus nur noch Tiberius am Leben. Seine kriegerischen und diplomatischen Leistungen waren unbestritten. Bei der Rückgabe der Feldzeichen durch die Parther, im Alpenfeldzug und auf dem Balkan hatte er bewiesen, daß er es vorzüglich verstand, militärischen Druck mit Verhandlungsgeschick zu kombinieren. Nach der Brachialstrategie seines verstorbenen Bruders waren diese Eigenschaften nun in Germanien gefragt. Augustus nahm sogar die Mühe auf sich, ihn bis nach Gallien zu begleiten. Wenn Tiberius das Germanenproblem löste, woran er offenbar nicht zweifelte, wollte der Princeps in unmittelbarer Nähe des Kriegsschauplatzes und damit mitbeteiligt sein.

Nach den fünf Feldzügen des Drusus war der germanische Widerstand entscheidend geschwächt. Schon daß Tiberius mitten durch Germanien an das Sterbelager seines Bruders eilen konnte, spricht eine deutliche Sprache.[15] Seit Jahren spielten sich die Kämpfe nur noch im Heimatgebiet der Stämme ab. Ihre Dörfer brannten, die Römer erbeuteten Vieh und Sklaven, verwüsteten die Felder. Es wurde Zeit für Verhandlungen. Tiberius war dazu bereit, denn er führte sie aus der Position des Siegers. Stamm auf Stamm unterwarf sich, stellte Geiseln und zahlte Tribut. Es kam nun jene diplomatische Kunst zum Einsatz, die bei den Römern unter dem Motto »Divide et impera« (Teile und herrsche) mit beeindruckendem Erfolg geübt wurde. Tiberius behandelte die Stämme höchst unterschiedlich, sowohl was die Höhe der Abgaben als auch was andere Privilegien betraf. In jedem der eroberten Gebiete gab es Gruppen, die Rom sich ganz besonders verpflichtete. In Gallien waren es die Häduer gewesen, in Germanien wurden es Bataver, Friesen und Cherusker. Innerhalb der Stämme durften die Römerfreunde mit kostbaren Geschenken rechnen, Tafelgeschirr, Waffen, Schmuck. Die Fürsten teilten sie mit ihren Gefolgschaften und erhöhten so ihr Ansehen. Oft erhielten sie für sich und

Römische Tracht, Mann in der Toga, Frau mit Tunica und Überwurf (palla)

ihre Familien das begehrte römische Bürgerrecht. Es bedeutete Steuerfreiheit, bevorzugte Behandlung in juristischen Angelegenheiten, die Möglichkeit einer militärischen Karriere im römischen Heer und das Recht, jenes Kleidungsstück zu tragen, das den Römer vom Nichtrömer unterschied, die Toga. Ihren Faltenwurf zu beherrschen, war alles andere als einfach, doch sie anzulegen war bei allen offiziellen Anlässen Pflicht. Fürst Segimer trug sie, als er mit einer Cheruskerdelegation und seinem zehnjährigen Sohn Arminius dem römischen Statthalter und Feldherrn Tiberius seine Aufwartung machte, um das Bürgerrecht zu empfangen. Wie sein Vater erhielt auch Arminius einen römischen Namen. Er verwies auf denjenigen, der ihn in den Kreis der Bürger aufgenommen hatte: Augustus. Dessen Familie, die Iulier, wurde Bestandteil des Namens des jungen Cheruskerprinzen: Gaius Iulius Arminius.[16]

Die Hauptgegner, die Sugambrer, verschwanden aus der Geschichte. Die römische Verhandlungsmacht erwies sich als so stark, daß Augustus einen Frieden mit den Stämmen ablehnte, wenn sich nicht auch dieser Stamm der gesamtgermanischen Unterwerfung anschloß. Notgedrungen reisten ihre Abgesandten an den Rhein. Wider alles Gesandtenrecht ließ Augustus sie festsetzen. Er tat es ohne schlechtes Gewissen in dem Bewusstsein, daß die »nach Barbarenart treulosen« Sugambrer noch jeden mit den Römern geschlossenen Vertrag gebrochen hatten. Die Gesandten verübten aus Protest über diese Behandlungsweise Selbstmord. Tiberius siedelte den ganzen

Stamm, es sollen gegen 40 000 Menschen gewesen sein, kurzerhand auf das linke Rheinufer um.[17]

Die damit gefundene politische Lösung eines alle Stämme zwischen Rhein und Elbe einschließenden Klienten- und Bündnissystems hielt Tiberius für so tragfähig, daß er die vorgeschobenen Legions- und Versorgungslager Hedemünden, Rödgen und Oberaden aufgab und zerstören ließ.[18] Letzteres hatte durch die Umsiedlung der Sugambrer seine Funktion verloren, ersteres lag im Gebiet der privilegierten Cherusker. Darüber hinaus waren durch die Feldzüge der vergangenen Jahre die Einfallsrouten nach Germanien bekannt. Wenn nötig, waren Vorstöße von Xanten oder Mainz aus jederzeit möglich.

Die Auffassung, daß Germanien unterworfen sei, die zivilisatorische Durchdringung des Landes nunmehr beginne, teilen alle römischen Quellen. Velleius Paterculus, Zeitzeuge und Legionskommandeur in der Rheinarmee, schrieb in seiner »Römischen Geschichte« über Tiberius: »Siegreich durchzog er alle Gebiete Germaniens, und zwar ohne jeglichen Verlust für die ihm anvertrauten Truppen; darauf war er bei seiner Heeresführung stets besonders bedacht. Er unterwarf Germanien so vollständig, daß er es fast zu einer steuerpflichtigen Provinz machte.«[19] Aufidius Bassus, dessen Geschichte der Germanenkriege verloren und nur noch in einigen Auszügen überliefert ist, kommentierte, daß sich »alle Germanen zwischen Rhein und Elbe rechtsverbindlich ergeben« hätten.[20] Florus sah den Status einer eroberten Provinz sogar schon beim Tode des Drusus erreicht: »Schließlich herrschte in Germanien ein derartiger Friede, daß die Menschen ausgetauscht, das Land ganz anders, der Himmel selbst sanfter und milder als gewohnt zu sein schien.«[21] Selbst wenn wir berücksichtigen, daß Velleius seinen Förderer Tiberius bewunderte und Florus in Drusus sein Idol verherrlichte, waren die militärischen Erfolge in Germanien offenkundig.[22] Augustus sah es genauso. Für den Sieg über Germanien zeichnete er Tiberius mit der höchsten Amtswürde aus, dem Konsulat. Es war sein zweites und er würde es am 1. Januar 7 v. Chr. antreten. Der Tag würde allen Römern im Gedächtnis bleiben, denn Augustus gewährte dem nach ihm wichtigsten Mann die höchste aller Ehren: den Triumph.

Seit zwölf Jahren war in Rom kein Triumph mehr gefeiert worden, um so mehr strömten die Bürger zu den Plätzen und Straßen, durch die sich der Triumphzug bewegen würde. Alle gesetzlichen Bestimmungen waren erfüllt. Es war ein »gerechter Krieg« (bellum iustum) gewesen, denn die Germanen hatten sich wiederholt gegen die Herrschaft des römischen Volkes aufgelehnt. Tiberius war auf dem Schlachtfeld von seinen Soldaten zum Imperator ausgerufen, mehr als fünftausend Feinde waren getötet worden, und der Senat hatte der Ehrung zugestimmt.

Zur feierlichen Begrüßung schritten die Senatoren zum Marsfeld, wo sie Tiberius mit den Soldaten erwartete, die er durch Teilnahme am Triumphzug belohnen wollte. Der etwa vier Kilometer lange Weg durch die Stadt war nach alter Sitte festgelegt. Durch die Porta triumphalis, ein Tor, das nur bei diesem Anlaß geöffnet wurde, ging der Zug vorbei am Tempel der Fortuna mitten durch den riesigen Circus Maximus, umrundete dann den Palatin und bog auf die Via sacra ein, die heilige Straße, die über das Forum Romanum zum Kapitol und hinauf zum Jupitertempel führte.

Dem Zug voran marschierten Trompeter, die militärische Signale bliesen. Auf Schauwagen folgte die Beute, dann ausgewählte Gefangene, darunter die Fürsten der unterworfenen Stämme. Germanien war arm und all das, was die römischen Feldherren zu präsentieren pflegten, wenn sie aus den reichen Ländern des Ostens zurückkehrten, Gold und Silber, Edelsteine und Elfenbein, kostbare Waffen, seidene Stoffe und Kultgeräte, fehlte. Dafür wurde eine Völkerschau des Barbaricums geboten, großgewachsene Sugambrer, blonde Brukterer, wildaussehende Chatten, Sueben mit ihrer typischen Haartracht, die auf der linken Seite des Kopfes zu einem Knoten gebunden war. Diese Einführung in die nordische Ethnologie widerlegte das Vorurteil, daß in Germanien auch die Frauen Hosen trügen. Ihre ärmellosen Kleider, bei denen »sogar der anschließende Teil der Brust frei bleibt«,[23] empfanden die Römer als überaus freizügig, wenn nicht unanständig. In Käfigen zeigte man die exotischen Tiere des sagenhaften Hercynischen Waldes, Bären, Elche und Auerochsen. Auf großen Leinwänden waren die schauerlichsten Kampfszenen des Feldzugs in knallig-bunten Farben gemalt: »Da konnte man sehen, wie gesegnete Landschaften verwüstet wurden, gezeigt wurden Gruppen wehrloser Menschen, die mit erhobenen Händen um Gnade flehten, Häuser, die man gerade in Brand gesteckt hatte und Flüsse, die durch ringsum brennendes Land strömten.«[24] Auf Tafeln waren die Namen der unterworfenen Völker zu lesen. Geschmückte weiße Rinder, die zum Dank für den verliehenen Sieg später Jupiter geopfert wurden, trieb man im Zuge mit.

In gemessenem Abstand zum spektakulären ersten Teil folgten die Senatoren und Beamten, dann der Triumphator Tiberius. Seinem konsularischen Rang entsprechend begleiteten ihn zwölf Liktoren (Amtsdiener). Ihre Mäntel waren rot, in der Farbe des Krieges, und die Symbole ihrer Amtsgewalt, die Rutenbündel, waren mit Lorbeer umwunden. Den hochaufragenden Wagen des Feldherrn zogen vier Schimmel. Der Tradition entsprechend trug er eine purpurne Toga, war mit Lorbeer bekränzt und hielt den adlergeschmückten Kommandostab in der linken Hand. Sein Gesicht war mit Mennige geschminkt, rot wie das aus Ton gebrannte Gesicht der Jupiterstatue im kapitolinischen Tempel. An diesem einen Tag galt er dem Gotte gleich, und die Aufgabe des hinter ihm stehenden, einen goldenen Kranz über ihn haltenden Sklaven bestand darin, ihn unablässig an seine Sterblichkeit zu gemahnen: »Denke daran, daß du ein Mensch bist.«

Dies taten auch seine Soldaten, die hinter dem Feldherrn in Formation marschierten. Angetan mit all ihren Auszeichnungen und Tapferkeitsmedaillen, ließen sie sich vom Volk bejubeln und sangen abwechselnd Lob- und Spottlieder über Tiberius. Der offizielle Triumphzug endete mit dem Opfer des Feldherrn an Jupiter, dem er seinen goldenen Kranz und den Lorbeer weihte. Ein mehrtägiges Volksfest auf Kosten des Staates schloß sich an. In früherer Zeit, und damit das eigentliche Ende des Krieges anzeigend, wurde der gefangene feindliche Anführer im Tullianum, dem Staatskerker, erdrosselt. Zuletzt war dies 46 v. Chr. beim Triumph Cäsars mit dem Gallier Vercingetorix geschehen.

Anläßlich des Sieges wurden Münzen geprägt, die einen Germanen zeigten, der Augustus ein Kind als Geisel überreichte. Augustus erweiterte auch die römische Stadtgrenze, das »pomerium«, was nur denjenigen gestattet war, »die das Reich vergrößert haben.«[25] Wie Cäsar Gallien hatte der Princeps seinerseits Germanien unterworfen. Er verdeutlichte die Parallele, indem er wie sein Adoptivvater einen Monat nach sich benannte. Cäsar hatte dem Quintilis, dem Juli, seinen Namen gegeben, sein Sohn wählte den Sextilis. Er heißt seitdem August.

Wie Gallien mit Lugdunum und dem »Altar der Gallier« ein politisches und religiöses Zentrum erhalten hatte, benötigte auch Germanien einen zentralen Ort für die kommenden Landtage und ein Heiligtum für den Kaiserkult. Es lag nahe, ihn dort zu gründen, wo die Loyalität der Stämme gesichert schien: im Land der Ubier. Das »Oppidum Ubiorum« (Köln), wie alle hellenistisch-römischen Städte schachbrettartig angelegt, zeigte schon in seiner fast 100 Hektar großen Anlage, daß hier die repräsentative Hauptstadt der künftigen Provinz geplant war. Ihr kam eine »Schaufensterfunktion« zu. Sie machte mit den Vorteilen der mediterranen Welt vertraut und sollte durch »Annehmlichkeiten wie sie Säulenhallen, Bäder und erlesene Gastmähler bieten, die zu kriegerischen Unternehmungen neigenden Menschen an Frieden und Ruhe« gewöhnen.[26]

Die militärische und diplomatische Hauptarbeit in Germanien war getan. Der Prozeß der Provinzialisierung begann, wie er sich in Gallien und Spanien, im Osten und in Nordafrika vollzogen hatte. Eine Aufgabe, die andere übernehmen konnten, Tiberius wurde für Größeres gebraucht. Augustus übertrug ihm sämtliche Vollmachten, die auch Agrippa besessen hatte, und erhob ihn durch diese Machtfülle faktisch zum Mitregenten. Sein künftiges Betätigungsfeld würde der Osten sein, Kleinasien, Syrien, Armenien, Palästina und Ägypten, die Quelle des römischen Reichtums, der kulturell und wirtschaftlich blühendste Teil des Reiches. Im besten Alter von 36 Jahren, zweimaliger Konsul, Imperator, Triumphator, nach Augustus »an erster Stelle in der Bürgerschaft, Roms größter Feldherr, seinem Ruhm und Kriegsglück nach der berühmteste Mann, wahrhaft eine der beiden Leuchten und Häupter des Staates«,[27] wie es der Historiker Velleius Paterculus ausdrückte, stand Tiberius auf dem Höhepunkt seiner Karriere.

Doch der Claudier, ungerührt von den Bitten seiner Mutter, ebenso kalt gegen Augustus, der ihm Verrat vorwarf und daß er im Stich gelassen werde, trat von allen Ämtern zurück und erbat sich Urlaub, »um von den ununterbrochenen Strapazen auszuruhen«. Es sei an der Zeit, seine Ausbildung zu beenden, die er durch die Feldzüge leider unterbrochen habe. Dafür habe er sich die Insel Rhodos ausgewählt, berühmt für die besten Lehrer der Rhetorik und Philosophie. Als Augustus ablehnte, trat er in einen viertägigen Hungerstreik. Der Princeps, zutiefst erbittert, ließ ihn ziehen und wurde krank. Tiberius erfuhr es auf der Höhe von Neapolis (Neapel). Er zögerte weiterzusegeln. Üble Nachrede behauptete, er warte nur auf den Tod des Augustus. Als man es ihm erzählte, stach er trotz schlechten Wetters, bei »direktem Gegenwind«,[28] wieder in See. Es war der Abschied von der Macht für neun lange Jahre.

Kapitel VII
Dynastie

Hätten die unsterblichen Götter Augustus gefragt, welch sehnlichsten Wunsch sie ihm gewähren könnten, wäre die Antwort gewesen: einen Sohn. Aber die Schutzgötter des Princeps, Apollo und Mars, schwiegen, und so blieb Julia, die Tochter des Augustus, sein einziges Kind.

Gleich Cäsar war es für Augustus selbstverständlich, seinen Erben und Nachfolger in seiner Familie und nicht in der seiner Frau zu suchen. Seine Stiefsöhne, die Claudier Tiberius und Drusus, schieden damit von vornherein aus. Nächster männlicher Verwandter, im gleichen Jahr geboren wie Tiberius (42 v. Chr.), war der Sohn seiner Schwester Octavia, Gaius Claudius Marcellus. Bei seinem Triumphzug, mit dem er seinen Sieg in Actium feierte (29 v. Chr.), durfte der Neffe auf dem rechten Beipferd des Triumphwagens reiten, dem ehrenvolleren Platz, Tiberius nur auf dem linken.[1] Beide begleiteten Augustus als Militärtribunen nach Spanien, aber es war dann Marcellus, dem er 25 v. Chr. seine 14jährige Tochter zur Frau gab. Ein Jahr später bekleidete er bereits das Amt eines Ädilen, durfte in der Rangklasse der Prätorier abstimmen und erhielt das Recht, zehn Jahre vor dem gesetzlichen Mindestalter Konsul zu werden. Der gleichaltrige Tiberius mußte sich mit der ersten Stufe der Beamtenlaufbahn, der Quästur, begnügen.

Der Aufstieg des Marcellus irritierte vor allem den Mann, dem Augustus seine Siege im Bürgerkrieg verdankte: Marcus Agrippa. Die Aristokraten verachteten ihn, aber sie mußten ihn ertragen. Vom gleichaltrigen Jugendfreund des Augustus berichten uns die Quellen nicht einmal darüber, wo er geboren wurde. Geschweige denn, daß er sich irgendwelcher Ahnen rühmen konnte. Mit ihm betritt jener Stand die Bühne der römischen Geschichte, der zu republikanischen Zeiten nie aus dem Schatten der aristokratischen Geschlechter trat: die Ritter. Dieser »Mittelstand« Roms, der sich mit Handel und Banken, Grundstücksgeschäften und Steuerpachten beschäftigte, der die Berufsoffiziere in den Legionen stellte, stieg mit dem Prinzipat zu neuen Ehren auf. Augustus förderte diesen »Beamtenadel«, räumte ihm in der Finanzverwaltung und in der Administration der Provinzen wichtige Stellen ein. Die neue Bedeutung dankten die Ritter Augustus mit uneingeschränkter Loyalität. Sie, deren Geschäfte Frieden und Sicherheit voraussetzten, profitierten wie keine andere Schicht von der »Pax Augusta«. Marcus Agrippa war das beste Beispiel dafür, daß unter der neuen Ordnung auch diejenigen eine Chance hatten, die keine Ahnen, aber dafür Leistung und Können mitbrachten und – Ergebenheit.

Die brachte Agrippa allerdings nur einem entgegen: Augustus, und der wußte es. Im Jahre 23 v. Chr. auf den Tod erkrankt, sandte er Agrippa seinen Siegelring als Zeichen der Herrschaft. Jede andere Entscheidung hätte einen Bürgerkrieg ausgelöst. Der Princeps erholte sich, dafür starb im September des gleichen Jahres Marcellus. Jetzt führte an Agrippa kein Weg mehr vorbei. Der innenpolitische Berater des Augustus, Mäcenas, analysierte nüchtern die Lage: »Du hast ihn so groß gemacht, daß er entweder dein Schwiegersohn werden oder sterben muß.«[2] Im Jahre 21 v. Chr. wurde die mittlerweile achtzehnjährige Julia mit Agrippa verheiratet. Der Altersunterschied betrug knapp 25 Jahre. Die Ehe war fruchtbar. 20 v. Chr. wurde Gaius, 17 v. Chr. Lucius geboren. Augustus war hochzufrieden, er adoptierte beide Enkel und gab ihnen seinen Namen. Nun bekam er die Söhne, die er sich immer gewünscht hatte, das Nachfolgeproblem war gelöst. Im Falle seines Todes würde Agrippa die Regentschaft für Gaius und Lucius übernehmen. Um ihn noch fester an das Haus des Augustus zu binden, arrangierte Livia im Jahr darauf die Heirat von Tiberius mit einer Tochter Agrippas, Vipsania, obwohl es für ihn zweifellos bessere Partien in Rom gegeben hätte.

Während wir über diese Ehe nur Gutes in den Quellen erfahren, Vipsania kam offenbar mit Tiberius, dem sie seinen einzigen Sohn Drusus gebar, gut zurecht, läßt sich über das Verhältnis von Agrippa und Julia kaum Klarheit gewinnen. Die Historiographie schwankt zwischen dem Bild eines kernigen Draufgängers und Machtmenschen, der die verwöhnte Tochter des Princeps beeindruckte und mit insgesamt fünf Kindern erfolgreich vom römischen Lotterleben fernhielt und einer Darstellung, die Julia als kapriziöse Intellektuelle mit literarischen Neigungen charakterisiert, immer bereit, dem ältlichen Gatten Hörner aufzusetzen. Berühmt-berüchtigt war ihre Antwort auf die Frage, wie es denn käme, daß trotz ihres lockeren Lebenswandels alle ihre Kinder Agrippa ähnlich sähen, »weil«, sagte sie ungerührt, »ich nämlich nie außer als beladenes Schiff den Fahrgast trage.«[3]

Völlig unerwartet starb Agrippa im März des Jahres 12 v. Chr. im Alter von erst 51 Jahren. Die Mutter der Adoptivsöhne des Princeps konnte nicht unverheiratet bleiben. Nach Livia nahm sie die Stelle der zweiten Dame des Reiches ein. Ihre Wahl, selbst wenn sie sich nur mit Liebhabern vergnügte, war immer ein Politikum. Augustus verfiel, sicher nicht ohne Rücksprache mit Livia, auf Tiberius als ihren künftigen Ehemann. Man zwang ihn, sich von der zum zweiten Mal schwangeren Vipsania scheiden zu lassen. Als er ihr später noch einmal zufällig begegnete, nahm ihn das so mit, daß Tränen in seine Augen traten.[4] Im nachhinein war allen klar, daß der Ernste und die Kokette nicht zusammenpassten. Es ist aber auch eine andere Lesart denkbar. Tiberius und Julia brannten beide vor Ehrgeiz. Sie waren sich ihres Werts und ihrer gesellschaftlichen Stellung wohlbewußt. Ihre Verbindung bot einzigartige Chancen. Die Kinder aus dieser Ehe, der Iulierin und des Claudiers, hätten von ihrer Abkunft her turmhoch über denen Agrippas gestanden.[5] Aristokraten, die sie waren, dachten sie in puncto Ehe in Kategorien von Macht und Einfluß, Gefühle spielten nicht die Hauptrolle. Von Julia ging sogar das Gerücht, sie habe schon während ihrer Ehe Interesse an Tiberius gezeigt. Als er zur Armee auf den Balkan aufbrach, begleitete ihn Julia, ganz treusorgende Ehefrau, an die Front. Sie war bereits von ihm schwanger, doch der Sohn, den sie in Aquilea zur Welt brachte, starb kurz nach der Geburt. War dies das Ende ihres Arrangements? »Es kam zu Meinungsverschiedenheiten und Schlimmerem, so daß er ständig von ihr getrennt schlief, seitdem das Unterpfand ihrer Ehe, der gemeinsame Sohn, gestorben war«, berichtet der Tiberius-Biograph Sueton.[6]

Die Ehe wurde nicht besser mit den Jahren. Julia behandelte ihren Gatten mit Geringschätzung und Haß und schickte einen Beschwerdebrief an Augustus.[7] Das gespannte Verhältnis zu seiner Frau machte Tiberius den Umgang mit seinen Stiefsöhnen nicht leichter. Viel Einfluß hatte er ohnehin nicht. Die Erziehung oblag Augustus und Julia, er selbst war kaum in Rom, da er auf dem Balkan und in Germanien die Truppen führte. Vor die Wahl gestellt, den altrömisch-bescheidenen Lebensstil ihres Großvaters zum Vorbild zu nehmen oder sich lieber am mondän-luxuriösen ihrer Mutter zu orientieren, entschlossen sich »die Prinzen« für letzteren. Augustus mahnte zwar, wenn sie allzu sehr über die Stränge schlugen, doch ließ er niemanden im Zweifel, wie sehr ihm seine »Söhne« am Herzen lagen. Im Namen des erst zwölfjährigen Gaius Cäsar überreichte er im Jahre 8 v. Chr. den unter Tiberius Befehl stehenden Rheinlegionen ein Geldgeschenk. Eine symbolische Geste, die Tiberius brüskierte, weil sie auf Gaius als den kommenden Mann verwies, denn die Münzen bildeten ihn ab. Ähnliche Bedeutung hatte das Priesteramt, das ihm Augustus im Jahre 6 v. Chr. verlieh, zusammen mit dem Recht, bereits im nächsten Jahr an den Sitzungen des Senats und offiziellen Banketten teilnehmen zu dürfen.

Tiberius, ein Anhänger der Astrologie, brauchte keinen Sterndeuter, um seine künftige Rolle zu bestimmen. Trotz seiner Erfolge und seines ständigen Einsatzes für das Reich würde es die des ewigen Zweiten sein. Es war die Position, die Agrippa eingenommen hatte und die nun ihm, Julia inbegriffen, zufiel. Aber Tiberius war nicht Agrippa, dessen Ehrgeiz sich zeitlebens damit begnügte, hinter Augustus ins zweite Glied zurückzutreten. Und selbst dieser hatte in ähnlicher Situation, als Augustus seinen Neffen Marcellus bevorzugte, sich grollend auf die Insel Lesbos zurückgezogen. Wenn schon Agrippa sich in seiner Würde verletzt gefühlt hatte, der »Mann ohne

Ahnen«, der Aufsteiger aus dem Ritterstand, wie sehr mußte es den stolzen Claudier treffen, den »Platzhalter«[8] zu spielen und dazu noch mit Julia verheiratet zu sein. Tiberius verweigerte sich der ihm zugedachten Rolle. Doch ungleich Agrippa tat er es mit größerem Nachdruck, wahrscheinlich deswegen, weil er sich als Feldherr und Helfer des Augustus für unentbehrlicher hielt, als er tatsächlich war. Mit der Niederlegung seiner Ämter und der Drohung, Italien zu verlassen, übte er den höchstmöglichen Druck auf Augustus aus, ihn seinerseits zu adoptieren und damit als Nachfolger vor Gaius und Lucius einzusetzen. Es hätte ihn freilich skeptisch stimmen müssen, daß nur ein einziger Senator ihn nach Rhodos begleiten wollte.[9]

Augustus wiederum sah in Tiberius allein den Undankbaren. Konsulat und Triumph, seine Vollmachten, die neue Aufgabe im Osten, die Stellung als sein Schwiegersohn stellten ihn über alle Römer außer den Princeps selbst. Was sonst noch wollte Tiberius? Von seiner Seite her war er als Nachfolger nie vorgesehen. Achselzuckend wandte sich Augustus von dem Sohn der Livia ab und seinen eigenen Söhnen zu. Bei ihrem Unterricht, den er oft selbst vornahm, »gab er sich mit nichts soviel Mühe wie damit, daß sie seine Handschrift nachzuahmen lernten.«[10] Die Aufnahme in die Familie des Augustus schlug sich selbst in der Bildsprache nieder. Die Gesichtszüge seiner Adoptivsöhne auf den ihnen zu Ehren aufgestellten Büsten wurden seinen eigenen Porträts angeglichen.[11] – Das freiwillige Exil des Tiberius hatte auch Vorteile. Ohne Rücksicht auf den »Verräter« konnte Augustus die Nachfolge in seinem Sinne regeln.

Verkehrte Welt. Tiberius, der Mittdreißiger, zeigte auf Rhodos seine Fähigkeit zur »Vita contemplativa«, beschäftigte sich mit Astronomie, Musik und Literatur und perfektionierte zur Freude der Dichter und Philosophen, die er dort um sich versammelte, sein Griechisch. Augustus, fast sechzig Jahre alt, bewies seine Tatkraft, indem er – nach siebzehnjähriger Unterbrechung – wieder einmal das Konsulat bekleidete. Er tat es, um Gaius persönlich Volk und Senat anlässlich der Anlage der »Toga virilis«, der Männertoga, vorzustellen. Dieser feierliche Akt war ein Höhepunkt im Leben eines jeden Römers. Umgeben von einem möglichst großen Gefolge wurden die jungen Männer aufs Forum geführt und in die Bürgerlisten eingetragen. Damit waren sie mündig. Im Falle von Gaius begleitete ihn Augustus in seiner Eigenschaft als Vater und amtierender Konsul. Es folgten zwei Ehrungen, die ihn eindeutig als möglichen Nachfolger charakterisierten. Bereits jetzt, also fünf Jahre im voraus, wurde er zum Konsul für das Jahr 1 n. Chr. bestimmt, und die Ritter wählten ihn zum »Princeps iuventutis«, zum Anführer der Jungmannschaft. Die Parallele zu Augustus, dem »Princeps senatus«, dem Ersten des Senats, war in beiden Fällen offenkundig. Wie er würde Gaius sein erstes Konsulat im Alter von nur zwanzig Jahren bekleiden. Drei Jahre später wurde sein Bruder Lucius in gleicher Weise geehrt. Damit hatte sich Augustus doppelt abgesichert. Von Tiberius auf seiner Insel sprach niemand mehr, schlimmer, man vermisste ihn nicht. Weder in Rom noch in den von ihm gesicherten Provinzen. Dort befehligten jetzt Vertraute und Verwandte des Augustus die Legionen: Lucius Domitius Ahenobarbus, verheiratet mit einer Nichte des Princeps und als Statthalter bewährt, Gaius Sentius Saturninus, der schon bei Actium auf seiner Seite gekämpft hatte, Marcus Vinicius, erprobt in vielen Krisen. Sie gehörten der gleichen Klasse[12] an wie Tiberius, waren Senatoren, Konsuln, erfahren im Krieg und in der Verwaltung der wichtigsten Provinzen. Ihre Karrieren waren eindrucksvoll, aber bislang in der Öffentlichkeit – und in der Überlieferung! – wenig beachtet. Das war gewollt, denn Glanz und Ruhm waren nur einer Familie vorbehalten: der des Augustus. Der Abgang des Tiberius ließ diese Männer für zehn kurze Jahre ins Licht der Aufmerksamkeit treten.

Den Januar des Jahres 2 v. Chr. verbrachte Augustus im damals beliebten, unweit von Rom gelegenen Badeort Antium (Anzio), in dem sich die prachtvollen Villen der Oberschicht an der Meeresküste aneinanderreihten. Am 1. Januar hatte er sein dreizehntes Konsulat angetreten, um auch den jüngeren seiner Adoptivsöhne, Lucius, zur Volljährigkeit zu begleiten. Eine Abordnung römischer Bürger erschien und teilte ihm mit, die Volksversammlung habe ihm den Titel »Vater des Vaterlandes« (Pater patriae) verliehen. Augustus erklärte, ihn nicht annehmen zu können. Er schrecke zurück vor dieser höchsten denkbaren Auszeichnung für einen Römer. Denn vor ihm hatten ihn der Stadtgründer Romulus getragen und der vergöttlichte Cäsar. Zurückgekehrt nach Rom, bedrängte ihn das Volk weiter. Endlich stimmte er zu, denn zur Meinung der Menge war ein förmlicher Antrag des Senates getreten. In seinem Namen sprach der hochangesehene Valerier Marcus Messala, Mitglied einer der ältesten Familien, die sechs Generationen ununterbrochen Konsulare hervorgebracht hatte, am 2. Februar die Worte: »Der Senat begrüßt dich in voller Übereinstimmung mit dem römischen Volk als ›Vater des Vaterlandes‹. So nämlich meinen wir, für diesen Staat ewiges Glück und ewigen Wohlstand zu erbitten.« Und Augustus, zu Tränen gerührt, antwortete: »Nun, da alle meine Wünsche erfüllt sind, verehrte Herren Senatoren, worum soll ich die unsterblichen Götter noch bitten als darum, daß es mir vergönnt sein möge, diese eure Einmütigkeit bis zu meinem Lebensende zu behalten?«[13] Dementsprechende Inschriften zierten bald das Atrium seines Palastes, die Versammlungshalle des Senats und die Quadriga auf dem Augustusforum, wie er es stolz und als Höhepunkt seines Tatenberichts vermerkte.[14]

Es fügte sich, daß im gleichen Jahr auch jener Tempel vollendet wurde, den Augustus dem rächenden Gott des Krieges, Mars Ultor,

Augustusforum, in der Bildmitte der Mars-Ultor-Tempel, Rekonstruktion

gelobt hatte. Das war vor vierzig Jahre gewesen, als er bei Philippi die Schlacht gegen die Cäsarmörder gewann. Mit diesem Bau war nun endlich auch sein eigenes Forum fertiggestellt. Neben das Forum Romanum, den traditionellen Versammlungsort der Bürgerschaft, angrenzend an das von Cäsar errichtete Forum Iulium, trat nun als drittes das Augustus-Forum. Auf einer Fläche von knapp 15 000 Quadratmetern präsentierte es das aus Stein erbaute, mit kostbaren verschiedenfarbigen Marmorsorten dekorierte und mit 108 vergoldeten Bronzestatuen geschmückte Regierungsprogramm des Augustus. Der Kern der Anlage bildete der Mars-Ultor-Tempel. Acht fünfzehn Meter hohe korinthische Säulen aus Carrara-Marmor bildeten die Fassade. Seine Bedeutung ging über die Rache für Cäsar weit hinaus. Er erinnerte daran, daß der Kriegsgott der »Ahnherr der Römer« war, denn Mars hatte nach der Sage Romulus, den Gründer Roms, gezeugt. Mit ihm im Bunde – und also unbesiegbar – trat Augustus allen Feinden Roms entgegen. Als Zeichen seiner Sieghaftigkeit wurden die von den Parthern zurückgegebenen Feldzeichen hier aufbewahrt und nach jedem Triumph über fremde Völker kamen neue hinzu. Hier entschied der Senat über Krieg und Frieden und opferten die Statthalter, wenn sie in ihre Provinzen aufbrachen. Den Tempel flankierten rechts und links doppelgeschossige Säulenhallen. In den Nischen der linken standen in chronologischer Abfolge Statuen der Familie des Augustus, der Iulier, angefangen mit ihrem Urahn Aeneas, endend bei Drusus, dem Germanenbezwinger. Auf der rechten Seite, also ihnen gegenüber, waren die Statuen anderer berühmter Römer aufgestellt, beginnend mit Romulus, über die Sieger gegen Kelten, Italiker und Karthager, bis zu den Feldherren der jüngsten Zeit, Marius, Sulla, Pompejus. Neben ihren Namen waren ihre Taten festgehalten. Augustus persönlich soll sich um die Formulierung der Texte gekümmert haben. Um in diese Ruhmeshalle aufgenommen zu werden, galt nur ein Kriterium: Die Ausgewählten, die »besten Männer« (summi viri) mußten zu denjenigen gehören, »welche die Herrschaft des römischen Volkes aus den kleinsten Anfängen zu größter Macht entfaltet hatten«[15], also »Mehrer des Reiches« sein. Beide Traditionslinien, die der iulischen Familie und die des römischen Staates, vereinigten sich in der Person, die im Zentrum des Platzes auf einer Triumphquadriga thronte: Augustus. Tempel und Forum wurden am ersten Tag des Monats, der den Namen des Princeps trug, eröffnet: am 1. August. Das Datum war natürlich nicht zufällig.[16]

Mit richtigem Gespür für die Volksstimmung kombinierte Augustus die erbauliche Lektion in römischer Geschichte mit Spielen, wie sie Rom lange nicht gesehen hatte. Sie machten die Notwendigkeit imperialen Ausgreifens jedem bewußt, denn wie hätte man sich sonst die 260 Löwen und 36 Krokodile beschaffen sollen, die man in den Zirkussen zu Tode brachte? Zu den üblichen Gladiatorenkämpfen gab es als spektakuläre Dreingabe noch eine richtige Seeschlacht. In einem 360 mal 540 Meter großen, extra für diesen Zweck angelegten Bekken, schlugen »Athener« und »Perser« noch einmal die Seeschlacht von Salamis.[17] Die Römer waren begeistert und jubelten dem »Vater des Vaterlandes« zu. Doch das für Augustus so erfolgreich begonnene Jahr endete mit einem Eklat. Der Princeps klagte vor dem Senat, also in aller Öffentlichkeit, seine Tochter Julia und ihre fünf Liebhaber des Ehebruchs an und verlangte ihre Bestrafung.

Julia, mittlerweile 37 Jahre alt, hatte die Trennung von Tiberius gut verkraftet. Sie war eine der großen Damen Roms, Mutter der Söhne des Princeps und als solche in der Hierarchie des Reiches die zweite Frau nach der Augustusgattin Livia. Sie hielt auf Repräsentation, ihr Geschmack und ihre Küche waren exquisit, ihre Ausgaben exorbitant. Als Augustus, der auf Essen und Trinken wenig Wert legte, ihr einmal deswegen Vorhaltungen machte, antwortete sie schlagfertig, er könne tun, was er wolle, sie aber werde nie vergessen, daß sie die Tochter des Princeps sei.[18] Ihr Gedächtnis verließ sie freilich, wenn es um die Sittengesetze (s. Kap. IV, S. 64 f.) ging, auf die ihr Vater so großen Wert legte. Ein Schwarm von Favoriten umgab sie. »Ihre hohe Stellung«, wetterte der Tiberiusverehrer Velleius Paterculus, »bot für sie einen Freibrief zu allen Lastern; was ihr beliebte, das galt ihr für erlaubt.«[19] Nicht im Traum dachte die fünffache Mutter daran, das langweilige Leben einer römischen Matrone zu führen. Sie war das absolute Kontrastprogramm zur sittenstrengen, immer kontrollierten Livia – und das Volk liebte sie dafür und verfolgte mit Begeisterung ihre Amouren.

Julias bevorzugter Liebhaber war Iullus Antonius, der Sohn des Marcus Antonius, des großen Gegners des Augustus im Bürgerkrieg. Doch das schadete seiner Karriere nicht. Er absolvierte die Ämterlaufbahn bis zum Konsulat, war Statthalter in wichtigen Provinzen und mit einer Nichte des Princeps verheiratet. »Nach allgemeiner Überzeugung nahm er nach Agrippa und den Brüdern Tiberius und Drusus den dritten Platz neben Augustus ein«, schrieb der griechische Historiker Plutarch.[20] Aber das war zwanzig Jahre her. Der Dichter und Redner Sempronius Gracchus, aus einer berühmten traditionell republikanischen Familie, hatte mit Julia bereits während ihrer Ehe mit Agrippa ein Verhältnis und setzte es nach Tiberius Rückzug nach Rhodos fort.[21] Titus Quinctius Crispinus, ebenfalls bester Herkunft, war zusammen mit Drusus Konsul gewesen. Zu den dreien gesellten sich noch ein Claudier und ein Cornelier. Die Auswahl war ohne Zweifel standesgemäß.

Was im einzelnen vorgefallen war, bleibt im Dunkeln. Paterculus berichtet von »Schändlichkeiten, die zu erzählen er sich schäme«, Cassius Dio vom »lokkeren Leben, das Julia führte, so daß sie auf dem Forum und selbst auf der Rednerbühne nachts umherschwärmte und noch zu später Stunde zuweilen an Trinkgelagen teilnahm«. Augustus habe davon nichts gewusst und sei aus allen Wolken gefallen, als er es erfahren habe. Der offenbar gutunterrichtete Philosoph Seneca wird deutlicher. Julia habe sich bewußt die Rednertribüne auf dem Forum ausgesucht, um

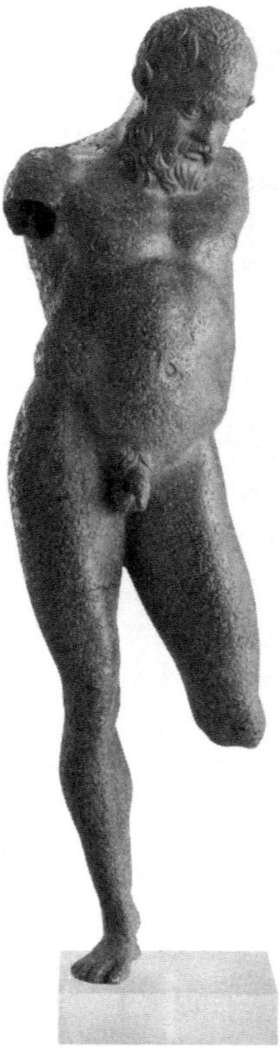

Satyr mit typischen Pferdeohren, der dazugehörige Pferdeschweif fehlt

dort Unzucht mit ihren Liebhabern zu treiben. Denn von dort habe ihr Vater sein Gesetz gegen den Ehebruch verkündet. Tagsüber habe sie sich mit ihren Bewunderern an der Statue des Marsyas versammelt und das Recht auf freie Liebe gefordert.[22]

Dafür konnte es keinen besseren Ort geben. Denn Marsyas gehörte zum Geschlecht der Satyrn, Mischwesen mit den Ohren und dem Schwanz eines Pferdes, die im Gefolge des Gottes Dionysos ihren weiblichen Pendants, den Nymphen, nachstellten. Glatzköpfig, lüstern, immer mit erigiertem Glied dargestellt, symbolisierten sie die exzessive, enthemmte Sexualität, das Durchbrechen aller vom Gesetz errichteten Schranken. So verstanden, war die Demonstration Julias hochpolitisch, und schon der römische Schriftsteller Plinius vermutete, es sei letztlich nicht um Ehebruch, sondern um einen »vatermörderischen Anschlag« gegangen.[23] Daß eine Verschwörung gegen Augustus geplant war, legten auch ihre »Liebhaber« nahe, die aus angesehenen und einflussreichen Familien stammten. Keine »moralisch Verworfenen« seien sie gewesen, sondern »eine gefährliche politische Gruppe«, schrieb der englische Historiker Ronald Syme.[24] Andere stellen gerade dies infrage. Keiner von ihnen verkörperte wirkliche Macht, und hätte Julia nicht den Aufstieg ihrer Söhne aufs Spiel gesetzt, wenn sie ihren eigenen Vater beseitigte?[25]

Augustus war ein Choleriker und soll es nach eigenem Bekunden später bitter bereut haben, den Skandal im eigenen Hause öffentlich gemacht zu haben. Auch diese Erklärung ist möglich, daß er durch nichts so getroffen wurde wie durch die Verhöhnung seiner Sittengesetze durch die eigene Tochter.[26] Ihre Opposition wog um so schwerer, als ihre Kritik von der überwiegenden Mehrheit der Aristokraten geteilt wurde. Man wehrte sich gegen den Blick des Staates ins private Schlafzimmer und regelte seine Liebesangelegenheiten lieber selbst. An Julia und ihren Bewunderern statuierte Augustus ein Exempel, demonstrierte, daß er nicht mit sich spaßen ließ. Zu denken gibt nur der Zeitpunkt, denn natürlich konnte ihm ihr Lebensstil über die Jahre nicht verborgen geblieben sein.

Iullus Antonius wurde hingerichtet, Julia verbannt. Pandateria (Ventotene) vor der Küste von Latium, mit 1,2 Quadratkilometern eine der kleinsten pontinischen Inseln, muß auf die Großstädterin Julia wie ein Schock gewirkt haben. Ein Gefängnis mit dem Meer als Mauer. Eine bescheidene Villa. Ein paar Wachsoldaten. Wein und »sonstige Annehmlichkeiten des Lebens« waren verboten, Besuche nur gestattet, wenn vom Princeps persönlich genehmigt. Alter, Geschlecht, Hautfarbe, Größe, besondere Merkmale waren anzugeben. Neben ein paar Sklavinnen durfte nur ihre Mutter Scribonia sie begleiten. Ihre Zofe Phoebe, die man unter der Folter verhören wollte, erhängte sich. Augustus lobte ihren Selbstmord und sprach, lieber wäre er der Vater der Phoebe als der seiner Tochter, die er »eine Eiterbeule und ein Krebsgeschwür« nannte. Ohne Tiberius zu fragen, schickte er Julia in dessen Namen den Scheidebrief. So unwürdig hatte der sich das Ende seiner Ehe doch nicht vorgestellt und bat von Rhodos aus für Julia um Gnade. Er bewirkte so wenig wie das Volk, das die »lustige Witwe« vermisste und den »Vater des Vaterlandes« um ihre baldige Rückkehr anflehte. Doch Augustus erklärte, »leichter könnten sich Feuer und Wasser mischen, als daß sie wieder nach Hause komme.«[27] Julia sah Rom und ihre Kinder nie wieder.[28]

Seine Söhne Gaius und Lucius hatte Augustus nun für sich allein und für immer dem Einfluß ihrer Mutter entzogen. Tiberius war nicht mehr sein Schwiegersohn, die letzte seiner Vollmachten erlosch im kommenden Jahr. Waren der Zorn des Augustus und sein Strafgericht wirklich so spontan gewesen oder vielleicht doch eine geschickte Inszenierung, ein Akt der Befreiung, der mit einem gutgezielten Schlag alle seine Gegner aus Rom entfernte? Tiberius jedenfalls, der nach der Verbannung seiner Exfrau gern wieder zurückkehren wollte und Augustus schrieb, er sehne sich nach seinen nächsten Verwandten, wurde ruppig abgefertigt. Er habe, antwortete der Princeps umgehend, es ja so eilig gehabt, sie zu verlassen, daß er sich darüber nun keine Sorgen mehr machen müsse.[29]

Sorgen machen mußte sich Tiberius um sich selbst. Nach der Scheidung von Julia verband ihn nichts mehr mit der Familie des Princeps. Niemand erwartete sich noch etwas von demjenigen, der einst der zweite Mann des Reiches gewesen war. In Gallien stürzte man die Statuen um, die man einst zu seinen Ehren errichtet hatte. Mit Tiberius in Verbindung gebracht zu werden, von ihm gefördert worden zu sein, war mittlerweile ein Umstand, den man gern verschwieg. Derweil brach, umgeben von den besten Kommandeuren des Reiches, Gaius Cäsar im Rang eines Konsuls gegen die Parther auf, um sich den notwendigen militärischen Ruhm zu verschaffen. Augustus wünschte ihm die Klugheit des Pompeius, die Kühnheit Alexanders und seine eigene Fortuna.[30] Pflichtschuldigst suchte ihn der Privatmann Tiberius bei seiner Durchreise auf und huldigte seinem zwanzigjährigen Ex-Stiefsohn fußfällig.[31] So tief war er gesunken, daß sich im Überschwang eines Trinkgelages ein Übereifriger erbot, Gaius den Kopf des Tiberius zu bringen. Endlich, nach drei langen weiteren Jahren, gestattete man im Frühsommer des Jahres 2 n. Chr. die Rückkehr des Exilanten nach Rom. Nebenbei rettete man dadurch das Leben des Hofastrologen Thrasyllus. Der hatte so oft geweissagt, daß die Einsetzung in Amt und Würden nicht mehr fern sei, daß ihm Tiberius nicht mehr glaubte und die Beseitigung des falschen Propheten beschloß. Gerade als er ihn die Klippen von Rhodos hinunterstürzen wollte, erblickte Thrasyllus auf dem Meer einen Schnellsegler und rief, dieses Schiff bringe frohe Kunde.[32] Nicht Augustus entschied allerdings über seine Rückkehr, sondern sein designierter Nachfolger. Bedingung war, daß sich Tiberius jeder politischen Aktivität und jedes Amtes enthalten müsse. Daran änderte sich nichts, als überraschend der jüngere der beiden Augustus-Söhne, Lucius, am 20. August des Jahres 2 n. Chr. in Massilia verstarb. Es fand sich auch noch kein Amt, als im Spätherbst des Jahres 3 n. Chr. Gaius Cäsar auf eigenen Wunsch als Nachfolger ausschied. Durch einen tückischen Pfeil vor der armenischen Festung Artagira getroffen, nahm die Verletzung den jungen Mann so mit, daß er Augustus bat, sich ins Privatleben zurückziehen zu dürfen und in Syrien zu bleiben. Der Princeps stand vor den Trümmern seiner so sorgfältig geplanten Nachfolge. Gerade daß er Gaius zu überreden vermochte, fortan wenigstens in Italien zu leben. Doch noch auf der Rückreise, im lykischen Limyra, starb sein Adoptivsohn am 21. Februar des Jahres 4 n. Chr. an seiner Wunde, die nicht heilen wollte. Ende März erreichte die Unglücksnachricht Rom. Was niemand mehr erwartet hatte, trat durch die beiden Todesfälle ein: Tiberius war wieder gefragt.

Bei all seinen dynastischen Überlegungen hatte Augustus entschieden den gleichen Kurs verfolgt: Sein Nachfolger mußte aus seiner eigenen Familie sein. Dazu bekannte er sich auch jetzt. Nero Claudius Germanicus, der neunzehnjährige, am 24. Mai 15 v. Chr. geborene Sohn von Tiberius' Bruder Drusus und der Antonia, hatte iulisches Blut in den Adern. Denn Antonia war die Tochter von Augustus' Schwester Octavia. Das Wagnis freilich, das er zehn Jahre zuvor eingegangen war, als er auf seine »Adoptivsöhne« setzte, konnte er nicht mehr wiederholen. Er war zu alt, ging auf die siebzig zu. Was er zu vererben hatte, war ja kein »Amt« im eigentlichen Sinne, kein »Kaisertum« mit geregeltem Erbgang, sondern eine Fülle von republikanischen Ämtern und Zuständigkeiten, die er in seiner Person konzentrierte und die ihm der Senat jeweils befristet einräumte. Sie ließen sich nur übertragen, wenn sein Nachfolger gleich würdig (auctoritas) und gleich angesehen (dignitas) war. Germanicus konnte es einmal werden. Er glich seinem Vater Drusus, dessen frühen Tod Augustus tief betrauert hatte. Gleich ihm war er hochgewachsen, eine kraftvolle Gestalt, gebildet, beredsam, freundlich im Umgang, sympathisch, den Menschen zugewandt. Augustus soll sogar überlegt haben, »ob er nicht ihn, seiner Schwester allseits gerühmten Enkel, an die Spitze des Staates stelle«[33], aber am Ende überwogen sein Realismus und der Einfluß seiner Gattin Livia, der Mutter des Tiberius.

Es war ein zu großes, die gesamte Konstruktion des Prinzipats gefährdendes Risiko, bereits jetzt auf Germanicus zu setzen, um so mehr als des Tiberius Fähigkeiten als Feldherr dringend gebraucht wurden. Am 26. Juni des Jahres 4 n. Chr. adoptierte Augustus seinen ungeliebten Stiefsohn und verlieh ihm mit seinem neuen Namen, Tiberius Iulius Cäsar, alle Vollmachten, die ihn als den nächsten Princeps bezeichneten. Um keinen Zweifel über seine Gründe aufkommen zu lassen, tat er es mit den Worten: »Dies tue ich um des Staates willen.«[34] Der Aufstieg zur höchsten Macht hatte seinen Preis. Noch am gleichen Tage mußte Tiberius seinen Neffen Germanicus adoptieren und akzeptierte ihn damit als Nachfolger, obwohl sein eigener Sohn Drusus nur ein halbes Jahr jünger war. Damit war der iulischen Linie für die Zukunft die Herrschaft gesichert, um so mehr als Germanicus im folgenden Jahr mit Agrippina, der Tochter der Julia, also einer Enkelin des Augustus verheiratet wurde.

Am 9. September wurde die Urne mit der Asche Gaius Cäsars in einem feierlichen Staatsakt im Mausoleum des Augustus beigesetzt. Tiberius nahm nicht daran teil. Sofort nach der Adoption war er an den Kriegsschauplatz aufgebrochen, den Augustus für den wichtigsten hielt: Germanien.

Kapitel VIII

Provinz Germanien

Status quo

Glauben wir dem Augenzeugen Velleius Paterculus, brach bei den Rheinlegionen ein wahrer Begeisterungssturm los, als Tiberius nach neunjähriger Unterbrechung im Sommer des Jahres 4 n. Chr. endlich wieder das Kommando übernahm. Die Soldaten weinten vor Freude, ergriffen seine Hände, riefen, »Sehen wir dich wieder, Imperator? Haben wir dich heil und gesund wieder?«, und erinnerten ihn an gemeinsame Zeiten: »Ich bin mit dir in Armenien gewesen! – Und ich in Rätien! – Ich bin von dir bei den Vindelikern ausgezeichnet worden! – Ich in Pannonien, ich in Germanien!«[1]

Tiberius sei zur rechten Zeit gekommen, denn »drei Jahre zuvor, war ein gewaltiger Krieg (immensum bellum) entbrannt«, behauptet Velleius.[2] Ihn beizulegen, benötigte Tiberius nicht einmal ein halbes Jahr. Die Kombination aus militärischer Macht und seinem Ruf als Feldherr genügte, um die Lage zu stabilisieren. Tiberius fühlte sich so sicher, daß er die Legionen nicht zum Rhein zurückführte, sondern im rechtsrheinischen Gebiet überwinterte. Die Namen der aufrührerischen Stämme, darunter Brukterer und Cherusker, lassen den Unruheherd zwischen Lippe und Weser vermuten. Nachdem er die Unterwerfung der Stämme entgegengenommen hatte, ließ Tiberius ein neues 23 Hektar großes Legionslager errichten. Anreppen, südlich des heutigen Delbrück, war der am weitesten östlich vorgeschobene Stützpunkt an der Lippe und wie üblich in Fachwerktechnik errichtet und mit Holz-Erde-Mauern und Spitzgräben umgeben. Sein Präto-

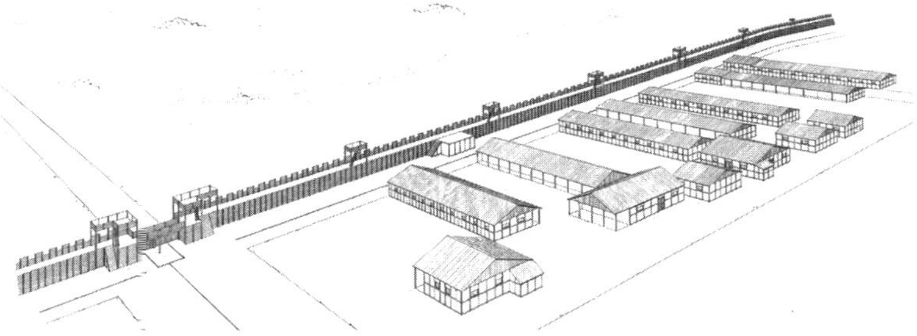

Das Legionslager von Anreppen. Hinter der Holz-Erde-Mauer liegen die Kasernen für die Mannschaften und die Häuser der Zenturionen, Rekonstruktionszeichnung

rium, das repräsentative Hauptquartier des Feldherrn, bedeckte eine Grundfläche von fast 3.400 Quadratmetern. Dem Gebäude war ein Atrium mit acht Säulen vorgelagert, ein brunnengeschmückter Innenhof maß 650 Quadratmeter. Welchen Grund hätte es auch für den Stellvertreter und designierten Nachfolger des Princeps gegeben, auf den gewohnten Wohnluxus, einschließlich Bäder und Fußbodenheizungen zu verzichten? Auch die Offiziersquartiere ließen an Raum nichts zu wünschen übrig. Anreppen verfügte auch über eine Vielzahl großer Speicher, Anzeichen dafür, daß in dem lebensmittelarmen Land eine Versorgungsbasis aufgebaut wurde, die weitere Vorstöße nach Osten erleichterte bzw. die Stationierung von Truppen in einem größeren Radius erlaubte.[3]

Velleius Paterculus einen Bewunderer seines Feldherrn Tiberius zu nennen, wäre stark untertrieben. Er vergötterte ihn und hatte allen Grund dazu. Der 24jährige Berufsoffizier war schon weit herumgekommen, hatte als Militärtribun in Thrakien und Makedonien gedient und war mit Gaius Cäsar gegen die Parther gezogen. Tiberius hatte ihn trotz seiner Jugend zum Befehlshaber der gesamten Reiterei ernannt. Velleius dankte es ihm durch Treue, kämpfte neun Jahre an seiner Seite und machte eine Karriere, die den aus dem Ritterstand gebürtigen bis in den Senat und in den Rang eines Legionskommandeurs und Prätors beförderte. Später verfasste er eine »Römische Geschichte«, in der er ausführlich und mitunter devot die gemeinsame Zeit mit Tiberius abhandelte, in der er »Zuschauer und Mithelfer bei seinen über menschliches Maß hinausgehenden Taten«[4] war. Dazu hätte nicht gepasst, in ein Germanien aufzubrechen, in dem es ein paar lokale Unruhen zu beenden galt. Schon um sich von ihren Vorgängern abzuheben, mußte der Krieg, den Tiberius und sein Helfer Velleius so rasch beilegten, »gewaltig« sein.

Daß die Lage in Germanien kein sofortiges Eingreifen erforderte, beweist die gemächliche Art der Anreise. Tiberius zog die Rhône aufwärts, dann an die Atlantikküste nach Bononia (Boulogne-sur-Mer) und von dort in die nördlichste der drei gallischen Provinzen, der Belgica (Belgien und südliche Niederlande). Es war eine Vorstellungs- und Inspektionsreise, mit der sich Tiberius bei den Truppen und in den Veteranenkolononien als Nachfolger des Augustus präsentierte. Die Erwartungshaltung ihm gegenüber war groß. Nach den neun Jahren der Tatenlosigkeit mußte er zeigen, daß seine Feldherrnkunst und seine Führungsfähigkeiten nicht gelitten hatten. Dies war nicht zuletzt auch im Interesse des Princeps, und so »wurde nichts unterlassen, um sein Ansehen zu erhöhen, besonders seit sicher war, daß auf ihm allein die Hoffnung der Nachfolge ruhe.«[5]

Da wir aus den schriftlichen Quellen kaum erfahren, was sich in der Zeit in Germanien ereignete, in der Tiberius nicht das Kommando führte, haben frühere Tiberius-Biographen das Bild eines Landes gezeichnet, in dem Stillstand und ein Verwalten des Mangels vorherrschten. Das Gegenteil war der Fall. Augustus schickte seine besten Militärs als Statthalter nach Germanien. Von 6 v. Chr. bis 1 n. Chr. übernahm Lucius Domitius Ahenobarbus das Kommando über die Rheinlegionen, ihm folgte bis 3 n. Chr. Marcus Vinicius. Ihn löste Gaius Sentius Saturninus ab, bis Tiberius auf dem Schauplatz erschien. Der alte Kampfgefährte des Augustus und in vielen Schlachten erprobte Troupier wurde sein Unterfeldherr und Aufpasser zugleich. Alle drei genossen das besondere Vertrauen des Princeps, was angesichts der in ihre Hände gegebenen militärischen Macht unbedingte Voraussetzung für ihre Posten war, und bewährten sich. Ahenobarbus wiederholte im Jahre 3 v. Chr. den Drusus-Marsch zur Elbe, überschritt sie sogar und errichtete auf dem östlichen Ufer einen Altar für Augustus. Mit den dort siedelnden Sueben-Stämmen der Semnonen, Hermunduren und Langobarden schloß er Verträge ab. Wie Agrippa in Gallien forcierte er in Germanien den Straßenbau. Legte Bohlenwege durch die Sümpfe und sorgte für planierte Wege. Der Princeps zeichnete ihn dafür mit den Triumphalinsignien, der purpurnen, mit Sternen bestickten Toga, dem Lorbeerkranz und einer Statue auf seinem Forum aus, gleiche Ehrungen erhielten Vinicius und Saturninus, die in den Augen des Herrschers ihre Aufgabe ebenso erfolgreich lösten.

Worin sie bestand, haben uns die Archäologen entschlüsselt. Germanien bis zur Elbe betrachtete Augustus de facto als Provinz.[6] Nicht nur wurden zu Lande und zu Wasser die Kommunikationswege verbessert, sondern ganze Städte angelegt, Bergwerke erschlossen, und die Legionen schoben ihre Standorte vorsichtig weiter hinein nach Germanien.[7]

Das am Nordufer der Lippe gelegene Legionslager von Haltern, ungefähr drei Marschtage (etwa sechzig Kilometer) vom Rhein entfernt, entstand spätestens um Christi Geburt. Aus dem 19 Hektar großen Hauptlager, in dem ganzjährig Truppen stationiert waren – sogar die Existenz eines Lazaretts hat man nachgewiesen –, entwickelte sich im Laufe der Jahre ein Verwaltungs- und Versorgungszentrum der neuen Provinz. Eisen wurde verarbeitet, und zehn Töpferöfen bezeugen eine fast schon industriell anmutende Keramik-Produktion der bei Römern und Germanen so geschätzten Terra-Sigillata-Gefäße. Die Grundrisse der Häuser belegen, daß es sich nicht um ein übliches Militärlager handelte, sondern im Ort Zivilisten siedelten. Römische Verwaltungsbeamte, Handwerker und Händler, die offenbar zu bleiben gedachten, was nicht nur die Wasserleitungen aus Blei beweisen, sondern vor allem eine Gräberstraße mit bis zu vierzehn Meter im Durchmesser großen Grabanlagen. Die Verbindung zum Rhein wurde zu Wasser und zu Lande sichergestellt, die Schiffbarkeit der Lippe mittels Kunstbauten stetig verbessert. Durch das Aufstauen der Seitenarme erreichte man mit der Zeit eine Vertiefung und Verbreiterung des Flusses. An seinem Ufer verlief eine bis zu vierzig Meter breite Militärstraße.[8]

Haltern, das wichtigste römische Lager an der Lippe, Blick auf das Stabsgebäude (principia) und die monumentale Kaiserstatue im Hof, Modell

Daß im rechtsrheinischen Germanien auch schon reine Zivilsiedlungen existierten, war die verblüffende Erkenntnis der Ausgrabungen im hessischen Waldgirmes im Lahntal. Als sie 1993 begannen, vermutete man zunächst ein Militärlager, dann stellte sich heraus, daß man es mit einer römischen Stadt in Gründung zu tun hatte. Mit Hilfe der Dendrochronologie, einer Methode der Zeitbestimmung durch die Jahresringe der Bäume, war es sogar möglich, ihr Entstehungsdatum zu berechnen. Ein holzverschalter Brunnen lieferte das Material. Die in ihm verarbeiteten Bäume wurden exakt im Herbst/Winter 4 v. Chr. geschlagen, mit seinem Bau also im Frühjahr 3 v. Chr. begonnen. Die Stadtanlage folgte einer präzisen Vermessung. In ihrer Mitte lag das 2200 Quadratmeter große Forumsgebäude, dessen Nordseite eine zweischiffige, sechs Meter hohe Halle bildete. Das in Fachwerktechnik errichtete Bauwerk ist das älteste römische auf Steinfundamenten östlich des Rheins. Auf dem von flankierenden Gebäuden umschlossenen Hof stand eine lebensgroße Reiterstatue des Augustus aus vergoldeter Bronze. Sie wurde in Südfrankreich oder Italien gegossen und dann in Teilen nach Germanien transportiert. Ihren Sockel bildeten Kalksteinquader aus Lothringen. An den Straßen lagen Häuser mit Laubengängen (Portiken) und Innenhöfen eindeutig mediterranen Stils. In Handwerkervierteln lebten Schmiede und Töpfer. Amphorenfunde belegen Öl und Oliven aus Spanien, Wein aus Italien und Griechenland. Wasserleitungen aus gebohrten Baumstämmen und Bleirohren – letztere wurden im Lahntal erst 1922 wieder verwendet – versorgten die Siedlung. Eine Holz-Erde-Mauer mit vorgelagerten Spitzgräben umgab die Stadt. Die Verteidigungsanlagen waren offenbar überflüssig, denn nach ihrer Anlage wurden die Gräben weder ausgeräumt noch gesäubert. Der hohe Anteil einheimischer Keramik sowie die fast ausschließlich zivilen Funde bezeugen den friedlichen Austausch und das Zusammenleben unterschiedlichster Bevölkerungsgruppen. Die Lage der Stadt am Schnittpunkt der Wege über die Lahn und von der Wetterau in Richtung Weser war optimal. In Sichtweite nach Norden zu ragten die Ringwälle des alten keltischen Oppidums auf dem Dünsberg, das erst vor kurzem aufgegeben worden war. Gut möglich, daß seine Restbe-

Waldgirmes. Die »Stadt in Gründung« mitten in Germanien, Rekonstruktion von Stadt und Forum

völkerung nach Waldgirmes umsiedelte. In unmittelbarer Nähe befanden sich die leicht abbaubaren Erzvorkommen des noch heute so genannten »hessischen Eisenlandes«. In Kombination mit den landwirtschaftlich erschlossenen, fruchtbaren Böden des Lahntals war damit die Grundlage für den künftigen Aufschwung der Stadt gelegt.[9]

Mit Haltern und Waldgirmes erweist sich eine Passage des Historikers Cassius Dio als wahr, die oftmals bezweifelt wurde, daß nämlich die Römer nicht nur in Germanien überwinterten, wie dies in Anreppen und Haltern der Fall war, sondern auch Städte anlegten und Märkte organisierten, die mit ihrem Warenangebot auf die Einheimischen eine ähnliche Anziehungskraft ausübten wie heutige Einkaufscenter.[10] Die moderne Wirtschaftspolitik hat dafür den Begriff »Cluster« geschaffen: mit gezielter Ansiedlung von industriellen Kernen Handel und Verkehr zu entwickeln, Bevölkerung anzuziehen. Nichts anderes geschah hier. Mit einiger Sicherheit dürften zwischen Rhein und Elbe noch andere Stadtgründungen unentdeckt oder überbaut im Boden schlummern. Die Römer wollten jedenfalls bleiben und trieben die wirtschaftliche Durchdringung des Landes mächtig voran.

Besonders lukrativ erschien ihnen der Bergbau. Vor der Rhônemündung fanden sich in einem römischen Schiffswrack 66 Kilo schwere Bleibarren aus Germanien, die Augustus gehörten, da sie die Stempelmarkierung Imp(erator) Caes(aris) trugen. Archäologischer Scharfsinn und die Isotopenanalyse entdeckten dahinter ein Bergwerk im Sauerland, das der Spanier Lucius Flavius Verucla für den Princeps betrieb. Die gestempelten Barren stellten den Pachtzins dar. Auch im Bergischen Land und im Siebengebirge, im unmittelbaren Vorfeld von Köln und Bonn, wurden seit Christi Geburt Blei- und Silbergruben angelegt. In allen drei Fällen war der logistische Aufwand (Transportwege, Arbeitskräfte, Wachpersonal) erheblich. Das Bergwerk im Sauerland, auf der Hochfläche von Brilon, wurde sogar durch ein Lager (Kneblinghausen) militärisch gesichert. Vor allem setzte die Ausbeutung der Erzvorkommen friedliche Zustände voraus. Sonst hätten sich keine Investoren (Pachtgesellschaften) gefunden.[11] Im Gegensatz zur Gegenwart, in der wir mit Blei meist negative Assozia-

Köln, Hauptstadt der Provinz Germanien, Schaufenster des Imperiums gegenüber den Barbaren, späterer Ausbauzustand

tionen von »bleierne Zeit« bis »Bleivergiftung« verbinden, genoß das Metall bei den Römern höchste Wertschätzung. Es war ein Allround-Stoff, den man überall einsetzte, etwa bei der Verklammerung von Quadersteinen, der Verkleidung von Schiffsrümpfen oder bei Wasserleitungen. Die dazu benötigten Mengen waren beachtlich. So wurden etwa allein beim Bau der Porta Nigra, des Trierer Stadttors, schätzungsweise sieben Tonnen verbraucht und der Bau der Wasserleitungen von Lyon verschlang gar 35 000 bis 40 000 Tonnen.

Weiter vorangegangen war auch der Ausbau der Provinzhauptstadt Köln. Die Tempelanlage der »Ara Germaniae«, das zentrale Heiligtum der Provinz zur Verehrung von Augustus und der Göttin Roma, lag von überall her sichtbar auf einer Terrasse über dem Rhein und schaute nach Osten. Priester aus germanischen Adelsfamilien besorgten den Kult, wie dies die Gallier an der »Ara Galliarum« (vgl. Kap. V, S. 69) in Lyon taten. Wie dort für Gallien war hier in Köln der Ort des Provinzlandtages, zu dem sich die germanischen Fürsten jährlich einfanden. Köln war auf dem Reißbrett entstanden, in einem Land, das keinerlei städtische Traditionen und kein einziges steinernes Gebäude hatte, und sollte vor allem eines: beeindrucken. Entsprechend über-

Die Ara Germaniae im Zentrum von Köln, kultischer Mittelpunkt der Provinz, Rekonstruktionszeichnung

dimensionert waren Tempel, Statthalterpalast, Forum, Thermen und Säulenhallen geplant und wenn schon das kleine Waldgirmes sich eine vergoldete Reiterstatue des Augustus leistete, kann man sich leicht vorstellen, was an Statuenschmuck und Ehrenbögen in den Straßen Kölns, dem politischen, administrativen und religiösen Mittelpunkt der Provinz Germanien, zu sehen war.[12]

Das Problem, das Tiberius zu lösen hatte, entsprach genau dem, das sein Bruder Drusus sechzehn Jahre zuvor bewältigte. Damals, 13 v. Chr., ging es um die Sicherung Galliens, jetzt war es Germanien, das auf Dauer nur zu befrieden war, wenn man das Vorfeld der Provinz beherrschte und unter römische Kontrolle brachte. Ahenobarbus hatte es mit seinem Marsch zur Elbe versucht. Dort war offenbar ein Zentrum antirömischen Widerstands, das immer wieder auf die benachbarten germanischen Stämme, insbesondere auf die Cherusker, Brukterer und Marser einwirkte und sie aufstachelte. Hier siedelten die suebischen Völker, die Elbgermanen, vor deren Masse und Kampfeslust schon Cäsar gewarnt und mit denen Ahenobarbus vergeblich Verträge geschlossen hatte. Ihnen mußte man entgegentreten, sie mit der Macht Roms konfrontieren, sie einschüchtern. Im Frühjahr des Jahres 5 n. Chr. brach Tiberius mit Heer und Flotte an die Elbe auf.

Die kombinierte Operation ist mit Recht eine »militärstrategische Meisterleistung«[13] genannt worden. Wie alles, was Tiberius unternahm, war sie überaus gründlich vorbereitet. Ihr voraus ging eine sorgfältige Inspektion der Flotte, der eine doppelte Aufgabe gestellt war. An den Flußmündungen von Ems, Weser und Elbe vorbeisegelnd, sollte sie den weiteren Küstenverlauf aufklären – vielleicht gab es ja einen noch unbekannten, ebenfalls nach Germanien hineinführenden Strom? –, dann auf dem Rückweg in die Elbe hineinfahren, das vorausmarschierte Landheer einholen und mit Lebensmitteln versorgen.

Die Legionen begleiteten von den Stämmen gestellte Hilfstruppen, unter ihnen die wieder in Gnaden aufgenommenen Cherusker. Ihr Aufgebot befehligte der jetzt 23jährige Arminius. Er galt als besonders romtreu, denn seine Familie, von einer romfeindlichen Adelsfraktion aus dem Lande gejagt, war erst wieder durch Tiberius zu ihrer alten Machtstellung gelangt.[14] Die »Romfreunde« in den Stämmen zu pflegen und ihnen zur Herrschaft zu verhelfen, gehörte zur üblichen römischen Diplomatie. Tiberius beherrschte sie souverän und hielt sich viel darauf zugute, daß er in Germanien mehr durch kluge Verhandlungen als durch brachiale Militärgewalt erreicht habe.[15] Den Cherusker Sigimundus, Sohn eines anderen Römerfreundes, des Fürsten Segestes, berief er zum Priester am »Altar Germaniens« in Köln, und zeichnete damit seine Familie und seinen Stamm vor allen anderen aus. Eine wahre Flut von Bürgerrechtsverleihungen, militärischen Rängen, Priesterämtern und kostbaren Geschenken prasselte auf die Oberschicht der Germanen hernieder und verkündete die Botschaft, daß es sich lohne, Roms Freund und Verbündeter zu sein.

Die Flotte segelte die Küste Jütlands entlang bis zum »kimbrischen Vorgebirge«, dem Raum von Skagen, »von wo aus man ein unermeßliches Meer vor sich liegen sah.«[16] Die dort wohnenden Kimbern, der alte Angstgegner Roms, waren vom Anblick der römischen Kriegsgaleeren dermaßen schockiert, daß sie sich ohne Kampf unterwarfen und umgehend eine Gesandtschaft zu Augustus schickten. Sie brachten ihm das wertvollste Sakralgefäß ihres Stammes, einen Kessel, und baten ihn für die Taten ihrer Vorfahren um Verzeihung. Der Princeps war auf diese Expedition, »wohin weder zu Lande noch zu Wasser irgend ein Römer bis zu diesem Zeitpunkt je gelangt war«,[17] so stolz, daß er sie in seinen Tatenbericht aufnahm.

Währenddessen marschierte Tiberius, wahrscheinlich durch das Wesertal, nach Norden. Am Unterlauf der Elbe taten ihm die Langobarden, die als das wildeste Volk der Sueben galten, den Gefallen, in offener Feldschlacht gegen ihn anzutreten. Er walzte sie mit den Legionen ohne Mühe nieder und setzte seinen Weg stromaufwärts fort. In der Gegend des heutigen Hitzacker oder etwas weiter südlich kam es zum geplanten Treffen mit der Flotte. Die Semnonen, die diesen Abschnitt des Elbtals bewohnten, ließen sich enttäuschenderweise von dieser geballten Zurschaustellung römischer Macht nicht schrekken und bezogen am Ostufer kampfbereit Stellung. Nur ein alter Häuptling, berichtet Velleius Paterculus, ruderte über den Strom und erbat sich von Tiberius die Gnade, seine Hand küssen zu dürfen.[18] Das Heer kehrte ohne Verluste heim in die Winterlager. Tiberius reiste nach Rom. Der Feldzug hatte das Problem deutlich werden lassen, gelöst hatte er es nicht. Rechts und links der Elbe erstreckte sich das größte Siedlungsgebiet Germaniens. Nicht der Fluß, sondern das ganze Elbtal mußten römisch werden, wollte man die Provinz Germanien nach Osten wirksam sichern. Doch Augustus verbot das Überschreiten des Stroms. Offenbar hielt er ein weiteres Vordringen für zu riskant.[19] Weder der Sieg über die Langobarden noch der Aufmarsch von Heer und Flotte hatten die Elbgermanen dazu gebracht, die Freundschaft des römischen Volkes zu erbitten. Was war der Grund dieser Arroganz und Renitenz? Sie trug einen Namen: Marbod.

Marbod

Im sicheren Schutz der Berge, die wir heute Böhmerwald, Erz- und Riesengebirge nennen, lag die Burg. Wahrscheinlich war es eine alte keltische Festung, in der Marbod, der König der Markomannen residierte. Er war die große Ausnahme unter den germanischen Fürsten, denn, so lesen wir bei Paterculus, »er besaß einen kühnen Geist und war mehr von seiner Abkunft als von seinen geistigen Fähigkeiten ein Barbar.«[20] Seinen Standesgenossen hatte er zwei Dinge voraus, er war ihnen an Rang und Macht überlegen – und er kannte Rom und die Römer aus eigener Anschauung.

Bei Strabo finden wir die Notiz, daß er als »Jüngling« in Rom gelebt habe und dort »Wohltaten« von Augustus empfing.[21] Sie bestanden vermutlich in der Verleihung des römischen Bürgerrechts, verbunden mit einer militärischen Ausbildung. Von dieser Begegnung mit der Stadt und ihren Eliten profitierte er, sie prägte sein Leben und machte ihn zu einem realistisch-vorsichtigen Politiker, der nie der Versuchung erlag, Rom und seine Ressourcen zu unterschätzen.

Marbods Stunde kam, als sein Stamm gegen die Römer eine schwere Niederlage erlitt. Es war im Maingebiet zur Zeit der Drusus-Feldzüge, wahrscheinlich in seinem Sterbejahr 9 v. Chr. Marbod, kaum zwanzig Jahre alt, trat mit dem Segen und der Unterstützung Roms an die Spitze der Markomannen. Von vornherein strebte er danach, mehr als der übliche »vom guten Willen der Gehorchenden« abhängige Anführer zu sein. Er hatte »die Idee eines festgegründeten Reiches mit königlicher Gewalt«,[22] anders ausgedrückt, er wollte das Staatsmodell, das er in Rom kennengelernt hatte, nach Germanien importieren. Um seine deprimierten Stammesgenossen wiederaufzurichten, verkündete er einen völligen Neuanfang. Die Markomannen verließen ihre Wohnsitze, zogen nach Osten und besetzten das böhmische Becken. Daß der aufrührerische Stamm Germanien den Rükken kehrte, könnte durchaus im römischen Interesse gelegen haben. Daß Marbod von seiner Bergfestung aus sein Reich stetig vergrößerte, gefiel den Römern schon weniger. Der König pflegte jedoch ostentativ seine guten Verbindungen zu Augustus, schickte Gesandtschaften und öffnete sein Land dem römischen Handel.

Im Jahr 5 n. Chr. erstreckte sich sein Reich bis an die mittlere Elbe und umfasste dort die Semnonen, also genau jenen Stamm, der sich Tiberius nicht unterwerfen wollte. Das »Modell Marbod« war attraktiv. Seit er regierte, waren die Markomannen und ihre Verbündeten niemals geschlagen worden. Denn der König kopierte das römische Militärwesen. »Durch beständige Übung brachte er sein Heer fast auf den Stand römischer Disziplin«, vermerken die Quellen. Außerdem war es mit 70 000 Fußsoldaten und 4 000 Reitern das größte germanische überhaupt.[23] Die Zahlen waren natürlich heillos übertrieben, aber selbst wenn nur die Hälfte davon unter Waffen stand, stellte Marbods Truppe eine einzigartige Machtkonzentration dar.

Die Römer durften nicht dulden, daß Marbod romfeindlichen Flüchtlingen und ganzen Stämmen Zuflucht gewährte, sich als Schutzherr Germaniens aufspielte. Die Schwierigkeiten an der Elbe rührten eindeutig daher, daß die Elbgermanen im Markomannenkönig einen Rückhalt fanden.[24] Bei ihm lag der Schlüssel zur endgültigen Unterwerfung Germaniens. Das schon reichte als Kriegsgrund vollauf. Es gab noch andere. Wozu rüstete Marbod sein Heer, trainierten seine Krieger den Formationskampf? Nur die Donau trennte sein Reich von der neuen Provinz Pannonien, nur dreihundert Kilometer und ein paar Alpenpässe war Italien von den Markomannen entfernt. Es kam nicht darauf an, was Marbod wollte, sondern was er konnte. In römischen Augen eindeutig zuviel. Das Prinzip Vorwärtsverteidigung diktierte den weiteren Gang der Ereignisse. Im Frühjahr des Jahres 6 n. Chr. griff Tiberius den König an.

In einer Rede vor dem Senat hat Tiberius später einmal deutlich gemacht, wie sehr er Marbod respektierte. Er verglich ihn mit dem makedonischen König Pyrrhos und seinen Kriegselefanten, der einer der gefährlichsten Gegner Roms gewesen war.[25] Dementsprechend plante er den Feldzug. Von Süden her drang er mit sechs bis sieben Legionen von Carnuntum an der Donau (Deutsch-Altenburg) durch das Marchtal nach Böhmen ein. Von Westen her kämpfte sich Saturninus mit zwei oder drei Legionen entlang des Mains und später durch den Hercynischen Wald zu den Pässen des Böhmerwaldes vor. Dazu addierten sich germanische Hilfstruppen und Reiterei. Ungefähr 70 000 Mann, zwei Fünftel der römischen Armee, waren an dieser zermalmenden Zangenbewegung gegen Marbod beteiligt. Dies sollte der letzte Akt werden im zwanzigjährigen Krieg um Germanien, hier beabsichtigte der fähigste Feldherr des Imperiums, der beste Germanienkenner seiner Zeit, sein Meisterstück zu liefern. Mit Marbod zerschlug er den gordischen Knoten des germanischen Widerstands und sorgte ein für allemal für Ruhe im Norden. Schon während des Vormarsches liefen die Pläne für die neuen Legionslager an der Donau, und auch im süddeutschen Raum wurden bereits Winterlager ausgebaut, die nicht mehr am Rhein, sondern tief in der Provinz Germanien plaziert waren. Oberhalb von Marktbreit, auf dem beherrschenden Plateau des Kapellenberges, haben die Archäologen eines entdeckt und ausgegraben. 140 Kilometer Luftlinie, 280 Kilometer auf dem Wasserweg von Mainz entfernt, wurde es von römischen Pionieren angelegt. Mit seinen 37 Hektar Grundfläche war es auf zwei Legionen berechnet, aber seine Unterkünfte, seine zehn Meter hohen Wachtürme, seine Latrinen und Badeanlagen wurden nie benutzt.[26]

Mitten im Feldzug, fünf Tagesmärsche jenseits der Donau und kurz vor der Stelle, wo sich die beiden Heeresgruppen vereinigen sollten, brach eine der schlimmsten Rebellionen los, die jemals das römische Reich erschütterten: der pannonisch-dalmatische Aufstand. »Der schwerste aller auswärtigen Kriege seit den Punischen Kriegen«, charakterisiert ihn der Historiker Sueton[27] – und die waren 200 Jahre her. Er erfasste von der Ostküste der Adria bis zur Donau die gesamten Gebiete, die seit fünfzehn Jahren als befriedet galten. Tiberius schwenkte mit seinen Legionen sofort nach Süden in die Aufstandsgebiete ab, Saturninus kehrte zum Rhein zurück.

Marbod und sein Reich waren gerettet. Zähneknirschend schloß Tiberius mit ihm einen Friedensvertrag zu äußerst günstigen Bedingungen und konnte noch froh sein, daß der König sich darauf einließ. Vor allem litt das römische Selbstbewußtsein, weil es ein Abkommen war, das Marbod als gleichrangigen Verhandlungspartner anerkannte. Das war seit Menschengedenken nicht mehr vorgekommen.[28] Der glückliche Ausgang des Krieges hob das Prestige des Markomannenkönigs ungeheuer. »Von zwölf Legionen unter der Führung des Tiberius (d.h. kommandiert vom bedeutendsten Feldherrn des Imperiums und späteren Kaiser, Anm. d. Verf.) angegriffen, habe er den Ruhm der Germanen unversehrt erhalten«,[29] prahlte er später. Noch mehr Stämme unterstellten sich ihm, darunter die Langobarden. Sein Einfluß reichte nun von der Donau bis zur Ostsee und Weichsel. Der von den Römern als Befreiungsschlag geplante Angriff auf Marbods Herrschaft wurde zum Schlag ins Wasser. Die Provinz Germanien war gefährdeter als je zuvor.

Kapitel IX

Die Schule des Arminius

Mit Tiberius und seinen Legionen zog auch Gaius Iulius Arminius, der junge Cheruskerfürst, nach Süden, um den pannonisch-dalmatischen Aufstand niederzukämpfen. In den Jahren 6–8 n. Chr. machte er auf diesem Kriegsschauplatz eine erstaunliche militärische Karriere, avancierte zum römischen Offizier und Befehlshaber (Präfekt) der cheruskischen Hilfstruppen und wurde sogar mit dem Ritterrang ausgezeichnet. Damit gehörte er dem zweiten Stand des Reiches nach den Senatoren an, der in dieser Zeit etwa 20000 Personen umfasste. Eine solche Ernennung, die durch Augustus persönlich erfolgte, war eine große Ausnahme und der Beweis dafür, daß er ganz Außergewöhnliches geleistet haben muß.[1] Velleius Paterculus, der Tiberius als Legionskommandeur begleitete und Arminius schon aus Germanien kannte, beschreibt ihn rückblickend als »feurigen Geist, tüchtig im Kampf, rasch und beweglich im Denken, der im letzten Feldzug beständig auf unserer Seite kämpfte.«[2]

Pannonien war die Schule des Arminius. Im Kampf mit den Rebellen lernte er alles über römische Taktik und Strategie. Im Umgang mit seinen Offizierskameraden begriff er das römische Grundgefühl, die selbstverständliche Arroganz, »Herren der Welt«, die zwar Schlachten, aber niemals einen Krieg verloren hatten. Im Lande selbst sah er, was römische Herrschaft für die Unterworfenen im Guten wie im Schlechten bedeutete. In Pannonien und Dalmatien erlebte er Stärken und Schwächen der Römer, in einer Landschaft, die der in Germanien glich: Sümpfe, Urwälder, Gebirge. Nur das Wetter im Sommer war angenehmer und praktischer für die römischen Rüstungen: Es war wärmer, und es regnete kaum.

Die Balkanprovinzen Roms

In der Provinz Illyricum, der Bezeichnung mit der die römische Administration die Gebiete von Pannonien und Dalmatien zusammenfasste, zeigte sich eine Mechanik der Macht, deren Gefährlichkeit den Römern erst im Laufe der nächsten Jahrzehnte bewußt wurde. Das Land, 9 v. Chr. von Tiberius in einem blutigen Krieg unterworfen (vgl. Kap. V, S. 84 f.), war seit fünfzehn Jahren unter römischer Herrschaft und galt als »befriedet«. Das übliche »Programm« der Romanisierung hatte die dort lebenden Stämme erfasst und teilweise durchaus Fortschritte erbracht. Straßen und Brücken verbesserten die Kommunikation, die römischen Truppen sicherten die Außengrenzen und sorgten im Innern für Frieden. Die wachsende Verbreitung des Lateinischen, dazu der Gebrauch der Schrift sorgten für leichtere Verständigungsmöglichkeiten selbst zwischen voneinander weit entfernt lebenden Bevölkerungsgruppen. In den von den Römern ausgehobenen Hilfstruppen fanden die Jungmannschaften eine ehrenvolle und lohnende Beschäftigung. Ihr Sold führte zu einem Kaufkraftschub und band noch die abgelegensten Täler in die Geldwirtschaft des Imperiums ein. Der Stammeskrieger wurde zum Soldaten und erhielt eine militärische Ausbildung, einschließlich einer Bewaffnung auf dem neuesten Stand der römischen Technik mit Helm und Schild, Schwert und Lanze. Wie der Cherusker Arminius machten die eingeborenen Adligen bei den Hilfstruppen Karriere. Einer davon war Bato aus dem beim heutigen Sarajewo lebenden Stamm der Desidiaten. Er wurde zum Anführer des dalmatischen Aufstandes. Ein anderer Bato, aus dem Stamm der Breuker, schürte in Pannonien die Rebellion.

Absurderweise fielen die Römer ihrem eigenen Erfolg zum Opfer. Denn als sie bei Pannoniern und Dalmatern die Hilfstruppen zusammenzogen, um sie im Krieg gegen Marbod einzusetzen, wurden die Einheimischen sich ihrer eigenen Stärke erstmals bewußt. Angesichts ihrer Kampfkraft und der Größe ihres Aufgebotes, in dem die »gedienten römischen Soldaten den Kern der Aufständischen stellten«,[3] fielen ihnen plötzlich die Nachteile der römischen Herrschaft ein. Allen voran störte die Steuerbelastung, denn wie in anderen Provinzen war ein Zensus durchgeführt worden, eine genaue Festlegung der Abgaben. Davon waren natürlich die römischen Städte befreit, die Tiberius und die ihm nachfolgenden Statthalter auf dem Gebiet der Stämme gründeten. Hauptsächlich Veteranen, ehemalige Angehörige der Legionen wurden hier ansässig, ausgestattet mit Sklaven und Land aus der Kriegsbeute und jederzeit bereit, wenn es nottat, wieder unter die Waffen zu treten. Emona (Laibach/Ljubljana, die heutige Hauptstadt Sloweniens), strategisch und verkehrsgünstig an der Save gelegen, ist dafür ein gutes Beispiel. Gewöhnungsbedürftig waren die Rechtssprechung, mit der die Römer in Konflikte zwischen den Stämmen eingriffen, und die Rolle, die der römische Statthalter als Schiedsrichter dabei einnahm. Übel vermerkte man, daß fortan zweierlei Recht galt, das die römischen Bürger – Zugereiste und Landesbewohner, die das Bürgerrecht für ihre Kooperationsbereitschaft und ihr Wohlverhalten verliehen bekamen – eindeutig begünstigte. So war nur ihnen der Erwerb von Landbesitz gestattet.[4] Auch die neuen Straßen wurden nicht allein von Legionären gebaut. In der Regel kommandierte man Einheimische zu solchen Diensten ab, die darüber bittere Klage führten: »Unsere Leiber und Hände werden beim Bau von

Straßen durch Wälder und Sümpfe und unter Schlägen und Beschimpfungen zerschunden.«[5] Im neuen Geflecht der Macht, das sich allmählich zwischen Siegern und Besiegten herausbildete, gewannen die Geschmeidigen und Anpassungsfähigen mehr als diejenigen, die auf ihren altüberkommenen Rechten und Privilegien beharrten. Welche der beiden Gruppen in den Stämmen die Oberhand gewann, entschied über Frieden und Krieg.

Im Gegensatz zu Germanien mit seinen begrenzten Konflikten erlebte Arminius einen Kampf, in dem sich kein Stamm abseits hielt. Dazu umfasste der Aufstand das Land von der Donau bis zur Adria und breitete sich damit über ein größeres Gebiet aus als das einst von Cäsar unterworfene Gallien. Der Augenzeuge Paterculus spricht von 200 000 Fußsoldaten und 9 000 Reitern und will damit den Grad der Mobilisierung ausdrücken, denn die Provinz insgesamt zählte 800 000 Bewohner. Die machten zunächst einmal reinen Tisch. Wer sich römischer Bürger nannte, wurde genauso erschlagen wie die römischen Kaufleute, ebenso die Reservisten, mit denen man vorzugsweise »ruhige« Außenposten außerhalb der Legionsstandorte besetzte.[6] Nur an den Mauern der römischen Städte brach sich der Widerstand. Weder Emona, Siscia (Sissek) und Sirmium (Sremska Mitrovica) im Landesinnern, noch Salonae (Solin) oder Apollonia (bei Pojani) an der Küste der Adria konnten eingenommen werden.

Selbst Tiberius, der erfahrene Kenner des Landes und seiner Bewohner, war ratlos und wartete erst einmal Verstärkungen ab, obwohl er ein Heer von sechs Legionen (ca. 25 000 Mann) kommandierte. Gründlich, wie es seine Art war, überstürzte er nichts, verzettelte nicht seine Truppen, verbesserte aber stetig seine Position. Gerade einmal daß er die Pässe nach Italien blockierte, um seinen Nachschub zu sichern, und die römische Flotte zur Unterstützung der Adriastädte aussandte. Augustus kritisierte diese vorsichtige Vorgehensweise. Doch was wäre geschehen, wenn Marbod die Gunst der Stunde genutzt, den Vertrag gebrochen und den Aufständischen zu Hilfe gekommen wäre? Tiberius behielt für diesen Fall den König wachsam im Auge.

Wenn es eine Landschaft gibt, die automatisch mit Partisanenkampf assoziiert wird, dann ist es das Gebiet des ehemaligen Jugoslawien und Albaniens, mithin der Süden der römischen Provinz Illyricum. Osmanen und Habsburger, in neuerer Zeit die Deutschen im Zweiten Weltkrieg, haben sich daran die Zähne ausgebissen, und selbst noch als es darum ging, das Morden in Bosnien und im Kosovo zu beenden, als Titos Staat zerfiel, wollten die warnenden Stimmen nicht verstummen, die diese Schluchten und Gebirge selbst im Techno-Krieg der NATO für unbeherrschbar hielten. Zu römischen Zeiten war die Unzugänglichkeit des Landes nicht anders, eher war es noch unpassierbarer, denn die Verkarstung der Gebirge durch zu hohen Holzeinschlag hatte erst in den Küstenregionen begonnen. Die Straßen führten entlang tiefeingegrabener Flüsse durch Engpässe, die leicht gesperrt und von den Bergflanken beschossen werden konnten. Die Ebenen waren teilweise versumpft, und dichte Bergwälder boten jederzeit Rückzugsmöglichkeiten.

Für seinen germanischen Feldzug bis zur Elbe war Tiberius mit fünf Legionen ausgekommen, jetzt veranschlagte der Realist und erfahrene Kenner solchen Krieges das Doppelte und Dreifache an Mannschaften. Seit den Bürgerkriegen hatte man kein so großes Heer auf nur einem einzigen Kriegsschauplatz konzentriert. Germanicus, sein Neffe, führte ihm von Italien aus Verstärkungen zu. Freigelassene Sklaven darunter, weil sich die Bürger Roms zunehmend ungern zum Heeresdienst pressen ließen. Aus Kleinasien marschierte der Statthalter Marcus Plautius Silvanus mit Truppen aus Syrien heran, da man offenbar die Pannonier und Dalmatier für gefährlicher als die Parther einschätzte. Am Ende hörten fünfzehn Legionen auf des Tiberius Befehl (75 000 Mann), 70 Kohorten Auxiliartruppen (35 000 Mann), zehn Alen Reiter (5000 Mann) und gegen Höchstsold, und weil sie ihn schätzten und respektierten, hatten sich 10 000 Veteranen wieder verpflichten lassen. Erst mit dieser geballten Masse Truppen, mit 125 000 Mann, fast der Hälfte der Gesamtstärke der römischen Armee, wagte sich der Feldherr in den illyrischen Hexenkessel.[7]

Was wußte Arminius von Rom? Daß er die Stadt besucht, dort als Geisel gelebt, ja dort die »Fürstenschule« besucht habe, die es definitiv für germanische Adlige nicht gab, ist eine dramatische Erfindung des 19. Jahrhunderts und aus den Quellen nicht zu belegen.[8] Aber das, was er wissen mußte, um die militärische Schlagkraft der Römer zu beurteilen, inklusive ihrer unerschütterlichen Auffassung, daß die Weltherrschaft ihnen von Rechts wegen zukomme, konnte er auf den mit Tiberius unternommenen Feldzügen sehr wohl in Erfahrung bringen. Um so mehr als sein Ritterstand ihm alle Türen öffnete, er auch mit den höheren römischen Offizieren von gleich zu gleich verkehrte.

Zweitausend Jahre vor der heute verbliebenen einzigen Weltmacht, den USA, bewältigte das römische Imperium die gleiche zivilisatorische Leistung: den laufenden Unterhalt einer stehenden Armee auf Dauer sicherzustellen. Jahr für Jahr erhielten die 150 000 Legionäre und die 150 000 Soldaten der Hilfstruppen pünktlich ihren Sold, was zwei Drittel der Staatsausgaben von immerhin 800 Millionen Sesterzen verschlang. Jeder Legionär, nur römische unverheiratete Bürger durften in die Legionen eintreten, erhielt pro Jahr 225 Silberdenare und am Ende seiner 20jährigen Dienstzeit eine Abfindung von 3000 Denaren, die 13 Jahresgehältern entsprach. Das reichte für den Erwerb einiger Ackersklaven (pro Mann je nach Marktlage etwa 300 Denare), eines ausreichenden Stückes Land, um davon zu leben (ein Acker kostete ungefähr 30 Denare) und für einen halben Liter guten Rotwein (1 Denar) am Abend.[9] Aber das war nicht alles, was der Legionär erwarten durfte. Wechselte die Herrschaft in Rom, wurde ein Triumph gefeiert oder übernahm ein Feldherr aus dem kaiserlichen Hause erstmals das Kommando, war es üblich, der Truppe eine Sonderzahlung, meist in Höhe eines Jahressoldes, zu gewähren. Darüber hinaus warf der Krieg gehörig etwas ab. Die Legion bildete eine »Zugewinngemeinschaft«, die für jeden Legionär ein Konto führte. Ergab sich eine Stadt oder ein Stamm und war der Feldherr großzügig, indem er sich von der Beute selbst nur wenig nahm, verteilte er den Rest genau gestaffelt nach Rang und Verdienst an seine Soldaten. Mit Kriegsgefangenen wurde genauso verfahren. Da die Haager Landkriegsordnung erst 1907 n. Chr. verabschiedet wurde, war der Besiegte vollkommen rechtlos und vollständig der Willkür des Siegers ausgeliefert. »Nur eine Sicherheit bleibt den Unterworfenen«, formulierte es bündig der römische Dichter Vergil, »keine Sicherheit zu erwarten.«[10] Anders als die barbarischen Völker, die ihre Gefangenen gern ihren Göttern opferten (vgl. Kap. I, S. 16), zogen es die Römer jedoch vor, sie zu versklaven, was eindeutig einen humanitären Fortschritt darstellte und für die Soldaten lukrativer war als Massenmord. Im Troß der Legionen mitreisende Sklavenhändler kauften die »Ware« noch auf dem Schlachtfeld, wobei die Preise je nach Angebot stark schwankten. »Servare«, wovon sich der lateinische Ausdruck für Sklave »servus« ableitet, heißt denn auch »retten, bewahren« – nämlich das Leben.[11] Darüber hinaus lockte der militärische Aufstieg. Schon ein einfacher Zenturio, die unterste Offizierscharge, Vorgesetzter von etwa 80 Mann, verdiente 3375 Denare, das 15fache eines Legionärs. Wurde er zum Primipulus befördert oder zum Lagerpräfekten, dem höchsten Rang, den ein Soldat aus dem Mannschaftsstand erreichen konnte, war er Vorgesetzter aller 59 Zenturionen einer Legion und erhielt einen Sold von jährlich 13500 Denaren. Hatte er das Glück, in die Leibwache des Princeps einzutreten, die Prätorianer, gab es den dreifachen Sold. Den Angehörigen der Hilfstruppen, die fünf Jahre länger dienten, winkte beim Ausscheiden noch ein besonderes Privileg: Sie erhielten für sich und ihre Nachkommen das vererbbare römische Bürgerrecht. Auch hierin sind den Römern die USA gefolgt, die Ausländer für Kampfeinsätze bei ihren militärischen Operationen mit der begehrten amerikanischen Staatsbürgerschaft belohnen.[12]

Im Gegensatz zu den Milizheeren ihrer Gegner, deren Angehörige man von den Äckern und Werkstätten, vom Fischfang oder Viehhüten zusammenholte, wenn Feindseligkeiten ausbrachen, »übt sich bei den Römern jeder einzelne Soldat jeden Tag mit ganzem Eifer, als sei er im Krieg«, kommentierte resigniert der Jude Flavius Josephus, der mit seinem unerfahrenen Aufgebot von einer römischen Legion mühelos geschlagen worden war.[13] Rekruten wie erfahrene Legionäre trainierten beständig Ausdauer, körperliche Fitness und den Umgang mit den Waffen. Marschübungen, einschließlich Schanzen und Lagerbau sowie das Exerzieren kamen hinzu. Drei Kilometer südlich des Legionslagers von Vetera (Xanten) hat man ein zehn Quadratkilometer großes Gelände entdeckt, auf dem die Soldaten das Anlegen von Wällen und Gräben übten.[14] Daß der Lagerbau rasch und ohne Verwirrung gerade auch angesichts feindlicher Angriffe vonstatten ging, war

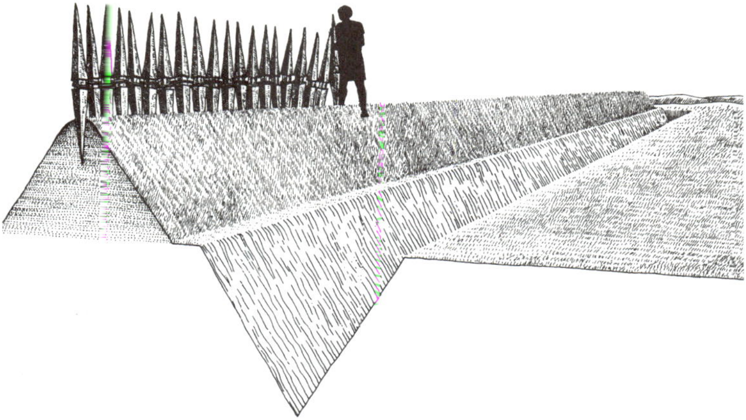

Marschlagerbefestigung, die Palisaden (pila muralia) wurden auf Maultieren transportiert

eines der Erfolgsrezepte der römischen Armee. Auf dem Marsch war die tägliche Errichtung eines durch Graben, Wall und Palisaden gesicherten Lagers zwingend vorgeschrieben. »In einem vorschriftsmäßig aufgeschlagenen Marschlager sind die Soldaten Tag und Nacht sicher, auch wenn der Feind vor den Toren steht. Es ist so, als seien sie in einer beweglichen Festung, die sie überall mit sich führen«, urteilte der Militärschriftsteller Vegetius.[15]

Jede der 28 Legionen, denen der Schutz des Reiches anvertraut war, bestand im Idealfall, ohne Kranke, Beurlaubte oder anderweitig Tätige, aus etwa 5500 Mann Infanterie und 120 Kavalleristen. Um sie zu kennzeichnen, waren sie durchnummeriert und besaßen spezielle Beinamen, die sie sich im Lauf ihrer Geschichte erworben hatten oder die den Grund ihrer Aufstellung bezeichneten. Die Legion gliederte sich in zehn Kohorten von je 500 Mann, wobei in augusteischer Zeit die erste Kohorte die doppelte Mannschaftsstärke aufwies. Jede Kohorte zählte sechs Zenturien (60-80 Mann).[16] Aber die Masse der Truppen allein war es nicht und auch nicht die Einteilung, die Roms Armee überlegen machten. Viele Heere, die mit Rom im Krieg lagen,

Antikes Relief zweier römischer Legionäre in Kampfstellung

waren größer, ihre Gliederung in Tausend- und Hundertschaften ähnlich. Aber keines von ihnen beherrschte wie die Römer den Formationskampf. Das Gefecht in geschlossenen Reihen mit Schwenks, Angriffs- und Absetzmanövern wurde mit solcher Perfektion geübt, daß es die Legionäre wie im Traum beherrschten. So oft hätten die Römer diese Schlachten ohne Blutvergießen trainiert, schrieb Flavius Josephus, daß ihnen die richtige Schlacht nur wie eine blutige Übung vorkomme.[17] Der Automatismus dieser Kampfmaschine vermied die drei Todsünden des Krieges: Verwirrung, denn jeder wußte jederzeit, was zu tun war; Furcht, die sie nicht zu haben brauchten, wenn sie ihre Befehle befolgten; Erschöpfung, die wegen ihrer ausgezeichneten körperlichen Verfassung selten eintrat und weil die römische Treffengliederung mit Reserven arbeitete. Im Gefecht lösten die Legionäre der hinteren Kampfreihen die vorderen ab, die sich dann wieder erholen konnten. Ein solches Verhalten wäre jedem germanischen oder keltischen Krieger als pure Feigheit ausgelegt worden. Funktionieren konnte das System der Legionen aber nur, wenn zur »virtus«, der aggressiven Tapferkeit, etwas hinzutrat, das nur den Römern eigen war, »disciplina«, verstanden als Willen zur höchsten körperlichen Anstrengung und der Bereitschaft zum absoluten Gehorsam.[18] Darauf waren die Legionäre gedrillt wie heutzutage die amerikanischen Marines. Disziplin war der Schlüssel zum Erfolg und ihre Wirkung so entscheidend, daß man sie göttlich verehrte und ihr Altäre errichtete. Der tägliche Fahneneid schloß ausdrücklich das Gelöbnis ein, Disziplin zu halten, Gehorsam zu leisten. Letztlich war es die Göttin, die durch den Mund des Vorgesetzten befahl.[19]

Die optimale mentale Ausstattung korrespondierte mit einer Waffentechnik, die ihresgleichen in der antiken Welt suchte. Jeder römische Soldat war verpackt und geschützt wie eine Kostbarkeit. Als Passivbewaffnung erhielt er einen Helm mit Nacken- und Wangenschutz, dazu für den Körper ein Kettenhemd (lorica hamata), das bis übers Knie reichte und aus 30000 vernieteten Drahtringen bestand. Die oft abgebildeten Beinschienen waren nur den Zenturionen vorbehalten. Der große rechteckige Schild der Legionäre aus mit Leder überzogenem Holz, einem Schildbuckel und Rahmen aus Eisen, hielt jedem Schlag, jedem Stoß und jedem Pfeilschuß stand. Genial konstruiert war die über zwei Meter lange Wurflanze, das Pilum. Es trug eine Spitze mit Widerhaken, sein Schaft bestand im hinteren Teil aus Holz , im vorderen Drittel aus Weicheisen. Ins Schild des Gegners geschleudert, haftete es fest und ließ sich nicht entfernen, gleichzeitig bog sich die Spitze nach unten und beschwerte ihn wie ein Gewicht, was den Schild praktisch unbrauchbar machte. Im Nahkampf, gerade gegen ungepanzerte Feinde wie Germanen und Kelten, wurde der Gladius, das zweischneidige römische Kurzschwert, zur tödlichen Waffe. Gleichermaßen zu Hieb und Stich geeignet, verursachte es grässliche Wunden.[20] In Formation, sich gegenseitig sichernd, boten die Legionäre minimale Angriffsflächen, ihre Gegner um so mehr. »Das Schild eng an die Brust gepreßt und fest am Schwertgriff die Hand, stachen die Legionäre auf die breiten Gliedmaßen der Barbaren, auf ihre ungeschützten Gesichter ein und bahnten sich einen Weg durch das Niedermetzeln der Feinde.«[21] Die meisten Waffen waren standardisiert. Manufakturen lieferten sie in immer gleichbleibender Qualität und Größe, alles war austauschbar, alles ersetzbar. Ausnahmen waren verpönt. Selbst die berittene Leibwache des Feldherrn, staunt Josephus, der aus dem Orient andere Prachtentfaltung gewöhnt war, »unterscheidet sich in ihrer Bewaffnung durch nichts von den Reitern in den gewöhnlichen Abteilungen.«[22] Verglichen mit Rom waren die Barbaren in der Rolle der Prärieindianer des Wilden Westens, die sich nichts sehnlicher wünschten, als eine Winchester und Munition. In der Antike war es das Eisen, das die Römer im Überfluß besaßen, die Völker des Nordens sich aber nur mit großer Mühe beschaffen konnten, so daß ein eisernes Schwert zum Prestigeobjekt und zum Zeichen außergewöhnlicher Tapferkeit seines Besitzers wurde. Nichts zeigte diesen Reichtum offensichtlicher als die Fußbekleidung des Legionärs, der Sandalen mit Eisennägeln wie selbstverständlich trug.[23]

Die Römer sparten auch bei den Hilfstruppen (auxilia) nicht, die sie bei den unterworfenen Völkern rekrutierten. Schwerter und Dolche entsprachen der Ausrüstung der Legionen, nur waren die Schilde nicht rechteckig, sondern oval und kleiner, die Lanzen länger und leichter. Sie sollten beweglicher sein als die schwere Infanterie der Legionen, sie ergänzen. Noch wichtiger war ihr Einsatz als Kavallerie, die bei den Römern traditionell keine große Rolle spielte. Die spanischen, gallischen und germanischen Reiter fanden im ganzen Imperium Verwendung. Gegliedert waren die Verbände der Hilfstruppen, jeweils 500 oder 1000 Mann stark, in Kohorten (Fußtruppen) und Alen (Reiterei). Ohne sie, die an Zahl den Legionären gleichkamen, wäre die Aufrechterhaltung der römischen Herrschaft nicht möglich gewesen.[24]

Spezialtruppen mit unterschiedlichen Fertigkeiten komplettierten eine Armee, die für jedes militärische Problem noch immer eine Lösung gefunden hatte: Schleuderer von den Balearen, Bogenschützen aus Kreta und Syrien, Pioniere für den Brücken- und Straßenbau, Artilleristen mit einem furchterregenden Arsenal von Katapulten, Ballisten und Pfeilgeschützen, die immer weiterentwickelt wurden und endlich so einfach zu bedienen waren, daß Augustus anordnete, jede Zenturie müsse über so einen »Scorpion« verfügen, der über Hunderte von Metern jeden Schild und jeden Schutzpanzer einschließlich seines Besitzers durchschlug. Dann gab es noch Exploratores, Kundschafter und Späher, die unmittelbar an den Lagertoren Quartier machten, damit sie jederzeit ausschwärmen und die Lage prüfen konnten. Jede Legion hatte davon etwa siebzig bis achtzig Mann. Nur ausgesuchte, besonders tapfere und geschickte Soldaten kamen für diese gefährliche und schwierige Aufgabe infrage. Flavus, des Arminius Bruder, diente bei einer solchen Einheit.[25]

Mannschaftszelt für acht Legionäre. Zeltbahnen mit überlappendem Saum und Fellüberzüge machten es wasserdicht (Nachbau)

Angesichts dieser taktischen und waffentechnischen Überlegenheit[26] und der römischen Ressourcen war es nicht die Frage ob, sondern nur wann der Krieg gegen Pannonier und Dalmater siegreich beendet würde. Zwischenzeitliche Niederlagen waren möglich. Auch die römischen Feldherrn trafen Fehlentscheidungen. Ein Rückzug aus der Provinz Illyricum, die durch ihre strategische Lage den Osten und den Westen des Imperiums miteinander verband, schloß sich freilich aus. Arminius hätte bei den Veteranen noch Soldaten begegnen können, die in Spanien unter dem Kommando des Augustus und Agrippas gegen die Bergvölker gekämpft hatten. 19 v. Chr. waren die letzten Widerstandsnester gefallen, die iberische Halbinsel endlich ganz unterworfen. Rom hatte zweihundert Jahre dafür gebraucht, aber niemals aufgegeben.

Nach drei Jahren in römischen Diensten konnte Arminius den Ablauf jedes Tages exakt vorhersagen. Geweckt wurde bei Tagesanbruch durch ein Tubasignal. Einem schnellem Frühstück aus Wasser und

Brot folgte das Antreten zum Morgenappell. Der Zenturio notierte den aktuellen Personalstand auf einem Holztäfelchen oder einer Tonscherbe (Ostraca) und meldete ihn dem zuständigen Vorgesetzten. Der erstellte eine Liste für den Legionskommandeur, der mit dieser wiederum zum Feldherrn eilte. Morgenappell – genauso wie Tagesbericht und -befehl – wurden im Archiv der Legion aufbewahrt, das speziell ausgebildete Schreibsoldaten betreuten.[27] Ein weiteres Tubasignal bedeutete Antreten zum Ausmarsch aus dem Lager. Zuvor wurde der Tagesbefehl verlesen und die Legionäre sprachen im Chor ihren Gehorsamseid. War man in einem Marschlager ohne feste Innenbebauung wurden jetzt die ledernen, mit Fell überzogenen Zelte abgebrochen, Schanzpfähle für den Lagerbau, die Handmühlen für das Mahlen des Getreides und Pioniermaterial auf die Lasttiere und Wagen des Troßes verladen. Für dieses schwere Gepäck (impedimenta) veranschlagen die Militärhistoriker pro Legion mindestens 500 bis 1500 Tragtiere, Pferde, Maultiere, Esel, hinzu kam eine gleiche Anzahl an Troßknechten. Helm, Schild und Waffen trug jeder Legionär selbst, dazu noch an einer Stange sein Marschgepäck, das aus Kochgeschirr, einem Mantel, Reservekleidung und Lebensmitteln für drei Tage bestand. Der Experimentalarchäologe Marcus Junkelmann errechnete für diese Ausrüstung ein Gewicht von 47,9 Kilo. Davon wog allein der Schild fast zehn Kilo. Nur in völlig sicherem Gebiet wurde er zur Marscherleichterung vom Troß transportiert.[28]

Legionär mit seinem an einer Stange (furca) getragenen Marschgepäck, Rekonstruktion

Schon in Germanien hatte Arminius die römischen Marschformationen beim Vorstoß an die Elbe studiert. Um sie einzuhalten, wurden die Rekruten auf Gleichschritt trainiert. Je nach Gelände und Straßenbeschaffenheit schwankte die

Tagesleistung zwischen fünfzehn und dreißig Kilometern.[29] Man marschierte in der Regel sechs bis sieben Stunden bis zum Mittag oder spätestens frühen Nachmittag, damit noch Zeit blieb, das befestigte Marschlager für die Nacht zu errichten und ein warmes Essen zuzubereiten. Wenn die Legion in 6er-Reihen vorrückte, zog sich die Kolonne, einschließlich des Troßes, über mehr als vier Kilometer hin, aber oftmals waren die Kommandeure schon froh, wenn man in den Barbarenländern zumindest in Viererreihen marschieren konnte.

Im pannonisch-dalmatischen Krieg, wo mit Überfällen und Kämpfen jederzeit zu rechnen war, ging Tiberius mit größter Vorsicht vor. Den Truppen voraus und an den Flanken klärte die Hilfstruppenreiterei das Gelände. Pioniere verbreiterten wenn nötig die Straße oder räumten Hindernisse. Dann folgte drei Viertel des Heeres in einem einzigen Kampftruppenblock mit gefechtsbereiten Legionären in der Front und an den Seiten. Erst dann folgte der Troß der einzelnen Legionen, in den Flanken von Kohorten der Hilfstruppen zusätzlich gesichert. Das restliche Viertel des Heeres und die übrigen Auxiliartruppen bildeten die Nachhut.[30]

Trotz der geballten Macht des Imperiums, kommandiert von seinem besten Feldherrn, zog sich der Krieg zäh in die Länge. Um siegen zu können, mußten die in Illyrien zusammengezogenen Heeresmassen erst einmal essen. Tiberius wußte, daß der Erfolg seiner Operationen vom Nachschub abhing. Pro Monat benötigte jede Legion ungefähr 200 Tonnen Getreide.[31] Das begriffen auch die Rebellen und vernichteten mit der Taktik der verbrannten Erde alle Lebensmittel im Aktionsradius der Legionen. Also schaffte man Weizen aus Italien heran, aber die Ernten hatten nicht die erwarteten Erträge geliefert, und zu allem Unglück brach noch ein Berberaufstand in der Kornkammer des Reiches, der Provinz Africa, aus. Die Folge war eine Hungersnot in Rom, verbunden mit einer schweren Finanzkrise. Sie zu beheben, griff Augustus zum äußerst unpopulären Mittel der Einführung von Steuern, die erstmals auch von Römern erhoben wurden: eine Erbschaftssteuer von fünf, eine Sklavenverkaufssteuer von vier und eine Warenumsatzsteuer von einem Prozent. Die staatlichen Kassen waren so leer, daß überall, auch in den Provinzen, an der Steuerschraube gedreht werden mußte. Um genügend Truppen zur Verfügung zu haben, verlängerte man die Dienstzeit der Legionäre von sechzehn auf zwanzig Jahre. Ihren Unmut suchte Augustus zu dämpfen, indem künftig die Abfindungen nicht mehr in Land und Sklaven, sondern in Geld ausbezahlt wurden.[32]

Während Tiberius das mühsame Geschäft des »kleinen Krieges« betrieb, die Ebenen mit Außenposten sicherte und die Verbindungen der Aufständischen untereinander lahmlegte, leisteten sich seine Unterfeldherrn erhebliche Schnitzer. Nur siebzig Kilometer von Sirmium entfernt, dem Hauptstützpunkt im Savetal, lockten die beiden Batos fünf Legionen samt Hilfstruppen bei den Volcäischen Sümpfen in eine Falle. Im Vertrauen auf ihre Kampfstärke hatten die Römer völlig auf Aufklärung verzichtet und fanden sich plötzlich, eingeklemmt zwischen Berg (Fruska Gora) und Sumpf und im Rücken von den Feinden angegriffen, in einer überaus üblen Lage wieder, die »beinahe in einer völligen Niederlage endete«.[33] Unfähig, sich zu entfalten, konnten die Legionen weder ihrer Reiterei noch den Auxiliartruppen zu Hilfe kommen, die von den Aufständischen in die Flucht geschlagen wurden. Schon fielen die ersten Offiziere, und Panik breitete sich aus, als die Legionäre im Vertrauen auf ihre »virtus« und »disciplina« aus eigenem Antrieb geschlossen nach vorne stürmten und die Schlachtreihen ihrer Gegner überrannten. In einer anderen Version wurden die Römer durch ihr Lager gerettet, daß die Batos unklugerweise angriffen und an dem sie mit blutigen Köpfen scheiterten.[34] Arminius, wie wir sehen werden, hat aus dieser Schlacht gelernt, die Fehler der Batos nicht zu machen.

Mehr als diese eine Chance bot sich für die Rebellen nicht. Der Rest war methodische Eroberung von Tal zu Tal und geschickte Diplomatie. Tiberius verheerte das Land und brachte durch Hunger und Krankheit zuerst die Pannonier zur Aufgabe. Ihrem Anführer Bato garantierte er die Führung seines Stammes, wenn er die letzten Widerständler auslieferte. Der hatte deswegen keine Skrupel und legte am 3. August 8 n. Chr. am Fluß Bathinus feierlich die Waffen nieder. Den noch flackernden dalmatischen Aufstand sollte Germanicus im nächsten Jahr beenden, damit sein erstes eigenständiges Kommando führen und sich als würdiger Neffe seines Onkels erweisen, dem der Senat gerade einen Triumph bewilligte und ihm den Titel »Pannonicus« verlieh.

Tiberius begann den Großteil der Auxiliartruppen in ihre Heimatstandorte zu schicken. Nach allem, was wir wissen, kehrte auch Arminius mit seinen cheruskischen Reitern im Spätsommer dieses Jahres nach Germanien zurück, während sein Bruder Flavus in Illyrien beim Heer blieb. Ist es denkbar, daß Tiberius vorher mit Arminius sprach, in ihm, dem römischen Ritter und Offizier, eine Stütze für den Statthalter Varus erblickte, einen Berater, der ihm half, die Empfindlichkeiten und komplizierten Beziehungen in den germanischen Stämmen zu verstehen? Gab er ihm eine Empfehlung mit? Tiberius war mit Varus seit ihrem gemeinsamen Konsulat im Jahre 13 v. Chr., befreundet. Arminius kannte er mindestens seit 4 n. Chr., als sich die Cherusker unterwarfen, und dürfte mit ihm während der langen gemeinsamen Kriegsjahre schon aus dienstlichen Gründen immer wieder zusammengetroffen sein.[35]

Noch bevor Germanicus im Frühjahr nach Illyrien aufbrach, hatte der dalmatische Bato seinen pannonischen Namensvetter überfallen und als Verräter hinrichten lassen. Dann zog er sich in seine Waldgebirge zurück und verteidigte zäh Burg um Burg. Die Römer erlitten bei den Belagerungen hohe Verluste, und die Soldaten waren so entnervt von den dauernden Anstrengungen, daß Meuterei in der Luft lag. Im Frühsommer 9 n. Chr. verlor Augustus die Geduld. Wie in den vergangenen Jahren gab es Versorgungsengpässe, wurde wegen des Kriegs das Getreide knapp und eine Hungersnot drohte in der Hauptstadt. Tiberius, befahl er, solle sofort wieder das Kommando übernehmen und endlich ein Ende machen. Offensichtlich war Germanicus seiner Aufgabe nicht gewachsen.

Weniger aus strategischen Gründen, mehr aus Angst vor einer Truppenrevolte, teilte Tiberius das Heer in drei Gruppen und durchkämmte das Land. Wer sich in den Wäldern verbarg, »machten die Legionäre nieder gleich wilden Tieren. Denn sie wollten verhindern, daß die Gegner sich wieder zusammenrotteten und neue Schwierigkeiten machten.«[36] Zusammen mit Germanicus setzte er sich auf Batos Fersen, belagerte seine letzte Festung und eroberte sie nach schwerem Kampf. Aber wieder gelang es dem Dalmater zu entfliehen.

Zur gleichen Zeit marschierte Publius Quinctilius Varus, Statthalter Galliens und Germaniens, mit drei seiner fünf Legionen auf der gutausgebauten Heerstraße entlang der Lippe Richtung Weser. In seinem Stab befand sich der Präfekt Arminius, der erst vor einem halben Jahr vom Balkan eingetroffen war. Varus mochte ihn, lud ihn oft zu Tisch und bat ihn um seinen Rat in germanischen, die Provinz betreffenden Angelegenheiten. Daß der Statthalter mit einer so großen Truppenzahl durchs Land zog, war mehr als ungewöhnlich. Die normale Inspektionsreise eines Statthalters kam mit einer Begleitkohorte aus. Nie zuvor in den drei Jahren seines Amtes hatte er einen ähnlichen Aufwand getrieben, den man fast einen Feldzug nennen konnte. Was hatte er vor und wer hatte ihm dazu geraten?

Bato war müde. Vier Jahre Aufstand hatten dem Land nichts anderes eingebracht als Verwüstung und Tod. Im Spätsommer schickte er seinen Sohn zum römischen Feldherrn mit der Botschaft, daß er sich ergeben wolle, wenn er straflos bliebe.[37] Tausende von Toten, Finanzkrisen und Hungersnöte, eine fast verlorene Schlacht und dann keine Sühne? Tiberius besaß ein gutes Gedächtnis für Loyalität und Wohltaten und stand immer zu seinen Verpflichtungen. Einst hatte ihn Bato mitsamt dem Heer in aussichtsloser Lage entkommen lassen, berichtet Sueton.[38] Keine andere Quelle sagt uns mehr, und vielleicht ist die Begründung des Kaiserbiographen nur erfunden, der Versuch, sich eine Milde zu erklären, die weder Cäsar noch Augustus Barbaren gegenüber zeigten. Tiberius jedenfalls ließ Bato kommen und fragte ihn, warum er denn überhaupt diesen Krieg begonnen habe. Der antwortete: »Ihr tragt die Schuld daran; schickt ihr doch zu euern Herden als Wächter nicht Hunde und Hirten, sondern Wölfe!«[39] So war auch das erklärt, und wir wollen annehmen, daß es diese Erfahrung war, die Tiberius zu dem Kaiser machte, der sich vorbildlich um die Provinzen kümmerte und »Statthaltern, die dazu rieten, sie höher mit Steuern zu belasten, als Antwort schrieb, Aufgabe eines guten Hirten sei es, die Schafe zu scheren, nicht ihnen die Haut abzuziehen.«[40]

Dem Triumph stand nichts mehr im Wege, die erschöpften Legionen konnten ausruhen, die überbeanspruchten personellen und finanziellen Ressourcen des Reiches sich erholen. Nach sechsjährigem ununterbrochenem Krieg, in Germanien, in Böhmen und auf dem Balkan, durfte auch Tiberius sich Erholung gönnen. Augustus respektierte seine Leistungen, hatte mit dem einst ungeliebten Nachfolger seinen Frieden gemacht, betonte immer wieder, wie sehr er ihn schätzte, nannte ihn in seinen Briefen den »tapfersten Mann und vollkommensten Heerführer«.[41]

Noch in Dalmatien, kurz vor der Überfahrt nach Italien, erreichte auch Tiberius die Hiobsbotschaft: Varus tot und drei Legionen vernichtet. Ins Verderben gelockt von Arminius, der sich so ausgezeichnet hatte im römischen Dienst. Als er mit dem Lorbeerkranz des Imperators in Rom einritt, feierlich begrüßt von Senat, Volk und Princeps, als er auf dem Ehrenplatz zwischen Augustus und den Konsuln saß und den Reden der Senatoren lauschte, die seine Verdienste würdigten, pochte noch immer die Frage in seinem Kopf, die ihn bei jedem Ruderschlag der Galeere gepeinigt hatte: Warum?

Kapitel X

Varus

Der römische Forscher Plinius der Ältere (geb. 23 n. Chr.), Verfasser einer 37bändigen »Naturgeschichte«[1] und 79 n. Chr. bei jenem Ausbruch des Vesuvs umgekommen, der die Stadt Pompeji zerstörte, galt als außerordentlich fleißiger Autor. Um keine Minute zum Lesen und Diktieren zu verlieren, ging er nie zu Fuß, sondern benutzte eine Sänfte. Sein Schreibsklave war angewiesen, stets Handschuhe bei sich zu führen, um auch bei kaltem Wetter die Worte seines Herrn notieren zu können. Angesichts solcher Reputation war es naheliegend, daß sich der verstorbene Feldherr Drusus an ihn wandte. Er erschien Plinius, der gerade als Reiteroffizier in Germanien diente, im Traum und bat ihn, seine Geschichte zu verfassen, damit er nicht in Vergessenheit gerate. Der Schriftsteller ließ sich überreden und schrieb während seines Militärdienstes eine zwanzigbändige Gesamtdarstellung der Germanenkriege, die er 47 n. Chr. abschloß.[2] Ebenfalls in dieser Zeit veröffentlichte der Historiker Aufidius Bassus eine umfassende Abhandlung zum gleichen Thema. Wären uns diese Bücher erhalten geblieben, wüssten wir mehr über Ursachen und Hintergründe, aber beide Werke sind verloren.[3]

Eines steht freilich mit Sicherheit fest: Die Wahl des Publius Quinctilius Varus zum Vertreter Roms in Germanien erfolgte weder zufällig noch aufgrund einer Gefälligkeit. Augustus und Tiberius entschieden sich nach reiflicher Überlegung für den Mann, den sie auf diesem Posten für den Geeignetsten hielten. Denn der bei Antritt seines Amtes – frühestens im Winter 6, wahrscheinlicher im Frühjahr 7 n. Chr. – 54jährige Varus hatte eine beeindruckende Karriere absolviert und gehörte ohne Zweifel zum engeren Kreis der römischen Führungsschicht. Hinzu kam die familiäre Nähe zum Princeps, die Vertrauen schaffte. Claudia Pulchra, seine dritte Frau, war eine Großnichte des Augustus. Quinctilia, seine Schwester, heiratete Lucius Nonius Asprenas, einen engen Freund des Herrschers.

Seine Laufbahn, die ihn 21 v. Chr. als Quästor nach Griechenland, dann mit Augustus in den Orient und zu den Parthern führte, gipfelte schon nach acht Jahren im Konsulat. (vgl. Kap. V, S. 75) Zusammen mit Tiberius bekleidete er es 13 v. Chr. Ein Jahr, das den Römern in Erinnerung blieb durch die Stiftung der »Ara Pacis«, des Friedensaltars, und die bejubelte Rückkehr des Augustus aus Gallien. Neueste Forschungen belegen, daß Varus eine führende Rolle an der Seite des Tiberius beim Alpenfeldzug im Jahre 15 v. Chr. spielte: als Kommandeur der später in der Varusschlacht untergegangenen XIX. Legion und vermutlich erstem Statthalter der Provinz Rätien. Seine Wahl zum Konsul erfolgte dann in Anerkennung dieser militärischen Verdienste.[4] Fünf Jahre nach seinem Konsulat finden wir Varus als Statthalter der Provinz Africa (Tunesien und Libyen), der neben Asia (westliches Kleinasien) angesehensten senatorischen Provinz.[5] Gleich anschließend, im Jahre 6 v. Chr., was dafür spricht, daß der Princeps mit seiner Amtsführung zufrieden war, ging Varus in gleicher Funktion nach Syrien.

Die Provinz bildete das Rückgrat der römischen Herrschaft im Orient. Sie reichte von den Tauruspässen bis Palästina, vom Euphrat bis zum Mittelmeer. Der Fernhandel, ausgehend von der Hauptstadt Antiochia über die Oasenstadt Palmyra in die Länder, in denen die Seide auf den Bäumen wuchs[6] und wo man den kostbaren Weihrauch gewann, machte Syrien reich und begehrenswert. Zum Schutz gegen die benachbarte parthische Großmacht lagen hier drei Legionen, das größte Heer im Osten überhaupt. Klientelstaaten, von Rom abhängige Königreiche wie Iudaea und sein König Herodes der Große, das Reich der Nabatäer mit der Hauptstadt Petra, die Palmyrener ebenso wie der Städtebund der Dekapolis oder die phönizischen Seestädte gehörten zum Zuständigkeitsbereich des Statthalters. Hier Frieden zu halten, die verschiedenen Interessen abzuwägen, sich auf unterschiedlichste Be- und Empfindlichkeiten der Verbündeten und Unterworfenen einzustellen, setzte hohe diplomatische Kunst genauso voraus wie die Bereitschaft und die Fähigkeit, im richtigen Moment die Waffen einzusetzen. Augustus traute Varus diese schwierige Aufgabe zu – und er enttäuschte ihn nicht.

Die uns vom jüdischen Historiker Flavius Josephus überlieferten Beispiele zeigen einen Statthalter, der mit Fingerspitzengefühl seine Rolle als Vermittler spielte. Dies betrifft sowohl den versuchten Vatermord, wegen dessen Herodes seinen Sohn Antipater vor Varus als Richter anklagte, wie auch sein Eingreifen nach dem Tod des Königs als drei seiner Söhne um die Nachfolge stritten. Es ist bezeichnend, daß Varus keinen bevorzugte, sondern sie alle zur Entscheidung nach Rom zu Augustus sandte. Dazu noch eine jüdische Abordnung, die sich für die Auflösung des Königreichs, Selbstverwaltung und eine Eingliederung in die Provinz Syrien einsetzte. Schon diese »geradezu unparteiische Haltung«[7] läßt vermuten, daß der von Velleius Paterculus erhobene Vorwurf, Varus habe sich in Syrien maßlos bereichert,[8] nicht zutrifft und andere Gründe haben muß. Ganz im Gegenteil verbot er dem von Augustus abgesandten Procurator Sabinus, sich des Staatsschatzes des Herodes zu bemächtigen, ehe die Rechtslage geklärt sei, und stellte sich damit eindeutig auf die Seite der jüdischen Einwohner.[9]

Auch militärisch machte er in Syrien seine Sache gut. Die Wirren nach Herodes' Tod sowie das brutale und provozierende Auftreten des Sabinus führten zu einem Aufstand, der ganz Palästina ergriff. Waffenlager wurden erbrochen, Paläste und Landhäuser gingen in Flammen auf, bewaffnete Banden zogen durchs Land. »Ganz Iudaea«, schreibt Flavius Josephus, »war eine wahre Räuberhöhle.« Varus hatte vorausgesehen, daß es so kommen würde, und den Princeps gewarnt,[10] aber jetzt blieb nichts anderes übrig als ein Feldzug mit allen verfügbaren Truppen. In einem halben Jahr warf Varus den Aufstand nieder, eroberte die abgefallenen Städte, legte eine davon in Schutt und Asche »im Zorn über die Niedermetzelung römischer Soldaten« und kreuzigte zweitausend Rebellen. Der machtvolle Auftritt der gesammelten Masse seiner Legionen und Hilfstruppen ersparte ihm sowohl in Jerusalem als auch anderswo den Kampf: Bei ihrem Anblick liefen die Aufständischen auseinander oder ergaben sich, selbst wenn sie zehntausend Bewaffnete zählten.[11]

Es fällt schwer, im Statthalter von Syrien, der nachweislich sowohl das diplomatische wie das militärische Handwerk beherrschte, denjenigen zu erkennen, den uns Velleius Paterculus als Varus beschreibt: »Von milder Gemütsart, ruhigem Temperament, etwas unbeweglich an Körper und Geist, mehr an müßiges Lagerleben als an den Felddienst gewöhnt, ohne Entschlußkraft.«[12] Es ist nachgerade absurd anzunehmen, Augustus und Tiberius hätten einem solchen Mann die Provinz Germanien anvertraut.

Die persönlichen Anwürfe des Velleius Paterculus, der seine »Römische Geschichte« während der Regierungszeit des Tiberius schrieb, haben einen innenpolitischen Hintergrund. 26 n. Chr. fiel die Gattin des Varus, eine der »großen Damen der römischen Gesellschaft« (R. Syme), in Ungnade und wurden in einem Majestätsprozeß verurteilt, dem Kaiser mit Gift nach dem Leben getrachtet zu haben. Ein Jahr später wurde auch ihr Sohn angeklagt. Einer objektiven Würdigung des glücklosen Varus in seinem Buch, das vor allem die Taten seines bewunderten Vorgesetzten Tiberius pries, wäre unter diesen Umständen keine gute Idee gewesen.[13]

Hätte man einen reinen Militär gesucht, man hätte ihn unter den Kommandeuren leicht gefunden. Etwa Gaius Sentius Saturninus, der vor und mit Tiberius am Rhein befehligte, unbestritten ein Kenner der germanischen Verhältnisse. Eine lange Liste ließe sich aus den »Helden« der letzten Kriege aufstellen, die Augustus für ihre Siege mit den Triumphalinsignien auszeichnete: Silvanus und Cossus, Passienus und Caecina, Postumus und Plancus. Stattdessen wählte man Varus, denn er verfügte genau über die militärischen und diplomatischen Eigenschaften, die jetzt in Germanien gebraucht wurden. Vom Alpenfeldzug kannte er das Land von den Alpen bis zur Donau, als Statthalter im Nahen Osten hatte er Geschmeidigkeit und Durchsetzungskraft unter Beweis gestellt. Im Heer erwarteten ihn alte Bekannte: Die XIX. Legion, die er einst kommandiert hatte, war am Niederrhein stationiert.[14]

Als Varus am Rhein das Kommando übenahm und die fünf Legionen inspizierte, die größte Heeresmacht, die er je befehligt hatte, konnte sein Auftrag nur lauten: Aufrechterhaltung des Status quo. Vor dem Krieg in Illyrien hatte Rom geglaubt, das Marbod-Reich zerschlagen zu müssen. Die guten Gründe existierten weiter. Was hinderte den Markomannenkönig mit seinem Heer, das nach Beschäftigung gierte, die Donau zu überschreiten, den Pannoniern zu Hilfe zu kommen, sein Reich nach Süden zu erweitern? Strategisch günstig wie das böhmische Becken lag, war auch ein Ausgreifen nach Westen in die alten Stammesgebiete oder mit Stoßrichtung nach Norden zur Weser denkbar. Was hielt ihn ab?

Die Antwort lautete: Varus und seine fünf Legionen. Sie waren der Sperriegel, die Drohkulisse, sie verteidigten die innere Linie und ihr Credo mußte lauten: Bewegt euch nicht! Für diese Aufgabe benötigte man keinen Heißsporn, keinen, der sich auszeichnen wollte, um seine Statue in Bronze gegossen in der Ehrenhalle des Augustus-Forums zu bewundern. Man brauchte einen, der gelassen einfach damit weitermachte, was in Germanien langsam Gestalt annahm: die Provinzialisierung. Der Historiker Cassius Dio hat beschrieben, was das bedeutete: Märkte boten unbekannte Waren an. Geld kam unter die Leute, wenn die Legionäre ihren Bedarf an Lebensmitteln in einem germanischen Dorf einkauften. «Friedliche Zusammenkünfte«, womit die Provinzlandtage gemeint sein dürften, die in Köln oder Mainz stattfanden, wurden von Varus organisiert und Städte wie Waldgirmes angelegt. Dio bemerkt ferner, daß die Truppen nicht mehr nur am Rhein, sondern auch weiter östlich überwinterten. Varus, später ist ihm das zum Vorwurf gemacht worden, hat diese Stationierung offenbar bewußt zum Anlaß genommen, den Stämmen und Dorfgemeinschaften, die darum baten, die Nützlichkeit seiner Soldaten unter Beweis zu stellen. Wer den Überfall eines anderen Stammes auf seine Vorratsscheunen fürchtete, bekam eine Schutzwache. Wer beraubt wurde, konnte sich an die Römer um Hilfe wenden. Wer in seinem Gebiet Sicherheit der Wege für die Händler und Bauern wünschte, erhielt einen Straßenposten (praesidium). Die Besatzungen dieser Stützpunkte bildeten natürlich in erster Linie Hilfstruppen, um die Legionen am Rhein nicht zu schwächen.[15]

Der Grad der Veränderungen verringerte sich, je weiter man nach Osten kam. Jenseits der Weser sind in den Varus-Jahren keine römischen Truppenvorstöße belegt, schon deswegen, weil das Gebiet zwischen Weser und Elbe als neutrale Zone zwischen den Machtsphären von Marbod und dem Imperium fungierte. Beide Seiten hüteten sich, hier einzudringen. Damit hatte Rom definitiv seine Grenze auf die Weser zurückgenommen, Marbod seine Herrschaft im Elbtal etabliert.

Drei Jahre lang, während der gesamten Zeit des pannonisch-dalmatischen Aufstands, hielt Varus mit seiner Politik Tiberius erfolgreich den Rücken frei. Konkrete Berichte über Stammesunruhen finden sich in den Quellen nicht. Sicher war es ein Vorteil, daß ein Großteil der germanischen Jungmannschaften in den Auxiliartruppen auf dem Balkan kämpfte.[16] Aber auch nach ihrer Rückkehr geschah zunächst nichts. Eher kann man davon ausgehen, daß Varus erleichtert war, mit Arminius und seinen Cheruskern einen loyalen Anführer und eine schlagkräftige Truppe an seiner Seite zu wissen.

In diesen drei Jahren dürfte er das getan haben, was jeder Statthalter in seinen Provinzen tat. Er bereiste seinen Zuständigkeitsbereich, ließ sich dabei von einer Kohorte und einigen Beamten begleiten, sprach Recht, und die dafür vom Princeps ernannten Prokuratoren zogen Steuern ein. Cassius Dio hat darin den eigentlichen Grund des Aufstandes gesehen. Varus habe »Abgaben wie bei Unterworfenen« erhoben und »den Barbaren wie Unfreien geboten«, mithin die Provinzialisierung des Landes zu rasch vorangetrieben.[17]

Doch dieser Kritik steht entgegen, daß sich bei den Germanen nicht nur ganze Stämme wie Bataver, Chauken, Friesen und Mattiaker mit der römischen Herrschaft arrangiert und die Gleichung Rom plus Frieden gleich Steuern akzeptiert hatten, sondern auch eine romfreundliche Partei in jedem Stamm vorhanden war. »Die« Germanen existierten nicht, und das Land bis zur Weser war in der Tat unterworfen.[18] Wenn dort bereits vorher Tribute erhoben wurden, wieso hätte Varus damit nicht fortfahren sollen? Dafür sprach die angespannte finanzielle Situation der römischen Staatskasse, zudem die Erfahrung, daß der Verzicht auf die normalerweise fälligen Abgaben als eindeutiges Schwächezeichen der römischen Herrschaft aufgefasst worden wäre.

Ein vorsichtiges »Gewöhnen« der Provinzbewohner an die stets als drückend empfundenen Abgaben, wie es Cassius Dio unterstellt, hat es in der römischen Geschichte zu keinem Zeitpunkt gegeben. Eher könnte man von dem Gesetz sprechen, daß nach der Friedhofsruhe der ersten Unterwerfung spätestens dann eine Revolte ausbrach, wenn die Römer ihren verhassten Zensus durchführten, die Steuern festlegten und mit der Vermessung des Landes begannen.[19] Beispiele für solche Unruhen lieferte jede Provinz. In Gallien kam es nach dem Sieg Cäsars über Vercingetorix (52 v. Chr.) und unter der Statthalterschaft des Agrippa zu Aufständen der Aquitanier, der Moriner und Treverer (39–29 v. Chr.). Gleichfalls löste der im Jahre 12 v. Chr. von Augustus persönlich beaufsichtigte Zensus prompt eine Rebellion aus, und noch 21 n. Chr. werden sich wegen der Steuern die Gallier erneut erheben. Mit ähnlichen Zahlenreihen könnte man zwischen 218 und 19 v. Chr. in Spanien aufwarten, ebenso in Pannonien, wo zwischen dem ersten Feldzug des damals noch Octavian genannten Augustus und Tiberius letztem Krieg 44 Jahre vergingen, bis sich die Provinz in ihr Schicksal ergab. Nordafrika bietet ebenso ein schönes Exempel. 17–24 n. Chr. loderten die Flammen der Empörung, die der Numider Tacfarinas entfachte, der sich nicht nur gegen die Steuerpraxis der Römer richtete, sondern genauso gegen das aggressive Vorgehen der römischen Kolonisten, die den Einheimischen die besten Weidegründe und Äcker wegnahmen.

Wie Sueton, der den pannonischen Aufstand mit dem Kampf Roms gegen Hannibal vergleicht, der in der Katastrophe von Cannae (216 v. Chr.) gipfelte,[20] schätzte auch Augustus die Lage ähnlich bedrohlich ein. Im Senat beschwor er sogar die Gefährdung Italiens. Dennoch ordnete er für die neueingerichtete Provinz Iudaea zur gleichen Zeit einen Zensus an. Der bewirkte genau das, was zu erwarten war: Unruhen. Offenbar sah der Princeps trotz des Krieges keine Notwendigkeit, vom üblichen Vorgehen bei der Provinzialisierung abzuweichen – wieso hätte dies dann Varus tun sollen?[21]

Das Einziehen von Steuern und Tributen in eroberten Ländern bildete das normale Geschäft der römischen Administration. Ebenso unvermeidlich war der gewalttätige Protest dagegen. Auch in Germanien war die Revolte vorprogrammiert, aber natürlich ließ sich nicht bestimmen, wann sie losbrach.[22] Ohne Arminius wäre sie anders verlaufen und wahrscheinlich viel später gekommen. Sie hätte nicht zu so großen Verlusten geführt und wäre so geendet wie alle übrigen: mit einer Niederlage der Rebellen. Germanien – und hierin liegt die große Ausnahme und die weltgeschichtliche Bedeutung der Varusschlacht – ist die einzige Provinz, in der sich die Römer nicht durchsetzen konnten.

Während Tiberius und Germanicus in Dalmatien den Anführer des Widerstandes, Bato, zu fangen suchten, gab es in Germanien im Sommer des Jahres 9 n. Chr. keine besonderen Vorkommnisse. Hätte Varus auch weiterhin nichts unternommen, wäre eine Fortsetzung des Krieges gegen Marbod im nächsten oder übernächsten Jahr, mit Tiberius als Feldherrn und mit den ausgeruhten Rheinlegionen, durchaus im Rahmen der Erwartungen gewesen. Varus wäre für seine geschickte Strategie der ruhigen Hand mit einem ehrenvollen Posten belohnt worden. Tiberius hätte Marbod geschlagen und die Einrichtung der Provinz Germania bis zur Elbe einschließlich Süddeutschlands abgeschlossen.[23]

Aber es kam anders. Varus, der weder im Jahre 7 noch im Jahre 8 n. Chr. einen Feldzug unternommen hatte, zog plötzlich die niederrheinischen Legionen zusammen, die XVII., XVIII. und XIX., und begann entlang der Lippe nach Osten in Richtung Weser zu marschieren. Welchen Grund gab es dafür? Die übliche »Inspektionsreise« brauchte keinen solchen Aufwand, bewegte sich nicht mit Kampftruppen in Legionenstärke, mit Troß und Reiterei, dazu noch Auxiliarverbänden durch das Land. Cassius Dio schreibt, daß »die Hauptverschwörer Arminius und Segimer ihn veranlassten, fernab vom Rhein in das Cheruskische und auf die Weser hin zu ziehen.«[24]

Stellen wir uns die Situation plastisch vor. Im repräsentativen Stabsgebäude des großen Zwei-Legionen-Lagers von Vetera, wahlweise im Stadthalterpalast von Köln, erscheinen zwei germanische Fürsten – Segimer ist wie Arminius ein Mitglied der cheruskischen Oberschicht – und bitten Varus, drei Legionen mit allem, was dazugehört, zu mobilisieren und mit ihnen an die Weser in ihre Heimat zu ziehen. Der Statthalter, das wird selbst der mißgünstige Velleius Paterculus nicht abstreiten, ist ein konziliianter Mensch, und die Cherusker gehören zu den Stämmen, die mit den Römern verbündet sind. Natürlich nicht von gleich zu gleich, das wäre unter der Würde des römischen Volkes, aber doch so, daß man einander vertraut, so weit dies zwischen Barbaren und Römern möglich ist. Deshalb lädt Varus die beiden zur Audienz, obwohl er noch anderes zu tun hat an diesem heißen Sommertag. Außerdem steht neben Segimer, der zwar in den Hilfstruppen dient, aber noch kein römischer Bürger ist, Gaius Iulius Arminius, ein römischer Ritter im Präfektenrang, dessen Latein entschieden besser ist als das seines Stammesgenossen und der im pannonischen Krieg an der Seite seines alten Mitkonsuls Tiberius tapfer für Rom gekämpft hat. Mit ihm, der die cheruskischen Auxilien befehligt, zieht sich der Statthalter in einen Nebenraum zurück, läßt Wein kommen und ihn darlegen, warum dieser höchst aufwendige Zug nötig sein soll.

Es gab nur einen Grund, der imstande war, die römische Kriegsmaschinerie in Bewegung zu setzen und eben den wird Arminius genannt haben: Marbod. Der König, knapp einer Niederlage entronnen, wartete gewiß nicht, bis er wie ein Lamm von Tiberius zur Schlachtbank geführt wurde. Er griff an, und er tat es dort, wo er den geringsten Widerstand erwartete: in Germanien. Von der Elbe her ließ er seine suebischen Verbündeten die Lage klären, rückten deren Krieger langsam nach Westen vor. Eine dramatische Szene. Wir hören, wie Arminius dem Statthalter versichert, daß die Cherusker Rom an der Weser verteidigen würden, wie sie es schon in Pannonien am Bathinus getan hätten und wie die beiden nach Lösungen suchen, Marbod und seine Elbgermanen einzuschüchtern. Arminius' Argumente leuchten dem Statthalter um so mehr ein, als Cherusker und Sueben verfeindet sind. Spätestens seit dem Feldzug des Jahres 5 n. Chr., als Arminius mit seinen Reitern Tiberius beim Kampf gegen Langobarden und Semnonen half. Längst ist der Wein abgeräumt, und Varus bittet die Legionskommandeure, Tribunen und ranghöchsten Zenturionen zur Lagebesprechung. Letztere, im Dienst ergraut und mit allen Wassern des Krieges gewaschen, werden den Germanen Arminius, der schwungvoll seinen Bericht vorträgt, misstrauisch beäugt haben.

Natürlich ist der Cherusker nicht im Fellmantel gekommen oder geschmackloserweise in Lederhosen, wie sie von den Barbaren üblicherweise getragen werden. Er tritt als römischer Ritter vor die Versammlung mit allen Insignien seines Standes. Mit der exakt gefalteten Toga, bei der am unteren Rand der schmale Purpurstreifen herausblitzt, der »angustus clavus«. Er trägt den goldenen Ritterring und seine Haare wehen nicht mähnenartig um seinen Kopf herum wie bei seinen Stammesgenossen, sondern sind exakt in gerader Linie abgeschnitten über der Stirn. Wahlweise können wir einen Auftritt in Uniform annehmen, einschließlich Körperpanzer und Beinschienen, kostbar gearbeitetem »gladius«, den Helm mit rotem Busch unter dem Arm, das »paludamentum«, den purpurfarbenen Mantel der höheren Offiziere, dekorativ um die Schultern gelegt. Er ist einer der ihren und als er darlegt, daß es nicht um einen Feldzug geht, sondern nur um eine Demonstration, die Marbod zeige, bis hierher und nicht weiter, also die Lage zu stabilisieren, bis Tiberius mit Verstärkungen erscheine, hellen sich die Mienen langsam auf. Das könnte ja eine Abwechslung sein vom ewigen Lagerdienst und wieder etwas Schwung in die Männer bringen. Ein feldmäßiger Marsch unter Friedensbedingungen. Denn es geht nur durchs verbündete cheruskische Gebiet bis zur Weser, und noch ist Marbod davon weit entfernt, sagt Arminius – er muß es wissen.[25]

Ein Restrisiko blieb und deswegen ist nichts naheliegender, immerhin ging es um drei Fünftel der Rheinlegionen, daß Varus seine Vorgesetzten, Tiberius und Augustus, informierte. Dies passt bestens zum Charakter des Statthalters. Aus Syrien meldete er jeden wichtigen Vorgang an Augustus und hielt ihn auf diese Weise immer auf dem Laufenden. Daß er sich angesichts einer so gravierenden Entscheidung anders verhalten hätte, ist unwahrscheinlich. Nicht unterschätzen sollte man, daß es sich bei den drei Legionen um Einheiten handelte, die Augustus während des Bürgerkriegs selbst aufgestellt hatte. Diese besondere Bindung an den Princeps wollte berücksichtigt sein. Den Aufbruch aufzuschieben, bis Nachrichten aus Rom eintrafen, wäre nicht sinnvoll gewesen. Dagegen sprach die vorgerückte Jahreszeit. Außerdem hätten ihn Kuriere mit gegenteiligen Befehlen in jedem Fall noch auf dem Weg, spätestens aber im Sommerlager an der Weser erreicht. Da dies nicht der Fall war, kann man die Zustimmung von Augustus und Tiberius für diese Aktion mit einiger Sicherheit voraussetzen. Sie dürfte ihnen auch deshalb sinnvoll erschienen sein, weil nicht auszuschließen war, daß Marbod noch in letzter Minute in den pannonischen Krieg eingriff. Die Anwesenheit eines Drei-Legionen-Heers nahe der Elbe schien durchaus geeignet, ihn nicht in Versuchung zu führen.[26]

Die Marschkolonnen auf der befestigten Lippe-Trasse boten ein beeindruckendes Bild.[27] Nach den als Vortrab eingesetzten Cheruskern folgten hinter ihren goldenen Adlern in Sechserreihen die Legionäre, dann die Legionsreiterei mit Varus und seiner Leibgarde, die Hilfstruppenkohorten bildeten den Schluß. Die Legionen rückten nicht in voller Mannschaftsstärke aus. Lagerbesatzungen blieben am Rhein zurück, und schon vorher waren, wie beschrieben, Truppenteile (Vexillationen) an strategisch wichtige Punkte im rechtsrheinischen Germanien beordert worden. Realistischerweise ist von ungefähr 9 000 bis 10 000 Legionären auszugehen. Sicher mehr als üppig war der Troß. Zum gewohnten Gepäck addierten sich Wagen, die all das transportierten, was der Statthalter zum Repräsentieren brauchte: Großzelte, Liegesofas, Teppiche, Tafelgeschirr, ausgesuchte Wein- und Eßvorräte, vor allem aber aufwendige Geschenke, Gläser, Waffen, Schmuck, um die einheimischen Fürsten und ihre Gefolgsleute bei Laune zu halten. Der Befehlshaber der zwei in Mainz kasernierten Legionen, Lucius Nonius Asprenas, Varus' Neffe und Stellvertreter, erhielt strikte Anweisung, keine größeren Unternehmungen zu wagen, sondern im Bereich von Rhein und Main zu bleiben.

An der Weser angekommen, wurde ein Sommerlager errichtet, das von den Archäologen bisher nicht gefunden wurde. Zur Diskussion steht der Flußabschnitt von Minden bis Hannoversch-Münden. Egal, wo es sich befand: Es war ein angenehmer Aufenthaltsort. Die Elbgermanen ließen sich nicht blicken, und umsorgt von den verbündeten Cheruskern und dem geistreichen und aufmerksamen Arminius, den Varus als Dauergast an seiner reichgedeckten Tafel bewirtete, »brachte man«, so Cassius Dio, »auf das Freundschaftlichste und Friedlichste die Zeit hin.«[28]

Aber alles hat einmal ein Ende. Mitte September entschloß sich Varus, zum Rhein zurückzukehren. Die Demonstration römischer Macht hatte offenbar ihren Zweck erfüllt. Marbod verhielt sich ruhig. Die meisten Hilfstruppen, darunter die Cherusker, rückten in die Winterquartiere ab. Varus behielt nur diejenigen bei sich, die ohnehin in den Legionslagern am Rhein stationiert und zur Begleitung der Legionen unbedingt erforderlich waren: sechs Kohorten Fußvolk und drei Alen Reiterei, schätzungsweise nicht mehr als 3 000 Mann.

Laut unseren Quellen setzte nun Teil zwei des Plans der Verschwörer ein. Arminius, vorgeblich in seiner Eigenschaft als pflichtbewußter römischer Offizier, benachrichtigte den Statthalter über den Ausbruch eines Aufstands »bei entfernt wohnenden Völkerschaften, gegen die Varus zu Felde ziehen solle.« Er selbst werde umgehend die Hilfstruppen sammeln und dann eilends zu ihm stoßen, während Varus »durch befreundetes Gebiet«, also das der Cherusker, vorausmarschiere. Bloß gab es gar keinen Aufstand, und die Auxilien standen schon bereit, allerdings nicht, um den Legionen Flankenschutz zu geben, sondern um sie zu überfallen.[29]

Um Varus dorthin zu locken, wohin ihn Arminus haben wollte, mußte er ihn davon überzeugen, daß der Unruheherd groß genug war, um ein Eingreifen der Legionen zu rechtfertigen, aber wiederum nicht so bedeutend, daß ein längerer Feldzug nötig schien. Denn dafür war es zu spät im Jahr und die Auxilien bereits in den Winterlagern. Zweitens mußte er ihm eine Route anbieten, die zwar einen Umweg bedeutete, ihn aber wieder rasch zum Rhein führte. Die »Befriedung« der Rebellen würde so gleichsam nebenbei erledigt. Drittens mußte der einzuschlagende Weg für die Legionen und den Troß leicht passierbar sein. Die letzte Bedingung war für das Funktionieren des Verschwörungsplans entscheidend wichtig. Weder Varus noch seine Offiziere hätten sich auf irgendwelche Trampelpfade eingelassen. Um so mehr als Arminius nicht als Führer zur Verfügung stand, da er ja die Hilfstruppen aufbieten wollte. Deswegen ist es ausgeschlossen, daß

Varus mit seinen drei Legionen ins Unbekannte hineinmarschierte. Nach jahrzehntelangem Kampf um Germanien, nach Inspektionsreisen und Feldzügen, Berichten von Händlern und Kundschaftern waren den Römern die wichtigsten Verbindungen vertraut.[30] Der Vorschlag des Cheruskers wurde angenommen, weil er den Römern einleuchtete. Denn Arminius wählte eine vielbegangene Handelsroute. Sie war flach, hatte wenig Steigungen, verlief nicht durchs Gebirge, sondern am Rand eines Höhenzuges entlang. Sie führte nicht in abgelegene Einöden, sondern in einen überregional bedeutenden Raum. Sie war bequem zu erreichen. Man mußte nur, wie vor vier Jahren Tiberius, das Wesertal hinunterziehen. Es war die Straße von Minden nach Kalkriese, der Hellweg. Er verband das Wesertal mit dem Niederrhein.[31]

Vor dem Aufbruch gab Varus noch ein Gastmahl für seine germanischen Freunde. Dabei ereignete sich ein hässlicher Zwischenfall. Der Cheruskerfürst Segestes nahm Varus beiseite und berichtete ihm von der geplanten Verschwörung. Segestes war ein einflussreicher Mann und bekannt als Parteigänger der Römer, die ihn mit dem Bürgerrecht geehrt hatten. Sein Sohn bekleidete in Köln das Amt des Augustuspriesters. Nach den Quellen zögerte Varus, ihm zu glauben. Seinen Rat, alle Anführer der Cherusker, ihn eingeschlossen, in Haft zu nehmen und die Anklage vor Gericht zu untersuchen, wies er zurück. Das sei eine Verleumdung seines Freundes, für den er Arminius hielt.[32] Intrigen dieser Art, mit der sich eine Adelspartei vor den übrigen einen Vorteil zu verschaffen suchte, waren ihm aus Syrien wohlvertraut. Es mag auch sein, daß er gerüchteweise davon hörte, daß Segestes schöne Tochter Thusnelda[33] und Arminius einander sehr zugetan waren, der Vater dieses Verhältnis aber nicht billigte. Der Statthalter ließ die Sache auf sich beruhen.

Die antiken Historiker haben in dieser Episode einen weiteren Beweis für die Unfähigkeit des Varus gesehen. Sein Handeln ist aber nur zu verständlich. Vor die Wahl gestellt, wem er mehr glauben sollte, Segestes oder Arminius, konnte seine Entscheidung gar nicht anders ausfallen. Durfte er den aus Pannonien zurückgekehrten »beständigen Begleiter unseres Feldzuges« (Velleius Paterculus), von Tiberius ausgezeichnet und ihm empfohlen, derart vor den Kopf stoßen? Zu überlegen wäre zudem, ob es die Szene wirklich gegeben hat. Varus als der einzige Zeuge konnte darüber keine Auskunft mehr geben. Segestes hat sie erst sechs Jahre später dessen Nachfolger Germanicus erzählt, als er die Römer gegen Arminius zu Hilfe rief. Die Geschichte war ihm überaus nützlich, mußte er doch gleichzeitig erklären, warum er sich am Kampf gegen Varus beteiligt hatte – gezwungenermaßen wie er behauptete – und warum Sohn und Tochter, Bruder und Neffe auf Arminius' Seite standen.[34]

So wäre dem Statthalter im Grunde nichts vorzuwerfen, und wir lassen ihn losmarschieren. Von der Porta Westfalica, über Minden gelegen, beobachten wir seinen Auszug und mustern ein letztesmal seine Truppen. Zu den schon genannten Zahlen für die Legionäre und Hilfstruppen addiert sich ein großer Troß, der aus Wagen und Maultieren, Trainsoldaten, Frauen und Sklaven besteht.[35] Die im nationalen Überschwang reichlich übertriebenen Schätzungen des 19. Jahrhunderts, die drei komplette Legionen plus Hilfstruppen und Troß in einer Gesamtmenge von 30 000 Menschen in den Untergang schickten, hat schon Mommsen relativiert. Er ging von insgesamt 15 000 Mann zuzüglich 6 000 Troßangehörigen aus. Mittlerweile hat der Realismus der wissenschaftlichen Forschung die Zahl der Soldaten auf höchstens 10 000 reduziert, aber selbst bei einem angenommenen Minium von 500 Troßknechten pro Legion dürften ungefähr 12 500 Personen in Richtung Osnabrück aufgebrochen sein. Bei einer Länge der Marschkolonne von mindestens zehn Kilometern wird es einen halben Tag dauern, bis alle unterwegs sind. Uns bleibt genügend Zeit für einen Besuch bei Arminius.[36]

Kapitel XI

Arminius

Ein antiker Journalist, als Kriegsberichterstatter ins Lager des Arminius geschickt, hätte für seine römische oder griechische Leserschaft vor allem eines herausfinden müssen: Warum empörte sich der Mann gegen Rom, das ihn so bevorzugt behandelt hatte? Waren Arminius und sein Bruder Flavus, sein Vater Segimer und Segestes nicht die besten Beispiele dafür, wie Stammesadlige unter der römischen Herrschaft zu Macht und Ansehen gelangen konnten? Das Dossier über Arminius, das ihm seine Redaktion zusammengestellt hätte, erzählte die Geschichte einer Familie, die seit Jahrzehnten mit den Römern in guten wie in schlechten Zeiten kooperierte. Mit der Verleihung des Bürgerrechts schon 8 v. Chr. durch Tiberius hatte es begonnen, es folgte die Flucht zehn Jahre später, als sich die romfeindlichen Kräfte bei den Cheruskern durchsetzten, schließlich die Rückführung wiederum durch Tiberius, nachdem er die Cherusker 4 n. Chr. aufs neue unterwarf. Versteht sich, daß die Exilanten dann eine führende Rolle spielten: Ihnen konnten die Römer vertrauen. Eben deswegen übernahm Arminius das Kommando über die cheruskischen Hilfstruppen.[1]

Arbeitete unser Mann für ein Boulevardblatt, würde er nach persönlichen Verletzungen seines Helden Ausschau gehalten haben: etwa einer Beleidigung durch den Statthalter oder einer Liebesbeziehung. Über das eine schweigen unsere Quellen, über das andere hat ein Heer von Romanschriftstellern spekuliert, denn nach gewonnener Schlacht entführte Arminius gegen den Willen ihres Vaters Segestes dessen Tochter Thusnelda und nahm sie zur Frau. Aber deswegen gleich drei Legionen vernichten? Er hätte das gleiche mit Varus als Brautwerber erreicht.

Auch eine Zeitreise würde uns nicht weiterhelfen. Auf seiner ersten Station, etwa fünfzig Jahre später, hätte ihm der römische Philosoph Seneca erklärt, daß Arminius so handelte, wie Barbaren stets zu handeln pflegten: undankbar und treulos. Sie seien, selbst nach oberflächlicher zivilisatorischer Behandlung, leider den Tieren ähnlich, Wölfe und Löwen in Menschengestalt. Ihre gerühmte Freiheit sei nichts anderes als die Unfähigkeit, in einer staatlichen Ordnung zu leben.[2]

1825 Jahre danach, als Hörer in der Vorlesung des Geschichtsprofessors Theodor Mommsen, wäre ihm der Verräter Arminius als »der tapfere und verschlagene Führer in dem Verzweiflungskampf um die verlorene nationale Unabhängigkeit« präsentiert worden, der die »erste geschichtliche Großthat deutscher Einigkeit vollbrachte.«[3] Mithin hätte also Arminius Roms Privilegien, Präfektenrang und Ritterwürde dahingegeben, um »die« Germanen zu befreien und ihnen einen eigenen Staat zu schaffen, tausend Jahre bevor das Reich der Deutschen entstand?

Aber der Cheruskerfürst, im Jahre 9 n. Chr. ungefähr 25 Jahre alt, war weder liebeskrank, noch Opfer seiner barbarischen Natur und am allerwenigsten ein früher Bismarck, der den deutschen Nationalstaat in den germanischen Wäldern gründen wollte. Arminius war der typische Vertreter der antiken Globalisierung, die Menschen mit Ambitionen ungeahnte Möglichkeiten eröffnete.

Der erste Barbar, der von seiner soliden militärischen Ausbildung durch die Römer profitierte und der ihre Taktik und Disziplin für seinen eigenen Heerbann übernahm, war der Markomanne Marbod. Sein Aufstieg, die territoriale Ausdehnung seines Reiches, die Vielzahl der von ihm beherrschten Stämme, schließlich seine unangefochtene Stellung als König machten ihn eindeutig zum Vorbild für Arminius und andere Stammesführer. Die von ihm bestandene Kraftprobe mit dem Imperium, der Vertrag, mit dem ihn Tiberius als gleichrangig anerkannt hatte, bewies, daß man Rom nicht hilflos ausgeliefert war. Auch die beiden Batos, die Führer des pannonisch-dalmatischen Aufstandes, befehligten wie Arminius große Hilfstruppenkontingente. Ihre Stellung als Fürsten ihrer Stämme hatten die Römer ausdrücklich anerkannt, trotzdem hatten sie sich aufgelehnt. In Nordafrika war es der Numider Tacfarinas, ebenfalls ein ehemaliger Auxiliarsoldat, der die von ihm angeführten Aufständischen »nach militärischem Brauch in Abteilungen zu Fuß und Schwadronen ordnete« und sich damit für die Führung seines Stammes qualifizierte. Er kopierte das römische System von Legionen und Hilfstruppen, indem er sein Heer in leichte Truppen und »in eine auserlesene, nach römischer Art bewaffnete Mannschaft aufteilte, die in einem Lager zusammengehalten und an Disziplin und Gehorsam gewöhnt wurde.« Tacfarinas, der »afrikanische Arminius«, wie ihn Mommsen nannte, eroberte die Westhälfte Nordafrikas und leistete fast acht Jahre Widerstand. In Gallien zettelten zwei Auxiliaroffiziere, der Treverer Iulius Florus und der Häduer Iulius Sacrovir, eine Revolte an, »obwohl ihre Vorfahren Rom gute Dienste geleistet und ihnen deshalb frühzeitig das Bürgerrecht verliehen worden war.«[4] In späteren Jahren wird am Niederrhein der im gleichen Rang wie Arminius stehende Präfekt der batavischen Hilfstruppen, Iulius Civilis, eine Erhebung anführen und sich dabei auf den Cheruskerfürsten berufen, denn »durch den Schlachtentod des Varus sei die Knechtschaft aus Germanien verbannt worden.«[5]

Bei allen Unterschieden in Herkunft und sozialer Stellung überwiegen die Gemeinsamkeiten. Alle sind unzufrieden mit dem Status, den ihnen die Römer zubilligen. Obwohl er hoch ist, verglichen mit ihren Stammesgenossen, erscheint ihnen eine unabhängige Herrschaft attraktiver. Alle haben eine genaue Kenntnis des römischen Militärs, sind aber gerade deswegen davon überzeugt, die Römer schlagen zu können. Alle waren ursprünglich auf der Seite der Sieger und verändern sich erst im Laufe ihres Lebens vom Römerfreund zum Römerfeind.

Mit seinem Rang als Präfekt und seiner Erhebung in den Ritterstand erklomm Arminius den Höhepunkt seiner militärischen Karriere. Eine Laufbahn als Berufsoffizier, wie sie sein Kamerad Velleius Paterculus absolvierte, die ihn bis zum Legionskommandeur und später in den Senat führte, stand zu dieser Zeit Germanen nicht offen.[6] Seine Rolle war damit festgelegt. Er würde auch in Zukunft die cheruskischen Hilfstruppen in den Feldzügen der Römer kommandieren und in seinem Stamm dafür sorgen, daß die römischen Wünsche und Forderungen Gehör fanden. Offenbar genügten diese Aussichten dem Ehrgeiz des Arminius nicht. Jahre nach der Varusschlacht begegnete er seinen Bruder Flavus wieder, der den Römern treu geblieben und sich durch Tapferkeit vom einfachen Legionär zum Zenturio hinaufgedient hatte. Im Kampf hatte er ein Auge eingebüßt, und höhnisch fragte ihn Arminius, was er denn dafür bekommen habe. Flavus zeigte ihm stolz seine Orden und Ehrenzeichen, verwies auf seinen Rang und die empfangene Solderhöhung. Das sei ein armseliger Preis für seinen Sklavendienst, erhielt er von seinem Bruder zur Antwort.[7]

Arminius wollte den höchsten Preis, die Königswürde und ein eigenes Reich wie Marbod.[8] Dafür mußte er eine Tat vollbringen, die so überragend war, daß ihm als gerechter Lohn die Führung der Cherusker zufiel. Sein Vater, Sigimerus, hatte wenigstens zeitweise diese Stellung innegehabt, galt den Römern als »princeps«, als angesehenster und mächtigster Adliger. Sein Sohn sah sich als sein Erbe, aber dieser Anspruch war nur dann etwas wert, wenn er wie Marbod als Retter seines Volkes auftrat (s. Kap. VIII, S. 130). Bisher war er in der cheruskischen Oberschicht einer unter gleichen, und nichts zeigt dies deutlicher als die Weigerung des Segestes, ihm seine Tochter Thusnelda zur Frau zu geben. Nicht einmal dieser treue Freund der Römer, der bereit war, die eigenen Stammesangehörigen ans Messer zu liefern, ließ sich vom Ritterstand und Präfektenrang seines potentiellen Schwiegersohnes beeindrucken. Noch provozierender, daß er als Gemahl einen Semnonenprinzen vorzog, also den Adligen eines Stammes, der zum Machtbereich König Marbods gehörte. Selbst in der eigenen Familie war Arminius' Führungsstellung keineswegs unumstritten. Sein Onkel Inguiomerus fühlte sich nach dem Tod seines Bruders Sigimerus, der vermutlich um diese Zeit starb, als Sippenältester und jedenfalls seinem Neffen nicht nachgeordnet.

In Pannonien hatte Arminius seinen zukünftigen Gegner studiert. Die Kampfkraft der Legionen, die ungeheure Ausdauer bis zum endlichen Sieg, die Ressourcen an Menschen, Material und Geld, über die das Reich verfügte, der Ehrenkodex seiner Eliten, der nicht zuließ, daß man einen Krieg verlor. So gesehen war es mehr als kühn, den Konflikt mit dem Imperium zu riskieren. Aber Arminius hatte in Pannonien auch erlebt, wie schwer es den Römern fiel, im für sie ungünstigen Gelände, in den Waldschluchten, Sümpfen und Gebirgen des Landes zu kämpfen. In Germanien würde es genauso sei. Doch vor allem plante Arminius mehr als einen x-beliebigen Überfall, wie er schon so oft mit mehr oder weniger Glück von den Germanen versucht worden war. Der Cherusker hatte anscheinend einen Begriff von der strategischen Gesamtlage. Er wußte, welche Opfer der Krieg in Pannonien die Römer gekostet hatte, kannte die Erschöpfung der Truppen und die Leere der kaiserlichen Kassen. Die Situation in den westlichen und nördlichen Provinzen, in Gallien und Germanien war nicht so stabil, wie die Römer annahmen, ein großes Unruhepotential nach wie vor vorhanden. Unter der Asche war noch Glut. Ein glorreicher Sieg würde sie im Handumdrehen neu entzünden. Und Marbod? Durfte er dann zögern? Gemeinsame Interessen verbanden Arminius und den Markommannenkönig. Nach Pannonien würde der methodische Tiberius den Angriff gegen dessen Reich erneuern, die Provinz Germanien endgültig sichern. Die Zeit arbeitete gegen sie beide. Wenn der beste Feldherr des Imperiums auf dem Kriegsschauplatz erschien, war es zu spät.

Zwei taktische Vorteile konnte Arminius in die Waagschale werfen. Noch nie hatte es im rechtsrheinischen Germanien so viele gutbewaffnete und -geschulte Hilfstruppenverbände gegeben. Pannonien hatte gezeigt, daß sich die Römer fürchten mußten, wenn die Barbaren die »disciplina« ihrer Unterdrücker übernahmen. Noch niemals angewandt war die Kriegslist, mit der Arminius den gegnerischen Feldherrn in die Falle lockte. Bisher hatten es die Römer mit Hilfstruppen zu tun gehabt, die dem Imperium die Treue aufkündigten, wenn die Legionen fern waren. Der Krieg war damit eröffnet, und beide Seiten stellten sich darauf ein. Den nächsten Schritt zu gehen, die nichtsahnenden Römer und ihren Feldherrn in der Maske treuer Verbündeter zu überfallen, hatte noch niemand gewagt. Ein solcher

Verrat, »eines der ihren«, war für Varus und seine Offiziere undenkbar – und daher nicht vorauszusehen.

In ihren Augen hatte man Arminius im besonderen, aber auch der germanischen Führungsschicht im ganzen, ein unwiderstehliches Angebot gemacht. Es lautete: Teilhabe an der Macht des Imperiums. Die Unterwerfung Germaniens bedeutete eben nicht die Vertreibung oder Vernichtung des einheimischen Adels. Rom wußte sehr wohl, daß allein mit militärischen Mitteln das Land nicht zu halten war. In allen eroberten Ländern benutzte das Imperium die vorhandenen Herrschaftsstrukturen, ließ Bürgermeistern, Häuptlingen, Fürsten, sogar Königen ihre Amtsgewalt, wenn sie mit den Römern loyal zusammenarbeiteten, Princeps und Reich akzeptierten. Nur dadurch war die römische Administration verhältnismäßig unaufwendig, überließ das Einziehen von Steuern, die Aushebung von Hilfstruppen, die gewöhnliche Rechtssprechung den lokalen Gewalten und griff erst dann ein, wenn Probleme auftauchten. Die Oberschichten erhielten durch Bürgerrecht, lukrative militärische Kommandos, Ämter und Auszeichnungen die Gewißheit, daß sich für sie neue Chancen auf eine ehrenvolle Karriere, auf Ansehen und Ruhm im Dienste des Imperiums eröffneten. Gleichzeitig festigte sich ihre Führungsstellung, die nun nicht mehr von wechselnden Adelskoalitionen innerhalb ihrer Stämme abhing, sondern – Wohlverhalten immer vorausgesetzt – von den Römern garantiert wurde.

Diese Politik schien auch in Germanien erfolgreich. Die von Tiberius geschlossenen Bündnisse mit den Stämmen, die Stellung germanischer Hilfstruppen, die Anstrengungen, die das Imperium unternahm, um die Provinz an den zivilisatorischen Standard des Reiches anzunähern, sprachen für eine friedlich verlaufende Integration. Aber natürlich hatte die Romanisierung, der Begriff, mit dem wir eine Verbesserung der Lebensverhältnisse, einen Wirtschaftsaufschwung und die Beteiligung der Provinzbewohner an den kulturellen Errungenschaften Roms verbinden, in Germanien kaum begonnen. Sie erfolgte ja nicht schlagartig, sondern war ein sich über Generationen hinziehender Vorgang. Noch 47 n. Chr., hundert Jahre nachdem Cäsar Gallien erobert hatte, bedurfte es der ganzen Durchsetzungskraft von

Kaiser Claudius, um die ersten gallischen Senatoren zu ernennen.[9] Bevor die Germanen die Vorzüge der städtischen Kultur des Imperiums schätzen lernten, bevor sie in den Genuß von Thermen, Theatern und Steingebäuden mit Fußbodenheizungen kamen, bevor Wein und Obst kultiviert, Straßen und Brücken gebaut wurden, erlebten die Einheimischen die neue Ordnung erst einmal als Verschlechterung ihrer gewohnten Lebensbedingungen – und als Demütigung.

War der Stamm geschlagen und bereit, sich zu unterwerfen, inszenierten die Römer ihren Sieg als Ritual. Flankiert von schwerbewaffneten Legionären zogen die Krieger ohne Waffen und gesenkten Hauptes zum Tribunal des Feldherrn, vor dem sie die Knie beugten. Was nun geschah, hing ganz von dessen Willen ab. Da Rom keine gleichberechtigten Verhandlungspartner anerkannte, galt nur ein Friedensschluß ohne Bedingungen als der Würde des Reiches angemessen. Barbarische Stämme zählten ohnehin nicht.[10] Keine Rolle spielte es, ob die Unterwerfung (deditio) im Frieden, also freiwillig, oder nach einem Krieg erfolgte. Im Prinzip hatte mit diesem Rechtsakt das gegnerische Gemeinwesen zu bestehen aufgehört. Öffentliches Eigentum, Person und Besitz jedes Bürgers oder Stammesangehörigen fielen an das römische Volk, das damit nach Belieben verfuhr. Das Land gehörte nun dem römischen Staat. Die Bevölkerung konnte vertrieben, als Sklaven verkauft, im schlimmsten Falle die Männer als abschreckendes Beispiel oder zur Vernichtung ihrer Kampfkraft sogar getötet werden.[11] In der Theorie. In der Praxis pflegten die Römer genau zu unterscheiden, unter welchen Umständen die Unterwerfung erfolgte. Aus Spanien hat sich eine Bronzetafel erhalten, auf der die freiwillige »deditio« eines Stammes festgehalten ist. Zwar wurde das Unterwerfungsritual wie üblich vollzogen, doch »danach hat der Feldherr angeordnet, daß sie frei seien, und er hat ihnen ihre Ländereien und Gebäude, ihre Gesetze und alles übrige, was ihnen gehört hatte, bevor sie sich unterwarfen, zurückgegeben.«[12] Wobei »frei« hier nur den persönlichen Status bedeutete, sie also nicht versklavt wurden. Alle anderen Verpflichtungen gegenüber Rom, einschließlich der Anerkennung seiner Oberhoheit, blieben selbstverständlich bestehen. Ganz anders reagierte das Imperium bei dem Gebirgsstamm der Salasser, die sich zum wiederholten Mal erhoben hatten. Alle wehrfähigen Männer wurden für zwanzig Jahre in die Sklaverei verkauft und ein hoher Tribut eingetrieben. Den besten Teil des Landes erhielten Veteranen der kaiserlichen Leibwache, der Prätorianer, und gründeten darauf die Stadt Augusta Praetoria, das heutige Aosta.[13]

Während der Grieche Aelius Aristides die »Pax Romana« als gewaltigen Fortschritt lobte, die »dem Erdkreis selbst und seinen Bewohnern eine allgemeine und jedem erkennbare Sicherheit geschenkt hat«,[14] begriffen die meisten germanischen Stämme den ihnen verordneten Frieden als einschneidende Bevormundung. Denn Konflikte mit Waffengewalt zu lösen, war weder verpönt noch unehrenhaft, sondern das übliche Mittel sozialer Auseinandersetzung.[15] Ohne Stammesfehden, Plünderungszüge, schlicht den üblichen Dauerkrieg verlor das ganze Gefolgschaftswesen seinen Sinn. Der Krieger wurde arbeitslos. Cassius Dio sieht gerade darin einen wesentlichen Anlaß zum Aufstand: »Sie hatten noch nicht die Macht vergessen, wie sie vom Waffenbesitz kommt.« Und Florus ergänzt, »daß sie schon längst über die mit Rost bedeckten Schwerter und untätigen Pferde traurig waren.«[16]

In zwei flammenden bei Tacitus wiedergegebenen Reden nennt Arminius weitere Gründe.[17] Die von ihm angeprangerte »Habgier« der Römer drückte sich in den Tributen und Steuern aus, die sie von den germanischen Stämmen einzogen. Wir kennen die Klage bereits aus dem Munde des dalmatischen Batos, und auch der Gallier Sacrovir stöhnte über »die drückende Last der Besteuerung«.[18] Durchaus denkbar, daß die Cherusker als privilegierter Stamm wie die Bataver davon zunächst ausgenommen waren, jetzt aber zu Abgaben herangezogen wurden, was den Stimmungsumschwung zu Lasten der Römer herbeigeführt haben könnte.[19] Ferner störten Arminius der römische Hochmut, die Selbstverständlichkeit, mit der sie sich selbst zu den Herren der Erde erklärten. Die Überheblichkeit setzte sich fort im Bewusstsein der Legionäre, die sich für die besten Soldaten der Welt hielten. Als römische Bürger fühlten sie sich den Auxiliarsoldaten turmhoch überlegen, die geringeren Sold und keine Abfindung erhielten und am Ende froh sein durften, wenn sie nach 25jähriger Dienstzeit das Bürgerrecht als Belohnung erhielten. Wie alle Kolonialmächte brauchte das Imperium eingeborene Truppen, aber wie die Briten im 19. Jahrhundert auf ihre indischen Kolonialsoldaten, die Sepoys, blickten die Römer auf ihre Hilfstruppen und ihre einheimischen Offiziere herab. Wenn selbst der privilegierte Arminius unter der »superbia«, dem Dünkel seiner römischen Offizierskameraden litt, kann man die Spannungen ermessen, die in der Zwei-Klassen-Gesellschaft der Armee zwischen Auxiliaren und Legionären bestanden.[20]

Mit Entschiedenheit warnte Arminius vor der Gründung »neuer Römerstädte« (novae coloniae). In dieser Urbanisierung erblickte er keinen zivilisatorischen Fortschritt. Denn die Siedlungen, die den Ehrennamen einer Kolonie trugen, kannte er nur allzugut. Der Großteil ihrer Bewohner waren Veteranen, also ehemalige Legionäre, und ihre Aufgabe bestand in der Kontrolle des umliegenden Landes. Sie bildeten die vorgeschobenen Stützpunkte der römischen Herrschaft, nannten sich stolz »Rom in der Fremde«, und ihre Bürger, stets bereit zu den Waffen zu greifen, fühlten sich als »Schutzwälle des Reiches«. Als siegreiche Eroberer nahmen sie sich ganz selbstverständlich das nötige Land und die Arbeitskräfte dazu, die von einem Tag zum anderen aus freien Bauern zu Pächtern und Lohnarbeitern herabsanken.[21] Die Vorzüge des Stadtlebens kamen für diese Generation nicht mehr zur Geltung. In Pannonien und Dalmatien hatte Arminius die Römerstädte als Rückgrat der römischen Verteidigung erlebt. Keine einzige war von den Aufständischen eingenommen worden. Wie später die Britannier sah Arminius diese Gründungen als »Sitz der Knechtschaft« an, darauf berechnet, die Macht der germanischen Fürsten zu brechen. [22]

Mit der war es sowieso nicht gut bestellt. Wenn Arminius seinen Kriegern zurief, er könne den Anblick von »Ruten und Beilen und der römischen Toga« zwischen Rhein und Elbe nicht mehr ertragen, hat er damit zutreffend das Gebiet der Provinz Germanien beschrieben. In ihm galt neben der germanischen nun auch die römische Rechtsprechung, symbolisiert im Rutenbündel mit eingestecktem Beil, das die Liktoren dem Statthalter voraustrugen. Seine Kompetenzen schlossen die Verhängung der Todesstrafe ein. Eine Anmaßung für eine Gesellschaft, die dieses Recht nicht einmal ihren eigenen Fürsten zugestand.[23] Wie der geographische Raum, den die neuen Städte, Legionslager, Kastelle, Straßen, Bergwerke und Gutshöfe immer mehr einzuschränken drohten, entglitt den Stammesoberhäuptern allmählich die ihnen bisher eingeräumte Autorität des Schlichters und Schiedsrichters. Schon war es zweifelhaft, ob die Forderung der Priester nach einem hin und wieder nötigen Menschenopfer statthaft war. Die Römer hatten den Kelten in Gallien die dort ebenfalls gebräuchliche Sitte verboten und beabsichtigten, dies auch in Germanien zu tun. Das rituelle Versenken eines Menschen als Götteropfer in einem Moor hat zwar der Wissenschaft unschätzbare Erkenntnisse über die damals lebenden Menschen geliefert, wurde aber von den Römern als Barbarei angesehen.[24] Einschneidender war die Zweiteilung des Rechtssystems in römische Bürger und »Fremde« (peregrini), ein Status, den alle Provinzbewohner erhielten und sie zu Bürgern minderen Rechts deklassierte. Während der römische Bürger, ob als Reisender, Siedler, Soldat oder Händler den besonderen Schutz des Statthalters genoß und nur seiner Gerichtsbarkeit unterstand, ja sogar an den Princeps appellieren durfte, war der »Peregrinus« darauf angewiesen, einen römischen Bürger als Patron zu finden, der ihn in rechtlichen Angelegenheiten vertrat.

In diesem Prozeß des Übergangs von einer Zivilisation in die andere, war den germanischen Adligen die Rolle der Moderatoren zugedacht. Nach und nach ausgestattet mit dem römischen Bürgerrecht sollten sie ihren Sitz in den Städten nehmen, dort Ämter bekleiden und von dort aus, natürlich unter den wachsamen Augen der Römer, ihre Aufgaben als Führungsschicht wahrnehmen, »damit sich nämlich die zerstreut lebenden und rohen und deshalb zum Krieg neigenden Menschen durch Wohlleben an Ruhe und Muße gewöhnten.«[25] Aber was in Gallien gut funktionierte, wo eine bereits vorhandene Stadtkultur nur noch den römischen Bedürfnissen angepasst werden mußte, die Eliten nach anfänglichem Widerstand sogar ihre Sprache und Kultur aufgaben,[26] um ganz römisch zu werden und wo der von den Römern erst aufoktroyierte, dann geschätzte Frieden für einen nie gekannten Wohlstand sorgte, gelang in der Provinz Germanien nicht. Die Germanen hatten offenbar keine Lust, in die Städte zu ziehen. Sie entsprachen nicht der von ihnen gewünschten Lebensart. Ebensowenig hatten sie das Bedürfnis, ihre landwirtschaftliche Produktion zu steigern und die römischen Märkte zu beliefern. Die ihnen als Vorzug gepriesene Geldwirtschaft brauchten sie nicht. Also kamen andere an ihrer Stelle, Fremde. Untersuchungen der Bevölkerungsstruktur der niederrheinischen Städte ergaben einen Anteil der einheimischen ländlichen Bevölkerung von nicht einmal einem Drittel. Die römische Verwaltung förderte deswegen mit allen Mitteln die Einwanderung. Nicht nur Veteranen wurden angesiedelt, es strömten auch Neusiedler, meist aus Gallien, in die neue Provinz, Pächter für die Gutshöfe, Handwerker und Händler, Arbeiter und Sklaven für die Minen.[27]

Der Anpassungsdruck auf die germanischen Stämme zwischen Rhein und Elbe nahm kontinuierlich zu. Das war weniger die Schuld des Statthalters Varus, sondern ergab sich aus dem Prozeß der Romanisierung ganz von selbst. Die Geschichte kennt Dutzende von Beispielen, in denen als »rückständig« bezeichnete Stammesgesellschaften nicht mit Begeisterung und Wohlverhalten auf die ihnen verordneten »Segnungen der Zivilisation« reagierten, sondern mit Aggression und Widerstand. So auch hier. Ihre traditionelle Lebensweise begann sich zu wandeln. Aus dem Neuen erwuchs ein Gefühl der Bedrohung. Die Führungsschichten der Stämme mußten darauf eine Antwort finden, wollten sie nicht ihre Autorität einbüßen. Segestes als typisches Beispiel eines romtreuen Adligen plädierte für die Unterwerfung unter den Willen Roms. Arminius Bruder Flavus, ebenfalls loyal zum Imperium stehend, sah für die kriegerische Kraft der Germanen in den Hilfstruppen das ideale Betätigungsfeld. Das war, in realistischer Einschätzung der sozialen und politischen Verhältnisse, ein gangbarer, vielleicht der beste Weg, der die militärische Konfrontation vermied. Arminius, durch seine Herkunft und Karriere geradezu prädestiniert, sich dieser Gruppe von Parteigängern Roms anzuschließen, tat dies gerade nicht. Der größte »Globalisierungsgewinner« Germaniens, der Gastfreund des Varus, der Mann, den Augustus vor allen germanischen Fürsten ausgezeichnet hatte, entschied sich für den Kampf. Oder blieb ihm gar nichts anderes übrig? War seine Stellung im Stamm so geschwächt, daß er die Flucht nach vorn in den antirömischen Aufstand antrat, weil nur so dem »Romfreund« wieder die Autorität zuwuchs, die er verloren hatte?[28] Oder kehrte er reumütig wieder zu der Gruppe zurück, die er verlassen hatte, gerade weil er trotz seiner Auszeichnungen bei den Römern doch immer »der Germane«, ein Außenseiter, blieb? Oder verweigerten ihm die Römer die erhoffte Unterstützung bei seinem Versuch, Princeps seines Stammes zu werden? Gleichgültig, was letztlich den Umschwung bewirkte, die Erfahrungen in Pannonien, die immer weiter fortschreitende Provinzialisierung Germaniens, das Vorbild Marbod oder sein Ehrgeiz zum König aufzusteigen: Arminius kündigte Rom in aller Stille die Gefolgschaft auf. Es sollte für Varus eine tödliche Überraschung werden.

Selbst für das 19. Jahrhundert, in dem Arminius als Nationalheld gefeiert und ihm als »Hermann, der Cherusker« das pompöse Denkmal im Teutoburger Wald gewidmet wurde, war es ein Problem: sein Verrat. Mochte man noch so gute Gründe dafür finden, mochte man die Römer zu üblen Zwingherrn degradieren, gegen die jedes Mittel recht erschien, mochte selbst ein Heinrich von Kleist in seinem Drama »Hermannsschlacht« erklären, daß es erlaubt sei »zur Verteidigung gegen Unmenschlichkeit, selbst unmenschlich vorzugehen, Schuld auf sich zu laden«,[29] es blieb doch immer ein fader Beigeschmack. Der Mann, »der unserer Ahnen Freiheit rettete und damit deutsches Wesen« (F. Koepp), der die »erste Befreiungsthat auf deutscher Erde« (E. Kornemann) unternahm, der also am Beginn der deutschen Geschichte stand, war ein eidbrüchiger Auxiliaroffizier. »Unsere Vorfahren«, schrieb der Althistoriker Walther Kolbe einigermaßen resigniert, »erscheinen vor dem Forum der Geschichte nicht in dem glänzendsten Lichte. Nicht in heldenhaftem Kampfe haben sie den Sieg erfochten, nein nur durch Verrat, durch einen aus dem Hinterhalt vorgetragenen überraschenden Überfall eines in Sicherheit gewiegten Heeres, ist es gelungen, die Römer zu vernichten.«[30]

Der griechische Historiker Polybios hatte dazu eine feste Meinung. Nur der Erfolg sei ruhmvoll, schrieb er in seiner Weltgeschichte, der durch den Sieg in offener Feldschlacht errungen werde. Leider sei diese Auffassung, die früher allgemein gewesen sei, heute nur noch bei den Römern anzutreffen. »Sie erklären den Krieg, legen nur selten einen Hinterhalt und fechten ihre Schlachten mit der Waffe in der Hand und Mann gegen Mann durch.«[31] Die Legionen konnten sich dieses ehrenvolle Vorgehen leisten, denn es gab keine besseren Truppen, und ihr Sieg stand von vornherein fest – schwere Fehler ausgenommen.

Typisch war die Reaktion einer Legion, die nach tagelangem enervierendem Guerillakampf gegen germanische Krieger endlich in Formation den »feigen« Gegner angreifen konnte. »Hier seien keine Wälder noch Sümpfe, vielmehr gäben in gleichartigem Gelände die Götter beiden gleiche Möglichkeiten.«,[32] riefen ihnen die Soldaten höhnisch zu. Was natürlich nicht der Fall war, denn weder waren die Germanen so gut bewaffnet, noch so gut trainiert, noch in der Lage, auf dem Schlachtfeld zu manövrieren. Es ist ein Gesetz des Krieges, das sich durch seine ganze Geschichte zieht, daß der technisch und taktisch überlegene Gegner vom anderen den Kampf zu seinen Bedingungen fordert, wohl wissend, daß der Partisan mit der Kalaschnikow dem Panzer unterlegen ist. Auch die Hilfstruppen und Stammeskrieger besaßen gegen die Legionen in offener Feldschlacht nicht den Hauch einer Chance. Arminius, das zeigt der weitere Krieg überdeutlich, wußte von dieser Schwäche und ließ sich eben deswegen auf eine solche Auseinandersetzung nicht ein. Da er keine Legionen hatte, benutzte er andere Waffen: Wälder und Sümpfe, den Hinterhalt und den Verrat.[33]

Verglichen mit dem prachtvollen Heereszug des Statthalters, dessen Abmarsch wir von höherer Warte gerade bewundert haben, nahm sich die Truppe des Arminius ausgesprochen bescheiden aus. Ob in Gallien, Pannonien oder Nordafrika: Überall sonst setzten die Aufständischen auf ihre schiere Masse, wagten nur dann den Kampf, wenn ihre zahlenmäßige Überlegenheit mindestens das Doppelte und Dreifache der Legionen betrug. Aber im Lager des Arminius formierte sich keine »Rebellenarmee«, sammelten sich die verbündeten Stämme der Germanen nicht zum großen Freiheitskampf.

Die populäre Vorstellung vom Volkskrieg gegen Rom, die Arminius

»zum ersten deutschen Nationalhelden« (E. Kornemann)[34] machte, ist seit den 70er Jahren durch die bahnbrechenden Untersuchungen des Würzburger Althistorikers Dieter Timpe überholt. Eine sich über Monate hinziehende allgemeine Verschwörung der Stämme, schließlich das Eintreffen bewaffneter Kontingente in der Nähe des Sommerlagers, wären Varus mit Sicherheit nicht entgangen. In allen Sippen gab es Zuträger, die römische Partei war in allen Stämmen stark. Zudem scheint es höchst zweifelhaft, ob Arminius die nötige Autorität besessen hätte, um die Führung des Aufstandes zu übernehmen. Konkurrenzneid und das ausgeprägte Selbstbewußtsein der germanischen Adligen sprechen eindeutig dagegen.

Arminius machte aus dieser Not eine Tugend – und hatte damit Erfolg. Die Verschwörung organisierte er nicht innerhalb der Stämme, sondern in dem von ihm kontrollierten militärischen Apparat, den Hilfstruppen. In den Auxiliaroffizieren, mit ihm durch die gemeinsamen Jahre im römischen Dienst verbunden, fand er die Vertrauten, auf die er bauen konnte. Bewegungen dieser Einheiten erweckten keinen Verdacht. Sein Angebot, Varus mit den Hilfstruppen zu begleiten, entsprach vollständig der militärischen Logik. Genausowenig war es auffällig, daß er, als ihr Präfekt und kommandierender Offizier, den Befehl erteilte, die Winterlager zu verlassen und sich ihm anzuschließen. Nötig war allerdings, die römischen Verbindungsoffiziere – und wir können ergänzen – romtreue Germanen aus dem Weg zu räumen. Was genauso geschah, wie jene Stützpunkte und »Garnisonen« zu überfallen, in denen die von Varus auf germanische Bitten hin abgestellten Truppendetachments einen ruhigen Winter zu verbringen hofften.[35]

Schätzungen darüber, wie viele Auxiliarkohorten und -alen Arminius für den Überfall auf Varus zusammenbrachte, sind schwierig, da die Quellen sich darüber ausschweigen. Schon aus Gründen der schieren Notwendigkeit darf man von einem »Gleichgewicht der Kräfte« (D. Timpe) ausgehen. Für den Anfang dürfte es genügt haben. Der Kampfwert seiner gutbewaffneten und ausgebildeten Hilfstruppensoldaten war entschieden höher als der von Stammeskriegern. Die Art seiner Kriegführung setzte ohnehin nicht auf Masse, sondern auf Disziplin, gegründet auf Befehl und Gehorsam. Zudem ist die Wahrscheinlichkeit hoch, daß die Auxilien als Kader dienten, die im Bedarfsfall aus ihren heimatlichen Distrikten durch zusätzlich aufgebotene Krieger verstärkt werden konnten.[36] Im Falle eines sich abzeichnenden Sieges würden mehr als genug Gefolgschaften und Einzelkämpfer aus den benachbarten Stämmen zu ihm stoßen. Wenn es um Krieg und Beute ging, war auf die Germanen Verlaß.

Nicht verschwiegen sei die traditionelle Lesart der Arminius-Biographie. Sie wird seit zweihundert Jahren in den Details verändert, aber in den Grundzügen immer gleich erzählt. Sie degradiert unseren Helden, wertet ihn aber moralisch auf. Nach dieser Hypothese seien ihm Bürgerrecht und Ritterrang nur ehrenhalber verliehen worden, nicht eine reguläre Auxiliareinheit im Präfektenrang habe er kommandiert, sondern nur ein von Fall zu Fall zusammengestelltes Stammesaufgebot der Cherusker. Aus Pannonien zurückgekehrt oder schon nach dem Feldzug des Tiberius an die Elbe, habe er seine Männer nach Hause in ihre Dörfer entlassen und Varus als »Privatmann« aufgesucht und begleitet. Zwar habe er ihm Freundschaft geheuchelt, aber den Treueid auf den Princeps habe er nicht verletzen können, da er kein römischer Offizier gewesen sei. Allein in seiner Eigenschaft als Cheruskerfürst habe er die Fäden der Rebellion gesponnen, die dann nicht als Meuterei begonnen habe, sondern von vornherein ein Stammesaufstand gewesen sei. Als Motiv behauptete das vaterlandsbegeisterte Deutschland des 19. Jahrhunderts das Verlangen der Germanen nach »Einheit und Freiheit«, das in eine »nationale Erhebung« gemündet sei – und beschrieb damit exakt die eigenen politischen Sehnsüchte.

Man hat allerdings in augusteischer Zeit Personen im Ritterrang niemals zugemutet, Stammesaufgebote zu kommandieren, dafür hätte ein Zenturio mehr als ausgereicht. Auch die von Tacitus für Arminius gebrauchte Bezeichnung eines »Führers seiner Landsleute« (ductor popularium),[37] ist kein Beweis, da sie keinen Terminus technicus darstellt, also nicht notwendigerweise den Aufgebotsführer meinen muß. Wenn aber Arminius Präfekt regulärer cheruskischer Hilfstruppen gewesen ist, hat er diesen Status und den Befehl über seine

Landsleute auch unter Varus besessen. Wenig glaubhaft erscheint zudem, daß Varus sein Drei-Legionen-Heer aufgrund der Bitte eines germanischen Adligen in Marsch gesetzt hätte.[38]

Stammesaufstand oder Meuterei? Präfekt der Hilfstruppen oder bloß »einheimischer Führer eines nationalen Kontingents« (R. Wolters)? Ein Kompromiß, aktuell Mehrheitsmeinung der Wissenschaft, verbindet beide Hypothesen. Wir graben ihn mit dem Schreibgriffel in das Wachstäfelchen unseres Kriegsberichterstatters ein: »Iden des September, im Konsulatsjahr des Quintus Sulpicius Camerinus und Gaius Poppaeus Sabinus (9 n. Chr.), Lager des Gaius Iulius Arminius. An den Chefredakteur. Salve, Du hast mich an die Visurgis (Weser) geschickt, um die Wahrheit über das herauszufinden, was geschieht. Dies ist sie: Die germanischen Hilfstruppen meutern und greifen das Heer des Statthalters Varus an. Haben sie Erfolg, werden sich die benachbarten Stämme anschließen. Es wird das Signal für einen allgemeinen Aufstand sein. Quid sit futurum cras, fuge quaerere. Vale, amice.«[39]

Kapitel XII

Die Schlacht

Woher wissen wir, was wir wissen? Die schriftliche Überlieferung.

Titus Livius wäre der Richtige gewesen. Der 60 v. Chr. geborene Rhetor aus Patavium (Padua) verfasste eine Geschichte Roms von seiner Gründung bis in die Gegenwart in 142 Büchern. Eine von patriotischem Geist erfüllte Fleißarbeit, die ihm die Freundschaft des Augustus einbrachte. Denn »Livius begriff, wo die Freiheit des Historikers endete« (W. Dahlheim)[1] und enthielt sich tunlichst jeglicher Kritik an der neuen Herrschaftsordnung des Prinzipats. Um so erhellender wäre es gewesen, von ihm die offizielle Wertung der Varusschlacht und ihren Ablauf zu erfahren. Livius starb 17 n. Chr., acht Jahre nach den Ereignissen, die er also noch hätte beschreiben können. Er tat es nicht. Sein Werk endet klugerweise auf dem Höhepunkt römischer Machtentfaltung in Germanien 9 v. Chr. und in einer Apotheose des großen Feldherrn Drusus.

Mit Velleius Paterculus (geb. um 20 v. Chr., gest. nach 30 n. Chr.) »Römischer Geschichte« besitzen wir das Werk des einzigen Zeitzeugen, das uns überliefert ist. Der Kampfgefährte des Tiberius, sein Reiterführer und Legionskommandeur in Pannonien und Germanien, kannte die Materie und die handelnden Personen, einschließlich Arminius, aus eigener Erfahrung. Durch ihn wissen wir vom Bürgerrecht und Ritterrang des Cheruskers, bekommen eine genaue Aufstellung der vernichteten Truppenteile und erhalten Auskunft darüber, wie sich einzelne Offiziere im Kampf verhielten. Was Ablauf und Ort der Niederlage angeht, bleibt Velleius bewußt vage und allgemein, da er die Absicht hat »das Ereignis in meinem größeren Geschichtswerk ausführlich darzustellen, wie es schon andere getan haben«. Er hat diesen Plan aber nie verwirklicht. Genausowenig sind die Werke der »anderen« auf uns gekommen. Die von ihm mitgeteilten Stichworte sind Hinterhalt, Wälder und Sümpfe, in denen »die tapferste Armee von allen … durch die Entschlusslosigkeit des Feldherrn und den Verrat des Feindes in einer Falle gefangen wurde.«[2] Gemessen daran, daß Velleius' Werk eigentlich eine kurzgefaßte Weltgeschichte in zwei Bänden darstellt, widmet er mit vier Kapiteln der Varusschlacht verhältnismäßig viel Raum und betont ihre Bedeutung für die römische Geschichte, indem er sie mit einer anderen militärischen Katastrophe, der Schlacht von Carrhae (s. Kap. IV, S. 52), vergleicht. Velleius läßt kein gutes Haar an Varus. Zum bereits genannten Grund – die Familie der Quinctilii fiel in den zwanziger Jahren bei Tiberius in Ungnade (s. Kap. X, S. 155) – kommt hinzu, daß der Historiker den glücklosen Feldherrn bewußt in Kontrast setzt zum strahlenden Sieger Tiberius. Wo dieser alle seine Schlachten gewinnt, verliert jener die einzige, die zählt. Mehr als auf die wirklichen Ereignisse kommt es Velleius darauf an, einen Gegensatz zu konstruieren. Varus wird zum Sündenbock.[3]

Erst siebzig Jahre später wird im Werk des berühmtesten römischen Historikers, Publius Cornelius Tacitus (55–116/120 n. Chr.), die Varusschlacht wieder erwähnt. Alle übrigen im ersten nachchristlichen Jahrhundert über die Germanenkriege publizierten Abhandlungen sind verloren, wurden aber von Tacitus nachweislich benutzt.[4] Das Ausmaß dieser Verluste läßt sich ermessen, wenn man das in dieser Zeit verfasste »Handbuch des Redners« des Spaniers Quintilian studiert. Von den 55 von ihm als herausragend bezeichneten und von ihm behandelten römischen Autoren sind uns mehr als zwei Drittel nur dem Namen nach bekannt.[5] Tacitus, Mitglied der Senatsaristokratie, absolvierte eine glänzende Karriere unter den Kaisern Domitian und Trajan, die ihn bis zum Konsul und Statthalter der Provinz Asia emporhob. Er ist der Autor der einzigen antiken Volks- und Landeskunde, der »Germania«, die Varus und seine drei Legionen als Beispiel dafür anführt, daß die Germanen und ihre durch keine Ordnung gebändigte »Freiheit«, für das Imperium gefährlicher sind, als es jemals Gallier, Spanier oder sogar die Parther waren. In seinem großen Geschichtswerk, den »Annalen«, das vom Tod des Augustus 14 n. Chr. bis zum Jahr 68 n. Chr. reicht, beschreibt er zwar nicht die Varusschlacht, aber die Feldzüge des Germanicus, die sechs Jahre später zum Ort des Geschehens führten. Tacitus verdanken wir jene nur scheinbar präzise geographische Angabe, er sei »nicht weit vom Teutoburger Wald« zu finden. Die Lösung des Rätsels hat Generationen von Althistorikern und Heimatforschern mit der Suche beschäftigt. Als großen Gegenspieler des Germanicus würdigt Tacitus den Cheruskerfürsten. Seine Formulierung, er sei »unzweifelhaft der Befreier Germaniens, der das römische Volk nicht in den Anfängen seiner Macht, wie andere Könige und Heerführer, sondern in der höchsten Blüte des Reiches herausgefordert hat«, legte den Grundstein für den Aufstieg des Arminius zum Nationalhelden der Deutschen.[6]

Kurz darauf, zur Zeit des Kaisers Hadrian, stellte Lucius Annaeus Florus (geb. um 60, gest. vor 138), von dem wir nur wissen, daß er vermutlich aus Nordafrika stammte und als Rhetor, Dichter und Historiker brillierte, in zwei Bänden eine »Geschichte aller Kriege zusammen, die in siebenhundert Jahren geführt worden sind«. Sein Material bezieht er aus dem Geschichtswerk des Livius, aber er geht über ihn hinaus und berichtet über den Germanenkrieg. Seine Kurzdarstellung der Varusschlacht unterscheidet sich von allen anderen. Nach Florus wurde Varus, als er umgeben von seinen drei Legionen im Lager Gericht hielt, von Arminius überfallen und in einem Blutrausch ohnegleichen alle Soldaten niedergemacht. Die Schilderung orientiert sich mehr am dramatischen Effekt als an der Wirklichkeit. Florus will den Leser davon überzeugen, daß es leichter ist, Provinzen zu erobern als zu halten.[7] Widersprüche nimmt er zugunsten einprägsamer Szenen in Kauf. Etwa das heroische Beispiel eines Adlerträgers, der lieber mit dem ihm anvertrauten Feldzeichen im Sumpf versinkt, als ihn den Feinden auszuliefern. Als Florus seine Abhandlung schrieb, waren allerdings alle Adler wieder in Römerhand. Moderne Historiker bezweifeln den Wert dieser Quelle. Allein schon die Vorstellung, ein von drei Legionen verteidigtes Lager wäre von den Germanen erobert worden, ist mehr als unwahrscheinlich.[8]

Unsere Hauptquelle, die den Marsch ins Aufstandsgebiet, den Ablauf der Schlacht von Tag zu Tag, schließlich ihre Auswirkungen detailgenauer als alle anderen schildert, ist am spätesten entstanden. Ihr Autor ist der aus Kleinasien stammende Cassius Dio Cocceianus, der seine Darstellung auf griechisch verfasste. Dio (ca. 164 – um 235 n. Chr.) kam früh nach Rom, um wie sein Vater eine senatorische Laufbahn zu beginnen. Sie verlief ausgesprochen erfolgreich, führte ihn bis zum Konsul und machte ihn zum Statthalter wichtiger Provinzen wie Pannonien, Dalmatien und Africa. Dios Karriere ist um so bemerkenswerter, als sie unter sechs Kaisern stattfand, von denen jeder gern auf seine Dienste zurückgriff. Am Ende seines politischen Wirkens, 229 n. Chr., ehrte ihn Kaiser Severus Alexander sogar mit einem gemeinsamen Konsulat. Dios Ehrgeiz war damit noch nicht befriedigt. Seine 80bändige »Römische Geschichte« von den Anfängen bis in das Jahr seines Konsulats lebt davon, daß er aus intimer Kenntnis das Funktionieren des Machtapparates beschreibt und durch jahrzehntelange Verwaltungspraxis und politische Erfahrungen in Schlüsselpositionen weiß, wovon er spricht. Dies war ihm selbst bewußt. »Ich kenne niemand,« hält er in seiner Geschichte fest, »der über solch genaues Einzelwissen verfügt wie ich.« Aber Dio hat nicht nur als Zeitzeuge Geschichte geschrieben, sondern auch die Vergangenheit akribisch durchforscht. Zehn Jahre verbrachte er damit, Material zu sammeln. Zwölf Jahre dauerte die Niederschrift. In den Bibliotheken Roms las er die Werke seiner Vorgänger. Im Archiv des Senats, zu dem er durch seine hohe Stellung Zugang hatte, sah er dessen Beschlüsse und Sitzungsprotokolle durch. Dort, im am Kapitol gelegenen Haus des Tabulariums, dem »Gedächtnis von Rom«, studierte er Urkunden und vertiefte sich in die dort aufbewahrten amtlichen Mitteilungen, die »Acta diurna«. Hellsichtig sah er den Unterschied zwischen der Überlieferung in den Zeiten der römischen Republik, die eine öffentliche Diskussion erlaubte, und der Kaiserzeit, in denen viele Beschlüsse undokumentiert hinter verschlossenen Türen gefasst wurden: »Seit jener Zeit begann man die meisten Ereignisse heimlich und verborgen zu behandeln und wenn trotzdem einige Dinge zufällig in die Öffentlichkeit drangen, so finden sie keinen Glauben, weil man sie jedenfalls auf ihren Wahrheitsgehalt nicht prüfen kann ... jedenfalls laufen fast sämtliche Geschehnisse in einer Version um, die sich mit den Tatsachen nicht deckt.«[9] – Auch die Varusschlacht?

Aufbruch

Im Vertrauen darauf, daß ihn Arminius mit den Hilfstruppen bald einholen würde, setzte sich Varus mit der Armee in Marsch. Man befand sich im Gebiet der cheruskischen Bundesgenossen, also in Sicherheit. »Wie mitten im Frieden führten sie viele Wagen und auch Lasttiere mit sich; dazu begleiteten sie zahlreiche Pferdeknechte und Marketenderinnen und noch ein stattlicher Sklaventroß, die sie ebenfalls zu einer gelockerten Marschform zwangen«, berichtet Dio und beschreibt damit nichts Außergewöhnliches. Römische Heere in Germanien führten immer große Trosse mit sich. Allein schon deswegen, weil sie sich nicht aus dem Land ernähren, ihr Hauptnahrungsmittel Getreide mitführen mußten.[10] Hochrädrige Wagen mit dem Gepäck der Offiziere, Maultiere mit Zelten, Schanzpfählen, Verbandmaterial, Reservewaffen, Getreidemühlen, zerlegten Geschützen, dazu eine große Schar von Sklaven waren beim Marsch der Legionen, ob im Krieg oder Frieden, genauso dabei wie das Hilfspersonal der Troßknechte und die das Heer begleitenden Händler. Die Formation eines solchen Reisemarsches war aber nicht beliebig, sondern vorgeschrieben: Reiterei und Hilfstruppen in der Vorhut, dann die drei Legionen jeweils mit ihrem Troß, dann wiederum eine aus Hilfstruppen gebildete Nachhut. Das Bild, das Dio entwirft, die Römer seien »in keiner festen Ordnung, sondern im Durcheinander mit Wagen und Unbewaffneten«[11] marschiert, hätte jeder militärischen Disziplin selbst im tiefsten Frieden Hohn gesprochen. Es wäre ein Verstoß gegen alle Regeln gewesen. Es passt nicht zu einer Armee wie sie Velleius Paterculus charakterisierte: »führend unter den römischen Truppen, was Disziplin, Tapferkeit und Kriegserfahrung angeht«.[12]

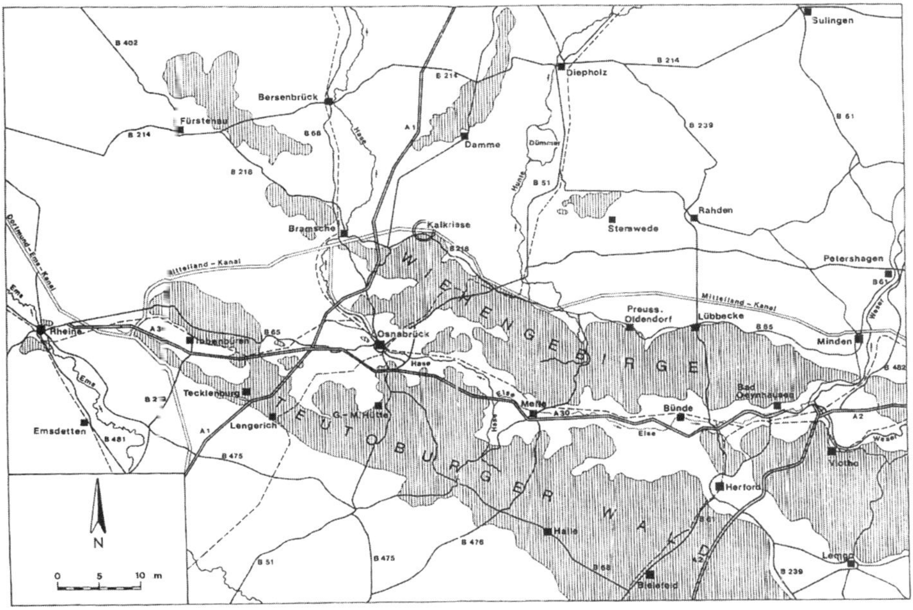

Die Lage von Kalkriese im Großraum Osnabrück

Öfters haben Historiker daran gezweifelt, ob sich Varus mit seiner kilometerlangen Kolonne wirklich auf schlechte Wege einließ,[13] um so mehr als er zum Herbstbeginn jederzeit mit wechselhaftem Wetter rechnen mußte. Beides mutet ihm Dio zu. Varus wühlt sich durch »undurchdringliche Wälder« und »schluchtendurchzogene Berge«, »starker Regen und Sturm«[14] lassen Baumwipfel brechen und ganze Stämme auf den Weg der Marschierenden niederstürzen. In diesem Chaos aus Wasser und Wind, genaue Zeitangaben fehlen, aber es dürfte irgendwann in den ersten Tagen gewesen sein, greift Arminius mit seinen Cheruskern völlig überraschend an.

Die Kombination, die zur Vernichtung des römischen Heeres führt, überzeugt von der Antike bis heute unmittelbar. Ein zu sorgloser Feldherr, unfähig, seine Truppe zu disziplinieren, wird mit den drei Bösartigkeiten konfrontiert, die Germanien für Rom bereithält: Hinterhalt und Verrat, mit denen man nicht rechnet, schlechte Wege in einem Gelände, das den Legionen keine Gelegenheit bietet, ihre

Kampfkraft zu entfalten, ein grässliches Wetter, in dem sich die Natur selbst gegen die Römer wehrt, »die deutschen Wälder, die Freiheit der Germanen retten,« wie es im 18. Jahrhundert der französische Philosoph Montesquieu etwas süffisant formulierte.[15]

Dieser Ablauf der Ereignisse entsprach exakt der Erwartungshaltung der antiken Leser. Barbaren neigten immer zur Treulosigkeit. Genausowenig durften bei der Schilderung Germaniens die »Wälder und Sümpfe« fehlen.[16] Undenkbar, daß ein antiker Schriftsteller die Niederlage unter den milden Strahlen der Septembersonne bei blauem, wolkenlosen Himmel hätte geschehen lassen, vielleicht noch gar auf einer vielbegangenen und leidlich bequemen Wegtrasse.

Da uns Velleius, Florus und Dio keine, Tacitus nur ungefähre Angaben liefern, auf welcher Route sich Varus von der Weser nach Westen bewegte, haben sich Lokal- und Althistoriker, Philologen und Numismatiker, Autodidakten und Volkskundler, Theologen und Archäologen seit Jahrhunderten darüber den Kopf zerbrochen. Nicht vergeblich, denn immerhin 700 mehr oder weniger mögliche Schlachtfelder wurden – theoretisch – lokalisiert. Die Aufgabe entspricht ziemlich genau dem mathematischen Problem, ohne Kenntnis des Ausgangspunktes und ohne zu wissen, wohin man unterwegs ist, seinen Standort im Gelände bestimmen zu wollen. Weder kennen wir den Ort des Sommerlagers – das im übrigen in der Literatur nicht genannt wird, also durchaus auch mehrere Lager sein könnten –, noch wissen wir, ob es an oder nur in der Nähe der Weser lag. Wir wissen ebenfalls nicht, welchen Weg Varus von dort aus einschlug und wie lange er marschierte, bis der Überfall der Cherusker begann. Von diesem Zeitpunkt wären dann noch drei oder vier Tage Gefecht zu rechnen, bis der endgültige Schlusspunkt, das letzte Schlachtfeld erreicht wäre. Je nachdem, wann der spekulierende Forscher Arminius angreifen läßt und welche Marschgeschwindigkeit er Varus und seinen Legionen zumutet, verschiebt sich der Radius der Entfernung. Um in der Fülle der Lösungen nicht den Überblick zu verlieren, hat man sämtliche infrage kommenden Orte nach vier Haupttheorien gegliedert.[17] Die Nordtheorie, wonach das Schlachtfeld am Nordrand des Wiehengebirges zu suchen sei, hat als erster Mommsen vertreten. Nach der Lippischen

Theorie spielte sich das Geschehen irgendwo zwischen Teutoburger Wald und Weser ab; sei es bei Paderborn oder Detmold (Winfeld) oder beim Durchqueren des Gebirges, der Dörenschlucht oder im Paß von Horn. Die Münsterländer vermutet den Tatort in der östlichen Westfälischen Bucht. Die Südtheorie plädiert für das Bergland des Sauerlands. Weitere Varianten bieten Überlegungen, die Schlacht müsse dort stattgefunden haben, wo die Gebiete der aufständischen Stämme aneinandergrenzten. Ein idealer Ort für ein Rendezvous der Rebellen, der aber schwer zu bestimmen bleibt, da Grenzen in unserem Sinne um Christi Geburt noch nicht existierten.[18] Vollends kompliziert wird die Suche nähert man sich der Überlieferung mit den Instrumenten der Quellenkritik. Treibt man die philologische Analyse bis zur letzten Konsequenz, verliert Dios Schlachtbeschreibung jegliche Aussagekraft und schrumpft zum reinen Phantasiegebilde. Wald und Wetter werden zum literarischen Versatzstück Germaniens – wie in unseren Zeiten die Nebel von London im Kriminalroman.[19]

Abgesehen von der Tourismusindustrie ist es von geringer Wichtigkeit, ob sich die Schlacht in Ostwestfalen oder in Südniedersachsen ereignet hat. Ihre weltgeschichtliche Bedeutung bleibt davon unberührt. Mommsens Eingrenzung, sie sei nördlich der Lippe und östlich der Ems, im oder am Teutoburger Wald oder Wiehengebirge geschlagen worden, genügt völlig.[20] Am Sachverhalt ändert dies sowenig, wie die Verlegung des Schlachtfeldes von Waterloo oder Stalingrad um fünfzig oder hundert Kilometer. Die Tatsache der katastrophalen Niederlage ist bei allen drei Schlachten nicht an einen exakten geographischen Punkt gebunden.

An Bemühungen, den hypothetisch ermittelten Schlachtfeldern einen handfesten Beweis durch den Spaten des Archäologen abzuringen, hat es nicht gefehlt. Aber wo und wann immer man es versuchte, außer ein paar Allerweltsfunden förderte man nichts zutage.[21] Das änderte sich erst 1987, als der englische Hobbyarchäologe Tony Clunn die Felder bei Kalkriese mit seinem Magnetometer abschritt und nicht nur Münzen, sondern auch römische Schleuderbleie, und damit den ersten Nachweis militärischer Auseinandersetzungen, entdeckte. Seitdem wird hier, weltweit einzigartig, ein antikes Schlachtfeld aus

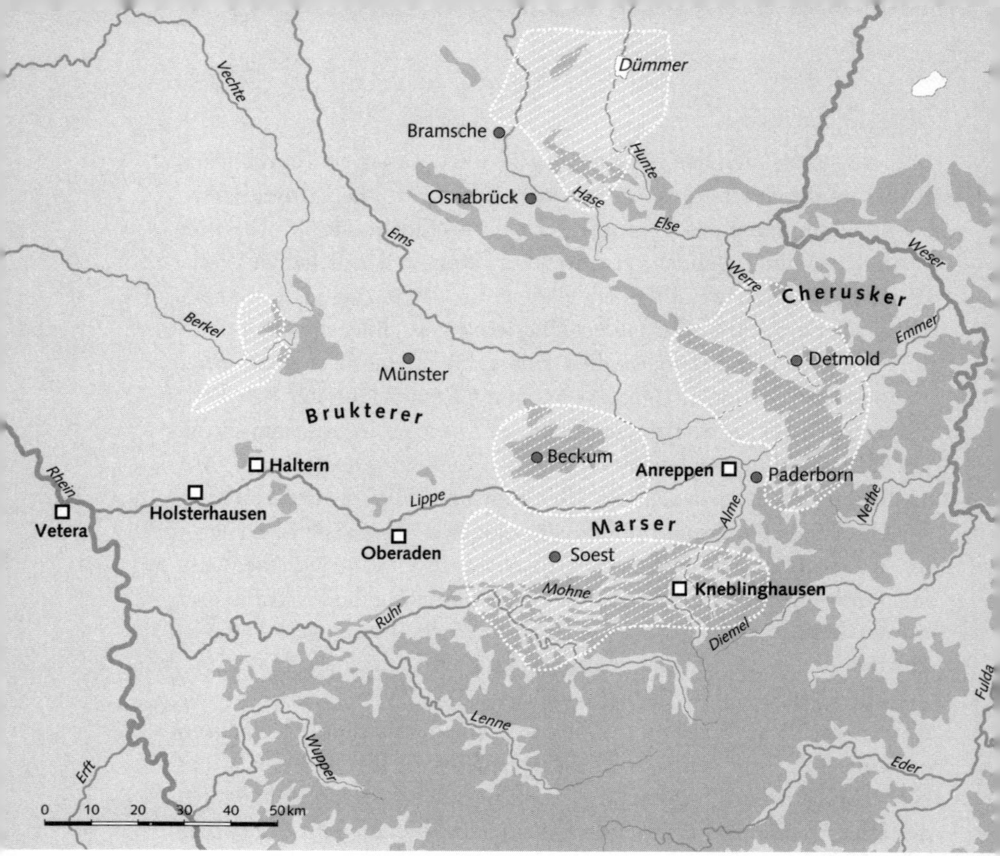

Lokalisierungsversuche der Varusschlacht

augusteischer Zeit ausgegraben. Mommsen hatte bereits 1885 das Varusschlachtfeld an dieser Stelle vermutet, weil sich Hunderte von römischen Münzen im Boden fanden. Durch die Ausgrabungen der letzten zwanzig Jahre wurden weitere 1500 geborgen, dazu 4000 Militaria. Mehrheitlich sind die Numismatiker, Historiker und Archäologen der Ansicht, daß die Schlacht, die hier stattgefunden hat, ins Jahr 9 n. Chr. zu datieren ist, es sich also um die Varusschlacht handeln muß. So reicht das gefundene Münzspektrum nicht über dieses Jahr hinaus, und im Fundgut finden sich Münzen, die mit den Buchstaben VAR gestempelt wurden, der Abkürzung für Varus, was nur in den Jahren 7 bis 9 n. Chr. geschehen sein kann.[22]

Mit Kalkriese wäre demnach ein Fixpunkt gefunden, auf den wir den Marsch der Legionen ausrichten können. Wie ebenfalls Mommsen vorschlug, lassen wir sie dorthin von Minden an der Weser aufbrechen. Sie benutzen den Hellweg vor dem Sandforde, ziehen also am nördlichen Rand des Wiehengebirges entlang. Die Entfernung bis nach Kalkriese beträgt sechzig Kilometer, drei bis vier Marschtage unter normalen Bedingungen.

Der erste Tag

Hellweg bedeutet »lichter Weg«. Er wird ganz sicher in augusteischer Zeit nicht diesen Namen getragen haben. Aber seine damalige Bezeichnung ist uns nicht überliefert. Licht, das heißt offen und gangbar, nannte man ihn deswegen, weil die an ihm siedelnden Bewohner zu seiner Instandhaltung verpflichtet waren und ihn auf Speerbreite von Gräben und Zäunen freizuhalten hatten. Aber das galt erst tausend Jahre später, im Mittelalter. Der Hellweg, den Varus einschlug, bestand aus mehreren parallel laufenden Karrenspuren, mehr oder weniger eingetieft, aber wahrscheinlich recht gut befahrbar, da er nicht in der oft moorigen Ebene verlief, sondern sich am trockenen Rand des Wiehengebirges hielt. Händler benutzten ihn mit ihren Waren, Botschafter mit Geschenken, Gefolgschaften, die ihren Herrn begleiteten. Regelmäßig gepflegt und ausgebessert wurde er nur dann, wenn sich eine schlechte Stelle nicht mehr umfahren ließ. Es brauchte dann den heftig geäußerten Willen und die Autorität eines Fürsten, verbunden mit der Aussicht auf Belohnung, daß sich Bauern aufmachten, um die gröbsten Hindernisse zu beseitigen. So gesehen, konnte es von Vorteil sein, wenn eine römische Legion durchs Land marschierte. Die von Dio beschriebenen Straßenbauarbeiten, das »Fällen von Bäumen, die Anlage von Wegen und die Überbrückung von Geländeabschnitten«,[23] belegen nicht, daß sich Varus im tiefsten Urwald befand, sondern war der normale Dienst der Pioniereinheiten, die mit Spezialgerät gleich hinter der Hilfstruppenkavallerie den Legionären freie Bahn schafften. Denn marschierende Kolonnen dürfen nicht stocken. Ein unvorhergesehener Halt, etwa ein im Morast festsitzender Wagen, pflanzt sich über die gesamte Länge des Heerwurms fort, unterbricht den Rhythmus, schafft Unruhe und Ärger, daß es schon wieder nicht weitergeht. In welcher Weltgegend auch immer, stolz berichten uns die Chronisten der römischen Feldzüge vom Einsatz der Pioniere, wohlwissend, daß die gerühmte Schnelligkeit der Legionen auf ihrer gründlichen Vorarbeit beruhte.

Die Landschaft, durch die der Heerzug vordringt, ist alles andere als ein dichter, unbetretbarer Urwald. Seit viertausend Jahren siedeln hier Menschen und haben die Natur durch Ackerbau und Viehzucht verändert. Schätzungsweise ein Fünftel der Gesamtfläche ist offenes Siedlungsland. Varus, dies beweisen die Pollenanalysen der Paläobotaniker,[24] zieht durch eine germanische Kulturlandschaft mit Einzelhöfen, kleinen Weilern, Feldern, grasbewachsenen Triften und lichten parkähnlichen Wäldern (Hude-Wäldern), in denen Schweine, Rinder, Ziegen und Schafe gehalten werden. Ihr Verbiß hält die Austriebe der Buchen kurz und das Totholz dient den Bauern als Brenn- und Baumaterial. Erst weiter im Norden erstreckt sich Morast, stehen auf nassem Grund Erlen und Birken; Bruchwälder, in denen sich jede Truppe in einer Suppe von Faulwasser, abgestorbenen und gestürzten Hölzern haltlos verstolpert. Noch fern im Westen schillert das Hochmoor. Doch seine offenen, wie ein freundliches Mosaik erscheinenden Flächen sind tückisch. Keiner weiß, ob die moosbewachsenen Bulten das Körpergewicht tragen, und niemand kennt die Tiefe des schwarzen Wassers der Schlenken, in denen zäher Schlamm den Gestürzten erbarmungslos fesselt. Wer hier den Weg verliert, nicht weiß um die Wege, die seit Jahrtausenden mit eichenen Bohlen das Moor überspannen, ist verloren und Opfer der unteren Götter. Besser wär's dann, doch noch denkt der Feldherr, er sei bei Freunden und sicher, sich nach Süden zu wenden, flüchtend in die schattigen Tempel der hochragenden Buchen, die allen Konkurrenten die Nahrung des Lichtes verweigern, sie absterben lassen, so daß nur Krautzeug den Boden bedeckt und hier und da der mächtige Stamm eines Riesen des Waldes zu Fall gebracht vor der Zeit durch Blitz oder Alter.[25]

Die Reiter, die plötzlich an den Zug der Zehntausend herangaloppieren, erschrecken niemanden. An Helmen und Waffen erkennen die Legionäre die cheruskischen Hilfstruppen. Die Flankensicherung, der von Arminius versprochene Zuzug, ist da. Verlaß ist auf den Fürsten, und die Soldaten sind zufrieden. Mit der Unterstützung dieser Reiter wird das Niederschlagen des Aufstandes leichter sein.

Gut vorstellbar, daß die Legionäre das Erscheinen ihrer Hilfstruppen nach Soldatenart mit kernigen Sprüchen kommentieren, »Kommt ihr endlich, ihr Schlafmützen!«, rufen oder frivole Anspielungen machen auf nächtliche Freuden, die der rasche Aufbruch verdarb. Der eine oder andere mag einen Bekannten erkennen, ein Zenturio aus der Reihe der Marschierenden heraustreten und einem der Reiter zurufen, wo denn ihr Befehlshaber, der Präfekt Arminius sei?

Die Antwort ist eine Wurflanze. Es ist »der Augenblick, in dem sich die Germanen statt als Untertanen als Feinde offenbaren – und viele schreckliche Verheerungen anrichten.«[26] Ist ein größerer Schock vorstellbar, als von den eigenen Hilfstruppen angegriffen zu werden? Brach eine Panik aus? Die Legionäre waren nicht gefechtsbereit. Ihre schweren Schilde lagen wahrscheinlich auf den Troßwagen, ihre Helme trugen sie nicht. Für viele von ihnen war es eine tödliche Marscherleichterung. Wo er den endlos langen Zug mit immer überlegenen Kräften angriff, konnte sich Arminius aussuchen. Weder die drei Alen Reiterei, die Varus begleiteten, noch die Legionsreiterei waren imstande, die Cherusker abzudrängen, die sich darauf beschränkten, ihre Ex-Kameraden aus der Ferne zu beschießen, und sich nur selten näher heranwagten. Es gab Tote beim ersten Angriff, später, als sich die Legionäre hinter ihren Panzern, Helmen und Schilden bargen, vor allem Verwundete. Nach der anfänglichen Überraschung raffte sich das Heer halbwegs geordnet zum Widerstand auf. Wenn Dio schreibt, daß die Legionäre »sich nirgendswo leicht zu einer Gruppe zusammenschließen konnten«,[27] dann ist es irgendwie, wenn auch schwer, gelungen, sich notdürftig zu formieren, den Gegner zurückzuschlagen und den Marsch fortzusetzen.

Den Beweis dafür, daß der erste Tag der Schlacht halbwegs glimpflich endete, liefert das Drei-Legionen-Marschlager, das Varus vorschriftsmäßig errichtete, um für die Nacht vor den Cheruskern sicher zu sein. Mit dem »passenden Platz auf einem bewaldeten Berg« dürfte ein Hudewald mit seinen charakteristischen Lichtungen und Triften gemeint sein, der genügend Raum für eine so große Anlage bot. Um sich auf dem Weitermarsch nicht durch zu viel Gepäck zu behindern, »wurden die meisten Wagen verbrannt.«[28] Was im Umkehrschluß bedeutet, daß der Troß keineswegs geplündert wurde, sondern einigermaßen vollständig im Lager angekommen sein muß.

Während auf den Lagerwällen die Wachen aufzogen, die Verwundeten versorgt wurden und die Kochfeuer aufflammten, versammelte sich im Zelt des Feldherrn der Kriegsrat. Das war die übliche Vorgehensweise in schwieriger Lage. Die römische Armee bezog ihre Schlagkraft und ihre Belastbarkeit gerade in kritischen Situationen von einem Offizierskorps, das selbstbewußt darauf bestand, in Entscheidungen eingebunden und an ihnen beteiligt zu werden. Dies betraf nicht nur die Legionskommandeure (Legaten) und den Befehlshaber der Reiterei, die wie Varus von Augustus persönlich ernannt wurden, sondern auch ihre Stabsoffiziere, sechs Tribunen pro Legion, von denen einer senatorischen, die übrigen fünf ritterlichen Standes waren. Für unverzichtbar aber hielt man die Teilnahme der eigentlichen Berufsoffiziere, der Zenturionen, die sich durch Tapferkeit, Kaltblütigkeit und persönliche Autorität aus dem Mannschaftsstand emporgedient hatten. Ihre oberste Rangklasse, die fünf Zenturionen der ersten Kohorte einer Legion, die »primi ordines«, nahmen genauso am Kriegsrat teil wie der Lagerpräfekt, der »Quartiermeister« jeder Legion. Es war der höchste Rang, den ein Zenturio erreichen konnte und mit dem Aufstieg in den Ritterstand verbunden. Wie hoch Rom die Erfahrung dieser altgedienten, in vielen Kämpfen erprobten Soldaten schätzte, beweist ihre Funktion bei Abwesenheit des Legionskommandeurs. De facto befehligte dann der Lagerpräfekt die Truppe.[29]

Im »Gallischen Krieg« hat Cäsar einen Kriegsrat geschildert, der in ähnlich bedrängter Lage tagte. Um die Frage, ob man wegen eines drohenden Angriffs das Winterlager räumen sollte oder nicht, »erhob sich ein großer Streit unter ihnen.« Die beiden Legaten, die das Kommando führen, können sich nicht einigen, Tribunen und Zenturionen ergreifen Partei, es wird so laut gestritten, daß die gemeinen Soldaten vor dem Stabsgebäude, dem Prätorium, zusammenströmen und zuhören. Auf dem Höhepunkt der Auseinandersetzung, sie dauert bis Mitternacht, greifen die Offiziere ein. »Der Kriegsrat sprang auf; sie fassen beide an der Hand und beschwören sie, nicht durch Streit und Starrsinn die höchste Gefahr heraufzubeschwören; die Lage sei leicht zu meistern, ob sie nun blieben oder abzögen, wenn nur alle einmütig den gleichen Entschluß fassten; bei einem Streit dagegen sähen sie keine Möglichkeit zur Rettung.«[30]

Ebenso heftig stellen wir uns die Diskussionen im Lager des Varus vor. Velleius Paterculus hat uns die Namen von dreien seiner Offiziere überliefert. Gaius Numonius Vala, senatorischen Ranges, der die Reiterei kommandierte, sowie die Namen seiner beiden Lagerpräfekten, Lucius Eggius und Ceionius.[31] Ein weiterer Hinweis darauf, daß die XVII., XVIII. und XIX. Legion nicht in voller Mannschaftsstärke, wozu drei Lagerpräfekten gehört hätten, aufmarschierten. Die Autorität des Statthalters war erschüttert. Er hatte sein Vertrauen einem Verräter geschenkt. Allenfalls mochte ihn das Einzigartige, die verbrecherische Bosheit des Arminius, entschuldigen. Blieb die Frage übrig, was tun? Sich zurück zur Weser zu wenden, scheint dem Kriegsrat weniger behagt zu haben als vorwärts zu gehen. Mithin erwartete man akzeptable Wegeverhältnisse auf dieser Route und hielt sie für die kürzeste Strecke zum rettenden Rhein. Im Lager zu bleiben, es weiter zur Verteidigung auszubauen, hat man sicher erwogen. Die Argumente dagegen könnten die gleichen gewesen sein, die auch Cäsars Legaten zum Abzug bewogen: Weitere germanische Stämme würden die Aufständischen verstärken und »bei einer längeren Belagerung sei eine Hungersnot zu befürchten.«[32] Um so mehr als man auch für den Weg zurück Proviantvorräte benötigte.

Der naheliegendste Grund für den Entschluß weiterzuziehen, ist aber im Korpsgeist der römischen Armee zu finden, im Bewusstsein, jedem Gegner taktisch und technisch überlegen zu sein. Was wären das für »Herren der Welt« gewesen, die sich im Schmuck ihrer Waffen hinter Erdwällen versteckten? Was war denn eigentlich passiert? Obwohl Arminius alle Vorteile auf seiner Seite hatte, das Überraschungsmoment im ersten Angriff, die Kenntnis des Geländes, der nicht kriegsmäßige Marsch der Legionen, der übergroße Troß, der sie mehr als sonst behinderte, war der militärische Erfolg des Cheruskerfürsten bescheiden.[33] Zugegeben erlitten die Römer Verluste, gab es viele Verwundete, aber die Legionen blieben intakt, der Troß und damit ihre Versorgung wurden gerettet, das Lager in gewohnter Präzision errichtet. Von diesem Tag an wußte man, daß man sich im Feindesland befand und würde sich darauf einstellen. In Hinterhalte waren auch Drusus und Tiberius bei ihren Feldzügen hineingeraten, doch noch jedesmal gelang den Legionen der Gegenschlag, sobald die Feinde den Nahkampf wagten. Was also hatte man zu fürchten? Typisch für dieses – durchaus berechtigte – Überlegenheitsgefühl sind zwei Beispiele aus dem Krieg in Nordafrika gegen Tacfarinas, wo belagerte Kohorten trotz drei- und vierfacher feindlicher Übermacht die schützenden Lager verließen, um den Feind in offener Feldschlacht anzugreifen.[34] Angesichts des gleichstarken Gegners wäre es mehr als peinlich gewesen, wenn die halbe römische Rheinarmee den Angriff – wenn er denn überhaupt gekommen wäre – im Lager erwartet, das Gesetz des Handelns Arminius überlassen hätte.[35]

Der zweite Tag

Kampfbereit und entschlossen, die goldenen Adler voran, verläßt Varus mit den Legionen am nächsten Morgen das Lager. Wie nach dem Lehrbuch ist er vorgegangen, hat den Troß verkleinert und die Marschordnung befohlen, die im Krieg üblich ist: Reiter zur Aufklärung an der Spitze, dann die besten Kohorten, in der Mitte der Troß mit den Verwundeten, dann die übrigen Truppen. Es war die Formation, mit der sich seit Jahrzehnten die Legionen durch Germanien bewegten, und ohne Ausnahme hatte sich bei Angriffen ein immer gleicher Ablauf wiederholt. Nach einer Phase der zahllosen Nadelstiche, in der die Germanen aus ihren Hinterhalten hervorbrachen, die Speere schleuderten und sich rasch wieder zurückzogen, kam es zum Großangriff, den die Legionen für sich entschieden. Danach herrschte

Legionskohorte in Angriffsformation. Effektiver Schutz des Körpers durch Panzer, Helm und Schild.

Friedhofsruhe, und der Weitermarsch war gesichert. (s. Kap. V, S. 81) Nicht in dieser Schlacht.

»Blutige Verluste« konstatiert Dio, die schwersten in den Wäldern, wo sie »auf engen Raum zusammengepresst, damit Reiter und Fußvolk gemeinsam dem Feind entgegenstürmen könnten, vielfach aufeinander oder gegen die Bäume stießen.«[36] Gemeint ist, daß den Römern der Formationskampf nicht gelang – was nicht an den Bäumen, sondern am Gegner lag. Im Gallischen Krieg beschreibt Cäsar haargenau dieselbe Situation, als fünfzehn seiner Kohorten, also $1^1/_2$ Legionen, vom Stamm der Eburonen in einen Hinterhalt gelockt werden. Wie Varus und sein Heer sind sie »dem Feind an Zahl und Tapferkeit im Kampf gewachsen« – und verlieren trotzdem die Schlacht. Der Grund liegt in einer Ausweichtaktik, die die Römer beständig ins Leere laufen läßt. »Sooft eine Kohorte vorbrach, richtete sie ein Blutbad unter den Feinden an. Ambiorix (der Anführer der Eburonen, Anm. d. Verf.), der dies bemerkte, ließ durchrufen, man solle nur aus der Ferne schießen und keinen Nahkampf wagen, sondern dort ausweichen, wo die Römer angriffen; bei ihrer leichten Bewaffnung und täglichen Übung seien sie vor Schaden sicher; gingen die Römer zu ihren Feldzeichen zurück, sollten sie ihnen nachsetzen.« Die Auswirkungen dieses Befehls sind für die Römer geradezu niederschmetternd. »Die Feinde wichen rasch zurück, sowie eine Kohorte den Verteidigungskreis verließ und zum Angriff vorbrach. Dabei mußte diese Einheit jedoch die Deckung verlassen und ihre offene Flanke den Geschossen aussetzen. Wenn sie dann wieder zum alten Platz zurückgingen, wurden sie von den Zurückgewichenen und den daneben Stehenden umzingelt; wollten sie aber die Stellung halten, konnten sie ihre Kampfkraft nicht zur Geltung bringen und in der geschlossenen Stellung auch nicht den Geschossen entgehen, die in Unmengen auf sie herniederprasselten.«[37]

Arminius wandte die gleiche Taktik an. In Pannonien und Dalmatien, in der Schlacht bei den Volcaeischen Sümpfen hatte er seine Lektion gelernt (s. Kap. IX, S. 148), die Legionen niemals frontal anzugreifen, die offene Feldschlacht zu vermeiden.[38] Und eine weitere Parallele ist augenfällig. Wie den Römern im Kampf gegen die Eburonen fehlten Varus die Hilfstruppen. Ihre Aufgabe bestand ja in der Abschirmung der schweren Infanterie gegenüber diesen störenden, rasch im Dickicht verschwundenen Plänklern. Sie zu verfolgen und zu stellen, waren die Auxiliaren zu Fuß und zu Pferd durch ihre leichte Bewaffnung entschieden besser geeignet als der mit Rüstung und Schild beladene Legionär. Sich zu formieren, Schild an Schild zu schließen, kostet Kraft. Den Angriff immer wieder gegen einen Gegner vorzutragen, der einfach wegläuft, sich entzieht, zerbricht die Zuversicht. Beständig mit Geschossen malträtiert zu werden, ohne den Feind fassen zu können, zerrt an den Nerven. Alles zusammen ruiniert die Kampfmoral. Die Geschichte des Krieges ist die Geschichte der schweren Einheiten, seien es Legionen, Ritter, Panzer oder Schlachtschiffe, denen ihre eigene Stärke und Masse zum Verhängnis wird, wenn sie allein und nicht im Verbund der Waffen operieren.

Die Frage, marschieren oder kämpfen, denn beides gleichzeitig gelingt nicht, beherrscht den Tag und sorgt für Zorn und Wut, die sich irgendwann nicht nur gegen die Germanen, sondern auch gegen die eigene Führung richten. Angesichts der Verwundeten und Toten und der offensichtlichen Hilflosigkeit des Feldherrn, einen Ausweg zu finden, zerbrechen die Befehlsketten. Einzelne Kohorten und Reiterabteilungen handeln selbstständig und greifen ohne Rücksicht auf die Gesamtlage den Gegner an. Dagegen versucht anscheinend Varus mit disziplinarischen Mitteln, seine Befehlsgewalt durchzusetzen, und verhängt schwere Strafen dafür, »daß sie als Römer ihre Waffen und ihren Kampfgeist eingesetzt haben«,[39] wie Velleius mit deutlicher Kritik am Feldherrn formuliert.

Mittlerweile sprach sich bei den benachbarten Stämmen, den Marsern und Brukterern und später wahrscheinlich auch bei den Chatten, die prekäre Lage des römischen Heeres herum – und reitende Boten des Arminius dürften den Informationsfluß beschleunigt haben. Die Aussicht auf Beute zog die Gefolgschaftskrieger magisch an. Was sich am Wiehengebirge durch die Wälder schob, war mehr wert als alles, was die gesamten Stämme in ihren Hütten horteten. Abgesehen von den Denaren und Sesterzen, derer Tauschfunktion gegen Waren man längst kannte und schätzte, lockten zehntausend Schwerter, Wurfspeere, Rüstungen und Helme, Pferde, Maultiere, Unmengen von Sklaven und all jene Luxuswaren, mit denen sich am heimischen Herd prächtig renommieren ließ: Stoffe, Schmuck, Wein, Glasgefäße, Tafelgeschirr und was sonst noch das Herz begehrte.

Vor allem aber reizten die Waffen. Der normale germanische Krieger war in dieser Beziehung gezwungenermaßen Minimalist. Die Frame, gleichermaßen tauglich für Hieb, Stich und Wurf, war die meistverbreitete und für mehr als zwei Drittel von ihnen die einzige Waffe. Diesen Speer, mit einer Eisen- oder im Feuer gehärteten Spitze, ergänzte ein Schild von unterschiedlicher Ausführung. Daß er bloß aus Weidengeflecht oder Brettern bestünde, war wohl mehr römischer Spott. Durchaus finden sich in den Gräbern bessere Exemplare, aber so aufwendig gearbeitet wie das »scutum«, der Schild der Legionäre, mit eiserner Randverstärkung, Schildbuckel und Lederüberzug, war der germanische nicht. Wer sich stolzer Besitzer eines Schwertes nennen konnte, gehörte zum Adel und seinen Gefolgschaften. Ungefähr ein Drittel der Krieger trug es am Gürtel.[40] Eine wirkliche Chance gegen die Legionäre hatten auch die Schwertkämpfer nicht. Gerade durch ihre Größe, rief einmal Germanicus seinen Soldaten zu, böten die Germanen ein hervorragendes Ziel, da ihre Körper weder durch Panzer noch Helme geschützt seien.[41] Dafür waren sie schneller, denn sie trugen nicht zehn Kilo Eisen mit sich herum. Den Vorteil dieser Armut brachte Dio auf den Punkt: »Größtenteils nur leicht gerüstet, waren sie imstande, ungefährdet anzugreifen und sich zurückzuziehen.«[42]

Mehr und mehr Krieger strömten herbei. Beobachteten erst, dann schlossen sie sich Arminius an, um mit ihm zusammen die Römer zu hetzen, von jetzt beteiligt an Beute und Ruhm. Zögernd, wider besseres Wissen, doch unter dem Druck ihres Anhangs traten auch die cheruskischen Römerfreunde, Segestes voran, auf seine Seite. Nur Inguiomerus, des Arminius Onkel und in hohem Ansehen bei den Römern, hielt sich vornehm abseits. Sei es, daß er den Krieg nicht gut hieß, sei es aus Eifersucht, seinen Neffen an der Spitze der Cherusker zu sehen.[43]

Tacitus berichtet, die Kraft der »zusammengeschmolzenen Reste« habe noch für ein Notlager ausgereicht, doch sei der Graben zu flach gewesen und die Höhe des Walles bescheiden.[44] Hoffte man noch auf Entkommen oder auf Gnade bei einem Feind, den sie auf ihren Feldzügen »ihrerseits stets wie Vieh abgeschlachtet hatten«, wie grimmig Velleius notiert?[45] Ahnten die jungen Tribunen aus den berühmten Familien Roms, auf die im Senat eine glänzende Laufbahn wartete, daß sie das Schicksal nur noch wählen ließ zwischen Tod und schimpflichem Sklavendienst als Hirte oder Hausdiener eines germanischen Großen?[46] – Am Ende zählt nur noch die Haltung. Auf verlorenem Posten zeigt sich, wer sie besitzt.

Der dritte Tag[47]

Starker Regen peitscht. Wind frischt auf, wird zum Sturm. Für den letzten Akt der Tragödie zieht Dio alle Register des guten Schriftstellers, der weiß, daß die Beschreibung eines Todesmarsches den gleichen

Gesetzen folgt wie die eines Dramas. Dringend ist er dafür auf den Regen angewiesen, denn durch ihn kommt es zum Äußersten, zur totalen Hilflosigkeit: »Sie konnten sich nämlich nicht mehr mit Erfolg ihrer Bogen und Speere oder der ganz und gar durchnässten Schilde bedienen.«[48]

Pfeil und Bogen führten Spezialtruppen, syrische oder kretische Bogenschützen. Ihre Waffe, der Reflexbogen aus Holz, Horn, Knochen und Sehnen war aufwendig in der Herstellung, aber äußerst wirkungsvoll. Die mittlere Reichweite lag bei 200 Metern. Er war in der Tat sehr empfindlich gegen Feuchtigkeit. Dio nutzt die Bögen als Beweis, den er auf die anderen Waffen überträgt. Doch die römischen Speere, die Pila, sind gegen Nässe immun, weil sie zu einem Drittel aus einer eisernen Tülle bestehen, die sich in einem Schaft aus Hartholz fortsetzt. Die Schilde ließen sich gegen Wasser schützen, da römische Heere auch bei Regen Krieg führen wollten. Gefettete Lederhüllen ließen keinen Tropfen durch. Im Prinzip war es sogar möglich, sie im Gefecht nicht abzunehmen.[49] Allerdings wurden dadurch die Schilde schwerer. Die Vorstellung jedenfalls, daß, wie bei Dio beschrieben, ein Tag mit Dauerregen genügte, um die römischen Waffen unbrauchbar werden zu lassen, hat viel mit poetischer Freiheit, wenig mit der Realität zu tun.

Verbissen kämpften sich die römischen Verbände auf dem Hellweg weiter voran.[50] Immer schwerer wurde es, Tote und Verwundete zu bergen, zu versorgen, sie mitzuschleppen. Die Landschaft blieb immer gleich. Lichtungen in den Hudewäldern wechselten sich ab mit Wegabschnitten, wo die Bäume dichter standen. Hin und wieder passierten sie Heideflächen, Viehweiden, Äcker, Gehöfte. Beim heutigen Kalkriese schien sich die Landschaft endlich zu öffnen. Aber was von Ferne wie eine weite Fläche wirkte, war das unpassierbare Große Moor im Norden. Zwischen ihm und den Ausläufern des Wiehengebirges im Süden verlief der Weg in einer Senke, sechs Kilometer lang und einen Kilometer breit, die trichterförmig in einen »förmlichen Engpaß« (Mommsen) mündete. Da die Mitte dieser Senke feucht und von Bruchwald bestanden war, blieb zum Marschieren nur ein zweihundert Meter breiter trockener Streifen hart am Rande des bewalde-

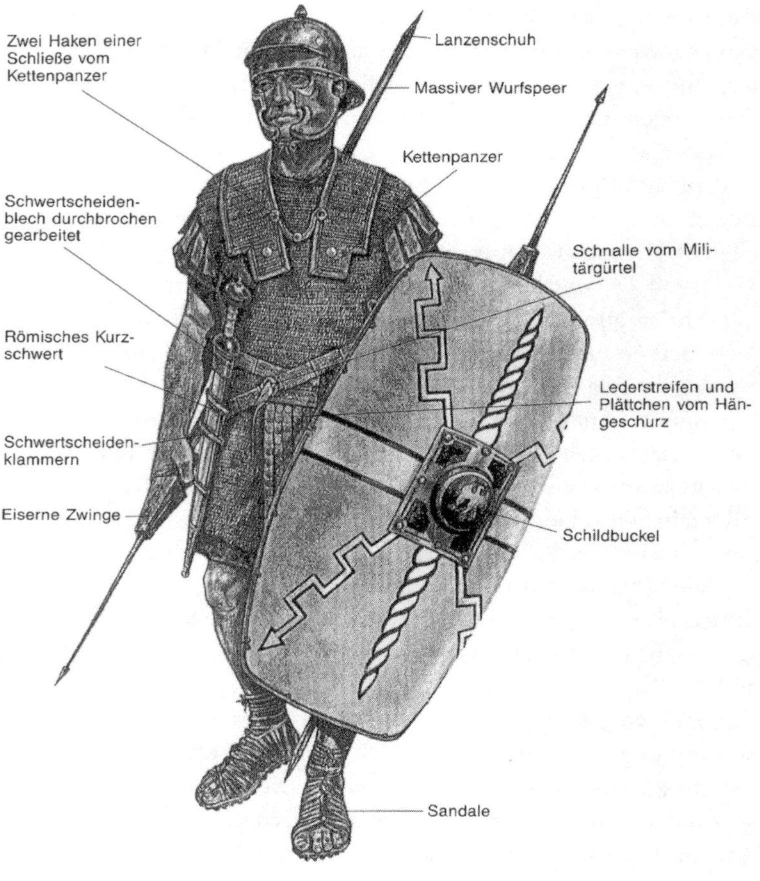

Römischer Legionär zur Zeit der Germanenkriege, sämtliche auf der Zeichnung genannten Kleinteile fanden sich auf dem Schlachtfeld von Kalkriese

ten Kalkrieser Berges übrig, an seiner schmalsten Stelle war er gerade einmal hundert Meter breit. Ein Umgehen oder Ausweichen war unmöglich.[51]

Genau in diesem Gebiet, dem sogenannten »Oberesch«, haben die

Archäologen seit 1989 die meisten Funde ergraben. Es war eine Sensation, weil niemand erwartete, daß sich nach fast 2000 Jahren überhaupt noch Überreste der Kämpfe würden finden lassen.[52] Im Gegensatz zu festen Gebäuden, Gräbern, Verteidigungsanlagen sind die Hinterlassenschaften eines im offenen Gelände ausgetragenen Gefechtes vergänglich, zumal eines, das sich über Tage und Dutzende von Kilometern hinzieht. Die gegnerischen Toten werden geplündert, ihre Leichen verwesen, Tiere verschleppen die Knochen – binnen weniger Jahre findet sich keine Spur des Geschehens. In Kalkriese hingegen barg man auf etwa 5000 Quadratmetern das Inventar einer ganzen römischen Armee.

Spektakuläre Stücke gab es kaum, dafür Tausende von Kleinteilen, die belegen, daß alle Truppengattungen, Legionen, Hilfstruppen, Reiterei, Troß diese Schlüsselstelle passierten, in die Kämpfe verwickelt waren. Es fanden sich Schleudergeschosse aus Blei, Pilumspitzen, Schild- und Gürtelbeschläge; Scharniere, Schließen und Schnallen von Panzern und Helmen. Pferdeknochen, Teile eines Pferdegeschirrs und die Helmmaske eines Reiters verweisen auf Kavallerieeinheiten. Eine eiserne Spezialaxt, Lote und Senkbleie zeigen die Anwesenheit von Pionieren an. Skelette von Maultieren, Trensen und eine Halsglocke stammen vom Troß. Scheren und medizinische Geräte wie ein Knochenheber vom Sanitätspersonal. Sogar die Utensilien einer »Schreibstube«, Schreibgriffel und Siegelkapseln lassen sich nachweisen. Eine Haarnadel und zwei Fibeln könnten sich im Besitz mitreisender Frauen befunden haben.[53]

Weitere Suchgrabungen auf der Anmarschroute der Varus-Legionen von Osten her, erbrachten nicht entfernt diese Konzentration von Militaria wie auf dem Oberesch. Trotz des sich über zwanzig Kilometer hinziehenden Gefechts, entdeckte man in dieser Zone nur zehn Prozent aller römischen Funde. Die Archäologen haben daraus geschlossen, daß anfangs die Soldaten noch halbwegs geordnet marschierten und nur einzelne Gruppen oder Troßwagen versprengt zurückblieben. Die Römer waren noch in der Lage, ihre Verwundeten mitzuschleppen. Im Bereich Oberesch hingegen ereignete sich die eigentliche Vernichtungsschlacht. Die Masse der hier geborgenen

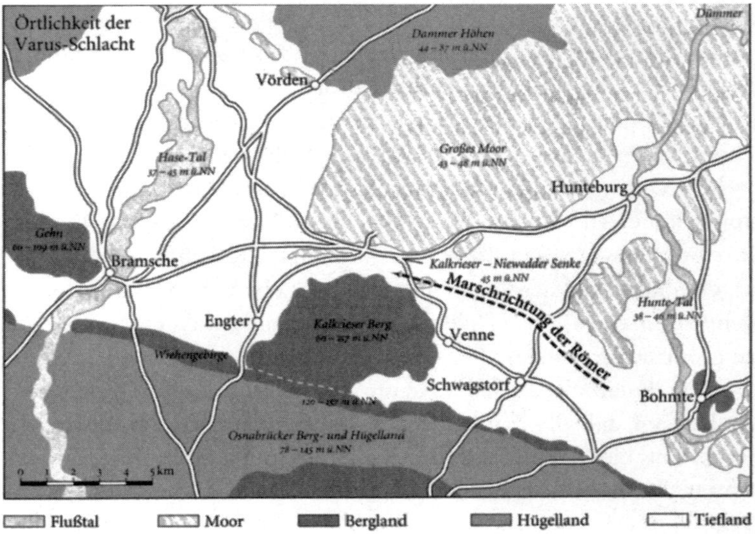

Die topograpische Situation der Varusschlacht bei Kalkriese

Kleinteile, insbesondere derjenigen, die fest mit den Waffen, der Rüstung oder Kleidung verbunden waren, fiel nicht im Laufe der Kämpfe zu Boden, sondern wurde danach, beim Fleddern der Toten »produziert«. Der germanische Krieger, der sich ein Schwertgehänge, einen Schild oder einen Kettenpanzer aneignete, hatte weder Zeit noch Lust, Schnallen aufzunesteln oder Scharniere zu bewegen. Was er wollte, riß er von den Körpern ab – dementsprechend präsentiert sich das Fundgut. Aus dem Akt des Plünderns ergibt sich die Schlussfolgerung, daß die Römer nicht mehr imstande waren, ihre Toten zu bergen, also die Schlacht verloren. Eben deswegen finden sich keine germanischen Waffen und Kleidungsbestandteile, da die Stammeskrieger mit ihren Gefallenen und deren Ausrüstung pietätvoll verfuhren und sie abtransportierten.[54] Zu der Niederlage der Römer trug eine weitere sensationelle Entdeckung bei: ein von den Germanen errichteter 400 Meter langer Wall an der engsten Stelle zwischen Berg und Niederung.

Die eiserne Maske eines Reiterhelms, gefunden in Kalkriese, ist zum Symbol der Varusschlacht geworden.

Als die römischen Truppen in den Engpaß einschwenkten, spielte es schon keine Rolle mehr, ob die Vorausabteilungen und die Reiterei Varus warnten. Es blieb ihm ohnehin nichts mehr übrig als weiterzumarschieren, den Durchbruch mit aller ihm gebliebenen Kraft zu versuchen. Der Wall, etwa zwei Meter hoch und teilweise mit einer Brustwehr versehen, fiel am Waldrand nicht besonders auf. Er war aus Sand und Rasensoden geschichtet (was auf offenes Gelände, Wiesen und Weiden verweist!), mit einigen Kalksteinen aus der Umgebung verstärkt und offenbar in aller Eile errichtet worden. Sein Verlauf war nicht geradlinig, sondern geschwungen, dem Geländeprofil angepasst. Fünfzehn Durchlässe erlaubten es den Verteidigern, hinunter in die Senke zu stürmen. Als die Archäologen seine zerlaufenen Reste ausgruben, hielten sie ihn von seiner Anlage zunächst für römisch und Teil eines Lagers. Die Technik, in der man ihn baute, insbesondere das Belegen des Außenwalles mit Rasensoden sowie zwei Spitzgräben an seinen Flanken, schienen darauf hinzuweisen. Völlig ungewöhnlich waren allerdings die »Ausfallpforten«. Kaum denkbar, daß ein Marschlager mit einem solchen Wall befestigt worden wäre. Die Position dieses Lagers wiederum, nach Süden in den staunassen Bereich des Bergwalds hinein, machte wenig Sinn. Es gab auch zu denken, daß fast sämtliche Militaria vor dem Wall gefunden wurden, er also von den Römern angegriffen worden war. Konnten Germanen überhaupt solche Anlagen errichten? Arminius' Auxiliartruppen hatten täglich Gelegenheit, den Legionären beim Lagerbau zuzusehen. Cäsar berichtet von Galliern, die den Römern nacheiferten und Wälle sogar ohne Pionieräxte und Erdkörbe aufwarfen. Germanen grenzten manchmal ihre Gebiete mit Wällen voneinander ab, wie es die Angrivarier gegen die Cherusker taten.[55] Der Wall mit seinen Bastionen, die es den Verteidigern erlaubten, die Angreifer von drei Seiten in die Zange zu nehmen, stellt eine echte Innovation dar und ist ohne Vorbilder im römischen und germanischen Bereich.

Den Wall vor sich sehend und die Germanen, die ihn besetzt hielten, muß Varus erkannt haben, daß dieser letzte Hinterhalt von langer Hand geplant war.[56] Arminius, mit seiner Kenntnis der römischen Armee und ihrer Taktik, hatte den Weg der Römer im voraus berechnet und sie wie auf einer Treibjagd in diese Falle geführt. Jetzt wagte er es, nachdem »in den vorausgehenden Gefechten schon eine Menge gefallen und ihre Reihen gelichtet waren«,[57] ihnen in einer festen Position, verschanzt hinter einem Wall, entgegenzutreten. Daß die geschwächten Römer stumpf an den Befestigungen vorbeizogen und sich von einem Speerhagel überschütten ließen, ist dennoch nicht anzunehmen. Die Funde lassen sich eher dahin interpretieren, daß man den Gegner, der sich zum erstenmal wirklich zum Kampf stellte, attakkierte, den Wall angriff und überrannte, die Germanen zumindest zeitweise in den Wald abdrängte. Teile des Walles, ergaben die Forschungen der Archäologen, brachen noch während der Kämpfe zusammen.[58] In diesen Abschnitten, von Erde überdeckt, fanden sich zahlreiche Gegenstände, die sonst von den Plünderern eingesammelt worden wären. Darunter jene eiserne, ursprünglich mit Silberblech verzierte Helmmaske, die zum Symbol von Kalkriese wurde. Ist es möglich, daß die Legionen noch einen Teilsieg erfochten, ohne Belang zwar, da die Germanen einfach zurück in die Wälder flüchteten und später ihre Angriffe wieder aufnahmen? Oder war die Kampfkraft derart gebrochen, daß es nicht einmal gelang, den Feind zu fassen, wenn er sich stellte? Wie es auch immer gewesen sein mag: Nach dem Engpaß von Kalkriese hörte das römische Heer zu bestehen auf, erfolgten Auflösung und Zusammenbruch. Die bisher ergrabene Fundstreuung zeigt an, daß die Überlebenden zwei verschiedene Richtungen einschlugen. Ihre Hauptmasse flüchtete auf den scheinbar bequemeren Hangsanden am Fuß des Kalkrieser Berges nach Südwesten. Der kleinere Teil schlug sich zu einer trockenen Flugsandtrasse hart am Rand des Großen Moors durch. Um dorthin zu gelangen, mußten sie sich mühsam durch den Bruchwald der Niederung kämpfen. Aber auch im Norden lauerten schon die germanischen Krieger.[59] Den rettenden Rhein zu erreichen, gelang nur den wenigsten.

Tod und Triumph

Umzingelt von den cheruskischen Angreifern, bereits verwundet und im Bewusstsein, die Legionen ins Verderben geführt zu haben, wußte Varus, was er zu tun hatte. Er stürzte sich in sein Schwert. So war es seit jeher Sitte bei den Römern. Fünfzig Jahre zuvor, nach der Schlacht bei Philippi, hatte sein Vater genauso gehandelt, als er sich auf der Seite der Verlierer wiederfand, der Cäsarmörder Brutus und Cassius. (s. Kap. IV, S. 54) Auch sie gaben sich selbst den Tod, wie es die Ehre gebot. Besonders Brutus, von den gallischen Reitern des Antonius verfolgt, erwies sich »seines Ruhmes würdig, denn er hat sich nicht aus Liebe zum Leben, Barbaren zur Beute hergegeben«, schreibt anerkennend sein Biograph Plutarch. Antonius erwartete nichts anderes von seinem Gegner. »Wahrhaftig, ich weiß nicht, was ich mit dem lebendigen Brutus hätte anfangen sollen«, lautete sein Kommentar.[60]

Varus' Beispiel folgten seine Stabsoffiziere. »Eine schreckliche, aber notwendige Tat«, urteilt Dio, denn in germanische Gefangenschaft zu geraten, bedeutete Schimpf und Schande. Kriegsgefangene Römer, und das galt gleichermaßen für Mannschaften wie Offiziere, durfte es laut dem Ehrenkodex der Armee nicht geben. Ein Überläufer oder wer sich aus freien Stücken ergab, hörte für Rom zu existieren auf, seine rechtliche Stellung war die eines Toten. Sein Bürgerrecht, sein Besitz und seine Ehe wurden annulliert. Nur denen, die im härtesten Kampf vom Gegner überwunden wurden, stand ein Rückkehrrecht zu, falls sie aus der Gefangenschaft entkommen konnten oder der Staat oder ihre Familien sie freikauften. Damit wurden sie wieder römische Bürger. Ihre vor der Gefangennahme geschlossene Ehe blieb

Grabstein des hochdekorierten Zenturio Marcus Caelius und seiner beiden Freigelassenen, gefallen in der Varusschlacht. Der Stein, gefunden im 17. Jh., war im Mauerwerk eines Klosters nahe dem Legionslager Vetera (Xanten) verbaut.

allerdings aufgehoben. Ohne mit der Wimper zu zucken, lehnte es der Senat ab, 7000 Römer, die sich in der Schlacht von Cannae aus Wassermangel und Erschöpfung den Karthagern ergeben hatten, freizukaufen. »Kein Lösegeld für diejenigen, die in nichtswürdiger Feigheit fortgelaufen sind.«, lautete das Urteil. Das Wissen, »daß für keine Bürgerschaft Gefangene weniger wert gewesen sind, als für unsere«,[61] machte den römischen Staat nicht erpressbar – und steigerte die Kampfmoral.

Vor diesem Hintergrund lobt Velleius den Lagerpräfekten Lucius Eggius für sein heldenhaftes Beispiel. Er muß gar nicht ausführen, worin es besteht, es ist jedem seiner Leser klar. Eggius steht für den Typus des tapferen römischen Zenturionen, der selbst auf den Knien noch weiterkämpft: »Anfangs konnte er sich noch mit seinem zur Deckung vorgehaltenen Schild verteidigen. Dabei verwundete er noch viele, die ihm zu nahe kamen. Dann aber ließ er infolge seiner vielen Wunden seine Rechte sinken und war schließlich, bevor er die Seele aufgab, von Geschossen ganz und gar begraben.« Ihm winkt die Unsterblichkeit, »die denen zuteil wird, die vom kriegerischen Mut erfüllt, fallen. Wer weiß denn nicht, daß die Seelen, die in offener Feldschlacht durch den Stahl vom Fleisch gelöst worden sind, vom reinsten Element, dem Äther aufgenommen und zu den Gestirnen versetzt werden?«[62] – Es ist ein anderer Zenturio, dessen Sterben hier beschrieben wird und ein anderer römischer Krieg, aber Moral und Gesinnung dieser Berufssoldaten sind überall die gleichen.

Ceionius hingegen läßt Velleius seine Verachtung spüren. Denn der zweite Lagerpräfekt liefert »ein erbärmliches Beispiel«. Nachdem »der größte Teil des Heeres gefallen war, bietet er die Übergabe an.« Dabei weiß er nur zu genau, daß ihm die Barbaren nicht das Leben schenken werden. Aber er zieht die »Hinrichtung«, wie die Römer das rituelle Opfern der Gefangenen nach der Schlacht nennen, dem Tod im Kampf vor. Oder hatte Ceionius nicht glauben wollen, daß Arminius und die von Rom so gehätschelten Cherusker tatsächlich die Vernichtung des Heeres beabsichtigten? Lernen ließ sich auch daraus. Mit einem bewaffneten Feind verhandelt man nicht, lautete das römische Credo, das wieder einmal seine Richtigkeit bewies.

Genauso ehrlos verhält sich der Legat Numonius Vala. Er habe, so der Vorwurf des Velleius, die Legionen im Stich gelassen und sich mit der Reiterei in Richtung Rhein abgesetzt.[63] Die wenigen Informationen, die wir besitzen, lassen verschiedene Schlüsse zu. Vala, ungefähr vierzig Jahre alt, galt als erfahrener und besonnener Truppenführer. Wahrscheinlich waren ihm zwei der drei Legionen direkt unterstellt, und er fungierte auf diesem Feldzug als Stellvertreter des Varus. Münzen mit der aufgeprägten Abkürzung seines Namens (Gegenstempel) C.VAL belegen, daß er eigenständig seine Truppen mit besonderen Gratifikationen belohnen durfte. Daß ein solcher Mann einfach desertierte, ist schwer vorstellbar. Eher ist ein Streit mit Varus zu vermuten, der vielleicht zur Teilung der Armee geführt hat, oder die Absetzbewegung von Vala ereignete sich erst, als der Statthalter bereits Selbstmord begangen hatte. Sie wäre dann als Versuch zu interpretieren, wenigstens die Reiterei aus der Katastrophe zu retten, was weder ihm selbst noch seinen Truppen gelang.[64]

Mit Varus' Tod brach der Widerstandswille vollständig in sich zusammen. Viele stürzten sich ebenfalls in ihre Schwerter, andere warfen die Waffen weg und ließen sich ohne Gegenwehr niederhauen. Einige Getreue bemühten sich, die Leiche des unglücklichen Feldherrn zu verbrennen, um sie nicht den Germanen in die Hände fallen zu lassen. (Was interessante Rückschlüsse auf das Wetter erlaubt. Nasses Holz war dafür sicher ungeeignet!) Es gelang nur halb, ebenso wenig der Versuch, den Körper des Konsuls in der Erde zu verbergen. Sefithakus, der Neffe des Segestes, überliefert Tacitus, »trieb seinen Spott« mit dem »halbverkohlten Leichnam«, dem schließlich auf Befehl des Arminius der Kopf abgeschlagen wurde.[65]

Velleius erregt sich über diese »Wildheit« und »Roheit«[66] der Germanen, genauso wie Cäsar sich seinerzeit über die Ägypter empörte, die glaubten, ihm mit dem Kopf seines Feindes Pompejus eine Freude zu machen. Der Abscheu gilt freilich nicht der Sitte im allgemeinen, sondern der Tatsache, daß es Barbaren oder Unterworfene wagten, so mit Römern, dazu noch mit Senatoren konsularischen Ranges, umzugehen. Umgekehrt war es weniger schändlich. Auf den Grabreliefs römischer Reiteroffiziere und Hilfstruppenkavalleristen schauen uns die Häupter erschlagener Gallier und Germanen an, dekorativ am Sattel festgebunden, während der Rumpf am Boden liegt. Die Säule des »Philosophenkaisers« Marcus Aurelius zeigt die Massenenthauptung gefesselter germanischer Krieger durch römische Legionäre. Die Überzeugungskraft eines abgeschlagenen Kopfes als Symbol einer Niederlage und äußerste Schmähung des Gegners war wohlbekannt. Hannibal, dem großen Gegner im zweiten Punischen Krieg, warfen die Römer das Haupt seines Bruders Hasdrubal, »das sie sorgfältig aufbewahrt und mitgebracht hatten vor die Posten der Feinde hin.«[67] Dreihundert Jahre später befahl Kaiser Traian, den Kopf des besiegten Dakerkönigs Decebalus nach Rom zu bringen, um ihn auf dem Forum zur Schau zu stellen. Gleich Varus hatte er den Selbstmord der Gefangenschaft vorgezogen.[68] Wie Antonius mit dem Kopf Ciceros verfuhr und was Augustus mit dem Kopf des Brutus beabsichtigte, haben wir berichtet (s. Kap. III, S. 41 u. Kap. IV, S. 54).

Auch Arminius hatte mit dem Haupt des Varus etwas vor. Seine Boten trugen es nach Böhmen, zu Marbod. Was er mit dieser Geste, die wie keine andere den Triumph des Cheruskerfürsten bewies, beabsichtigte, ist strittig. War sie ein Bündnisangebot, zusammen mit ihm gegen die Römer zu ziehen? Arminius nach Westen über den Rhein ins unruhige Gallien, der Markomanne nach Süden in die gerade erst befriedete pannonische Provinz? Oder war sie eine Machtdemonstration, die Marbod bedeuten sollte, er möge sich aus Germanien heraushalten, das Land Arminius überlassen, sich nicht einmischen in den Kampf des Cheruskers um sein eigenes Reich?[69] Der König dachte nicht daran, den Konkurrenten im Norden durch tätige Hilfe aufzuwerten und es sich mit den Römern zu verderben. Pietätvoll sandte er das Varushaupt weiter nach Rom. Dort wurde es im Familiengrab der Quinctilii ehrenvoll beigesetzt.

Am Ort der endgültigen Niederlage[70] zelebrierten die Germanen den Dank an die Götter. Auf rasch errichteten Altären wurden die höheren Offiziere, die Tribunen und Zenturionen erster Ordnung geopfert. Sechs Jahre später, als römische Truppen unter Germanicus wieder zum Schlachtfeld vorstießen, »sah man noch an den Baumstümpfen angenagelte Menschenschädel und mitten auf dem Feld bleichende Knochen«. Welcher Gottheit das Opfer galt, bestimmte die Todesart. An Galgen wurden diejenigen aufgeknüpft, die man den Himmlischen weihte, in Martergruben verröchelten die den Göttern der Tiefe Dezidierten. Pferde wurden geschlachtet und zerbrochene und verbogene Waffen zu Hügeln gehäuft. Ein heiliger Hain, ein germanischer Gedächtnisort war entstanden.[71]

Im Gegensatz zu den Kimbern- und Teutonen, die alle Beute den Göttern geweiht hatten, blieb für die Aufständischen noch genügend übrig. Aus späteren Feldzügen der Römer erfahren wir von Rüstungen und Helmen in germanischen Siedlungen, Seneca berichtet von freigekauften Gefangenen und Tacitus erwähnt, daß in späteren Schlachten, »viele Krieger, die von den Römern erbeuteten Waffen« noch besaßen. Archäologische Funde belegen, daß Metall vom Schlachtfeld und Gebrauchsgegenstände ihren Weg zu den Schmieden und in die Häuser der umliegenden Bewohner fanden. Eines der berühmtesten Stücke stellt der 1868 bei Schanzarbeiten geborgene »Hildesheimer Silberschatz« dar, ein Tafelgeschirr aus augusteischer Zeit, das wahrscheinlich im Besitz eines der Stabsoffiziere des Statthalters war.[72] Die begehrtesten Trophäen bildeten die drei Legionsadler. Sie wurden an diejenigen Stämme verteilt, die sich Arminius unmittelbar angeschlossen hatten: die Cherusker, Brukterer und Marser. Die Chatten, die später hinzustießen, wurden zur Belohnung mit Sklaven abgefunden.[73]

Arminius' Ruhm strahlte bis zu den Sternen. Noch romtreue germanische Stammesführer wie den Ampsivarier Boiocalus ließ er in Ketten legen. Die Art seines Sieges, Verrat und Hinterhalt, scheint sein Ansehen nicht im geringsten verdunkelt zu haben. Eher rechnete man es ihm als Geschicklichkeit an, die nichtsahnenden Römer in die Falle gelockt, ihre Überheblichkeit ausgenutzt zu haben. Er selbst hat seine Tat offenbar als geniale Kriegslist gesehen. Anders ist es nicht zu erklären, daß er sich später rühmen wird, »nicht mit Verrat, sondern offen gegen bewaffnete Männer Krieg zu führen.«[74]

Das Ereignis kleinzureden, besteht kein Anlaß. Seit über hundert Jahren war den Römern keine derartige Niederlage von Barbaren zugefügt worden und daß sie die Nummern der betreffenden Legionen, der XVII., XVIII. und XIX., nie wieder vergaben, spricht eine deutliche Sprache. Kaum zu überschätzen ist der Aufrüstungsgrad der germanischen Krieger. Tausende von qualitätvollen Schilden, Schwertern und Speeren gerieten in ihren Besitz. Flexibel passten sie die erbeuteten Waffen ihren eigenen Bedürfnissen an, »barbarisierten« sie, indem sie etwa bei den Legionärshelmen die Wangenklappen, Nackenschutz und Stirnbügel entfernten und auf die Kalotte ein Tierfell aufklebten.

Mit Fug und Recht darf man die Varusschlacht in eine Reihe stellen mit den verlorenen Kolonialkriegen der imperialen Mächte der Neuzeit, in denen völlig unerwartet und gegen jede Wahrscheinlichkeit die »Kleinen« die »Großen« besiegten: im 20. Jahrhundert die Schlacht von Dien Bien Phu im Indochinakrieg der Franzosen oder die Tet-Offensive des Vietcong gegen die Amerikaner, im 19. Jahrhundert Little Big Horn, als die Sioux-Indianer General Custer und seine US-Kavallerie trotz ihrer Winchester-Gewehre bis auf den letzten Mann niedermetzelten oder die vernichtenden Niederlagen des britischen Empire in den Anglo-afghanischen Kriegen oder des osmanischen Reiches im Arabischen Aufstand.

Zusammenbruch

Die wenigen, die sich retteten, erreichten Ende September den Rhein. Soldaten ohne Waffen, die meisten verwundet, ein paar Troßsklaven in zerrissenen Tuniken, Frauen mit verstörten Gesichtern. Ohne Gepäck, ohne Tragtiere und Wagen schleppten sich die Elendsgestalten über die Brücke, die römische Ingenieurskunst über den Strom bei Vetera (Xanten) geschlagen hatte. Niemand führte die kleinen Gruppen der Versprengten. Kein Zenturio oder Tribun ordnete den Zug. Vorbei an der Wache drängten sie sich, hinüber in die Sicherheit des Legionslagers, das ihnen mit seinen Türmen, Toren und Wällen wie ein Versprechen erschien. Sichtbarer Beweis dafür, daß die Macht des Imperiums weiterbestand, trotz der ungeheuerlichen Niederlage, von der sie in stockenden Sätzen berichteten.

Kaum zwei Tage später gelangte die Nachricht von der Katastrophe nach Mogontiacum (Mainz),[75] ins Hauptquartier des Legaten Lucius Nonius Asprenas, des Stellvertreters des Statthalters. Unsere Quellen[76] berichten nicht, wie Asprenas im ersten Moment auf die Hiobsbotschaft reagierte. Ob er die Fassung verlor oder – wie man es von einem römischen Aristokraten nicht anders erwartete – Festigkeit im Unglück zeigte. Varus war sein Onkel, seine Mutter Quinctilia dessen Schwester, ihm hatte er die Förderung seiner Karriere, schließlich den Posten als stellvertretender Statthalter zu verdanken. Doch schwerer als das private Unglück wog die Tatsache der vernichteten Armee. Von den fünf Legionen, die Gallien sicherten und Germanien kontrollieren sollten, waren jetzt drei Fünftel nicht einfach besiegt und geschlagen, so daß man aus den Überlebenden eine neue Truppe hätte aufstellen können, wie dies in anderen Kriegen geschehen war, sondern man hatte sie ausgelöscht in Gänze. Asprenas blieben nur noch zwei Legionen. Doch seine nüchterne Lagebeurteilung meisterte die Krise und trug ihm die Bewunderung des Velleius für sein »tapferes, mannhaftes Verhalten«[77] ein.

Kuriere jagten nach Süden, um Kaiser Augustus in Rom und seinen Stiefsohn und Erben Tiberius zu unterrichten und um schnellstmögliche Verstärkung zu bitten. In Eilmärschen trieb Asprenas seine Soldaten nach Norden an den Niederrhein, rückte in die halbleeren Lager ein und beruhigte die verängstigten Besatzungen. Wie ein Keil schob er sich zwischen Gallien und die möglicherweise angreifenden Germanen, bildete eine feste Stellung auf dem östlichen Ufer zur Sicherung der Rheinbrücke und blockierte den Fluß mit der römischen Flotte. Etwaige Hoffnungen unzufriedener Gallier, die damit liebäugelten, sich Arminius und seinem Aufstand anzuschließen, erstickte er dadurch im Keim. Mehr konnte er nicht tun, aber was er tat, war das Richtige, um so mehr als er nicht den Heißspornen nachgab, die nach Rache schrien und ihn aufforderten, die Schande Roms und seines Verwandten auszulöschen, nach Osten über den Rhein zu den cheruskischen Verrätern vorzustoßen und kurzen Prozeß zu machen. Augustus und Tiberius sahen in der unbeirrbaren Ruhe dieses Ausharrens sein größtes Verdienst und betrauten ihn später mit der Verwaltung wichtiger Provinzen.

Oft ist Nichtstun für einen Soldaten das Schwerste, aber nichts anderes blieb den Legionären des Asprenas in diesem Herbst des Jahres 9 n. Chr. übrig, als von den Wachttürmen der linksrheinischen Lager hinüberzuspähen auf das gegenüberliegende Ufer. Brände flammten dort auf, näher und weiter, doch die Germanen kamen nicht. Statt dessen kamen diejenigen, die darauf vertraut hatten, die Provinz Germanien wäre Teil des großen römischen Imperiums, böte ihnen eine friedliche Zukunft und gute Geschäfte. Die Händler kamen, froh, das nackte Leben gerettet zu haben, Handwerker, die sich noch in die Wälder hatten schlagen können, die Bergleute aus den römischen Minen. Die Siedler der neugegründeten Städte gaben ihre Häuser, Töpfereien und Äcker auf, als sie hörten, daß die aufständischen Stämme keinen Römer und Römerfreund verschonten, sei es, daß sie ihn töteten oder in die Sklaverei verschleppten. Die zahlreichen kleinen und größeren, über das ganze Land verteilten Kontrollposten, Kastelle und Lager fielen bis auf eines der Germanenwut zum Opfer.

Mitten im Winter[78], als Asprenas aus Rom schon den Brief des Tiberius in Händen hielt, dieser käme im zeitigen Frühjahr mit einem Heer, doppelt so groß wie dasjenige, das die Germanen vernichtet hatten, erreichte ihn ein Hilferuf aus dem längst verloren geglaubten Aliso. Das gutbefestigte Legionslager an der Lippe, das vielleicht Haltern[79] gewesen sein könnte, war zum Sammelpunkt der zivilen Bevölkerung und versprengter Soldaten geworden. Sein Kommandeur, der im Militärdienst ergraute Haudegen Lucius Caedicius,[80] verteidigte den Platz mit Hilfe einer Abteilung Bogenschützen so geschickt, daß sich die germanischen Kämpfer nach ersten blutigen Schlappen gar nicht mehr in die Nähe der Wälle trauten. Unerfahren und ohne Belagerungsgerät mußten sie sich aufs Aushungern verlegen. Nach einigen Monaten gingen tatsächlich die Lebensmittel zu Ende, und Caedicius befahl den Ausbruch in einer stürmischen, dunklen Winternacht. Da er auf Frauen und Kinder Rücksicht nehmen mußte, verzögerte sich der Marsch, und die Germanen wurden auf die Flüchtenden aufmerksam. Obwohl bereits Asprenas zum Entsatz heranrückte und sich die Germanen erst einmal der Plünderung des Legionslagers widmeten, gelang die Rettung nur durch eine Kriegslist. Vorausgeschickte Trompeter bliesen das Signal zum Eilmarsch, erweckten also den Eindruck, daß Asprenas bereits in der Nähe sei, worauf die Germanen die Verfolgung abbrachen.[81]

Germanien zwischen Elbe und Rhein ging fast vollständig verloren.[82] Doch am zähen Widerstand von Aliso zerbrach der germanische Angriffsschwung. Die Befürchtung der Römer, Arminius würde bis zum Rhein vordringen, die nur schwach besetzten Legionslager erobern und den Aufstand nach Gallien tragen, erfüllte sich nicht. Asprenas war dem Cherusker zuvorgekommen, und bald verbreitete sich die Nachricht, daß Tiberius im Anmarsch sei. Es war spät im Jahr, und die germanischen Krieger waren satt und zufrieden. Sie hatten alles bekommen, was sie wollten, und gingen erst einmal nach Hause, um, bewundert von ihrer Sippe, ihre Taten zu verkünden. Es mag in dieser Zeit gewesen sein, daß sich Arminius seine persönliche Beute holte. Er entführte – mit ihrem Einverständnis – die Tochter des Segestes, Thusnelda, und machte sie zu seiner Frau. In Rom werden wir ihr wieder begegnen.[83]

Ahnte Arminius den kommenden Krieg? Dürfen wir ihn für so naiv halten, daß er glaubte, die Römer für immer vertrieben zu haben? Hatte er nicht ihren Durchsetzungswillen, ihr zähes Beharren und Festhalten einmal eroberter Positionen erfahren? Unterschätzte er ihren beleidigten Stolz, der nach Rache für die Niederlage schrie? Allein schon, daß Tiberius, der beste Feldherr Roms, jetzt den Oberbefehl übernahm, redete eine mehr als deutliche Sprache. Ihm und seinen Legionen fühlte sich Arminius gewachsen? Marbod, der Realist, der drei Jahre zuvor Tiberius knapp entronnen war, sah es kommen: »Großes Unheil für Germanien«, bedeute der Sieg in der Varusschlacht.[84] Auf den römischen Straßen, aus Italien, aus Rätien, aus Illyrien und Spanien, marschierte es im Gleichschritt, die Adler vorweg, in Sechserreihen heran.

Durch ihre Darstellung des Geschehens, des exzessiven Einsatzes von Landschaft und Klima, der Perfidie des Arminius und der Ignoranz, mit der man die warnenden Zeichen der Götter übersah (s. Prolog, S. 9), machten die antiken Schriftsteller die Niederlage für die Römer akzeptabel. Nicht die Überlegenheit des Gegners war die Ursache für die verlorene Schlacht, sondern widrige Umstände, göttliches Verhängnis. Unbeschädigt und von jeglichem Makel rein präsentierte sich das Instrument der römischen Herrschaft, die Legionen.[85]

Es ist mehr als bezeichnend, daß Wetter, Wege und Götterwille als Grund für die Katastrophe eine größere Rolle spielten als der Verrat des Arminius, geschweige denn seine militärischen Fähigkeiten den Ausschlag gaben. Weder seine Angriffstaktik, noch der klug vorbereitete Hinterhalt von Kalkriese, die auch ohne schlechtes Wetter – mit dem Arminius ja nicht rechnen konnte – zum Erfolg geführt hätten, finden in den Quellen Erwähnung. [86] Unmittelbar nach der Schlacht galt auch Varus nicht als schuldig, sondern als unglückliches Opfer des Schicksals. Erst später, nach den Majestätsprozessen gegen Frau und Sohn, wurde er zum Sündenbock, der durch Nachlässigkeit und zu großes Vertrauen den Barbaren gegenüber die Legionen ins Verderben geführt hatte. Im Ergebnis konnte der Leser sich beruhigt zurücklehnen. Die Größe Roms und die Schlagkraft der Armee waren nicht infrage gestellt, es würde genügen, in Zukunft besser aufzupassen, den Barbaren mit Argwohn zu begegnen, zu große Troße und schlechte Wege zu vermeiden.[87]

Historiker und Philologen haben den Schluß gezogen, daß die Landschafts- und Wetterbeschreibungen der antiken Quellen nur mit Vorsicht zu genießen sind. Nach ihrer Überzeugung »strebten sie eine möglichst präzise Wiedergabe gar nicht an«,[88] bzw. »suchten durch eine übertriebene Darstellung der Unwegsamkeit des Geländes, das Ausmaß der Niederlage zu relativieren.«[89] Es handelte sich demnach um »topische Sichtweisen«, von vornherein feststehende Begriffe, Annahmen und Vorstellungen, die immer dann eingesetzt wurden, wenn es um die Barbaren des Nordens ging, sie »reflektieren kaum konkrete spezifische Informationen.«[90] Daraus ergeben sich drei Möglichkeiten. Entweder verzichtet man ganz auf den Versuch, mit Hilfe der literarischen Quellen den Ablauf der Schlacht zu beschreiben und ihren Ort zu lokalisieren. Oder man interpretiert ihre Aussagen – Berg, Wald, Sumpf – als so allgemein gefaßt, daß sie sich auch auf die verkehrsgeographische Situation von Kalkriese, einschließlich des Marsches auf dem Hellweg entlang des Wiehengebirges, beziehen lassen.[91] Drittens bietet sich an, die Schilderung des Geschehens um die Elemente zu reduzieren, die eindeutig topischen Charakter haben oder nur der Rechtfertigung dienen. Gerade dadurch kann man – ohne Regen und Sturm, Unfähigkeit des Varus und schlechten Wegen – ein logisches Bild der Schlacht aus den Quellen und den archäologischen Befunden gewinnen.

Wer freilich der Topographie der literarischen Quellen vertraut, wird an der Gegend bei Kalkriese, das damals an einem zentralen Verkehrsweg in einer Kulturlandschaft lag, die extreme Situation vermissen, die vor allem Dio beschwört: ein schluchtenreiches, gebirgiges Terrain, abseits aller Besiedlung inmitten unpassierbarer Wälder gelegen mit kaum gangbaren Trassen. »Der in dem Bericht beschriebene Hinterhalt in einem den Römern völlig unbekannten und schweren Gelände war dieses sicherlich nicht«[92], bringt es der Tübinger Althistoriker Reinhard Wolters auf den Punkt. Er bestreitet nicht, daß wir es mit einem Schlachtfeld aus den Germanenkriegen zu tun haben, allerdings handele es sich bei Kalkriese nicht um die Varusschlacht. Unterstützung für diese Interpretation bietet Tacitus, der den Ort von Varus letztem Gefecht in ein »unübersichtliches Waldgebiet«, inmitten »feuchter Sümpfe und trügerischer Moorwiesen« verlegt. Ob dem Autor, der nie Germanien besuchte, ein vertrauenswürdiger Bericht vorlag oder ob er bloß dem gebräuchlichen Bild nordischer Landschaftsbeschreibungen folgte, muß freilich offenbleiben.[93]

Wie es gewesen sein könnte, wenn man die Wegbeschreibung der antiken Quellen für glaubwürdig hält und eine andere als die Hellweg-Route nach Kalkriese sucht, hat jüngst der Althistoriker Boris Dreyer vorgeführt. In seiner Rekonstruktion des Varusmarsches – die den Charme hat, das »alte« Schlachtfeld unterm Hermannsdenkmal mit dem »neuen« zu verbinden –, bricht der Statthalter nicht von Minden, sondern von der Weser zwischen Hameln und Höxter auf. Wenn Varus von hier aus, wie Dreyer vermutet, über Bad Driburg, Horn und Detmold durchs Tal der Werre in Richtung Osnabrück zog, hätte er sich in jenem schwer passierbaren Gelände bewegt, von dem die literarischen Quellen berichten. Unterwegs von den Germanen angegriffen, schlug Varus sich über einen der Pässe des Wiehengebirges (Ostercappeln) zum Hellweg durch und gelangte anschließend in den Engpaß von Kalkriese. Entsprechend der längeren Wegstrecke geht Dreyer von einem viertägigen Gefecht aus. Bereits nach dem zweiten Tag sei das »Rückgrat der Armee gebrochen« gewesen. Zum Engpaß hätten sich – nach einem Nachtmarsch – »nur noch die erschöpften Reste durchgekämpft«. Beleg dafür sei eine am Wall gefundene Glocke eines Maultiers, deren Klöppel mit Stroh umwickelt war, um kein Geräusch während der nächtlichen Absetzbewegung zu verursachen. Tod des Varus und endgültige Vernichtung der Armee spielten sich dann »westlich von Kalkriese bis hin zur Ems« in eben jenen »unübersichtlichen Waldgebieten« (s.o.) ab, die Tacitus beschreibt.[94]

Tony Clunn, der mit seinen Funden den Anstoß zur Ausgrabung des Schlachtfeldes gab, läßt Varus schon vor dem Erreichen des Engpasses von Kalkriese sterben. Der von ihm vorgeschlagene Weg der römischen Armee führt sogar über zwei Bergketten, den Teutoburger Wald und das Wiehengebirge, dementsprechend hoch fallen die Verluste in den Schluchten und Wäldern aus. So sind es in seiner Deutung nur noch ein paar Tausend Mann, die sich bis Kalkriese, dem Ort des »letzten Gefechts«, durchschlagen. Die Masse der Legionäre sei bereits vorher gefallen.[95]

Die Ansicht, die Germanen seien ungemein ortskundig gewesen, hätten jeden Weg und Steg und sämtliche Waldverstecke gekannt und wären schon deshalb gegenüber den Römern im Vorteil gewesen, gilt als Allgemeinplatz. Stimmen muß die Annahme trotzdem nicht. Es ist im Gegenteil höchst unwahrscheinlich, daß sich der germanische Bauer in seiner karg bemessenen »Freizeit« als Waldläufer betätigte.

Die leidvolle Erfahrung, daß Einheimische nur ihre unmittelbare Umgebung wirklich kennen, haben alle Entdeckungsreisenden gemacht. Die »Führer«, die Alexander von Humboldt für seine Besteigung des Teide (Teneriffa) und des Chimborazo (Ecuador) anheuerte, hatten nie einen Fuß auf die genannten Berge gesetzt. Warum sollten sie auch? Weder interessierten sich die Bergbauern der Alpen für die über ihnen aufragenden Gipfel, noch die Eskimos für das Eis am Nordpol. Beides hatte mit ihrem Alltag schlicht nichts zu tun. Genausowenig kamen Cherusker und Brukterer, Marser und Chatten auf die Idee, die Sümpfe und Urwälder ihrer Stammesgebiete zu erkunden. Was man wissen mußte, waren die Hauptwege, die Verbindungen zwischen benachbarten Siedlungen, die Lage von Quellen, Weiden und ein oder zwei Rückzugsorten als Zuflucht bei Gefahr. Im Zweifelsfall war es für die Stämme einfacher und bequemer, sich an einer bekannten Trasse wie dem Hellweg zu versammeln, als sich mühsam auf kaum begangenen Pfaden durch die Bergdickichte und Schluchten der Mittelgebirge zu bewegen.

Aber hat nicht Tacitus mit seinem Hinweis auf den Teutoburger Wald, den »saltus teutoburgiensis«, die präziseste Angabe des Ortes geliefert? »Nicht weit« (haud procul) von ihm entfernt, in den »entlegensten Teilen des Bruktererlandes«, das man an den Oberläufen von Lippe und Ems lokalisiert, moderten »unbestattet die Gebeine des Varus und seiner Legionen«, schreibt der Historiker.[96] Die naheliegende Idee, das auf jeder Landkarte Westfalens zu findende Mittelgebirge nach Spuren zu durchsuchen, empfiehlt sich nicht. Bis 1669 hieß der Name dieses Höhenzuges Osning, erst dann wurde er auf Betreiben Ferdinand von Fürstenbergs, des Bischofs von Paderborn, mit dem Namen »Teutoburger Wald« geschmückt. Daß hier »in Westvalia nicht weit von Padeborn« die Schlacht geschlagen worden sei, hatte schon 1559 der Humanist und Reformator Melanchthon vermutet.[97] Mit der Grotenburg oberhalb Detmolds, einer für germanisch gehaltenen keltischen Ringwallanlage, »entdeckte« man zum Wald, Gebirge oder Paß (saltus), alle diese Lesarten sind möglich, den angeblichen Fürstensitz des Arminius, die »Teutoburg« gleich mit dazu.

Die noch verbliebenen Anhänger der »Lippischen Theorie« (vgl.

S. 188) argumentieren, daß Tacitus mit der Angabe »nicht weit« Kalkriese nicht gemeint haben könnte. Dafür sei die Entfernung zwischen dem vorgeblichen Schlachtfeld und den genannten Flüssen zu groß. Welche Distanz der Begriff in diesem Zusammenhang wirklich bedeutet, läßt sich freilich seriös nicht feststellen. Möglich wäre sogar, daß ihn Germanicus als Schutzbehauptung benutzte, um den Ärger des Tiberius in Grenzen zu halten, da er gegen dessen ausdrücklichen Willen zum Schlachtfeld aufgebrochen war.[98] Wir werden davon erzählen.

Kapitel XIII

Die Rache Roms

Wacht am Rhein

Die Angst regierte Rom. Auf den Straßen und Plätzen der »Hauptstadt der Welt« standen die Bürger zusammen und besprachen die Lage. Man erwartete das Schlimmste. Einen Angriff auf Gallien, den Abfall Marbods, neue Unruhen in Pannonien. Als sich davon nichts ereignete, als die Panik wich, machten sich Zorn und Ärger Luft.

Daß drei Legionen ausgelöscht wurden, dazu noch ihre Adler germanische Opferhaine zierten, fiel auf Augustus zurück und fügte seinem Ansehen als Beschützer und Mehrer des Reiches erheblichen Schaden zu. Offenbar stand es nicht gut um die Fortuna, das Glück der Iulier. Die Göttin spielte die Kokette, schmollte den Römern und ließ sich selbst vom Princeps nicht versöhnen. Daß es Barbaren waren, die Roms Heer vernichtet hatten, Germanen, über die man glänzende Triumphe gefeiert, ihr Land bereits als Teil des Imperiums angesehen hatte, vermehrte noch die Schande. Wenigstens war der Krieg in Pannonien siegreich abgeschlossen. Tiberius, der wie kein anderer Germanien und seine Stämme kannte, stand mit seiner Erfahrung zur Verfügung. Aber um die Verluste an Mannschaft und Material zu ersetzen, waren neue Legionen nötig und Geld aus der Staatskasse, die bereits durch den Pannonisch-dalmatischen Aufstand ins Defizit geraten war.

Nicht zur Debatte stand, was jetzt geschehen mußte. Die Ehre gebot, jetzt erst recht gegen die rebellischen Stämme vorzugehen, den Verräter Arminius seiner verdienten Strafe zuzuführen. Nicht zum

Verteidiger zog Tiberius an den Rhein, sondern für einen neuen Angriff. Getreu der römischen Tradition, eroberte Positionen niemals aufzugeben, verdoppelte er den Einsatz. An die Stelle der drei verlorenen Legionen traten sechs andere als Ersatz.

Drei Legionen waren durch den Sieg in Pannonien frei. Die XIII., XIV. und seine beste, die XX., die den stolzen Namen »Valeria Victrix«, die Siegreiche, führte und den Eber, das Symboltier des Kriegsgottes Mars, auf ihren Feldzeichen trug. Aus Rätien (Süddeutschland) beorderte Tiberius die XXI. »Rapax«, die Räuberische, nach Norden, aus Spanien zog er die II. Augusta ab. Damit waren die Möglichkeiten der Umgruppierung von Truppen erschöpft, und Augustus befahl die Aufstellung einer neuen Legion. Ihr Zweck drückte ihr Name aus: »I. Germanica«.[1]

Seit Menschengedenken war es nicht mehr vorgekommen, daß man römische Bürger zwangsweise zum Truppendienst einzog. Normalerweise mußten sich die Legionen um Ersatz nicht sorgen, gab es genügend Bewerber, doch durch die Kriege der letzten Jahrzehnte war das Reservoir an Freiwilligen erschöpft. Für die an das Leben in einer Metropole von 800000 Einwohnern gewöhnten Römer war es zweifellos nicht besonders attraktiv, die nächsten zwanzig Jahre an der Nordgrenze des Reiches, fern aller zivilisatorischen Ablenkungen, zu verbringen. Da sich niemand meldete, griff Augustus wutschnaubend auf die Bürgerlisten zurück und ließ die »Drückeberger« das Los ziehen. Als Strafe für ihre Verweigerung konfiszierte er bei jedem fünften unter 35 Jahren und bei jedem zehnten der Älteren ihren Besitz und entzog ihnen das Bürgerrecht. Als nicht einmal das half, genügend Legionäre zu rekrutieren, versuchte es der Princeps mit Hinrichtungen. Aber vielen Verweigerern war die Aussicht, in Rom zu sterben, angenehmer, als für den eigenen Tod bis nach Germanien zu laufen. Am Ende bekam Tiberius eine Legion, die nur dem Namen nach die erste war. Sie setzte sich mehrheitlich aus freigelassenen Sklaven und dem »großstädtischen Pöbel« zusammen, wie Tacitus geringschätzig kommentierte.[2]

Zeitig im Frühjahr des Jahres 10 n. Chr. traf Tiberius mit den sechs Legionen am Rhein ein. Zusammen mit den von Asprenas übernom-

Die Gemma Augustea, Ausdruck der römischen Sicht der Welt

menen verfügte er über ein Heer von acht Legionen, dazu Hilfstruppen und Reiterei. Aus Gründen der Militärorganisation unterteilte er die Restprovinz am Rhein in einen unteren (inferior) und oberen (superior) Abschnitt, denen er jeweils vier Legionen zuordnete. Sie wurden an den zwei klassischen Einfallspforten kaserniert, Vetera (Xanten) gegenüber der Lippe- und Mogontiacum (Mainz) gegenüber der Mainmündung.[3] Mit weniger Truppen hatte Tiberius 8 v. und 5 n. Chr. Germanien bis zur Elbe erobert. Diesmal aber würde es schwerer sein, da er nicht einzelnen Stämmen, sondern einer Koalition mit einem fähigen und ehrgeizigen Anführer entgegentrat.

In Rom ging Augustus zur Tagesordnung über. Sein Stiefsohn und designierter Nachfolger würde jegliche Kritik und Skepsis am Begründer der »Pax Augusta« und an seiner Fähigkeit, die Feinde des Reiches zu züchtigen, durch künftige Siege zum Verstummen bringen. Der von Augustus ans Schwarze Meer verbannte Dichter Ovid nahm mit schmeichelnden Versen – er fand dennoch keine Gnade – die endgültige Unterwerfung Germaniens vorweg: »Nun ist das wilde Germanien wohl den Caesaren erlegen, hat, wie die übrige Welt, endlich die Kniee gebeugt. ... sieh, auch Germania wird dort gebracht mit wehenden Haaren: unter des Feldherrn Fuß hockt sie, den keiner besiegt; ja, ihren Hals bietet jetzt die Stolze dem römischen Beile, trägt an der nämlichen Hand Fesseln, die Waffen geführt.«[4]

Bei einem der berühmten Steinschneider der Hauptstadt gab Augustus eine Gemme in Auftrag. Als »Gemma Augustea« ist das 19 mal 23 Zentimeter große Schmuckstück heute im Besitz des Kunsthistorischen Museums von Wien. In Sardonyx, einem Halbedelstein, eingeschnitten, zeigt das weiße Relief auf braunem Grund Augustus als Jupiter neben der Göttin Roma auf einem Thron sitzend. Auf der linken Seite nähert sich ihm Tiberius auf einem Triumphwagen, der von der Siegesgöttin Victoria gelenkt wird. Vor ihm steht Germanicus in Waffen. Augustus beherrscht eindeutig das Bild. Unter ihm sitzt der Adler, der Vogel Jupiters, über ihm hält Oikumene, die Verkörperung der Städte des Reiches, einen Eichblattkranz über sein Haupt. Erde und Meer als »Repräsentanten der beglückten Welt«[5] stehen hinter ihm. Im unteren Teil der Gemme errichten römische Soldaten ein Siegesmal. Gefesselte Barbaren schauen hilflos zu, andere werden an den Haaren herbeigezerrt. Die Szenen zeigen den idealen Zustand der römischen Welt. Augustus als Garant ihrer Ordnung sorgt mit den Siegen der Feldherrn seines Hauses für ihren Bestand.

In dieses schöne Bild passten keine aus germanischer Gefangenschaft befreite Römer, die in den Kneipen der Hauptstadt über die demütigende Niederlage der Varusschlacht räsonierten. Zwar erlaubte Augustus ihren Angehörigen, sie loszukaufen, »freilich nur unter der Bedingung, daß sich die betreffenden Personen außerhalb Italiens aufhalten sollten.«[6]

Es erscheint reizvoll, die Perspektive zu wechseln und einmal mit germanischen Augen zu beobachten, was auf der römischen Seite des

Rheins geschah. Trotz der Massierung von acht Legionen geschah zunächst einmal – nichts. Zwei Meinungen werden sich gebildet haben. Die einen vertraten triumphierend die Ansicht, nun hätten die Römer jegliche Lust auf Germanien verloren und sorgten nur noch für den Schutz Galliens. Die anderen wollten nicht glauben, daß man ein Drittel der römischen Armee und ihren besten Feldherrn deswegen nach Norden geschickt hatte.

Bei näherem Hinsehen konnte man einen gründlichen Mann bei der Arbeit beobachten. Tiberius schmiedete die Waffe, die Germanien auf die Knie zwingen würde. Er formte mit Hilfe seiner pannonischen Elitetruppen aus unwilligen Rekruten, mürrischen Veteranen, unzuverlässigen Freigelassenen eine schlagkräftige Armee. Tiberius war ein Pedant und Perfektionist. Er verstand sich auf den »kleinen Dienst«, den Drill, die Waffenpflege, Aufbau und Abbau der Lager, das Marschieren. Nichts entging ihm, nichts war unwichtig. Später wird er den beiden Eigenschaften, die ihn am meisten störten, »Leichtsinn« und »Nachlässigkeit«, die Schuld an der Niederlage des Varus geben. Disziplin war das Zauberwort. Einen Legionskommandeur, der einen Trupp Soldaten zum Jagen über den Rhein schickt, weil er Lust auf einen ordentlichen Wildbraten hat, enthebt er seines Postens. Als er im nächsten Jahr die ersten Vorstöße hinüber ins Rechtsrheinische wagt, ist er sich nicht zu schade, persönlich die Trosse zu kontrollieren. Was nötig und erlaubt ist, bestimmt nur er und lebt es vor. Denn der mit seinen 53 Jahren zwar kahle, aber kerngesunde Tiberius braucht weder Tisch noch Stuhl, um zu essen, sondern nimmt mit einer Rasenbank vorlieb. Auch macht es ihm nichts aus, ohne Zelt im Freien zu schlafen. Kein Wunder, daß das Gepäck angesichts dieser spartanischen Einfachheit immer leichter wird. Damit sich seine Prinzipien durchsetzen, erklärt er sie im Kriegsrat seinen Offizieren. Wichtige Befehle werden grundsätzlich schriftlich erteilt. Falls Unklarheiten auftauchen, ist er für jedermann jederzeit zu sprechen.[7]

Wie in Pannonien war sein Neffe Germanicus, jetzt sein Adoptivsohn und designierter Nachfolger, an seiner Seite. Tiberius plante mit ihm gemeinsam, versuchte dem Jüngeren, dessen mitreißender Schwung die Soldaten begeisterte, den Grundsatz nahezubringen, der allein in Germanien Erfolg versprach: Sicherheit zuerst.[8] In beinahe quälender Langsamkeit schob Tiberius die römischen Truppen vor. Unternahm keine weiträumigen Vorstöße, sondern baute die römischen Positionen Schritt für Schritt wieder auf. Überall dort, wo es in unübersichtlichem Gelände zu einem Überfall kommen konnte, schlug er »limites«, breite schnurgerade Bahnen in den Wald. Was erst eine Schneise war, erhielt später in ihrer Mitte eine Fahrstraße. Diese wiederum wurde durch ein Kastell an strategisch günstiger Stelle gesichert. Auf den »limites« konnten die Legionen im Carré, in der Marschordnung des »agmen quadratum«, vorrücken. Während jeweils eine Legion die Spitze und die Nachhut bildete, flankierten zwei weitere das Gepäck und die Geschütze. Da die Soldaten in der Front und an den Seiten in entwickelten Gefechtslinien marschierten, war es möglich, sich ohne Zeitverlust zum Kampf zu formieren.[9] Die Länge der Kolonnen ließ sich durch die »limites« um ein Drittel verkürzen, Marschlager konnten auf ihnen errichtet werden. Erhöhte man die Fahrstraße durch einen Damm, hielt selbst schlechtes Wetter die Truppen nicht vom Vormarsch ab. Troß und Geschütze rollten auf ihm dahin wie auf einer Eisenbahn, während die Legionäre auf den breiten ausgehauenen Streifen zur Rechten und zur Linken marschierten.

Tiberius' Strategie, daß man in den Ländern des waldreichen Nordens »mit der Axt den Feind besiegen müsse«, fand Eingang in die kriegsgeschichtlichen Standardwerke und eifrige Nachahmer.[10] Er selbst konzentrierte sich darauf, die alten Einfallsstraßen an der Lippe und in der Wetterau wieder für Rom in Besitz zu nehmen und zu sichern. Jedes Risiko vermied er. Im Winter führte er die Truppen in die Lager am Rhein zurück. Von Seiten der Germanen gab es keinen nennenswerten Widerstand. Kein Stamm der Arminius-Koalition beging den Fehler, Tiberius und seine Legionen bei ihren Vorstößen anzugreifen. »Da sich niemand mit ihnen (den Römern, Anm. d. Verf.) in eine Schlacht einließ, konnten sie keinen Sieg erringen und auch keinen Stamm unterwerfen«, bedauert Dio.[11] Wo das Heer erschien, flüchteten die Bewohner der Dörfer in die Wälder. Um sie aus ihren Zufluchtsorten zurückzuzwingen, praktizierten die Römer ihre bislang immer erfolgreiche Politik der »verbrannten Erde«. Die Häuser wurden angezündet, die Äcker verwüstet, Vieh und Vorräte geraubt. Wer sich fassen ließ, wurde getötet oder versklavt. Wie weit Tiberius nach Osten vordrang, überliefern die Quellen nicht. Bis zur Weser, also zu den Cheruskern, kam er nicht. Sein Geschichtsschreiber Velleius hätte diesen Erfolg keinesfalls verschwiegen. Ein Hinweis findet sich bei Sueton. Er berichtet von einem Attentat, das ein Brukterer nach einem verlorenen Gefecht auf den römischen Feldherrn unternahm. Demnach müßte Tiberius bis zur oberen Ems vorgestoßen sein.[12]

Augustus war jedenfalls hochzufrieden über den »Mann, der uns den Staat durch wachsame Sorge gerettet hat«, schickte ihm anerkennende Briefe: »Und die Taktik Deines Sommerfeldzuges: Ich glaube wirklich, lieber Tiberius, daß sich niemand hätte klüger verhalten können, als Du Dich verhalten hast« und bemühte sogar Homers »Ilias«: »Ja, wenn der (eigentlich Odysseus, aber gemeint ist natürlich Tiberius, Anm. d. Verf.) mich begleitet, dann kehren wir beide sogar aus sprühenden Flammen zurück, so klug versteht er zu planen.«[13] Nicht geplant war, daß Tiberius selbst den Angriff gegen Arminius führen sollte. Seine Aufgabe bestand darin, die Voraussetzungen zu schaffen, daß die Offensive gelang. Auf den entgangenen Ruhm konnte der Mann verzichten, dessen Qualitäten als Feldherr und geschickter Verhandler unbestritten waren, dessen Stellung im Staat und in der Öffentlichkeit gefestigt war wie nie. Um so mehr als ihn Augustus nach seiner erfolgreichen Germanien-Mission in den Status eines Mitregenten mit gleichen Vollmachten, wie er selbst sie innehatte, erhob und ihn in seinem Testament als Haupterben einsetzte.

Ruhm hatte Germanicus nötig und den Beweis zu liefern, daß er, den Augustus bereits zum Nachfolger seines Onkels Tiberius bestellt hatte, ein »Mehrer des Reiches« und siegreicher Feldherr sei. Schon sein Name, geerbt von seinem berühmten Vater Drusus (s. Kap. V u. VI), war Programm (R. Wolters). Was dieser begonnen hatte, sollte jener vollenden. Mit dem größten Heer des Imperiums würde er den letzten verbliebenen Gegner niederzwingen. Augustus wollte davon Zeuge sein und beschleunigte deshalb seine Karriere. Im Jahre 12

n. Chr., erst 27 Jahre alt, durfte Germanicus bereits das Konsulat bekleiden und übernahm im Mai des darauffolgenden Jahres den Oberbefehl über die acht Legionen der Rheinarmee.[14]

Tiberius kehrte im Herbst des gleichen Jahres nach Rom zurück, um den durch die Varusschlacht aufgeschobenen Triumph über Pannonien und Dalmatien zu feiern. Er fand am 23. Oktober statt. Geehrt wurde nicht nur Tiberius, sondern Augustus verlieh auf dessen Betreiben auch seinen verdienten Generälen, darunter Germanicus und Velleius Paterculus, die Triumphalinsignien. An tausend Tischen wurden die Bürger gespeist, und jeder erhielt 300 Sesterzen als Geschenk aus der Beute. Bevor Tiberius zum Kapitol hinaufschritt, um Jupiter seinen Lorbeerkranz zu weihen, rührte er die Römer durch einen Akt der Pietät: Er kniete vor seinem »verehrten Vater« Augustus nieder und der zog seinen »lieben Sohn« an seine Brust. Neu war, daß die gefangenen Fürsten, darunter der bis zuletzt Widerstand leistende Bato (s. Kap. IX, S. 149 f.), nicht hingerichtet wurden, sondern reichbeschenkt Rom verließen, um in Ravenna im Exil standesgemäß ihr Leben zu beschließen. Eine Geste, die weniger Ausdruck der Humanität, sondern der Überlegenheit war, zeigte sie doch, daß es sich Rom leisten konnte, selbst seine Feinde am Leben zu lassen.[15]

Germanicus

Wann immer Augustus mit seinem Großneffen (s. Kap. VII, S. 116) zusammentraf, war es eine erfreuliche Begegnung. Wie sein Vater Drusus hatte der hochgewachsene, durchtrainierte Germanicus die schöne Fähigkeit, die Menschen zu gewinnen und mit Charme für sich einzunehmen. Dabei machte es keinen Unterschied, ob er im Feldlager zu den Soldaten sprach, im Senat zu überzeugen suchte oder auf offener Straße mit einem einfachen Bürger redete, nie kehrte er die Stellung heraus, die er seit seinem 19. Lebensjahr bekleidete: der dritte Mann in der Hierarchie des Reiches zu sein. Die Wahl des Tiberius zu seinem Nachfolger war für Augustus harte Notwendigkeit. Noch in seinem Testament ließ er verlauten, daß er lieber seine Enkel

Germanicus

Gaius oder Lucius an der Spitze des Staates gesehen hätte. Germanicus dagegen entsprach seinen innersten Wünschen. In seiner Person, dem Enkel seiner Schwester Octavia, der dazu noch Agrippina, seine eigene Enkelin, geheiratet hatte, würde die iulische Familie nach dem Intermezzo des Claudiers Tiberius wieder die Macht übernehmen. Dafür bürgte schon der Kindersegen, mit dem die fruchtbare Agrippina Jahr um Jahr ihren Großvater erfreute. Im Senat wies Augustus des öfteren auf Germanicus und seine Gattin als leuchtendes Vorbild adligen Familienlebens hin. Doch im Zeugen von Kindern, es wurden insgesamt neun, erschöpften sich seine Fähigkeiten nicht. Er war ein guter Redner und Anwalt, übersetzte griechische Komödien ins Lateinische und stand Augustus bei den Regierungsgeschäften helfend zur Seite. Im Krieg, in dem er sich durch persönliche Tapferkeit auszeichnete, zeigte er sich als williger Schüler seines früheren Onkels und jetzigen Adoptivvaters Tiberius. Mit dessen gleichaltrigem Sohn Drusus verband ihn seit Jugendtagen Freundschaft, die auch nicht darunter litt, daß Augustus Germanicus bevorzugte.[16]

Nichts beweist die ungeheure Zähigkeit und den Siegeswillen der Römer mehr als ihr unbeirrtes Festhalten am Ziel einer Eroberung Germaniens trotz der Niederlage in der Varusschlacht. Sämtliche rechtsrheinischen Geländegewinne waren dahin, alle Stämme abgefallen, die Investitionen in Städte, Lager, Straßen vergeblich, die Bestechungsgelder an die germanischen Verbündeten, die Bürgerrechte und Kommandoposten umsonst verteilt. Aber obwohl alles verloren war, was der mehr als zwanzigjährige Kampf gewonnen hatte, begann der Krieg um Germanien erneut. Für den mittlerweile 75jährigen Augustus muß es ein Déjà-vu-Erlebnis gewesen sein. Germanicus stand im gleichen Alter wie damals sein Vater Drusus und erhielt die gleichen Kompetenzen: die Statthalterschaft über Gallien und das militärische Oberkommando. Wie dieser organisierte er erst einmal einen Zensus, um die Versorgung mit Geld und Kriegsmaterial sicherzustellen. Darüber ging das Jahr 13 n. Chr. hin und erst im nächsten konnte er daran denken, »den Spuren seines Vaters und Onkels zu folgen«,[17] also bis zur Elbe vorzustoßen und die Provinz Germanien diesmal endgültig zu unterwerfen. Genau dies erwartete Augustus von ihm und formulierte es in seinem Rechenschaftsbericht, den er in dieser Zeit abfasste, um für die Nachwelt seine Taten festzuhalten: »Die gallischen und spanischen Provinzen und ebenso Germanien habe ich befriedet, ein Gebiet, welches durch den Ozean von Gades bis zur Mündung der Elbe umschlossen wird.«[18]

Doch bevor Germanicus seine Offensive eröffnen konnte, wurde die römische Welt durch den Tod des Augustus erschüttert. Auf einer Reise durch Süditalien, bereits durch eine Infektion geschwächt, machte er in dem kleinen Städtchen Nola Rast. Zufall oder nicht, es war der Ort, in dem sein Vater verstorben war. Als er am 19. August 14 n. Chr. sein Ende nahen fühlte, rief er Tiberius zu einem letzten Gespräch unter vier Augen zu sich. Dann ließ er sich für seine Freunde zurechtmachen und fragte sie, »ob er denn wohl die Komödie seines Lebens gut gespielt habe«, und zitierte den Spruch der Schauspieler, wenn sie am Ende ihres

Livia, Gattin des Augustus

Stückes vor ihr Publikum traten: »Wenn aber nun sehr gut gespielt ist, dann klatscht Beifall und gebet alle uns mit Freuden das Geleit.« Er erkundigte sich noch nach der kranken Tochter des Drusus, dann starb er in den Armen seiner Gattin mit den Worten: »Livia, gedenke unserer Ehe und lebe wohl.«[19]

Mit diesem beeindruckenden Abgang schuf Augustus noch eine letzte Norm. Für alle Zeiten legte er verbindlich fest, wie ein »guter Kaiser« starb. Stoisch, gelassen, gefaßt, umgeben von Freunden und Familie. Hatte er für diese und das Reich angemessen gesorgt, seine Pflicht erfüllt, durfte er darauf hoffen, daß ihm die Götter die »Euthanasie« gewährten, den sanften Tod. Perfekt hatte auch Livia 51 Jahre lang ihre Rolle als Ehefrau und Beraterin gespielt. Gefragt, wie es denn gekommen sei, daß sie so einen starken Einfluß auf die Entscheidungen ihres Mannes ausgeübt habe, nannte sie vier Gründe. Sie habe peinlich auf sittlich einwandfreies Benehmen geachtet, habe gern alle seine Wünsche erfüllt, sich nicht in seine Angelegenheiten gemischt und »vor allem den Anschein erweckt, als höre und merke sie nichts von seinen Liebesgeschichten.«[20] Es war die offizielle Version, die Dio hier wiedergibt. Denn die intelligente, willensstarke, selbstbewußte Livia brauchte sich gar nicht einzumischen. Der Princeps suchte von sich aus ihren Rat und profitierte von ihren vielfachen Verbindungen und ihrer Funktion als Fürsprecherin des Volkes. Dafür belohnte sie Augustus in seinem Testament mit einem Drittel seines riesigen Vermögens, nahm sie durch Adoption in die iulische Familie auf und verlieh ihr postum seinen eigenen Ehrennamen: Augusta. Schon an der Seite ihres Mannes hatte sie Vorrechte wie keine andere Frau besessen. Standbilder durften für sie errichtet werden, sie verwaltete eigenständig ihr Vermögen, genoß den Status der Unverletzlichkeit (sacrosanctitas), der jeden Angriff auf Leib und Leben mit der Todesstrafe bedrohte. In den östlichen Provinzen war ihr Prestige so groß, daß man sie göttlich verehrte. Sie war eine Macht in Rom, und sie blieb es zum Ärger ihres Sohnes Tiberius, bis sie hochbetagt 29 n. Chr. im Alter von 86 Jahren starb. Politik war ihre Leidenschaft. Sie an der Seite ihres Gatten auszuleben, schuf deswegen keine Probleme, weil beide sich ergänzten und einander respektierten. Wenn jedoch »die beste Kennerin und größte Verehrerin augusteischer Politik«[21] ihrem mittlerweile 56jährigen Sohn gute Ratschläge erteilte, kam es zwangsläufig zu Zusammenstößen. Dios Urteil, daß »sie versuchte, alles in die Hand zu nehmen, so als wenn sie allein das Regiment führte. Denn zu Lebzeiten des Augustus hatte sie den größten Einfluß ausgeübt«[22] ist sicher eine Übertreibung. Denn selbst der Tiberius-Anhänger Velleius bedauerte den Tod »dieser einzigartigen Frau, die in allem eher Göttern als Menschen glich – spürte man doch ihren Einfluß nur, wenn man von einer Gefahr bewahrt blieb oder eine Rangerhöhung erhielt.«[23] Aber daß sie nicht tatenlos zusah, wenn Tiberius ihrer Meinung nach gegen den ausdrücklichen Willen des nunmehr vergöttlichten Augustus handelte, kann man annehmen. Germanicus hatte zu ihr, die ihn nach dem frühen Tod seines Vaters im Alter von sechs Jahren in ihr Haus aufgenommen und erzogen, die seine Ehe mit Agrippina arrangiert hatte, ein ausgesprochen herzliches Verhältnis.[24]

Die Übergabe der Macht an den neuen Princeps verlief reibungslos. Nur anfänglich gab es Irritationen, als Tiberius, der sich viel mehr als Augustus an der alten republikanischen Verfassung orientierte, dem Senat ein größeres Mitspracherecht einräumen wollte. Rasch begriff er jedoch, daß niemand daran ein wirkliches Interesse hatte. Im Gegenteil überschlugen sich die Senatoren darin, ihm alle möglichen Ehrungen angedeihen zu lassen, die er sämtlich ablehnte. Denn nichts war ihm mehr zuwider als jener Personenkult, den Augustus gepflegt hatte. Als man anbot, wie im Falle Cäsars und Augustus' seinen Geburtsmonat November nach ihm zu benennen, fragte er ironisch zurück, was sie denn täten, wenn es einmal dreizehn Kaiser würden?[25]

Währenddessen schloß Germanicus seine Vorbereitungen ab und zog für den geplanten Feldzug die vier Legionen des niederrheinischen Heeres, die I., V., XX. und XXI. im Legionslager von Novaesium (Neuss) zusammen.[26] Kommandeur dieser Heeresgruppe war Aulus Severus Caecina, ein erfahrener Truppenführer im Rang eines Konsuls, Statthalter wichtiger Provinzen, der kurz vor seinem vierzigsten Dienstjubiläum stand und unter Tiberius gegen Marbod und in Pannonien gekämpft hatte. Aber selbst dieser alte Haudegen war völlig hilflos, als auf einen Schlag jegliche militärische Ordnung und Disziplin zusammenbrach. Auslöser war der Regierungswechsel, aber die Ursachen hatten sich über lange Jahre angestaut. Wegen der ewig klammen Kassen hatte Augustus vor zehn Jahren die Dienstzeit der Legionäre um vier Jahre auf zwanzig erhöht. Aber auch nach dieser Zeit wurden die Soldaten oft nur pro forma entlassen und konnten als Veteranen jederzeit wieder eingezogen werden. Es gab Legionäre, die seit dreißig Jahren unter Waffen standen, die schon in den ersten Feldzügen des Drusus und Tiberius dabei gewesen waren. Daran gemessen, klagten sie, sei die Bezahlung einfach viel zu schlecht, vor allem, wenn die Beute so kärglich ausfiele wie in Germanien. Außerdem würden die Abfindungen nicht wie vorgesehen in Geld, sondern »unter der Bezeichnung Ackerland als Morastboden in Sümpfen oder als ödes Bergland«[27] ausbezahlt. Schließlich würden die Zenturionen und Tribunen sie wie Sklaven behandeln. Viele von ihnen seien korrupt und bereicherten sich an den Soldaten. Am lautesten beschwerten sich die V. und XXI. Legion, weil in ihnen der Anteil der Altgedienten besonders hoch war. Dann sprang der Funke der Empörung auf die neuausgehobene I. Germanica über, deren Legionäre die einmalige Chance witterten, dem verhassten Militärdienst ade zu sagen und in ihr geliebtes Rom zurückzukehren. Das Lager verwandelte sich in einen brodelnden Kessel des Aufruhrs, die Soldaten machten Jagd auf Zenturionen und Tribunen, peitschten sie zu Tode und warfen ihre Leichen in den Rhein. Caecinas Autorität reichte nicht einmal dazu, Offiziere, die sich zu ihm geflüchtet hatten, zu schützen.[28]

Aus Gallien eilte Germanicus herbei. Jetzt mußte sich zeigen, ob er die Kunst beherrschte, das Heer wieder zum Gehorsam zu bringen. Es war Zeit für den Auftritt, auf den sich jeder römische Aristokrat von Jugend an vorbereitete: die Rede von der Tribüne des Feldherrn. Der Auftakt war verheißungsvoll. Der ungeordneten Masse befahl Germanicus, sich erst einmal unter ihren Feldzeichen in Kohorten aufzustellen. Mürrisch gehorchten die Soldaten. Dann zog er alle Register der Rhetorik und redete ihnen ins Gewissen. Aber anstatt sich zu beruhigen, schrien sie ihm ihre Forderungen zu und boten ihm an, mit ihrer Unterstützung Kaiser zu werden. Verzweifelt versuchte Germanicus das letzte Mittel. Er riß sein Schwert heraus und rief, lieber begehe er Selbstmord, als den Treueid auf Tiberius zu brechen. Es gibt vergleichbare Situationen in der römischen Geschichte. Pompeius hat auf diese Weise seine meuternden Legionen wieder in den Griff bekommen. Aber er war mit ihnen jahrelang durch die Welt gezogen und beliebt bei seinen Soldaten.[29] Germanicus stand als Feldherr erst am Anfang. Die Drohung verfing nicht. Schlimmer, die Geste wirkte unglaubwürdig. »Bravo«, schrien einige Legionäre und ein besonders dreister bot ihm sein eigenes Schwert mit den Worten an, das sei schärfer.[30]

Jeder Offizier kennt das erste Gebot seines Berufes: Befiehl nur, wenn du sicher bist, daß dir gehorcht wird. Germanicus hatte es verletzt. In fliegender Eile verfassten seine Berater einen vorgeblichen Brief des Princeps. Alle, die zwanzig Jahre und mehr gedient hatten, wurden ehrenvoll entlassen und erhielten das Doppelte der gewöhnlichen Abfindung. Das dafür nötige Geld lieferte die Heereskasse, mit der die Meuterer triumphierend abzogen. Erhielten sie es nicht sofort, hatten die Legionen mit der Plünderung Kölns und Galliens gedroht. Als das Gerücht aufkam, der Feldherr wolle alles rückgängig machen, traten sie nachts seine Türe ein, holten ihn aus dem Bett und verlangten Garantien.

Jetzt war die Geduld seiner Umgebung erschöpft. Die »Freunde« (amici), die jeden Statthalter, Feldherrn und Gesandten Roms begleiteten, um ihm mit Rat und Unterstützung in der Fremde beizustehen, wußten sich auch gegenüber Tiberius und dem Senat in der Verantwortung. Mit Entschiedenheit forderten sie, er möge die vier Legionen des oberrheinischen Heeres in Marsch setzen, um die Rebellion niederzuschlagen. Es kam hinzu, daß Germanicus in Begleitung seiner schwangeren Frau Agrippina und seines zweijährigen Söhnchens reiste, den die Soldaten liebevoll »Stiefelchen« (Caligula) nannten, weil er winzige Militärsandalen trug.[31] Es ginge nicht an, daß er seine Familie solchen Gefahren aussetze. Germanicus lehnte das eine ab und stimmte dem anderen zu. Die Vorstellung, daß statt der geplanten Offensive zwei römische Heere – mit den Germanen als frohlockende Zuschauer – gegeneinander fochten, war ihm unerträglich. Der Stamm der Treverer bot der Enkelin des Augustus Asyl, und am nächsten Tag setzte sich der traurige Zug in Richtung des Hauptortes Augusta Treverorum (Trier) in Bewegung. Ohne militärischen Schutz zogen die Frauen dahin. Agrippina, mit ausgeprägtem Sinn für wirkungsvolle Inszenierungen, trug den kleinen Caligula auf dem Arm.

Das rührende Bild einer römischen Mutter mit ihrem Kind auf der Flucht bewirkte den Umschwung. Soweit war es also gekommen, daß Mitglieder des kaiserlichen Hauses nicht bei den Legionen, sondern bei Barbaren Sicherheit fanden. Die Soldaten liefen herbei und versuchten Agrippina und Germanicus umzustimmen. Der witterte seine Chance und hielt eine donnernde Rede, was das für ein Haufen sei, der sich so aufführe, erinnerte die XX. an ihre glorreiche Vergangenheit, an die Schlachten, die sie mit Tiberius geschlagen, an ihre Auszeichnungen, die sie von ihm empfangen hatte. Übelste Undankbarkeit sei das und ihre eigentliche Aufgabe, die Rache für die drei Legionen des Varus, wollten sie die etwa anderen überlassen? Er bitte die Götter, den vom Himmel herabschauenden Augustus und seinen eigenen Vater Drusus, daß nun »Schamgefühl und Ruhmbegierde« in ihre Herzen einziehen mögen. Im übrigen könnten sie ihre Reue dadurch zeigen, daß sie die Anstifter der Rebellion beseitigten. So geschah es, und nach den Zenturionen flogen nun die toten Körper der Rädelsführer in den Fluß. – Davon unbeeindruckt zeigten sich die beiden übrigen Meuterer-Legionen, die V. und XXI. Sie standen in Vetera formal noch unter dem Kommando Caecinas. Als Germanicus heranrückte, gelang ihm ein blutiger Putsch. Mit den »Gutgesinnten« überfiel er die Rebellen und metzelte sie nieder. »Als dann Germanicus ins Lager einzog, nannte er unter vielen Tränen dieses Vorgehen kein Heilmittel, sondern eine verlorene Schlacht.«[32]

Das war sie in der Tat. Die Kampfstärke der vier Legionen hatte entschieden gelitten. Zu den ermordeten Zenturionen, den Hinrichtungen und den sonstigen Gefallenen addierten sich die Entlassenen und Tausende von unzuverlässigen Veteranen, die man unter dem Vorwand, sie würden dort gebraucht, in andere Provinzen schickte. Weder Germanicus noch Caecina hatten eine gute Figur abgegeben. Den rechtsrheinischen Germanenstämmen waren die Vorgänge bei den

Römern kein Geheimnis geblieben, wie Tacitus berichtet.[33] Fünf Jahre nach der Varusschlacht war der große Gegenschlag noch immer ausgeblieben, das römische Prestige erschüttert. Fast scheint es, als ob die aufständischen Stämme die Römer zu unterschätzen begannen. Arminius hat des öfteren über Germanicus, »das unerfahrene Jüngelchen«,[34] und die unzuverlässigen Legionen gespottet.

Marsermord

Spät im September, wahrscheinlich sogar erst im Oktober, griff Germanicus die Marser an. Der Feldzug, zu dem ihn, wie es bei Tacitus heißt, die Truppen »als Sühne für ihre Raserei«[35] gedrängt hatten, war die beste Möglichkeit, die vier Legionen wieder in den Griff zu bekommen, durch die Aktion gegen den Feind den Schleier des Vergessens über das Vergangene zu breiten. Über die Schiffsbrücke von Vetera marschierten etwa 25000 Mann, davon 12000 Legionäre. Ihre Zahl betrug also nur noch 3/5 der üblichen Sollstärke. Die Marser, die zwischen Ruhr und Lippe im Bergland lebten, waren Teil der Arminius-Koalition, rechneten aber nicht im entferntesten zu dieser Jahreszeit und nach den Ereignissen am Rhein mit einem Überfall. »Fröhlich« feierten sie ein Fest, wahrscheinlich aus Anlaß der Ernte, zechten kräftig und hatten nicht einmal Wachen aufgestellt.

Germanicus benutzte für den Anmarsch zunächst einen der »limites« des Tiberius, entschied sich aber trotz der »finsteren Waldtäler« für eine »schwierige und unbegangene Route«, um die Marser zu überraschen. Obwohl man nachts marschierte, passierte man sie ohne Probleme. Leichte Truppen unter Caecina räumten das »hinderliche Walddickicht« weg und am Morgen hatten die Römer die ihren Rausch ausschlafenden Marser umzingelt.[36] Schenken wir Tacitus Glauben, brach nun die Hölle los: »Einen Raum von 50 Meilen ließ er (Germanicus, Anm. d. Verf.) mit Feuer und Schwert völlig verwüsten: nicht Geschlecht, nicht Alter brachte Erbarmen; weltliche Gebäude ebenso auch Heiligtümer, auch der bei jenen Stämmen hochangesehene heilige Bezirk, der den Namen der Tanfana (wahrscheinlich eine

Plünderung eines germanischen Dorfes, Relief von der Säule des Marc Aurel

Fruchtbarkeitsgöttin, Anm. d. Verf.[37]) trug, wurden dem Erdboden gleichgemacht. Unverwundet blieben die Soldaten, die nur Halbschlafende, Waffenlose und Herumirrende erschlagen hatten.«[38]

Kein Vorwurf des Berichterstatters schwingt in dieser Beschreibung der Kriegsgreuel mit. Germanicus, Tiberius und das Heer sind hochbefriedigt. Besser und geschickter hätte man gegen die Marser nicht vorgehen können. Wer sich nicht unterwirft, wer rebelliert, muß die Folgen tragen. Cäsar handelte nicht anders, als er im Gallischen Krieg den Verteidigern der Stadt Uxellodunum die Hände abschlug, »weil man sonst nie zu einem Ende kommen wird«, und Augustus, der ewigen Aufstände in Spanien müde, tat das gleiche mit den gefangenen Kantabrern und Asturern.[39] Den Stamm der Eburonen, die fünfzehn seiner Kohorten auslöschten (s. Kap. XII, S. 197 f.), gab Cäsar »für die unerhörte Untat« zur Ausrottung frei, und von den Bewohnern der Stadt Avaricum (Bourges) überleben von 40 000 gerade einmal 900, weil »die Soldaten durch die harte Belagerungsarbeit so erbittert sind, daß sie weder Frauen noch Greise noch Kinder schonten.«[40] Beide Seiten schenkten sich nichts. Geht es um den höchsten Einsatz, sind alle Mittel gerechtfertigt, ist alles erlaubt. Wir wissen es aus unseren eigenen Kriegen.

Die mit den Marsern verbündeten Brukterer, Tubanten und Usipeter kamen zu Hilfe. Die Zerstörung des Heiligtums, die Verletzung des »Bierfriedens« beim Fest galt ihnen sicherlich als Sakrileg.[41] Germanicus wußte, daß sie kamen, und ordnete den Gefechtsmarsch im Carré (agmen quadratum, s. S. 227) an. Wie zu erwarten, griffen die Germanen in den Waldgebieten an, als die Marschformation sich in die Länge zog. In ihrer Masse warfen sie sich auf die Hilfstruppen der Nachhut und brachten sie in Bedrängnis. Germanicus befahl der XX. Legion den Gegenangriff. Die »Siegreiche« formierte sich, »und in einem einzigen Anlauf stießen sie durch die Feinde, trieben sie in offenes Gelände und machten sie nieder.«[42] Der Kampf endete demnach so, wie er immer endete, wenn germanische Stammeskrieger sich den Legionen in der Feldschlacht stellten: mit einer Niederlage. Der Erfolg hob das römische Selbstvertrauen. Über die Römer lachte keiner mehr. Der Sieg war ein gutes Omen für den Feldzug im nächsten Jahr.

Kapitel XIV
Mehr durch Gewalt als durch Klugheit

Tiberius war davon überzeugt: Man mußte den Feind spalten. Die »Friedenspartei«, die bereit war, mit den Römern zusammenzuarbeiten, förderte man großzügig, die »Kriegspartei«, die Unverbesserlichen, bekämpfte man um so härter. Mit militärischen Mitteln allein ließ sich Germanien nicht beherrschen – oder doch?

Noch im Winter erreichten die Römer am Rhein erfreuliche Nachrichten. Bei den Cheruskern tobte eine Stammesfehde. Segestes, der Zwangsschwiegervater des Arminius, der sich gegen seinen Willen an der Varusschlacht hatte beteiligen müssen, setzte wieder auf die römische Karte. Das Imperium, das hatte der Marserfeldzug gezeigt, gab die rechtsrheinischen Gebiete nicht auf. Segestes warb dafür, daß man sich mit den Römern arrangierte, bevor sie gegen die Cherusker zogen. Mehr und mehr Stammesgenossen neigten seiner Ansicht zu, die Frieden statt Krieg versprach. Der Fürst schlug gegen Arminius los, und es gelang ihm, Thusnelda zu rauben. Um die Proteste seiner Tochter, die ihren Mann nicht verlassen wollte, kümmerte er sich nicht. Daß sie schwanger war, machte ihre Funktion als Faustpfand noch wertvoller.

Arminius und Segestes sammelten ihre Gefolgschaften. Damit nicht aus den benachbarten Stämmen, den Chatten und Marsern, weitere Anhänger zu dem »Verräter« stießen, mobilisierte Germanicus in fliegender Eile die Truppen. Mit vier Legionen und 10 000 Mann Auxiliaren stieß er im Frühjahr des Jahres 15 n. Chr. von Mainz – auf der alten Route seines Vaters Drusus – durch die Wetterau an die Eder vor. Der Angriff in ihr Kerngebiet traf die Chatten ebenso über-

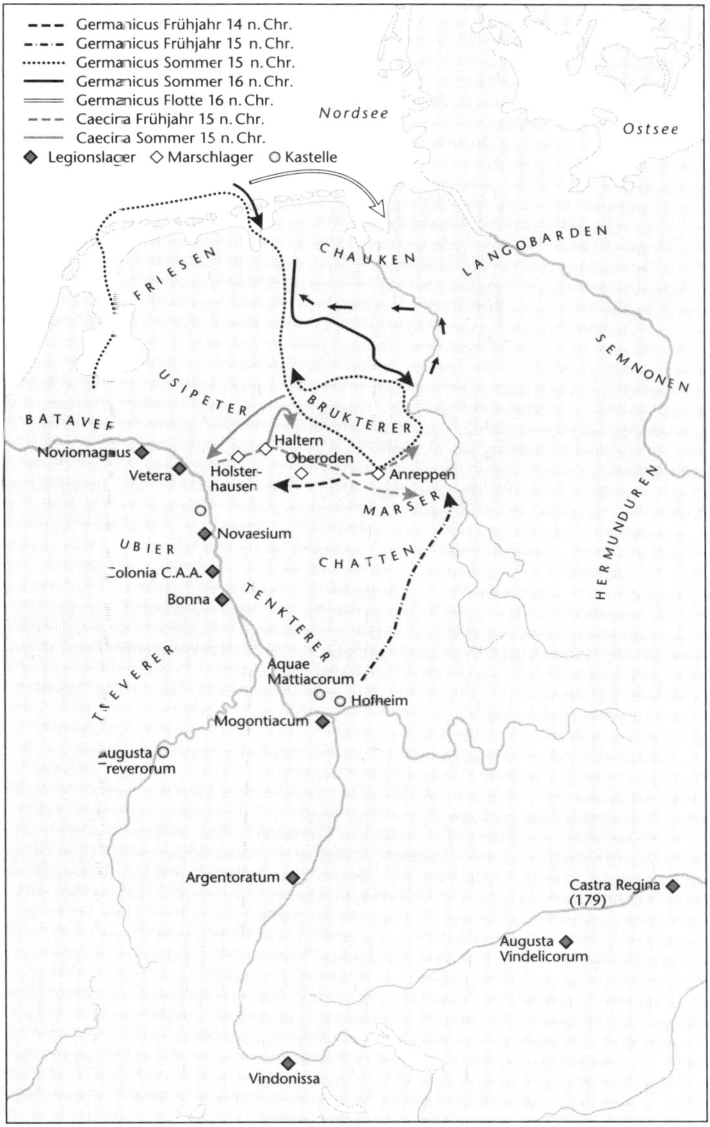

Die Germanicus-Feldzüge zwischen 14 und 16 n. Chr.

vorgebliche Thusnelda, Statue aus Florenz

raschend wie die Marser im letzten Jahr, und die Folgen waren die gleichen. »Alle, die sich wegen ihres Alters oder Geschlechts nicht wehren konnten, wurden sogleich gefangen oder niedergemacht.«[1] Friedensverhandlungen lehnte Germanicus als des römischen Volkes unwürdig ab. Daraufhin spaltete sich der Stamm. Die einen unterwarfen sich bedingungslos und durften bleiben, die anderen flüchteten sich in die Wälder. Ihre Gehöfte und ihr Hauptdorf Mattium wurden verbrannt, ihre Äcker verwüstet. Die Niederlage der Chatten war vollständig. – Parallel operierte sein Unterfeldherr Caecina vom Niederrhein mit vier Legionen und Hilfstruppen gegen die Marser, die sich auf einen Kampf einließen und geschlagen wurden.

Die Fähigkeit der Römer, im Norden und Süden gleichzeitig angreifen zu können, war beeindruckend – bloß nützte sie ihnen nichts. Arminius gewann den cheruskischen Bürgerkrieg und belagerte Segestes in seinem Fürstensitz. Ausgerechnet dessen Sohn Segimundus, der ehemalige Priester am Augustusalter in Köln, überbrachte den Hilferuf. Damals, im Jahr der Varusschlacht, hatte er ohne zu Zögern seine Priestergewänder mit Schild und Speer vertauscht und sich Arminius angeschlossen. Germanicus kehrte sofort mit den Legionen um. Es galt zu demonstrieren, daß Rom seine Verbündeten nicht im Stich ließ. Noch rechtzeitig, was für gute Wegeverhältnisse spricht, sprengte er den Belagerungsring und befreite Segestes samt seinen Verwandten und vielen Gefolgsleuten. In seine Hände fiel auf diese Weise auch Thusnelda, die in römischer Gefangenschaft ihren Sohn

Thumelicus gebar. Segestes und seine Gefolgschaft erhielten Siedlungsland »in der alten Provinz«,[2] das heißt im linksrheinischen Germanien oder in Gallien.

Der Effekt der Intervention war für die Römer niederschmetternd. Arminius' Stellung bei den Cheruskern war gefestigter denn je. Mit Segestes hatte er einen gefährlichen Gegner verloren. Schlimmer noch gewann ihm der schändliche Raub von Weib und Kind bei allen Stämmen weitere Gefolgsleute. »Was für ein Vater, was für ein großer Feldherr, was für ein tapferes Heer sei das«, läßt ihn Tacitus wütend ausrufen, »die mit so vielen Armen *ein* schwaches Weib fortgeschleppt hätten!«[3] Sogar sein Onkel Inguiomerus, der einzige Cheruskerfürst, der sich an der Varusschlacht nicht beteiligt hatte, schloß sich ihm jetzt an. Statt zu spalten, bewirkten die »Erfolge« der Römer das Gegenteil: Die Stämme der Arminius-Koalition schlossen sich noch enger zusammen.

Ging es nicht mit Diplomatie, mußte es eben mit Gewalt versucht werden. Mit seinen acht Legionen, dazu Hilfstruppen der Bataver und Chauken zielte Germanicus ins Herz des germanischen Widerstands: gegen Arminius und die Cherusker. Im Sommer hatte er seine Vorbereitungen abgeschlossen. Allein die Verpflegung dieser Truppenmasse von etwa 60000 Mann stellte die Römer vor riesige logistische Probleme. Als Cäsar Gallien unterwarf, hatte er sein Getreide aus dem Land selbst bezogen. In Germanien mit seiner kaum entwickelten Landwirtschaft, die keine Überschüsse produzierte, mußten Futter und Verpflegung im Troß mitgeführt oder auf dem Wasserweg herangeschafft werden. Ein Heer dieser Größe benötigte mindestens fünfzig Tonnen Getreide pro Tag.[4] Schon aus Gründen der Transportkapazität mußte Germanicus die Armee in verschiedenen Marschsäulen vorrücken lassen. Als Treffpunkt wurde die mittlere Ems und damit das Brukterer-land festgelegt. Caecina machte sich von Vetera über Land mit vier Legionen dorthin auf, Germanicus wählte mit den vier übrigen Legionen den Seeweg durch den Drususkanal und die Nordsee, die Reiterei zog durchs Gebiet der verbündeten Friesen an der Küste entlang.

Genau wie Marser und Chatten hatten die Brukterer der Vernichtungsstrategie der Römer nichts entgegenzusetzen. »Alles Gebiet zwischen Ems und Lippe wurde verwüstet« und inmitten »des Mordens und Plünderns« übergaben Überläufer den Adler der XIX. Legion, um Germanicus milde zu stimmen. Angelangt in den »entlegensten Teilen des Brukterererlandes«, befand sich das Heer »nicht weit vom saltus teutoburgiensis«, dem Ort der Varusschlacht, wo, »wie es hieß, die Überreste des Varus und seiner Legionen noch unbestattet lagen.«[5] Germanicus Entschluß, den Toten die letzte Ehre zu erweisen, ist später von Tiberius kritisiert worden. Der Anblick des einzigen Schlachtfeldes, auf dem die Römer nicht Sieger, sondern Opfer waren, müsse die Truppen demoralisieren, war seine Befürchtung. Andererseits gebot es die religiöse Pflicht, die Gefallenen zu beerdigen. Denn solange dies nicht geschehen war, irrten, nach dem Glauben der Antike, die Schatten der Toten ruhelos durch die Unterwelt.

Wo sich Germanicus befand, ist einigermaßen unstrittig. Das Brukterererland (s. Karte) erstreckte sich nach Osten etwa bis in den Raum Osnabrück – Bielefeld. Um zum Schlachtfeld von Kalkriese zu gelangen, benutzten die Römer einen der Pässe des Teutoburger Waldes und/oder des Wiehengebirges und bogen dann auf den Hellweg in die Varusroute ein. Das gleiche gilt, wenn sie durchs Tal der Werre (Hypothese Dreyer, vgl. Kap. XII, S. 218) geführt hätte. Die Angabe, daß Caecina vorausgeschickt wurde, »um das unübersichtliche Waldgebiet zu erkunden und Brücken und Dämme über die feuchten Sümpfe und trügerischen Moorwiesen anzulegen«,[6] trifft auf beide Möglichkeiten zu. In jedem Fall folgte Germanicus von Ost nach West dem Zug des unglücklichen Statthalters, denn als erstes stieß er auf das Drei-Legionen-Lager des Varus.[7]

Danach kamen sie zum zweiten Lager mit seinem »halbverfallenen Wall und flachem Graben«, dann zum eigentlichen Schlachtfeld mit seinen bleichenden Knochen.

Ist es möglich, daß es gar kein zweites Lager gab? Der Archäologe Achim Rost hat die These aufgestellt, daß Germanicus und seine Offiziere den germanischen Wall von Kalkriese nicht als solchen erkannten. Befestigungen dieser Art zu errichten, hätten sich nur die Römer selbst zugetraut, den Wall sozusagen automatisch als römisch klassifiziert. In dem in den vergangenen sechs Jahren teilweise eingestürzten

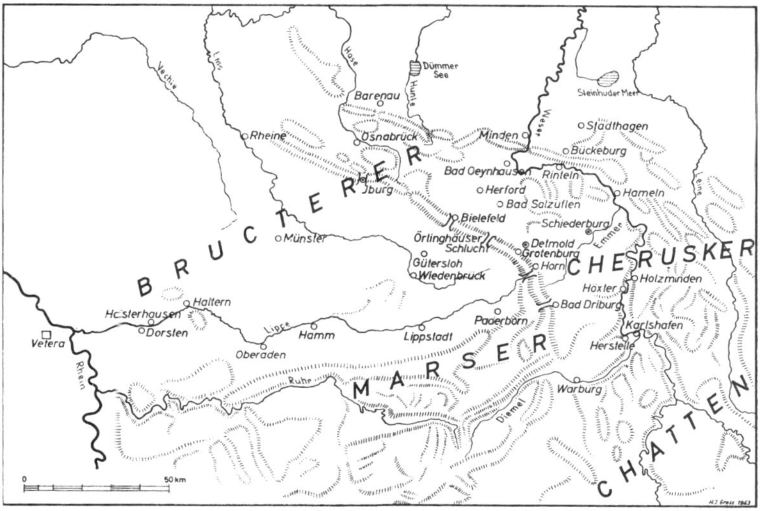

Karte Weser-Ems-Lippe-Gebiet nach John/Varus, das Schlachtfeld von Kalkriese liegt unmittelbar südlich von Barenau

Wall, in den verschütteten Gräben könnten sie den Versuch gesehen haben, ein Marschlager zu errichten. Andererseits gab es Zeugen der Katastrophe, die es besser wußten, »Überlebende, der Schlacht oder der Gefangenschaft entronnen, die erzählten, hier seien die Legaten gefallen, dort die Adler geraubt worden.« Aber hatten sie im Chaos der Schlacht wirklich den Überblick behalten? Entstand aus diesem Irrtum die Version des Florus (s. Kap. XII, S. 184 f.), wonach es im Lager selbst einen Kampf gegeben habe?[8]

Germanicus befahl, die Knochen zusammenzutragen und einen Grabhügel zu errichten. Das erste Rasenstück dafür stach er selber aus, »um den Toten einen erwünschten Liebesdienst zu erweisen und am Schmerz der Lebenden Anteil zu nehmen.«[9] Passend zu dieser Stelle bei Tacitus haben sich auf dem Schlachtfeld von Kalkriese bislang acht Knochengruben gefunden. In ihnen lagen, teilweise geradezu behutsam arrangiert, die Gebeine von achtzehn Männern, deren Analyse ein Alter von zwanzig bis vierzig Jahren, in etwa also das Le-

Germanischer Krieger besucht mit seinem Sohn den Ort der Varusschlacht, Schützenscheibe aus dem 19. Jahrhundert

bensalter aktiver Legionäre, ergeben hat. An den Schädeln erkennt man tödliche Hiebverletzungen. Ebenfalls festgestellt wurde, daß die Knochen nicht im Skelettverbund begraben waren, sondern mehrere Jahre, nicht aber länger als zehn, an der Oberfläche gelegen haben müssen. Das Argument, hier hätten vielleicht Anwohner, des Anblicks der bleichenden Knochen überdrüssig, in Eigeninitiative die Entsorgung erledigt,[10] überzeugt letztlich nicht. Die hätten viel früher, als noch der Verwesungsgeruch über der Stätte hing, zum Spaten gegriffen oder später die Knochen als hochkonzentrierten Dünger einfach untergepflügt (s. Kap. I, S. 18). Schwerer wiegt der Einwand, angesichts des Gemetzels an etwa 8000 bis 10 000 Römern seien die Gefundenen der Toten zu wenig. Dagegen betonen die Leichenkundler, die eigentliche Sensation bestünde darin, daß überhaupt noch Reste auf uns gekommen sind. In einer ersten Phase, als die Leichen offen dalagen, machten sich Wildschweine, Wölfe und Füchse, Rabenvögel und Insekten über die Gefallenen her. In einem, höchstens zwei Jahren verwesten die Körper. Die Knochen der Skelette wurden von Tieren verschleppt, gleichzeitig setzte Verwitterung ein, der im kalkarmen Boden rasche Zersetzung folgte. Wie rasch, beweist der Fund eines Zahnkronenrests, der als einziges Relikt eines menschlichen Gebisses überdauerte. Die Anthropologin Birgit Großkopf schließt daraus, daß »ein materieller Verlust von zahllosen Skeletten anzunehmen ist.«[11] Zu berücksichtigen ist zudem, daß sich die Kampfhandlungen nicht auf einen Ort konzentrierten, sondern die römische Armee in einem mehrtägigen Marschgefecht dezimiert wurde.

Statt der befürchteten lähmenden Trauer erfüllte das Heer »Erbitterung gegen den Feind und Haß«,[12] beste Voraussetzungen also für den Kampf gegen Arminius. Der Cherusker stand mit seinen Kriegern in der Nähe und ließ sich von den römischen Kundschaftern bereitwillig finden, um sich in »unwegsames Gelände«[13] zurückzuziehen. Germanicus folgte ihm und versuchte, eine Entscheidung zu erzwingen, als sich Arminius in einer Lichtung scheinbar zum Kampf stellte. Die Hilfstruppen, Reiterei und Fußvolk griffen an, wurden aber geschlagen und abgedrängt. Als Germanicus zu ihrer Rettung die Legionen einsetzte, brach Arminius das Gefecht ab und verschwand in den Wäldern. Die Römer zogen ebenfalls ab, entweder weil die Jahreszeit schon fortgeschritten war, wahrscheinlicher aber aus Lebensmittelmangel.[14] Tacitus, dessen Parteinahme für Germanicus seine gesamte Darstellung durchzieht, nennt den Kampf unentschieden. Angesichts des Aufwands, den es bedeutete, ein Acht-Legionen-Heer in Marsch zu setzen, war das Ergebnis mehr als kläglich.[15]

Der Rückmarsch vom Sammelpunkt an der Ems erfolgte in der gleichen Einteilung wie der Vormarsch. Die Reiterei bewegte sich an der Küste entlang, Germanicus schiffte sich mit seinen Legionen auf der bereitstehenden Flotte ein, Caecina sollte für den Weg über Land eine zwar »bekannte« aber andere Route nehmen und zwar über die Eichenbohlen der »langen Brücken (pontes longi)«, die dringend ausgebessert werden mußten. »Ein schmaler Dammweg war dies zwischen weit ausgedehnten Sümpfen, einst von Lucius Domitius Ahenobarbus angelegt (also vor ungefähr 15–20 Jahren, Anm. d. Verf., s. Kap. VIII, S. 120 f.); alles andere war Moorboden, zäh durch den schweren Schlamm oder durch Wasserläufe schwer passierbar.« Genau diese Stelle »mit ihren ringsum sanft ansteigenden Wäldern«[16] hatte sich Arminius für einen Angriff ausgesucht.[17]

Sobald ihm klar war, welchen Weg die Römer einschlagen würden, überholte er sie auf Abkürzungen und besetzte die Anhöhen. Caecina mußte gleich zwei Probleme auf einmal lösen, sich gegen Arminius verteidigen und den Bohlenweg instand setzen, um seinen Troß in Sicherheit zu bringen. Der war, den Ermahnungen des Tiberius entsprechend, zwar auf das Notwendigste reduziert – Tacitus nennt Zelte, Verbandszeug, Werk- und Schanzzeug und natürlich Lebensmittel und Futter für die Pferde –, dennoch immer zu groß. Jede römische Truppe bewegte sich langsamer als die Germanen – und sie war ebenso angreifbar wie zu Varus' Zeiten.

Während die einen das Lager für die Nacht schanzten und den Weg ausbesserten, bildeten die anderen Gefechtslinien. Auf dem schlüpfrigen Boden hatten die Legionäre einen schweren Stand und waren heilfroh, als endlich die Nacht anbrach und die Kämpfe aufhörten. Aber in der Nacht leiteten die Germanen Bäche ab, um die Ebene noch mehr unter Wasser zu setzen. Teilweise stürzten die Lagerwälle ein. Die Stimmung im Römerlager sank auch deswegen auf einen Tiefpunkt, weil die Germanen mit »fröhlichen Gesängen und lautem Lärm« bereits ihren Sieg feierten.

Den erfahrenen Caecina, mittlerweile im 40. Dienstjahr stehend, konnte das nicht erschüttern. Um den Troß mit den zahlreichen Verwundeten ungefährdet herauszubringen, mußte es gelingen, die Germanen in die Wälder und Sümpfe abzudrängen. Dementsprechend entwarf er seine Gefechtsdisposition. Die am wenigsten kampferfahrene I. Legion Germanica bildete die Vorhut, die V. und XXI. sollten die Flanken decken, die XX. Legion, seine beste, erhielt die schwierigste Aufgabe: als Nachhut die Verfolger abzuwehren. Nachts, berichtet Tacitus, träumte Caecina schlecht. »Es war ihm nämlich, als sehe er Quinctilius Varus blutüberströmt aus dem Sumpf emportauchen, hörte ihn rufen und die Hand nach ihm ausstrecken.«[18]

Am nächsten Tag ging tatsächlich fast alles schief. Die für die Flankensicherung vorgesehenen zwei Legionen verweigerten den Gehorsam und setzten sich über die »Langen Brücken« ins Trockene ab.[19] Der Troß steckte im Morast fest, die Marschordnung geriet heillos durcheinander, die Soldaten in Verwirrung. Arminius mit untrüglichem Gespür für den rechten Augenblick rief: »Seht da, Varus und seine nochmals in das gleiche Schicksal verstrickten Legionen!«,[20] und griff mit seinen besten Kriegern an. Caecina, in vorderster Front kämpfend, geriet in Lebensgefahr und wurde ausgerechnet von den Legionären der I. Germanica herausgehauen. Arminius gelang es mehrmals, die römischen Reihen zu durchbrechen, die Römer erlitten schwere Verluste, und Teile des Troßes gingen verloren. Das war die Rettung, denn wer plündert, kämpft nicht, und so gelang den Legionen der Durchbruch zu den beiden anderen.

Im mühsam errichteten Lager, denn es gab kaum noch Schanzzeug, kampierten die Mannschaften unter freiem Himmel, da die Zelte jetzt den Germanen gehörten, und aßen »mit Blut oder Schmutz besudeltes Brot.«[21] Es fehlte auch an Verbandszeug für die Verwundeten. Aus nichtigem Anlaß gerieten die Legionäre in Panik und wollten ausgerechnet durch das nach Osten gerichtete Tor entkommen. Arminius hatte dort keine Wachen aufgestellt, da er nicht damit rechnete, daß die Römer ins Innere Germaniens ausbrechen könnten. Nur dadurch, daß sich Caecina auf die Schwelle des Tores warf, die Soldaten ihn also bei ihrer Flucht totgetreten hätten, wovor sie dann doch zurückschrecken, bekam er die Lage unter Kontrolle. In einer Heeresversammlung machte er ihnen klar, daß man abwarten müsse, bis der Feind das Lager angreife. Falle man dann aus und schlage ihn, käme man durch diesen Sieg wieder an den Rhein.

Bei den Germanen wurde ebenfalls heftig diskutiert. Arminius beschwor die Fürsten, die Taktik anzuwenden, die sich in der Varusschlacht bewährt hatte: »die Römer ausrücken lassen und sie dann wiederum im sumpfigen und unwegsamen Gelände zu umzingeln.«[22] Aber der Sieger des Jahres 9 n. Chr., der Kenner der römischen Kampfweise, konnte sich nicht durchsetzen. Sein Onkel Inguiomerus fand, es sei nachgerade eine Kleinigkeit, das Lager zu erstürmen. Dadurch gäbe es auch mehr Beute und mehr Gefangene. Dem stimmten alle begeistert zu.

Arminius Niederlage im Rat der Fürsten rettete die Römer. Alles verlief so, wie von Caecina vorausgesagt. Während die Germanen versuchten, die Verschanzungen zu stürmen, fielen die Legionen durch die Tore aus und griffen den Feind in Formation im offenen Gelände an. Die Trompeten schmetterten, und dumpf donnerten die Pila der Legionäre auf die Schilde. Es folgte das übliche Gemetzel, bei dem – höhere Gerechtigkeit – Arminius gar nicht, Inguiomerus schwer verwundet wurde. Unbelästigt marschierte Caecina mit seinen vier Legionen zurück an den Rhein.[23]

Dort hatte sich mittlerweile das Gerücht verbreitet, Caecina sei von Arminius geschlagen wie vor sechs Jahren Varus und die Germanen zögen heran. Beinahe hätte man deswegen die Rheinbrücke abgebrochen. Nur das mutige Einschreiten Agrippinas, der Gattin des Germanicus, verhinderte das Vorhaben. Wie ein Feldherr stand sie an der Brücke, verteilte Kleidungsstücke und Verbandszeug und »sprach den heimgekehrten Legionen Dank und Anerkennung aus.«[24]

Währenddessen hatte Germanicus die II. und XIV. Legion an der Nordseeküste ausgeladen, um die Schiffe zu erleichtern. Der geringere Tiefgang ermöglichte ihm, durchs flache Wattenmeer zu segeln und so die offene See zu vermeiden. Offenbar hatten ihn die Einheimischen vor Stürmen gewarnt. Deren Auswirkungen trafen die Landgruppe, die bei ihrem Marsch die Küste entlang sich zu nahe am Wasser hielt und in eine Springflut geriet. Viele ertranken. Fast die gesamte Ausrüstung ging verloren. Nur mühsam schlugen sich die Überlebenden zu einer Flußmündung durch, wo Germanicus mit der Flotte wartete.[25]

Tiberius, im fernen Rom die Feldzugsberichte studierend, bewahrte nur mühsam die Fassung. Was er las, schlug allen Prinzipien ins Gesicht, die er für den Krieg in Germanien aufgestellt hatte. Den Bürgerkrieg bei den Cheruskern auszunutzen, war eine sinnvolle Strategie und durfte seiner Zustimmung gewiß sein.[25] Was aber danach geschah, war ein Vabanque-Spiel mit höchstem Risiko. Der Marsch mit acht Legionen zu den Cheruskern hatte außer Verlusten nichts eingebracht. Im Gegenteil versteifte sich der germanische Widerstand. Caecinas Rückzug wäre um ein Haar in einer Katastrophe geendet, die beiden Germanicus-Legionen waren stark dezimiert. Die Listen der Toten und Verwundeten, die Einbußen an Pferden und Material lasen sich wie eine Niederlage. Woher die Mannschaften nehmen, wenn sich eine zweite Varusschlacht ereignete? Hinzu kamen persönliche Animositäten. Agrippinas Auftritt an der Rheinbrücke war gewiß kein Zeichen souveränen Führungsstils des Feldherrn, genauso wenig schätzte der Princeps dessen weihevolle Totenehrung auf dem Varusschlachtfeld. Bestenfalls hielt er es für Zeitverschwendung, die nicht mehr identifizierbaren Knochen aufzusammeln.[27]

Wie in Ländern mit schlechter Infrastruktur vorzugehen war, hatte Tiberius in Rätien, Pannonien und Germanien vorgeführt. Es ging nur Schritt für Schritt, langweilig, aber mit Methode und allein mit militärischen Mitteln schon gar nicht. Germanicus' Brachialstrategie ruinierte die Truppen. Caecinas glückliches Durchbruchsgefecht zeigte eben nicht, daß man durch das Vermeiden von Führungsfehlern Katastrophen wie der Varusschlacht entgehen konnte.[28] Zwei Legionen hatten ihm nicht gehorcht, der ausgebrochenen Panik war er nur durch den Einsatz seines Lebens Herr geworden, die Rettung seines Heeres verdankte er einer falschen Entscheidung der germanischen Fürsten. Damit in Zukunft zu rechnen, war fahrlässig.

Tiberius wußte, was er zu tun hatte. Er brach den Krieg ab. Germanicus konnte ihn nicht führen. Doch seinen Adoptivsohn und designierten Nachfolger einfach abberufen, durfte er nicht. Zu berücksichtigen war, wie loyal sich Germanicus bei den Meutereien der Legionen gegenüber Tiberius verhalten hatte. Schließlich hätte ein allzu harsches Vorgehen nicht nur ihn selbst, sondern auch die Ehre des iulisch-claudischen Geschlechts beschädigt. Denn die Prinzen des Kaiserhauses waren immer siegreich. Das war ihr Beruf, und so mußte es bleiben. Augustus hatte es vorgemacht, wie sich halbe Niederlagen in Siege verwandeln ließen. Tiberius handelte nach dessen Vorbild. Hatte Germanicus nicht einen der verlorenen Legionsadler zurückgebracht? Wie vor 35 Jahren Augustus die Feldzeichen aus den Händen der Parther? Die Rückgabe der Adler bedeutete Unterwerfung der Feinde, Wiederherstellung der Ehre des römischen Volkes, siegreicher Abschluß des Krieges.

Eine Gesandtschaft des Senates ging ab an den Rhein und verkündete Germanicus die höchste Ehre, die einem Römer widerfahren konnte: den Triumph. Tiberius bewilligte ihn, denn er habe gesiegt »über Cherusker und Chatten, sowie die anderen Stämme, die das Land bis zur Elbe bewohnen.«[29] Schon war der Triumphbogen in Arbeit, der von den erfochtenen Siegen berichten sollte. Genau gegenüber dem Augustusbogen, der den Sieg über die Parther feierte, würde er aufgestellt werden und damit demonstrieren, daß nunmehr auch der letzte große Feind Roms geschlagen sei. Münzen wurden geprägt, die Germanicus als Triumphator zeigten und die Aufschrift trugen »Signis Receptis – Devictis Germanis« (Die Feldzeichen wiedererobert – Die Germanen besiegt).[30] Mit dem Hinweis auf die Elbe stellte Tiberius Germanicus ehrenvollerweise in die Reihe der großen Feldherren, die vor ihm den Fluß erreicht hatten: seines Vaters Drusus, des Ahenobarbus und des Tiberius selbst. Mit dem Ehrenbogen setzte er die »Siege« in Germanien mit dem Friedensschluß in Parthien gleich, der Augustus mehr als eine Schlacht gegolten hatte.[31] Es war eine goldene, sorgsam austarierte Brücke, die Tiberius für Germanicus baute, sie bedeutete ein Lob hart an der Grenze zur Schmeichelei. Doch gleichzeitig war sie ein deutlicher Wink des Princeps, ein in Ehrungen verpackter Befehl, den germanischen Krieg zu beenden. – Aber Germanicus, ehrgeizig, stolz und stur, betrat die Brücke nicht. Gegen den Willen des Tiberius führte er den Krieg, seinen Krieg, weiter.

Kapitel XV

Die Sieger

Bevor er zu seinem großen Feldzug aufbrach, sprach Germanicus vor dem versammelten Heer ein Gebet. Er richtete es an seinen Vater Drusus, »er möge ihm für das gleiche Wagnis willig und gnädig durch sein Vorbild und durch die Erinnerung an seine Pläne und Werke hilfreich sein.«[1] Mit dem gleichen Wagnis, dem Vorbild und dem übrigen meinte er das Erreichen der Elbe. Wie sein Vater, der bei den Legionen am Rhein unvergessen war und dessen Andenken mit feierlichen Paraden gedacht wurde, wollte sein Sohn am Ufer dieses Stromes stehen und dafür, nicht nur für die Absicht, geehrt werden. Dies war der erste Grund, warum er sich weigerte, Tiberius zu gehorchen.

Der zweite, daß Germanicus sich auf eine Autorität stützen konnte, die noch über Tiberius thronte: Augustus. Denn es war der nunmehr vergöttlichte Princeps gewesen, der ihn mit dem Oberbefehl in Germanien betraut hatte, um Rache zu nehmen, die verlorenen Gebiete zurückzuerobern, die Feldzeichen wiederzugewinnen, kurz: zu siegen.[2] So gesehen, blieb Germanicus seinem Auftrag treu, der auch ihm den Ruhm verschaffen würde, den er als zukünftiger Princeps brauchte. Mit dieser Auffassung stand er nicht allein. Wer den Grundlinien augusteischer Politik nacheiferte, durfte auf die tätige Unterstützung von Livia Augusta rechnen. Tacitus kleidete diese Hilfe in die Gestalt eines glückverheißenden Traumes, in dem der junge Feldherr statt einer durch Opferblut besudelten Toga »eine andere, schönere aus den Händen der Großmutter Augusta«[3] empfing.

Der dritte Grund war der Feldzugsplan, den Germanicus entworfen hatte. Er berücksichtigte alle Erfahrungen der letzten zwei Jahre und bot damit eine Erfolgsperspektive, die auch Tiberius hoffentlich überzeugte. Das römische Heer, rechtfertigte sich der Neffe gegenüber dem erfahrenen Älteren, sei in offener Schlacht und in geeignetem Gelände stets überlegen. Die Germanen wiederum hätten die Wälder und Sümpfe, die kurzen Sommer und die frühen Winter auf ihrer Seite. Aber nicht die Kämpfe machten die Legionäre mürbe, sondern die ewigen Märsche und daß es äußerst schwierig sei, den notwendigen Nachschub heranzuführen. Gallien sei nicht mehr imstande, genügend Zugtiere zu liefern. Überhaupt sei der Troß grundsätzlich schwer zu verteidigen, da seine Größe Überfälle aus dem Hinterhalt geradezu provoziere. Um diese Probleme in den Griff zu bekommen, beabsichtige er, eine amphibische Strategie anzuwenden. Er habe eine Flotte von tausend Schiffen auf Kiel gelegt, speziell geeignet, das Wattenmeer und die Flüsse zu befahren. Mit Steuerrudern an beiden Enden, um vorn und hinten anlegen zu können, mit Verdecken, um Wurfgeschütze auf ihnen aufzustellen. Alle Schiffstypen, einschließlich der Pferdetransporter und Getreidefrachter, seien sowohl mit Rudern als auch mit Segeln ausgerüstet. Legionen und Nachschub würden auf diese Weise zusammen befördert, man könne den Krieg zeitiger beginnen, und Pferde und Soldaten kämen ausgeruht und frisch an den Einsatzort.[4]

Um zu zeigen, daß er die Lehren seines militärischen Ziehvaters sehr wohl berücksichtige, baute er parallel die Lippelinie weiter aus. Erste Kastelle waren offensichtlich schon wieder ganzjährig besetzt, denn früh im Jahre 16 n. Chr. mußte er das am weitesten östlich gelegene freikämpfen, das von Germanen belagert wurde. Bei dieser Gelegenheit zerstörten die Feinde den Grabhügel auf dem Varusschlachtfeld und einen beim Kastell gelegenen Drusus-Altar. Seinen Unterfeldherrn Caius Silius schickte er zu einem Ablenkungsangriff gegen die Chatten. Der gewarnte Stamm zog sich in seine Verstecke in den Wäldern zurück, doch gerieten Frau und Tochter des Stammesoberhauptes, des Chattenfürsten Arpus, in römische Gefangenschaft.[5] Die Aktionen zeigten, daß von einer Beherrschung des Landes abseits der »Limites« und befestigten Basen keine Rede sein konnte. Da Germanicus der Methode seines Onkels, der fein dosierten Mischung aus

Diplomatie und Druck, nichts abgewann, blieb als Alternative nur der hart und kompromisslos ausgeführte Großangriff. Er sollte den Hauptfeind, die Cherusker und Arminius, mit einem Schlag vernichten.

Das größte Heer, das jemals in Germanien einfiel, sammelte sich an der Bataver-Insel, um eingeschifft zu werden. Den Kern bildeten die acht Legionen der Rheinarmee, dazu kamen in gleichem Umfang zahlreiche Hilfstruppen, sowohl Reiterei wie Fußvolk: germanische Bataver und Chauken, Gallier, Räter und Vindeliker aus Süddeutschland und dem Alpenraum. Bogenschützen zu Fuß und zu Pferd, sowie zwei Kohorten der berühmten Prätorianer komplettierten das Aufgebot. Germanicus selbst verfügte über eine starke berittene Leibwache. Schätzungsweise standen 75 000 Mann unter Waffen.[6]

Nach Tacitus segelte die Flotte auf der schon im Vorjahr benutzten Route durch Zuidersee und Wattenmeer in die Ems. Die Truppen wurden ausgeladen und fanden sich – der römische Historiker verzichtet vollständig auf die Beschreibung ihres Anmarschweges – urplötzlich an der Weser wieder. Angesichts einer bei Tacitus des öfteren vorkommenden Schlampigkeit im Umgang mit geographischen Fakten (s. Kap. XIV, S. 250, Anm. 25) hat man vermutet, daß er Ems und Weser verwechselt habe.[7] In der Tat würde ein römisches Heer, gerade wenn es über ausreichende Schiffskapazitäten verfügte, eher den direkten Weg als den Umweg über die Ems gewählt haben.

Wie und wo auch immer – nach landläufiger Meinung im Umkreis der Porta Westfalica – Germanicus an der Weser sein Lager aufschlug, es ist der Ort, wo die ungleichen Brüder Arminius und Flavus aufeinander treffen. Der romtreue Flavus, dem einst wie Arminius das römische Bürgerrecht verliehen wurde, hat es in römischen Diensten unter den Feldherren Tiberius und Germanicus bis zum Zenturio gebracht und tritt seinem rebellischen Bruder im Schmuck seiner Orden gegenüber.[8] Über den Fluß hinweg, Arminius auf dem Ost-, Flavus auf dem Westufer, streiten sie über die richtige Politik gegenüber dem römischen Imperium. Flavus argumentiert ganz im Sinne eines romanisierten Germanen, eines sozialen Aufsteigers, der sich von seiner Herkunft distanziert und eine neue Identität ausgebildet hat. Für ihn zählt, daß er teilhat an der Größe und Macht Roms, das hart im Strafen, aber auch milde gegenüber denen ist, die sich freiwillig unterwerfen. Arminius hingegen führt personale Gründe an, verweist in aufsteigender Linie auf Mutter, Sippe und Stamm, an denen er zum Verräter werde, wenn er ihnen die »altererbte Freiheit« nehme. Statt Zenturio bei den Römern, solle er lieber Heerführer bei den Cheruskern sein.[9] Daran aber ist Flavus nicht im mindesten interessiert. Wie Segestes vertraut er darauf, daß Rom ihn im Falle eines römischen Sieges als neuen Fürsten der Cherusker einsetzen und er damit die Rolle übernehmen würde, die Arminius im Jahre 4 n. Chr. (s. Kap. XI, S. 166) selbst gespielt hatte. Daß es unter den Cheruskern und den mit ihnen verbündeten Stämmen noch immer genügend Romfreunde gab, bewiesen die Überläufer, von denen Tacitus berichtet.[10]

Da die Entscheidungsschlacht unmittelbar bevorstand, berief Germanicus eine Heeresversammlung ein und bleute den Legionen noch einmal eindringlich ein, warum sie siegen würden: Ihre Rüstungen seien so fest, daß sie vor feindlichen Hieben keine Angst haben müßten. Umgekehrt wäre es am besten, sie würden mit den Schwertspitzen in die Gesichter zielen. Die Germanen hätten keine Panzer, keine Helme und selbst ihre sogenannten Schilde seien nicht mit Eisen beschlagen oder durch Leder verstärkt, sondern »dünne, buntgefärbte Bretter«. Nur ihre erste Schlachtreihe sei mit ordentlichen Lanzen versehen, also mit eisernen Spitzen, die Speere der anderen seien nur im Feuer gehärtet. Mit ihren breiten Gliedmaßen böten die Germanen zwar einen schrecklichen Anblick, zugleich aber ein gutes Ziel; und nach einem ersten wilden Angriff erlösche schnell ihr Kampfesmut angesichts der empfangenen Wunden. Ohne sich um ihre Führer und Befehle zu kümmern, liefen sie dann davon. – Zum Schluß proklamierte Germanicus mit Pathos das Kriegsziel: »Wenn sie, überdrüssig der Märsche und der Seefahrt, ein Ende wünschten, durch diese Schlacht werde es herbeigeführt: näher sei schon die Elbe als der Rhein, einen Krieg darüber hinaus gäbe es nicht, wenn sie ihm, der den Spuren seines Vaters (Drusus, Anm. d. Verf.) und seines Onkels (Tiberius, Anm. d. Verf.) folge, zum Sieg verhelfen wollten.«[11]

Auf der germanischen Seite spornte Arminius seine Krieger an.

Germanicus sei, verglichen mit Tiberius, ein junger unerfahrener Feldherr, ein »Jüngelchen«, seine ach so gerühmten Legionäre bestünden, genauer betrachtet, aus vier Gruppen von Feiglingen: Die erste seien Überlebende der Varusschlacht, »jederzeit zur Flucht bereit.« Die zweite »habe sich auf Meuterei verlegt«, um nicht kämpfen zu müssen. Die dritte seien die Legionen des Caecina, die schmählicherweise ihre Wunden auf dem Rücken trügen, also davongelaufen seien. Die letzte schließlich leide noch unter »den von Stürmen und Fluten zerschlagenen Gliedern«. Zu Schiff seien sie deswegen gekommen, weil sie Angst gehabt hätten, ihnen könne jemand entgegentreten. Doch im Nahkampf würden ihnen die Ruder und Winde ohne Nutzen sein.[12]

Blanke Psychologie war diese Rede, denn sie entsprach nicht der Wirklichkeit. Sieben Jahre nach der Varusschlacht diktierten wieder die Römer die Bedingungen des germanischen Krieges. Das strategische Konzept des Arminius, der direkten Konfrontation mit den Legionen auszuweichen, auf günstige Gelegenheiten zu lauern und dann anzugreifen, war am Ende. Das römische Heer bedrohte unmittelbar das Kernland der Cherusker. Kein Stammesführer hätte es sich leisten können, ohne Widerstand die Siedlungen preiszugeben. Arminius mußte sich Germanicus stellen. Immerhin blieb ihm die Wahl des Kampfplatzes überlassen. Tacitus hat uns den Namen überliefert: Idistaviso.[13]

Die Ebene auf dem östlichen Weserufer, die sich »in ungleichmäßiger Breite« zwischen dem Fluß und den Hügeln erstreckte, läßt sich ungefähr im Raum von Minden lokalisieren. Es gab hier einen Hain des Gottes Donar, den die Römer als den germanischen Jupiter betrachteten, ein Urbild von Stärke und Kraft, ein Blitzeschleuderer, der als Waffe einen urtümlichen Steinhammer führte.[14] An diesem Heiligtum versammelten sich die Cherusker und ihre Bundesgenossen. Die ursprüngliche Idee, das römische Heer nachts anzugreifen, erwies sich als undurchführbar. Germanicus hatte nach dem Überschreiten der Weser vorschriftsmäßig sein Lager errichtet, und nur allzu schnell »merkten die Feinde, daß zahlreiche Kohorten vorne auf den Verschanzungen standen und nichts versäumt war.«[15] Also blieb nur die offene Feldschlacht. In der Ebene und am Rand der umgebenden Wälder stellte Arminius die Kontingente der verbündeten Stämme auf. Er selbst besetzte mit den Cheruskern die Anhöhen, an denen das römische Heer vorbeimarschieren mußte (s. Skizze).

Es gibt Beispiele dafür, daß allein der Anblick der Marschblöcke der Legionen selbst tapfere, aber wenig nervenstarke Gegner in heillose Flucht trieb. Der Aufmarsch des riesigen Acht-Legionen-Heeres in Kampfordnung, im Glanz der Rüstungen, Adler und Fahnen, der noch glänzender herausgeputzten Prätorianer, der Hilfstruppen zu Fuß und zu Pferd, der Bogenschützen und Ballisten war durchaus geeignet, auch den Mut des kühnsten Kriegers zu erschüttern. Den Feind sehen und wissen, daß man siegen werde, war für Germanicus eins. Als »herrliches Vorzeichen« entdeckte er acht Adler, die den Germanen entgegenflogen. Seinen Soldaten rief er zu, »sie sollten angreifen und den Vögeln Roms folgen, den Schutzgeistern der Legionen.«[16] Aber bevor sich die geballte Masse auf den Gegner warf, attackierte überraschend Arminius mit seinen Cheruskern die Vorhut des römischen Heeres, die Hilfstruppenreiterei.

Historiker der Germanicus-Feldzüge und Arminius-Biographen haben diese Aktion als Beweis gewertet, daß der Cheruskerfürst seine Krieger nicht zu disziplinieren imstande war. Arminius' Plan habe darin bestanden, abzuwarten und sich erst »während des Kampfes auf die Römer zu stürzen«,[17] wie Tacitus kommentiert. Aber woher will der römische Autor gewusst haben, was Arminius beabsichtigte? Der Verlauf der Schlacht läßt auch eine andere Deutung zu. Wie üblich in offenem Gelände hatten die Germanen nicht die Spur einer Chance gegen die römischen Gefechtslinien, und selbst der Wald »frei von Unterholz zwischen den Baumstämmen«[18] bot ihnen diesmal keine Rückzugsmöglichkeit. Ein Flankenangriff gegen die Legionen hätte an der Niederlage nicht das mindeste geändert. Wenn man ein »Prinzip Arminius« annehmen will, bestand es darin, immer den schwächsten Punkt des Gegners anzugreifen, um dadurch Verwirrung zu stiften. Mit seinem Angriff auf die Spitze des römischen Heeres zwang er Germanicus, ihm die Reiterei entgegenzuschicken, entlastete also dadurch die in der Ebene kämpfenden Germanen. Gleichzeitig zeigte er

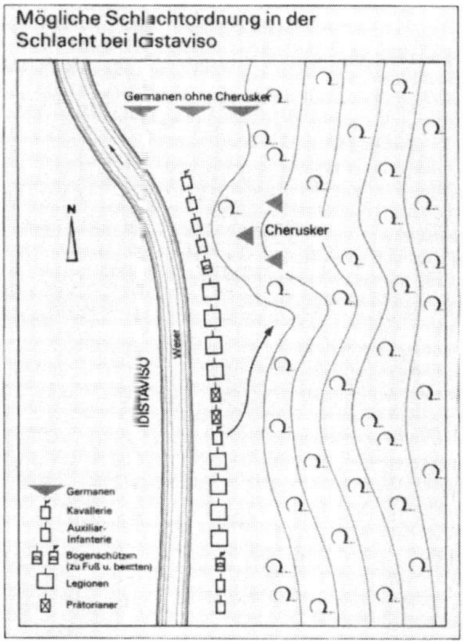

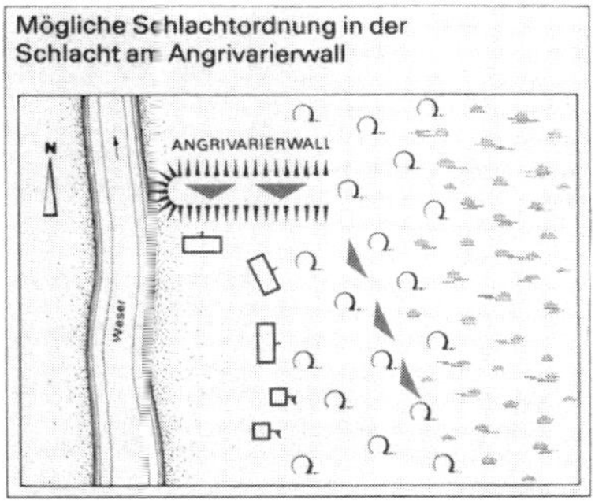

Die Schlachten von Idistaviso und am Angrivarierwall

sich als Anführer, der das Gesetz des Handelns nicht aus der Hand gab.

Genützt hat es freilich nichts. »Von der fünften Tagesstunde bis zur Nacht wurden die Feinde niedergemetzelt, und eine Strecke von zehn Meilen war mit ihren Leichen und Waffen übersät ... einige, die in feiger Flucht auf die Wipfel der Bäume geklettert waren, wurden durch herbeigeholte Bogenschützen zur Kurzweil mit Pfeilen angenagelt«, berichtet Tacitus mit spürbarer Befriedigung. Arminius entkam verwundet und mit knapper Not, »nachdem er sich das Gesicht mit eigenem Blut beschmiert hatte, um nicht erkannt zu werden.«[19] Das römische Heer errichtete auf dem Schlachtfeld ein Siegeszeichen und rief Tiberius, unter dessen Oberbefehl der glorreiche Sieg erfochten wurde, zum Imperator aus. Germanicus durfte hoffen, durch diesen Erfolg seinen Zorn vorerst besänftigt zu haben.[20]

Unsere Quelle berichtet, für einen kurzen Moment hätten die Cherusker überlegt, ihre Wohnsitze zu räumen und sich hinter die Elbe zurückzuziehen. Dann aber taten sie das Gegenteil und traten zu einer weiteren Schlacht an. Man hat daraus geschlossen, daß die Verluste der Germanen bei Idistaviso nicht so gravierend gewesen sein müssen. Doch sich dem intakten, siegesstolzen Heer des Germanicus noch einmal zu stellen, ist eine Leistung, die ohne einen charismatischen Anführer undenkbar ist. Offenbar gelang es Arminius, nicht nur seine Stammeskoalition zusammenzuhalten, sondern auch jeden Gedanken an Unterwerfung zu unterdrücken.[21]

Wie schon bei Idistaviso wählte er den Ort der Schlacht. Ungefähr dreißig Kilometer nördlich von Minden, irgendwo zwischen Weser und Steinhuder Meer, verlief ein Wall, der das Land der Angrivarier gegen das der Cherusker begrenzte. Dieser Damm sollte der Rückhalt für die germanischen Fußtruppen sein. Griffen ihn die Römer an, würde die in den Wäldern postierte Reiterei sie in der Flanke fassen.[22] Weder der schöne Plan noch die von Arminius gewählte Aufstellung schreckte Germanicus. Wichtig war nur, daß sich die Feinde überhaupt zum Kampf stellten. Den Rest würden die Legionen in gewohnter Präzision besorgen. Offenbar wollten die Germanen noch immer nicht begreifen, daß sie besiegt waren. Die Schlacht im einzelnen nachzuerzählen, lohnt sich nicht (s. Skizze). Wieder unterlag Arminius den Legionen. Ein Problem gab es nur bei der Erstürmung des Walles, den die Germanen erbittert verteidigten. Da sie über genügend Wurfspeere verfügten, erlitten die hier eingesetzten Prätorianer Verluste. Germanicus befahl den Einsatz der Schleuderer und der Legionsartillerie, der Skorpione. Über eine Entfernung von 300 Metern sausten ihre dattelförmigen, etwa 30–50 Gramm wiegenden Bleigeschosse heran. So schnell und klein, daß man sie nicht sehen und ihnen nicht ausweichen konnte. Die Torsionsgeschütze überbrückten noch größere Entfernungen. Gegen ihre Eisenbolzen halfen weder Rüstung noch Helm: »Und je mehr sich die Verteidiger blicken ließen, mit um so größeren Verlusten wurden sie heruntergeholt.«[23] Teile des cheruskischen Aufgebots wurden gegen einen Sumpf abgedrängt und konnten nicht fliehen. Den nachsetzenden Legionären rief Germanicus zu, »sie sollten weitermachen mit dem Töten: man brauche keine Gefangenen, allein die Vernichtung des Stammes werde dem Krieg ein Ende machen.«[24] Die militärische Grausamkeit lag auf der Linie römischer Konsequenz, wie sie auch im »Tatenbericht« des Augustus zum Ausdruck kommt, der sich rühmte, »er habe auswärtige Völker lieber erhalten als vernichten wollen.« Voraussetzung war freilich, daß sie sich unterwarfen. Den Angrivariern, die nach der Schlacht »demütig um Gnade baten und alle Bedingungen annahmen«, gewährte Germanicus volle Verzeihung.[25]

Auf dem Schlachtfeld wurde aus den erbeuteten Waffen ein großes Siegesdenkmal errichtet. Es zierte die Inschrift: »Nach Niederwerfung der Stämme zwischen Rhein und Elbe hat das Heer des Kaisers Tiberius dieses Denkmal dem Mars und Iuppiter und Augustus geweiht.«[26]

Germanicus hatte zwar nicht bis zur Elbe vorstoßen, aber die Cherusker zweimal besiegen können. Aber was ergab sich daraus für die römische Position in Germanien? Angesichts der wieder einmal fortgeschrittenen Jahreszeit und der aufgezehrten Lebensmittel mußten die Legionen umkehren. Zurück blieben Arminius und die Cherusker.

Germanicus war weder eine Spaltung des Stammes, noch eine Zerschlagung der germanischen Stammeskoalition gelungen. Arminius' Abwehrkämpfe, wenngleich verlustreiche Niederlagen, hatten das cheruskische Kernland vor Verwüstung bewahrt. Es gab weder neue Stützpunkte, noch Besatzungen, noch Tribute. Die Zeichen römischer Überlegenheit, die Siegesdenkmäler von Idistaviso und am Angrivarierwall, ließen sich genauso schnell beseitigen wie der von Germanicus errichtete Grabhügel auf dem Varusschlachtfeld. Acht Legionen hatten die Römer eingesetzt und dennoch war nach diesem Feldzug alles so, wie es vorher gewesen war. Hatte Arminius auf Zeit gespielt? Leicht konnte er sich ausrechnen, wann die römischen Vorräte zur Neige gingen und wann Germanicus den Feldzug abbrechen mußte, um noch bei gutem Wetter die See zu befahren. Trifft die Annahme zu, war sein Kalkül aufgegangen. Arminius hatte die Schlachten verloren – aber den Krieg gewonnen.

Unbelästigt zog der kleinere Teil der Legionen zum Rhein. Germanicus setzte für den Transport der übrigen wie geplant die Flotte ein. Doch statt der erhofften komfortablen Heimfahrt geriet er trotz rechtzeitigen Aufbruchs in einen schweren Sturm. Die Schiffe wurden aufs offene Meer getrieben, viele sanken, einige verschlug es bis Britannien. Es nützte nichts, daß man »Pferde, Vieh, Gepäck, sogar Waffen« über Bord warf. Soldaten, die auf den Inseln gestrandet waren, verhungerten, wenn nicht zufällig ein Pferdekadaver an Land getrieben wurde. Germanicus rettete sich zu den verbündeten Chauken, »gab sich laut die Schuld an der Katastrophe und konnte von den Freunden nur mühsam davon abgehalten werden, im gleichen Meer den Tod zu suchen.«[27] Die Verluste waren gravierend. Zusammen mit denen der Feldzüge des letzten Jahres übertrafen sie die Toten und Gefangenen der Varusschlacht. Vorsichtige Schätzungen gehen von einem Fünftel bis zu einem Viertel der eingesetzten Truppen aus.[28] Die amphibische Strategie des Germanicus war im wahrsten Sinne des Wortes gescheitert. Wie ein Lauffeuer sprach sich die Neuigkeit in Germanien herum. Arminius erschien endgültig als Sieger.

Aber Germanicus und seine Legaten waren nicht umsonst die Vertreter der stärksten Macht auf Erden. Obwohl sich bereits die Blätter herbstlich verfärbten, demonstrierte Rom die ungebrochene Kraft des Imperiums. Caius Silius brach mit 30000 Mann und 3000 Reitern bei den wieder unruhig werdenden Chatten ein. Germanicus zog gegen die Marser. Dort hatte der ewige Terror endlich zu einer Spaltung des Stammes geführt, und einer ihrer Fürsten, der sich den Römern unterworfen hatte, Mallovendus, verriet ihm das Versteck des zweiten Adlers aus der Varusschlacht. Die Feinde, schrieb Germanicus an Tiberius, trügen sich bereits mit Plänen, im nächsten Jahr um Frieden zu bitten. Nur noch ein Jahr brauche er, um das Begonnene zu Ende zu führen.[29]

Tiberius glaubte es nicht. Sein Urteil stand fest. Germanicus' Heldentaten waren überflüssig, seine »ruhmreichen Siege dem Staate schädlich«.[30] Zwei Legionsadler und die zwei gefangenen Ehefrauen der aufständischen Fürsten wogen die Tausenden von Toten der letzten Feldzüge nicht auf. Germanicus' Politik der nackten Gewalt würde das Land zwischen Rhein und Elbe nur dann in die Knie zwingen, wenn man noch mehr Truppen, noch mehr Geld aufbrachte, noch größere Anstrengungen unternahm. Lohnte es sich wirklich? Germanien war weder reich wie Gallien, noch besaß es die Bodenschätze Spaniens, geschweige denn die strategische Bedeutung, die den Kampf um Illyrien sinnvoll hatte erscheinen lassen. Am meisten aber fürchtete Tiberius, daß es bei der bekannten Risikofreude des Germanicus über kurz oder lang zu einer weiteren, noch schlimmeren Niederlage kommen könnte. Sie hätte nicht nur militärisch verheerende Folgen gehabt – es gab keine Reserven mehr –, sondern auch die neue monarchische Staatsverfassung schwer erschüttert.

In immer dringlicheren Schreiben forderte der Princeps Germanicus auf, das Kommando über die Rheinlegionen niederzulegen. Er habe ja selbst gesehen, daß gegen Wind und Wellen ein Heerführer nichts ausrichten könne. Unstrittig wie seine Erfolge seien die erlittenem Rückschläge. Im übrigen habe Tiberius, der neunmal vom göttlichen Augustus nach Germanien geschickt worden sei, »dort mehr durch kluges Verhandeln als durch Gewalt erreicht.«[31] Schärfer konnte man die Kritik nicht formulieren. Mehr als Germanicus, der die Fortführung des Krieges mit dem Willen des Augustus legitimierte, konnte sich Tiberius darauf berufen, in dessen Sinne gehandelt zu haben. Unter seinem Kommando war Germanien friedlich gewesen, weil es ihm gelang, die Unterworfenen in die politische Ordnung des Römerreiches einzubinden. »Mit Legionen allein konnte ein Land wie Germanien weder gewonnen noch behauptet werden.«[32] Daß Germanicus diese »Binsenweisheit« (D. Timpe) einfach nicht begreifen wollte, hat Tiberius mehr als alles andere gegen ihn aufgebracht.

Am Ende lenkte Germanicus wider besseres Wissen ein. Tiberius Argumente waren nach seiner Meinung schwach. Seit wann orientierte sich das Imperium an Fragen der Nützlichkeit und der Kosten, statt dem Ruhm den Vorzug zu geben und der Ehre? War es wirklich so »klug«, eine einmal eroberte Provinz zu räumen, den Verräter Arminius triumphieren zu lassen? Was würden die germanischen Verbündeten denken, Angrivarier und Chauken, Friesen und Bataver, die mit den Legionen in den Kampf gezogen waren, was die benachbarten Gallier und die Bewohner der anderen Provinzen? Durfte man sich zufriedengeben mit einer Welt, die sich der »Pax Romana« verweigerte, die darauf bestand, in ihrer barbarischen Unkultur zu verharren und so immer eine Gefahr sein würde für die Werte, die Rom verkörperte: Frieden, Gerechtigkeit, Ordnung und Wohlstand?

Den Abschied vom Rhein erleichterte ihm Tiberius mit einem

ehrenvollen gemeinsamen Konsulat und einem neuen bedeutenden Kommando im Osten. Bevor Germanicus dorthin abreiste, feierte er am 26. Mai des Jahres 17 in Rom glanzvoll einen Triumph. Ungebrochen war die Sieghaftigkeit des Kaiserhauses, Varus gerächt, die Adler zurückerobert, Germanien bis zur Elbe – so die offizielle Version – wieder unter das römische Joch gebeugt. An den jubelnden Römern vorbei wurden die Bilder mit den neuen gewonnenen Schlachten getragen, die Gemälde der schaurigen Wälder und Sümpfe entrollt und noch einmal – das letzte Mal – das weite Stromtal der Elbe gezeigt. Unter den Gefangenen aller Stämme, die Germanicus besiegt hatte, zogen die vornehmen Cherusker und Chatten die meiste Aufmerksamkeit auf sich. Da man Arminius nicht präsentieren konnte, wollten alle Thusnelda sehen, wie sie mit ihrem nun dreijährigen, in der Gefangenschaft geborenen Sohn Thumelicus, im Zuge schritt. Neben ihr ging ihr Bruder Segimundus, der ehemalige Augustuspriester, und Sefithakus, der seinen Spott mit der Leiche des Varus getrieben. Segestes, ihr Vater, als treuer Freund Roms mit einem Platz auf der Zuschauertribüne geehrt, war »bei der Vorführung der ihm Teuersten zugegen.«[33] Nach ihrem Auftritt als Kriegsbeute erhielt Thusnelda Ravenna als Wohnort angewiesen. Tacitus hatte die Absicht, darüber zu berichten, »wie dem dort erzogenen Knaben später übel mitgespielt wurde.« Leider ist der betreffende Textabschnitt verloren.[34]

Während seine Gattin dem Triumphzug des Germanicus Glanz verlieh, führte Arminius weiter Krieg. Bloß hatte der Gegner gewechselt. Nicht mehr die Legionen, sondern Marbod, der Markomannenkönig, war sein Ziel. Wer wen warum angriff, ist nicht mit Sicherheit zu ergründen. Einigermaßen klar scheint zu sein, daß Arminius nicht mehr mit den Römern rechnete, also Kenntnis gehabt haben muß von der Abberufung des Germanicus und was diese für Germanien bedeutete.[35] Gesichert ist, daß Langobarden und Semnonen Marbod verließen und zur Stammeskoalition der Cherusker übertraten. Die geographische Nähe zu deren Siedlungsgebiet mag die Entscheidung gefördert haben, sich einem Fürsten anzuschließen, der um vieles berühmter und erfolgreicher als Marbod erschien. Dieser Abfall und möglicherweise römisches Gold im Hintergrund ließen den Marko-

Thusnelda mit Thumelicus im Triumphzug des Germanicus (1873)
Gemälde von Karl Theodor von Piloty (1826–1886), Ausschnitt

mannenkönig gegen Arminius losschlagen. Andererseits kann ebenso der Cherusker der Aggressor gewesen sein.[36] Nichts wäre geeigneter gewesen, um die verbündeten Stämme zusammenzuhalten, als ein neuer Gegner. Und war es nicht Marbod, der sich im Jahre der Varusschlacht seinem Bündnisangebot verweigert hatte? Tacitus, unsere Quelle, sah beide in gleicher Weise nach Ruhm streben – und war es nicht Barbarenbrauch, beständig gegeneinander Krieg zu führen?

Irgendwo im Thüringischen stießen die Heere zusammen. Beide Anführer zeigten, was sie von den Römern gelernt hatten: »Sie kämpften nicht mehr, wie früher bei den Germanen üblich, in planlosen Vorstößen oder mit zersplitterten Heerhaufen. Denn durch die langen Kriege gegen uns hatten sie sich daran gewöhnt, den Feldzeichen zu folgen, sich Reserven zu sichern, Weisungen der Feldherrn zu beachten.« Die Aufgebote waren gleichstark, denn Inguiomerus dachte gar nicht daran, sich Arminius unterzuordnen, und ging zu Marbod über.[37]

In der Rede, die ihn Tacitus halten läßt, zeigt sich Arminius als Kriegsheld, stolz auf seine Taten und sich ihrer ohne Zweifel und Skrupel rühmend. Der Sieg über Varus, die Niedermetzelung der Legionen habe den Germanen die Freiheit und immense Beute gebracht. Er sei es gewesen, der in so vielen Schlachten die Römer vertrieben, und nicht jener Feigling, der sich in seinen Wäldern verkrochen habe. Marbod nimmt dagegen den römischen Standpunkt ein. Arminius' Ruhm gründe sich auf Verrat. Seine »Leistung« habe darin bestanden, einen »arglosen Führer und drei im Lande herumirrende Legionen« hinterrücks zu überfallen. Was er damit ausgelöst habe, könne man am verwüsteten Germanien sehen und an Frau und Sohn, die immer noch in der Gefangenschaft lebten. Er dagegen habe einem Angriff von zwölf Legionen standgehalten und sei am Ende noch mit einem Friedensvertrag geehrt worden.[38]

Die lange hin und her schwankende Schlacht entschied Arminius für sich. Marbod zog sich nach Böhmen zurück. Seine Bitte, ihm römische Hilfstruppen zu senden, lehnte Tiberius kühl ab. Schließlich sei er nach der Varusschlacht dem Imperium auch nicht zur Seite gesprungen. Die Haltung des Princeps ist um so bemerkenswerter, als er damit Arminius freie Hand ließ. Stand nicht zu befürchten, daß nunmehr der Cherusker jenes Königtum zwischen Rhein, Donau und Elbe aufrichtete, das schon immer sein Traum gewesen war? Mächtiger als Marbod und ungleich gefährlicher? Aber Tiberius, der Germanienspezialist, wußte es besser. Schon bei der Abberufung des Germanicus hatte er geäußert, man könne die aufständischen Stämme getrost ihren eigenen inneren Zwistigkeiten überlassen.[39] Eine Einschätzung, die sich vollauf bestätigte, denn ohne den römischen Druck fiel das Land in seinen alten Zustand der ewigen Dauerfehden und Konkurrenzkämpfe der Adligen zurück. Trotz seiner Taten erlangte Arminius weder die Königswürde, noch konnte er den Zerfall seiner Stammeskoalition verhindern. 20 n. Chr. bot der Chattenfürst Adgandestrius an, Arminius zu vergiften. Tiberius lehnte ab. Es sei nicht Brauch des römischen Volkes, hinterrücks und heimlich Rache zu nehmen. Das Geschäft besorgten bereits ein Jahr später Mitglieder dessen eigener Familie. Sie töteten ihn – nicht im offenen Kampf, sondern wie er selbst einst Varus bezwungen hatte: durch Hinterlist. Sein Charisma und seine Feldherrnkunst wurden nicht mehr gebraucht, seinen Anspruch auf die führende Stellung empfand man als provozierende Anmaßung.

Seinen Ruhm, die »Herren der Welt« besiegt zu haben, schmälerte das nicht. Doch von seinem Leben und seinen Taten wüssten wir nichts, hätten nicht seine Feinde seine Geschichte aufgeschrieben. Ihr bester Historiker, Tacitus, verfasste hundert Jahre später seinen Nachruf, prägte die Sätze, die ihn unsterblich und zum Nationalhelden der Deutschen machten: »Unstreitig war er der Befreier Germaniens, der das römische Volk nicht in den ersten Anfängen der Macht, wie andere Könige und Heerführer, sondern in der höchsten Blüte des Reiches herausgefordert hat. In den Schlachten von wechselndem Erfolg begleitet, im Krieg unbesiegt, währte 37 Jahre sein Leben, zwölf seine Macht, und noch heute besingt man ihn bei den Barbarenvölkern.«[40]

Epilog
Verzicht

Kaum war Germanicus in den Osten abgereist, organisierte Tiberius die Rheinlegionen neu. Die offensive Konzentration der Truppen gegenüber Lippe und Main wurde aufgegeben, die acht Legionen entlang des Rheins verteilt. Ebenfalls geändert wurde die Befehlsstruktur, das Heer geteilt. Statt eines gemeinsamen Oberbefehlshabers geboten ab sofort zwei im Range gleiche Legaten über je vier Legionen. Das niederrheinische Kommando hatte seinen Sitz in Köln. Dort wurden die I. und XX. Legion stationiert, später verlegte man sie nach Bonna (Bonn) und Novaesium (Neuß). In Vetera (Xanten) blieben die V. und XXI. Das oberrheinische Kommando residierte in Mogontiacum (Mainz). Hier lagen zwei Legionen, die XIV. und XVI., weiter im Süden, in Argentorate (Straßburg), die dritte, eine vierte in Vindonissa (Windisch an der Aare) in der nördlichen Schweiz.[1]

War damit der Anspruch auf Germanien aufgegeben? Vor der Öffentlichkeit nicht, denn die beiden Militärbezirke wurden nicht etwa den gallischen Provinzen zugeschlagen, sondern blieben eigenständige Verwaltungseinheiten. Damit wurde die »Germanenfrage« von Tiberius bewußt offen gehalten. Radikal geändert hatte sich freilich die Herangehensweise. Mehr als in Begriffen von Ruhm und Ehre dachte der Princeps als sparsamer Hausvater, der prüfte, ob sich Kosten, Risiko und Nutzen die Waage hielten. Dabei durfte er sich auf keinen Geringeren als Augustus berufen, der denjenigen für einen Narren hielt, »der mit goldenem Angelhaken fischt. Denn kein Fang kann den Verlust ersetzen, wenn er abgerissen wird.«[2] Wie sich zeigte, ließ sich das Land zwischen Rhein und Elbe weit effizienter kontrollieren, wenn man es sich selbst überließ und nur gelegentlich in die dort herrschende Anarchie eingriff. Das beste Beispiel boten ausgerechnet die Cherusker. Im Jahre 47 n. Chr., nach einem mörderischen Bürgerkrieg, sahen sie in der Regierungsform die Rettung, die sie 26 Jahre zuvor Arminius nicht zugestehen wollten: der Monarchie. Mit ihrer Bitte um einen König wandten sie sich an Kaiser Claudius. Denn in Rom, als römischer Bürger und Ritter, lebte der letzte Nachkomme der Familie des Arminius. Er nannte sich Italicus und war »eine stattliche Erscheinung und im Waffengebrauch und Reiten auf germanische wie auf unsere Art geübt.« Der Mann war des Arminius Neffe, Sohn seines romtreuen, von ihm verachteten Bruders Flavus. Claudius stattete ihn mit Geld und einer Leibwache aus. Voller Stolz, ermahnte er ihn, solle er zu den Cheruskern gehen und die Herrschaft antreten, »denn nicht als Geisel, sondern als römischer Bürger gehe er hinaus.«[3]

Tiberius' neue Politik war alles andere als unumstritten. Tacitus stand nicht allein, wenn er sie als »unrömisch« abqualifizierte und in Germanicus den besseren Princeps sah. Gab man nicht die Prinzipien auf, die Roms Größe begründet hatten, das Durchhalten selbst unter widrigen Umständen, das Festhalten am einmal Eroberten, die Mission der Verbesserung der Welt durch die »Pax Romana«? Wagte man den gleichen Einsatz wie in Illyrien, würde man auch Germanien in die Knie zwingen, wenn nicht mit acht, dann eben mit zehn oder zwölf Legionen. In dieser Situation erinnerte sich Tiberius an den Rat des Augustus, den ihm dieser in seiner Todesstunde ins Ohr geflüstert hatte, »man solle sich bescheiden innerhalb der jetzigen Grenzen des Reiches« und »keinesfalls darauf ausgehen, das Reich noch zu vergrößern; man könne es dann nur schwer verteidigen und werde Gefahr laufen, auf diese Weise den vorhandenen Besitz zu verlieren.«[4] Gegen letzte Worte läßt sich nicht opponieren. Mit allergrößter Wahrscheinlichkeit hat sie Tiberius erfunden, um seine Politik des einstweiligen Verzichts auf Germanien zu legitimieren.[5] Einer, der es besser wußte, Germanicus, starb am 10. Oktober des Jahres 19 n. Chr. in Daphne, nahe der syrischen Metropole Antiochia, gerade einmal 34 Jahre alt. Die Ehrenbögen, die Tiberius und der Senat in Rom, am Amanos-Paß im Taurus-Gebirge und in Mainz errichten ließen, verkündeten seine Ruhmestaten. Besiegt habe er die Germanen und sie von den gallischen Provinzen zurückgedrängt. Wiedergewonnen habe er die verlorenen Feldzeichen und Rache genommen für die durch Verrat dem Varus zugefügte Niederlage.[6] Von der Unterwerfung »aller Stämme bis zur Elbe«, für die ihm zwei Jahre zuvor der Triumph gewährt wurde, war keine Rede mehr. Damit hatte sich Tiberius mit seinem defensiven Konzept durchgesetzt. In seiner bis 37 n. Chr. währenden Amtszeit überschritten die römischen Legionen nicht mehr den Rhein.

Germanien blieb ein Stachel im römischen Fleisch. Zwar war die militärische Bedrohung für mehr als zweihundert Jahre gebannt, aber fast jeden Nachfolger des Tiberius lockte die Herausforderung, eine Aufgabe abzuschließen, an der seine Vorgänger gescheitert waren, und damit die eigenen militärischen Fähigkeiten zu beweisen. Als erster versuchte es Caligula (37–41 n. Chr.), das »Stiefelchen«, der seine früheste Kindheit in den Legionslagern am Rhein verbracht hatte (s. Kap. XIII, S. 235/36). Als Sohn des Germanicus und Enkel des Drusus war es gleichsam familiäre Tradition, gegen die Germanen zu Felde zu ziehen. Aber sein Vorstoß ins Chattenland blieb nur eine Episode. Als nächster sein Onkel Claudius (41–54 n. Chr.), der es dann aber vorzog, lieber Britannien zu erobern. Wirkliche Gebietsgewinne, etwa die fruchtbare Lößebene der Wetterau nördlich von Frankfurt, gelangen erst unter Domitian (81–96 n. Chr.). Doch der auf den Münzen gefeierte, vollständige Sieg, »Germania capta« (Germanien unterworfen), war eine bloße Behauptung.[7] Konsequent ging Domitian noch einen Schritt weiter, indem er das Provisorium der beiden rheinischen Militärbezirke beendete. Zwischen 82 und 90 n. Chr. erhob er sie in den Status selbständiger Provinzen unter den Namen Germania Inferior (Untergermanien) und Germania Superior (Obergermanien) und hatte damit das Problem der Wiedereroberung elegant gelöst, die Kluft zwischen Anspruch und Wirklichkeit geschlossen.[8]

Was die breite Masse zufriedenstellte, verfing bei kritischen Geistern weniger. Tacitus, der unter Domitian zwar Karriere machte, aber ihn als Tyrannen und militärischen Aufschneider einstufte, bemerkte bitter, über Germanien »habe man mehr Triumphe als Siege gefeiert.«[9] Doch das war zu pessimistisch geurteilt. Tatsächlich bauten die Römer in den folgenden Jahren wenig spektakulär, dafür um so effizienter, ihre Positionen in Germanien aus. Am Niederrhein sorgten sie mit einem besiedlungsfreien Streifen am rechtsrheinischen Ufer für ein sicheres Glacis. Am Mittel- und vor allem am Oberrhein gelangen bedeutende Gebietsgewinne. Die oberrheinische Tiefebene, das Main- und Neckartal, das Nördlinger Ries sowie Schwarzwald und Odenwald wurden Teil des Imperiums. Der schon von Domitian begonnene Limes, zunächst ein Schneisensystem, wie es Tiberius schon während seines letzten Aufenthalts am Rhein angelegt hatte (s. Kap. XIII, S. 227), entwickelte sich im Lauf der nächsten siebzig Jahre zu einer 550 Kilometer langen Grenzkontrollzone mit Gräben und Palisaden oder Mauern, 900 Wachtürmen und sechzig Kastellen (s. Karte).[10] In ihnen taten Hilfstruppen aus allen Teilen des Imperiums Dienst. Als Eingreifreserve waren am Rhein, mittlerweile in aus Stein gebauten Lagern kaserniert, nur noch vier Legionen nötig. Wenn man es recht bedachte, hatten sich die Römer mit diesen Gebieten den besseren Teil Germaniens gesichert.

Vor den erstaunten Augen der Stämme in »Großgermanien« (Germania magna), wie die Römer das unbesetzte Gebiet jenseits des Limes nannten, entfaltete sich binnen Jahrzehnten an Rhein, Main, Neckar und Donau ein dynamischer Wirtschaftsaufschwung. Aus den Legionslagern entwickelten sich blühende Städte mit allen Vorzügen der Zivilisation: gepflasterten Straßen, Wasserleitungen, Kanalisation, Heizungen, Thermen, Theatern, Markthallen und prächtigen Forumsanlagen. Sie waren schachbrettartig angelegt, mit rechtwinklig angeordneten Straßen, deren mathematisch klares Raster noch im heutigen Stadtbild zu erkennen ist. Auf dem Land bewirkten die Römer eine wahre Revolution in der Landwirtschaft. Denn die Legionen und die neuen Städte mit ihren Handwerkern, Händlern und Beamten waren von einer kontinuierlichen Nahrungsmittelversorgung abhängig. Gutshöfe (Villae rusticae) produzierten Weizen und Wein, bauten Obst und Gemüse an, züchteten größere Vieh- und Pferderassen und die bis dahin als Haustiere kaum bekannten Hühner. Seit die-

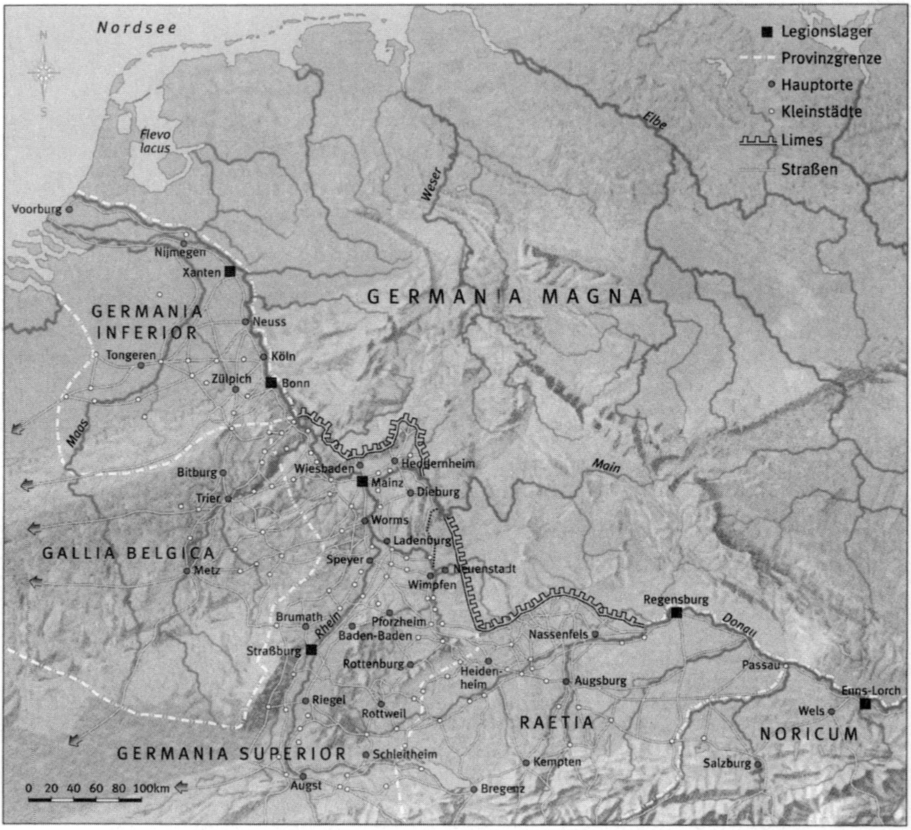

Der obergermanisch-rätische Limes im 2. Jh. n. Chr.

ser Zeit gibt es ertragreiche Sorten von Pflaume (prunum) und Süßkirsche (cerasum), Apfel und Zwetschge, Birne (pirum) und Pfirsich (persicum), Walnuß und Eßkastanie – und Spargel (asparagus), Mangold und Sellerie.[11]

Geldwirtschaft und Arbeitsteilung steigerten die Produktivität. In der »Wirtschaftszone Rhein« entstanden Ziegeleien und Töpfereien, die bis zu einer Million Stück des begehrten »Terra Sigillata«-Tafelgeschirrs produzierten. Zum Brennen der rötlichen Keramik konstruierte man Öfen, die zehntausend Gefäße auf einmal aufnahmen. Die

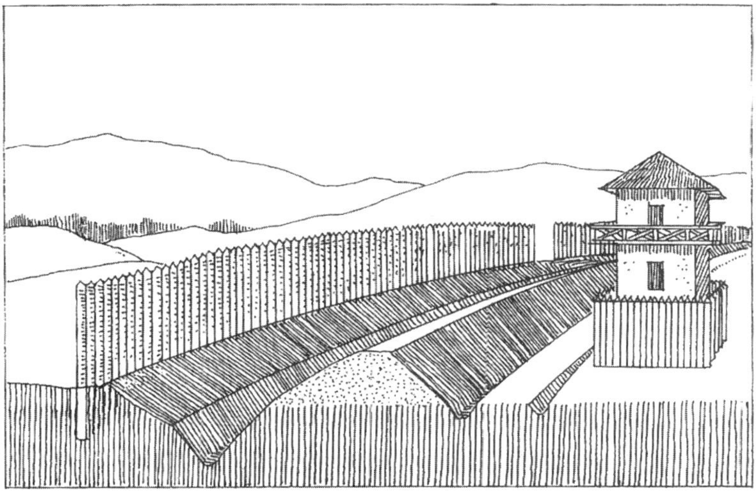

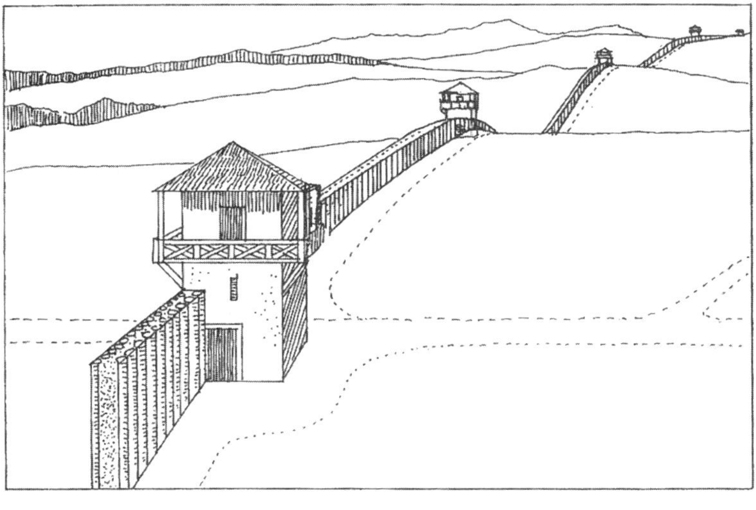

Der Limes in seiner Endausbauphase, Palisaden und Graben (obergermanisch), Steinmauer (rätisch), Rekonstruktion. Nach neuesten Forschungen ersetzten Wall und Graben die schadhafte Palisade

stapelbare Massenware ging per Schiff in alle Provinzen des Nordens.[12] Bergwerke und Steinbrüche wurden erschlossen, Kalk gebrannt für »Cementitum«, den römischen Zement, der die Bauwerke für eine Ewigkeit zusammenhielt. Handwerksbetriebe wurden gegründet, Tischler- und Gerbereien, Tuche hergestellt und feine Gläser. Wie überall gab es Verlierer und Gewinner. Die germanische Stammesgesellschaft der Habenichtse mit ihrer relativen Gleichheit ersetzte eine durch Hierarchie und Wohlstand ausdifferenzierte neue soziale Ordnung.

Im Laufe der Jahre nahm das Interesse der Römer an »Großgermanien« spürbar ab. Der Limes bewährte sich. Von den zersplitterten Stämmen ging keine Gefahr aus. Eher im Gegenteil schätzten sie sich glücklich, wenn sie in den römischen Provinzen oder zumindest in ihrem Vorfeld siedeln durften. Die Kaiser des zweiten nachchristlichen Jahrhunderts suchten Ruhm und Schätze lieber in Dakien (Siebenbürgen) und im Kampf gegen die Parther wie Traian (98–117 n. Chr.), der im Osten vier neue Provinzen eroberte.[13] Unter Antoninus Pius (138–161 n. Chr.) wurden noch einmal die Grenzen in Britannien und in Nordafrika erweitert und auch der obergermanisch-rätische Limes dreißig Kilometer nach Osten auf die Linie Miltenberg – Lorch im Remstal vorgeschoben. Zur Elbe vorzustoßen, ganz Mittel- und Norddeutschland zu gewinnen, scheint kein erstrebenswertes Ziel mehr gewesen zu sein. Zu diesem Zeitpunkt, so formuliert es der englische Historiker Peter Heather, war es »nicht die militärische Kühnheit der Germanen, die sie außerhalb des Römerreiches hielt, es war vielmehr ihre Armut.«[14] Der römische Schriftsteller Plinius hatte es schon vorher gewusst: »Das Schicksal hat diese Stämme nur deswegen von der römischen Herrschaft verschont, um sie zu strafen.«[15]

War die Varusschlacht für die Römer ein Einschnitt, ein entscheidender Wendepunkt? Sie war jedenfalls für den Machtanspruch des Imperiums keine unbedeutende »Schlappe« irgendwo fern im Barbarenland. Die Vergleiche, die man zog, die verlorenen Schlachten von Carrhae, Arausio oder gar die Katastrophe von Cannae, ordneten das Ereignis in die schlimmsten Niederlagen des Römischen Reiches ein. Dafür, daß man den Verlust von drei Legionen nicht einfach verschmerzen konnte, sprachen auch die Reaktion des Augustus, die Panik in Rom, der sofortige Marschbefehl an Tiberius. Besorgt machte, daß es Barbaren waren, die siegten. Wenn Tacitus die römischen Gegner der Vergangenheit aufzählt, sind es einzig die Germanen, die als Gegner neben den Parthern übrigbleiben. Aber selbst sie, die mit Rom stolz auf gleicher Augenhöhe verhandelten, hielt der Senator und Historiker für weniger gefährlich »als dieses Volk (die Germanen, Anm. d. Verf.) mit seinem Freiheitswillen.«[16] Ließ man die Aufstände der letzten 150 Jahre Revue passieren, Vercingetorix und Sacrovir in Gallien, Tacfarinas in Nordafrika, Viriatus in Spanien, Civilis am Rhein, Ambiorix in Belgien, Boudicca in Britannien, die beiden Batos in Pannonien und Dalmatien, Ganascus bei den Friesen, waren sie alle ohne Ausnahme niedergeschlagen, die Rebellen zur Rechenschaft gezogen worden. In der ganzen weiten Ökumene, der bewohnten und von den Göttern den Römern zugesprochenen Welt, waren es nur Arminius und die Germanen seiner Stammeskoalition, die gegen Rom erfolgreich Widerstand geleistet hatten. Natürlich waren die Argumente, die für den Verzicht sprachen, richtig. Das nördliche Germanien war ökonomisch wenig lohnend, strategisch unbedeutend, die Mannschaftsreserven des römischen Heeres aufgebraucht. Aber allein, daß solche Gründe den Ausschlag gaben, kam schon dem Eingeständnis gleich, daß man im wahrsten Sinne des Wortes an seine Grenzen gestoßen war. Noch nie hatte sich das Imperium aus einmal eroberten Gebieten zurückgezogen, niemals darauf verzichtet, den Urheber von Verrat und Tod seiner gerechten Strafe zuzuführen. Auch später blieben noch ein Unbehagen, eine Irritation, die diese Ereignisse und ihren Auslöser lieber verdrängten. Tacitus hat es gespürt, als er beklagte, daß Arminius »den griechischen Geschichtswerken unbekannt« sei und ihn »die Römer nicht besonders würdigen«.[17]

Die Varusschlacht wäre Episode geblieben, wenn die nachfolgenden Feldzüge des Germanicus das Ergebnis korrigiert hätten. So besteht Arminius' Leistung vor allem darin, sieben weitere Jahre gekämpft und seine Stammeskoalition zusammengehalten zu haben, bis sich die Römer auf die Rheinlinie zurückzogen. Denn erst dadurch wurde die Schlacht zum Symbol des Umschwungs von der Expansion zur

Defensive, den Mommsen als »Wendepunkt der Völkergeschicke« bezeichnete, weil »nach der Hochflut des römischen Weltregiments nun die Ebbe eintrete.«[18] Die dauerte allerdings bis zum Untergang des weströmischen Reiches im Jahre 476 – Ostrom (Byzanz) wurde sogar erst 1453 von den osmanischen Türken erobert – länger als alle Imperien davor oder danach überhaupt bestanden haben.

Über das Ergebnis herrscht Einmütigkeit: Germanien jenseits des Limes wurde nicht romanisiert. War das ein Vorteil? Die meisten Schriftsteller, Philosophen und Historiker des 19. Jahrhunderts zweifelten nicht daran. 1841, bei der Grundsteinlegung seines Denkmals, wurde der zu Hermann eingedeutschte Arminius als Retter deutscher Sprache, Freiheit und Sitte vor römischer Überfremdung gefeiert.[19] Er war es, der die »erste geschichtliche Großthat deutscher Einigkeit vollbrachte« (Mommsen), er avancierte damit zum Gründungsvater, zum ersten Helden der deutschen Nation und blieb es bis in die Zeit des Nationalsozialismus.

Daß der römische Verzicht auf Germanien »fundamentale Bedeutung für die europäische Geschichte«[20] habe, wahrscheinlich aber zu ihrem Nachteil gewesen sei, vertreten nicht wenige moderne Historiker. Der Gedanke, daß durch ein romanisiertes Germanien alles ganz anders gekommen wäre, hat intellektuellen Reiz. Ein romtreuer Arminius hätte, wenn nicht seinen Sohn Thumelicus, dann spätestens seinen Enkel im Senat gesehen. Aus den germanischen Hilfstruppen der Cherusker, Marser und der übrigen Stämme wären in der nächsten Generation römische Legionäre, kommandiert von germanischen Zenturionen geworden. Die Völkerwanderung wäre an der Elbe gestoppt, der Untergang des Weströmischen Reiches verhindert worden. Die »dunklen Jahrhunderte« des Niedergangs mit ihren großen Verlusten an materieller und geistiger Substanz blieben uns erspart. Rom wäre noch heute die Hauptstadt Europas – und die Germanen nicht die Zerstörer, sondern die Retter des Römischen Reiches.[21]

Aber ist das Faktum der nichtromanisierten Germanen wirklich zutreffend oder viel eher eine Konstruktion der deutschen Geistesgeschichte späterer Jahrhunderte, die unbedingt ein Volk ursprünglichen Charakters und unbeeinflusst von Rom erschaffen wollte? Tatsächlich so bestätigen neueste Ausgrabungen, bildete der Limes zunächst eine Zivilisationsgrenze. Die jenseitig lebenden Stämme ignorierten offenbar bewußt die landwirtschaftlichen Fortschritte im römischen Germanien. Weder übernahmen sie die verbesserten Anbaumethoden und die ertragreicheren Pflanzen, noch entwickelten sie ihre Viehzucht weiter. Obst zu ziehen, Weinreben zu pflanzen, Gemüsegärten anzulegen, zeigten sie kein Interesse. Tracht und Hausbau blieben gleich. Nicht einmal der Walnussbaum, von den Römern aus Italien mitgebracht, fand eine Heimat östlich des Limes.[22]

Umgekehrt romanisierte sich die im römischen Bereich siedelnde Mischbevölkerung aus Germanen, Kelten und sonstigen Zugewanderten.[23] Das Rheinland, der größte Teil Süddeutschlands, Österreichs und die Schweiz gehörten über Hunderte von Jahren zum Imperium. Die von den Römern dort begründete Stadtkultur setzte sich bruchlos ins Mittelalter fort. Köln, Mainz, Trier, Augsburg und Regensburg blieben Zentren auch im Reich der Deutschen. Über die römischen Straßen und Brücken rollte noch tausend Jahre später der Verkehr. Mit den Römern hielt der christliche Glaube seinen Einzug, Schrift und Buch und die Sieben-Tage-Woche.[24] Der größte Teil dieser einheimischen Bevölkerung blieb auch nach dem Zusammenbruch der römischen Grenzverteidigung unter den neuen Herren im Lande. Die römischen Gutshöfe sind bis ins 7. Jahrhundert nachgewiesen, Friedhöfe und kommunale Bauten (Foren, Basiliken) wurden von Eroberern und Einheimischen gemeinsam genutzt. Die mittelalterlichen Klöster, die in ihren Bibliotheken das geistige Erbe der vergangenen Epochen bewahrten, sind antiken Ursprungs und gewannen Regel und Form in Italien. Die Organisation der Kirche folgte spiegelbildlich bis in ihre Ämterhierarchie der Verwaltung des Imperiums (Diözesen). Noch heute erinnern die Kirchenfahnen an die Feldzeichen der Legionen und die roten Mäntel des Papstes und seiner Kardinäle sind nichts anderes als der kaiserliche Purpur der Imperatoren. Latein war, gesprochen und gedruckt, bis weit ins 18. Jahrhundert die Sprache der Eliten in Wissenschaft und Kirche. Kaum zu zählen sind die ins

Deutsche übernommenen Lehnwörter. Das im 19. Jahrhundert für »urgermanisch« gehaltene Altbayrisch hat starke rätoromanische Anteile und wird von Sprachwissenschaftlern als »ladino-allemanische Mischsprache« charakterisiert.[25] Übernommen wurde, wenn auch vergleichsweise spät, das römische Recht. Die Dichter der Antike, die Wissenschaftler, die Architekten und Philosophen, die Kirchenväter nicht zu vergessen, bildeten von Anfang an das intellektuelle Fundament des Abendlandes. Römisches Bauwesen und griechische Kunst galten als Vorbild und Ideal. Jeder der Germanenkönige der Völkerwanderung bemühte sich um die Anerkennung seines Status innerhalb der staatlichen Form des Römischen Reiches, übernahm Hofzeremoniell, Schriftlichkeit der Verwaltung, Münzprägung und Besteuerung. Ihr bedeutendster, Karl der Große, sah in seiner Kaiserkrönung, der Fortführung des Imperium Romanum, den höchsten möglichen Triumph. Seinen steinernen Bauten, den ersten auf deutschem Boden seit der Römerzeit, gab er die einzig damals denkbare Gestalt: die römische, in ihrer Weiterentwicklung Romanik genannt. Seine Untertanen, die Franken, waren stolz darauf, nicht von den Germanen, sondern vom König Francio aus Troja abzustammen. Das Bedürfnis nach einer bedeutenden Herkunft teilten sie mit anderen Stämmen. Die Bayern begriffen sich als Enkel des Herkules und wollten lange in Armenien gelebt haben, die Sachsen waren davon überzeugt, sie hätten »auf Schiffen das Land erreicht« und vermuteten, sie seien Nachkommen makedonischer Griechen. So gesehen löst sich der besonders im 19. Jahrhundert gepflegte Gegensatz zwischen »Romanen« und »Germanen« in Wohlgefallen auf. Gemeinsame Grundlage aller europäischen Völker blieben Rom und sein politisches Ideal: das von einem Kaiser regierte, im Frieden vereinte Imperium.[26]

Ist die Varusschlacht wirklich unser »Urknall« (H. Ottomeyer), hat mit ihr unsere Geschichte begonnen? Die Germanen waren nicht »die ersten Deutschen«.[27] Eine deutsche Nation gibt es erst seit dem Mittelalter. Die Bezeichnung »theodiske«, von der sich später der Begriff »deutsch« ableitete, tauchte erstmals in einem Synodalbericht von 786 auf, um die Volkssprache (althochdeutsch »Thiota« bedeutet »zum Volk gehörig«) vom Lateinischen abzugrenzen. Allenfalls mö-

Die nach spätantiken Vorbildern erbaute Palastkapelle Karls des Großen in Aachen

gen wir die Germanen der Arminius-Koalition als unsere Vorfahren betrachten, weil sie auf dem Gebiet des heutigen Deutschland lebten; was übrigens ebenso auf die Kelten oder die Slawen zutrifft. Mit gleichem Recht sind unsere Vorfahren aber auch die germanischen romtreuen Ubier und Vangionen von Köln und Worms, die tapfere batavische Hilfstruppenreiterei des Germanicus oder die cheruskischen Gefolgschaften des Arminius-Feindes Segestes. Ebenso sind es die zugewanderten Gallier und Germanen, die es vorzogen, an Rhein, Main und Neckar auf römischem Gebiet zu siedeln, weil sie die Kultur des Imperiums, Frieden und bessere Lebensbedingungen höher schätzten als die germanische »Freiheit« jenseits des Limes. Zu unseren Vorfahren zählt der römische Veteran, der in der Wetterau eine Heimat fand, oder der syrische Bogenschütze, der mit seiner germanischen Braut in der Vorstadt eines Legionslagers eine Familie gründete. Sich nur mit den Germanen des Arminius und denen des »Freien Germanien« (Germania libera)[28] zu identifizieren, die Tacitus in seiner »Germania« beschrieb, geschah erst 1400 Jahre später. Die Geschichte der Deutschen beginnt in der Tat mit der Varusschlacht. Aber nicht, weil es wirklich so war, sondern weil wir fünfhundert Jahre lang das Ereignis zum Gründungsmythos unserer Nation verklärten. Eben deswegen gehören Arminius und die Varusschlacht, vulgo Hermann und die Schlacht im Teutoburger Wald, untrennbar zusammen und zu unserer Geschichte.

Wege der Weltweisheit – die Hermanns-Schlacht.

Wege der Weltweisheit. Die Hermannsschlacht (1980)
Holzschnitt/Bütten übermalt m. Acryl u. Schellack,
320 x 360 cm
Gemälde von Anselm Kiefer (geb. 1945)
Der Träger des Friedenspreises des Deutschen Buchhandels 2008 beschäftigte sich schon seit den 70er Jahren mit den Ursprüngen der deutschen Geschichte.
Sein Bild symbolisiert den Konzentrationspunkt deutscher Identitätssuche. Ausgehend von diesem Zentrum spult sich der Faden der Geschichte ab und verbindet die dargestellten Personen miteinander.

Von Arminius zu Hermann – Wie ein abtrünniger römischer Auxiliaroffizier zum deutschen Helden wurde

Humanisten und Reformatoren

Es hat nicht viel gefehlt, und wir wüssten über Arminius kaum mehr als seinen Namen. Denn der Italiener Francesco Poggio Bracciolini (1380–1459), Sekretär der päpstlichen Kanzlei und ein besessener Handschriftenjäger, der auf der Suche nach den verschollenen Werken der antiken Schriftsteller die Klosterbibliotheken halb Europas durchforschte, lehnte es kategorisch ab, nach Norddeutschland zu reisen. Nach Corvey gehe er nicht, beschied er seinen Freund und Landsmann Niccolo Niccoli, dort bestehe keine Hoffnung, etwas zu entdecken. Außerdem sei die Gegend an der mittleren Weser als Räuberhöhle verrufen.[1]

Poggios skeptischer Standpunkt war verständlich. Das 822 erbaute Benediktinerkloster, eine Perle karolingischer Architektur, dessen berühmte Bibliothek und die Kunstfertigkeit seiner Kopisten seinen Ruhm begründet hatten, lag im 15. Jahrhundert in Trümmern. Wo einst über hundert Mönche lebten, hausten nur noch ein Abt und vier Mitbrüder in einer Ruine. Was an Bücherschätzen sollte sich da noch finden lassen? Der Umgang der Deutschen mit den pergamentenen Hinterlassenschaften der Antike war selbst in intakten Klöstern skandalös. In St. Gallen, Reichenau, Fulda und in Köln hatte Poggio zwar wahre Schätze gehoben – unbekannte Reden Ciceros, Fragmente des »Satyrikon« des Dichters Petronius, Schriften Quintilians und die zehnbändige Architekturlehre Vitruvs – aber in einem Zustand, der ihn an einen zum Tode Verurteilten erinnerte: »Mit von Schmutz starrendem Bart und staubverklebtem Haar.« Keine Bibliotheken waren das in Poggios Augen, sondern »Kerker der Barbaren«, in denen die Werke der griechischen und römischen Autoren im wahrsten Sinne des Wortes verrotteten. Ihre Rettung durch Abschrift, Kauf oder, wenn es nicht anders ging, »Entführung«, empfand er als Gebot, ja als Notwendigkeit. Die Wiedergeburt des klassischen Altertums, die Renaissance, bedurfte als geistiger Grundlage der Werke der Griechen und Römer. Sie zu finden und wieder zugänglich zu machen, begriffen Humanisten wie Poggio als ihre vordringlichste Aufgabe.[2]

Im Falle Corveys sollte allerdings Niccoli, der in seine zuletzt 800 Handschriften umfassende Sammlung den Erlös ganzer Landgüter investierte, am Ende recht behalten. Ein Dreivierteljahrhundert später unternahm ein namentlich nicht bekannter italienischer Handschriftensucher die mühevolle Reise und kehrte 1507 mit einer Sensation, den ersten sechs Büchern der »Annalen« des Tacitus, nach Rom zurück. Das Werk des nach dem Urteil der Humanisten größten Geschichtsschreibers Roms hätte das Mittelalter beinahe nicht überlebt. Sein elegantes, aber schwieriges Latein eignete sich nicht zur Schullektüre (heute schon, was die Rede vom ständigen Sinken des Leistungsniveaus doch etwas relativiert), und seine Schriften wurden für weniger wichtig als die der christlichen Autoren erachtet. Während von der »Weltgeschichte« des frommen Orosius, einem Schüler des Kirchenvaters Augustin, 245 Handschriften auf uns kamen, sind die Bücher des Heiden Tacitus in nur jeweils einem einzigen Exemplar überliefert.[3] Sie zu finden, bildete für die italienischen Humanisten so etwas wie die Königsdisziplin der Handschriftenjagd. Immerhin wußte man, daß sein Geschichtswerk, die den Zeitraum von 14 bis 68 n. Chr. umfassenden »Annalen« sowie die bis 96 n. Chr. reichenden »Historien« aus insgesamt dreißig Bänden bestand. Doch die Suche seit dem 14. Jahrhundert förderte gerade einmal sechs Bücher der »Annalen« (XI–XVI) und fünf der »Historien« (I–V) zutage. Durch die Entdeckung in Corvey eröffnete sich ein ganz neuer Blick auf die Geschichte Roms unter der Herrschaft des Augustus und seines Nachfolgers Tiberius. Aber nicht nur das. In der durch Papst Leo X. besorgten ersten Druckausgabe von 1515 las die gebildete Welt Europas auch, was Tacitus über Leben und Tod des Germanenfürsten Arminius und seiner Gattin Thusnelda, seinen Kampf mit Germanicus und Marbod und über den Ort der Varusschlacht zu berichten wußte. Wäre der namentlich nicht bekannte Handschriftenjäger allerdings einige Jahre später gekommen, hätte er nichts mehr vorgefunden als kalte Asche und Arminius' Karriere zum Helden der Deutschen wäre unterblieben. Denn wenige Jahre nachdem die »Annalen« sicher im Vatikan geborgen waren, brannte die Klosterbibliothek nieder.

Mehr als 1200 Jahre spielten die Varusschlacht und ihr Sieger keine Rolle im Bewusstsein des Abendlands. Die Erinnerung an das Ereignis ging verloren und überlebte nur als Nebenbemerkung in einigen mittelalterlichen Chroniken. Das änderte sich erst, als im Jahre 1425 der Benediktiner Heinrich von Grebenstein aus dem hessischen Kloster Hersfeld nach Rom reiste, um eine kirchliche Rechtsangelegenheit zu klären. Er wandte sich um Hilfe an Poggio Bracciolini, der ihn ausführlich über die Bibliothek des Klosters befragte. Hersfeld, im 8. Jahrhundert als karolingisches Reichskloster gegründet, mit reichem Grundbesitz ausgestattet und von jeher Sitz der Gelehrsamkeit, hatte in der Tat einiges zu bieten. In die Heimat zurückgekehrt, erstellte der Mönch eine Inventarliste der vorhandenen Handschriften antiker Autoren und schickte sie noch im gleichen Jahr nach Rom. Unter anderem führte sie drei bislang unbekannte Werke des Tacitus auf: seinen »Dialog über den Redner«, die Biographie seines Schwiegervaters »Agricola« und eine Schrift namens »Germania«.

Poggio war elektrisiert und berichtete Niccoli die Neuigkeit. 1427 war der Hersfelder Mönch wieder in Rom, aber die erhofften und erbetenen Handschriften brachte er in diesem Jahr und auch bei seinem dritten Besuch 1429 nicht mit, obwohl Poggio drohte, ihm jegliche Unterstützung zu entziehen. Also griff Niccoli zum üblichen Mittel der Suchliste. Immerhin kannte er schon Umfang (zwölf Blatt Folio) und genauen Titel der taciteischen Schrift: »Über den Ursprung und die geographische Lage der Germanen«. Diese Beschreibung übergab er zwei Legaten (Gesandten) des Papstes, die im Frühjahr 1431 nach Deutschland und Frankreich reisten. Mit den beiden Kardinälen zog ihr Sekretär Tommaso Parentucelli mit nach Norden, der als Papst

Nikolaus V. (1447–1455) später die Vatikanische Bibliothek gründete, »als Sammelpunkt aller lateinischen und griechischen Bücher, die durch die Schuld früherer Zeitalter verloren wurden«. Aber selbst ihm gelang es zunächst nicht, der »Germania« habhaft zu werden. Zäh und unverdrossen bemühte er sich weiter und schickte schließlich den Gelehrten Enoch von Ascoli (1400–1457) zur Handschriftensuche in die deutschen Klöster. Wir wissen nicht, wie er in den Besitz der »Germania« gelangte, doch 1455 ist das letzte existierende Exemplar nachweislich in Rom.[4]

Einer der ersten Leser der Schrift war der Humanist Enea Silvio Piccolomini, der spätere Papst Pius II. (1458–1464). Sie kam ihm außerordentlich gut zupaß, denn beständig beklagten sich die Deutschen über die zu hohen Abgaben an die Kurie, die ihr Land förmlich ausbluteten. Gestützt auf Tacitus als Kronzeugen, verglich er dessen »altes Germanien« mit dem Deutschland der Gegenwart und sah überall Verbesserung der Lebensverhältnisse und zivilisatorischen Fortschritt. Wo die »alten Deutschen« in zugigen Holzhütten hausten, existierten nun blühende Städte, wo sie früher als Nomaden über Land zogen und mühsam ihr Leben fristeten, gab es fruchtbare Äcker, Getreide und Wein. Statt Tierfellen trugen sie kostbare Kleider, statt sich in Flüssen notdürftig zu reinigen, benutzten sie Bäder. Metalle, früher unbekannt, spendete nun reichlich der Boden und verschwunden waren barbarische Sitten wie Menschenopfer und heidnische Rituale. Diese Errungenschaften, einschließlich des Gebrauchs der Schrift, verdankten die Deutschen nach Meinung Eneas allein der Kirche und dem Christentum: »Stünde heute einer der alten Germanen auf von den Toten … so würde er niemals glauben, daß dies sein einstiges Vaterland sei.« Statt sich zu beschweren, sollten die Deutschen sich dieser Segnungen dankbar erweisen.[5]

Deutsche Humanisten wie der in Wien lehrende Konrad Celtis (1459–1508) oder der Tübinger Professor Heinrich Bebel (1472–1518) lasen die »Germania« vollständig anders. Wichtiger als die Hebung des materiellen Wohlstands erschien ihnen, daß Tacitus die germanischen Tugenden pries. Treue, Tapferkeit, Ehrlichkeit, Gerechtigkeitsliebe, Keuschheit, Freigiebigkeit, Frömmigkeit und Aufrichtigkeit, dazu ein unstillbarer Freiheitsdrang (libertas) zeichneten nach seinem Urteil die Germanen aus. Wenn es ein Römer sagte, mußte es stimmen – und da die Humanisten ganz selbstverständlich die Germanen mit den Deutschen gleichsetzten, avancierten die von Tacitus gerühmten Eigenschaften spornstreichs zum deutschen Volkscharakter, dessen Kontinuität über mehr als vierzehn Jahrhunderte damit bewiesen war. Daß der römische Historiker mit der »Germania« keine objektive Ethnographie zu schreiben beabsichtigte, sondern seinen »dekadenten« römischen Zeitgenossen durch die Schilderung der »reinen Sitten« eines »unverdorbenen Naturvolks« einen Spiegel vorhalten wollte, erkannten sie nicht.

Mit der »Germania«, die erstmals 1472 in Bologna erschien und dank des gerade erfundenen Buchdrucks weite Verbreitung vor allem in Deutschland fand – innerhalb von fünf Jahrzehnten wurden mehr als 6000 Exemplare gedruckt[6] –, ließ sich ein Manko ausgleichen, das die deutschen Humanisten immer schmerzlich empfunden hatten. Während Italiener und Franzosen ihre Geschichte auf das römische Reich zurückführten, sich als wahre Erben der Antike fühlten, hatten sich die Deutschen mit dem Barbarenstatus zufriedengeben müssen. Nun aber, im Besitz der »Germania«, trat das eigene deutsche Altertum gleichberechtigt neben das italienische, übertraf es sogar, denn die Nachfolger der Römer im »Heiligen Römischen Reich« der Gegenwart, einschließlich der ihnen zugefallenen Kaiserwürde, waren die Deutschen.

Den anderen Nationen sich überlegen fühlen durften sie auch, weil sie als einziges Volk in Europa frei geblieben, niemals erobert worden waren, ja sogar ihre in der »Germania« beschriebenen Grenzen überschritten hatten. Tacitus' wenig schmeichelhafte Bemerkung, die Germanen seien die Ureinwohner ihres Landes, ein »unvermischtes Volk«, weil niemand freiwillig in ein so unwirtliches Land mit so scheußlichem Klima einwandere,[7] interpretierte man als Vorzug: Aus diesem Urstamm hätten sich alle anderen germanischen Völker entwickelt, die Rom besiegten und Europa unter ihre Herrschaft brachten. Beatus Rhenanus (1485–1547), der 1519 eine »Germania«-Ausgabe mit Kommentar herausbrachte, jubelte »unser, unser sind der

Goten, Vandalen und Franken Heldentaten«,[8] was vor allem als Hieb gegen die Franzosen gemeint war, die behaupteten, ihre Vorfahren seien keine Germanen gewesen, sondern stammten wie die Römer von den Trojanern ab. 1526 erschien die »Germania« erstmals auf deutsch unter dem Titel »Buchlin von der Teutschen Nation«[9] und Philipp Melanchthon (1497–1560), der engste Mitarbeiter Luthers, besorgte eine Ausgabe für den Schulunterricht, »um in der deutschen Jugend durch das Bild des alten Germanien und durch die ehrenvollen Beispiele der Ahnen die Liebe zum Vaterland zu erwecken.« Tacitus, dem man das neue Nationalbewußtsein verdankte, avancierte durch seine Schrift zum »zweiten Gründer Deutschlands«.[10]

Ulrich von Hutten

Gerade weil er als Humanist die antiken Schriftsteller verehrte und als Dichter auf lateinisch schrieb, erschienen dem deutschen Ritter Ulrich von Hutten (1488–1523) das Rom seiner Zeit und das Papsttum als ein einziges Ärgernis. Seine Enttäuschung über die laxe Moral und das üppige Leben des Klerus in der Stadt am Tiber, die er 1515 auf seiner zweiten Italienreise besuchte, fasste er in acht Epigrammen »Über den Zustand Roms« in drastische Worte: »In Rom ist alles käuflich. Das ist die Stadt um derentwillen wir in Deutschland in Hader und Unfrieden leben, um derentwillen wir uns das Geschwärm der Mönche und die Grausamkeiten der Inquisitoren gefallen lassen. Das ist die Stadt, wohin deutsches Blut und deutsches Geld in Strömen fließen, das ist die Stadt, die uns arm gemacht hat und immer ärmer machen wird. Die Herren in Rom sitzen auf den Tränen des deutschen Bauern und lachen über des Deutschen Blödheit.«[11]

Hutten war die »Germania« bekannt, und ebenfalls publiziert war die »Römische Geschichte« des Florus, in der Varus als aussschweifender, arroganter und grausamer Statthalter geschildert wurde, dessen Rechtspraxis die Germanen zum Aufstand getrieben hatte. Die Parallele zu den gegenwärtigen römischen Zuständen zu ziehen, bot sich förmlich an. Aber bisher hatte es an einer Gegenfigur gefehlt.

Zwar hatte Hutten längst Arminius für sich entdeckt und rühmte ihn als »Brutus der Germanen, der sein Volk von den ausländischen Tyrannen befreite«,[12] aber die Gestalt des Cheruskers konnte keine Kontur gewinnen, da man kaum etwas über ihn wußte. Das änderte sich mit dem Druck der ersten fünf »Annalen«-Bücher – und Hutten hatte das Glück sie unmittelbar nach Erscheinen auswerten zu können. Insbesondere imponierte ihm das Urteil Tacitus', Arminius sei der »im Kriege unbesiegte Befreier Germaniens«[13] gewesen.

Hutten hatte sein großes Vorbild gefunden, formte Arminius in den folgenden Jahren zum »ersten deutschen Helden und Vaterlandsverteidiger« und stiftete damit einen nationalen Mythos.[14] Auf seiner Stammburg Steckelberg südlich von Fulda verfasste er auf Latein ein fiktives Gespräch (Dialogus), in dem er Arminius gegen die drei größten Feldherren des Altertums antreten ließ, Alexander den Großen, Hannibal und Scipio, um zu beweisen, daß nicht sie, sondern »der alte Führer der Deutschen, der einst für die Freiheit mit den Römern kämpfte«,[15] der berühmteste Feldherr der Weltgeschichte sei. Im Gegensatz zu seinen Konkurrenten habe Arminius Verräter im eigenen Hause gehabt, seine Soldaten waren schlecht ausgebildet und bewaffnet, und er stritt gegen ein Römisches Reich, das unter Kaiser Augustus auf dem Höhepunkt seiner Macht gestanden habe. Der Einwand Scipios, Arminius habe seinen Sieg nur durch einen Treubruch erreicht, wischt er vom Tisch, es sei ein Tyrannenmord gewesen, und wortbrüchig sei er nicht geworden, da er sein Wort nur aus der Not heraus, nicht freiwillig, gegeben habe. Ebenso weist Arminius den Vorwurf übertriebener Grausamkeit zurück. Varus habe noch schlimmer gewütet. Auch daß er die Königswürde angestrebt habe, sei nur eine böswillige Unterstellung seiner Feinde. Nicht um persönliche Herrschaft sei es ihm gegangen, vielmehr um die Wiederherstellung und Einigung Deutschlands. Der als Schiedsrichter angerufene Richter der Unterwelt, Minos, zeigt sich von diesem Plädoyer so beeindruckt, daß er befiehlt, »überall wo sich Götter und Menschen versammelten, solle Arminius als der Freieste, Unüberwindlichste und Deutscheste gefeiert werden.«[16]

Die praktische Nutzanwendung zog Hutten wenig später in seinem

Brief an den Kurfürsten Friedrich von Sachsen vom 11. September 1520. Wie Arminius »die ganze teutsche Nation von den Händen der Römer erlöset und wieder in Freiheit gesetzt habe«, müßten nun auch die deutschen Fürsten sich gegen die päpstliche Tyrannei auflehnen. Pfaffen und Kaufleute, womit er vor allem die Fugger meinte, plünderten mit Ablasshandel und allen erdenklichen Abgaben im Auftrage der Kurie die Deutschen aus. Wie Arminius den Anblick der römischen Togen und römische Gerichte nicht ertragen habe, so verabscheue er den übertriebenen Prunk der Priesterornate und die Tribunale der Inquisition.

Huttens Kirchenkritik mußte ihn früher oder später mit Martin Luther zusammenführen, der seine reformatorischen Thesen 1517 veröffentlicht hatte. Brieflich schlug er ihm ein Bündnis vor: »Gemeinsam führen wir die durch die päpstlichen Dekrete verdunkelte Lehre wieder ans Licht. Verfechten wir die gemeinsame Freiheit! Befreien wir das schon lange unterdrückte Vaterland. Wenn Gott für uns ist, wer ist gegen uns?«[17] In Huttens Einschätzung taugte der Reformator mit seinem Kampf gegen Rom durchaus zum neuen Arminius, und in einem seiner Tischreden hat sich Luther mit ihm verglichen. Wie der Cherusker sei er aus dem Harz gebürtig und wie dieser, der 21 000 Römer getötet hätte, weise er Rom in die Schranken. Bekannt ist sein Ausspruch, er habe Arminius »von hertzen lib. Wenn ich ein poet wer, so wolt ich den celebriren. Hat hertzog Herman geheißen.«[18]

Den neuen Namen leitete Luther aus der lateinischen Bezeichnung »dux belli« (Anführer im Krieg) ab, die er mit »Heer man« übersetzte, einen Mann, »der zum heer und streit tüchtig ist, die seinen zu retten und forn an zu gehen.«[19] Erstmalig taucht er in der »Bayerischen Chronik« des Johannes Aventinus (1477–1534) auf, die zwischen 1524 und 1534 geschrieben wurde. In ihr ist von den Kriegen die Rede, die Augustus mit den »Teutschen« führte und von der Varusschlacht, »die groeßte Schlacht und Schaden, die je Augustus erlitten hat, als Hertzog Erman auß dem Hertzogthumb, jetzt Braunschweig, Teutschland erlediget hat am Rheyn vom Römischen Welschen Reich« und wie er nach seinem Sieg »hauwet allen Römern, so erschlagen waren, die

Grind (Kopf, Anm. d. Verf.) ab«. Spätestens 1543, als Burchard Valdis (1495–1557) ein Reimgedicht über die »Zwölf ersten alten Teutschen König und Fürsten« verfasste, beginnend mit dem bei Tacitus genannten »Tuiscon, aller Teutschen Vater«, und endend mit Karl dem Großen, hatte sich Hermann als des Arminius »richtiger« Name durchgesetzt: »Arminius den man nennt Herman, ein junger Heldt, ein kühner Mann, von Leib und Gmüt wol aufferwachsen, geborn vom Hartz, ein Fürst zu Sachssen.«[20]

In die Begeisterung über den wiederentdeckten deutschen Helden mischten sich jedoch auch skeptische Töne. Zunächst einmal wurde er im protestantischen Umfeld und seiner Kritik an der Papstkirche mehr geschätzt als bei romtreuen Katholiken, die ganz im Sinne Enea Silvios eher froh waren, sich durch das Christentum aus der »Arminschen Barbarey« emporgearbeitet zu haben. Sodann taugte »Befreier« Hermann nur bedingt als christliches Vorbild. Hutten, der in seinem Geiste als Mann der Tat mit Waffengewalt gegen die »Pfaffen« vorgehen wollte, wurde von Luther hart kritisiert: »Daß mit Gewalt und Mord für das Evangelium gestritten wird, möchte ich nicht. Durch das Wort wurde die Welt überwunden, durch das Wort wird sie auch wieder hergestellt werden.«[21] Melanchthon dachte genauso. Jesu Weigerung, sich in Golgotha von Petrus mit dem Schwert verteidigen zu lassen, seine Warnung, daß »wer das Schwert nimmt, durch das Schwert umkommen soll« (Matthäus 26, 52), galt als dessen Lieblingswort. Problematisch empfand man in protestantischen Kreisen, daß sich Arminius gegen die Obrigkeit aufgelehnt hatte. In der 1515 im Kloster Murbach im Elsaß von Beatus Rhenanus (vgl. S. 287) entdeckten »Römischen Geschichte« des Velleius Paterculus war Arminius als römischer Bürger und Ritter im Dienste des Imperiums beschrieben. Der Humanist und Lutherfreund Georg Spalatin (1484–1545), der eine deutsche Ausgabe aller Arminius betreffenden römischen Quellen besorgte, wurde bei aller Wertschätzung des Cheruskers in diesem Punkte sehr deutlich. Arminius, der von den Römern gut behandelt worden sei, habe »glauben, frid und trew gebrochen« und habe die Germanen dazu gebracht »jre ehre nicht wol versorgt (zu) haben.« Der von Hutten als »Verräter« geschmähte römerfreundliche Segestes wird dagegen gelobt. Er habe sich »im Bundnus gegen den Römern recht, ehrlich und redlich gehalten.«[22] Hier brach sich Luthers strikte Beachtung von Recht und Ordnung Bahn, sein Credo, daß »jedermann untertan der Obrigkeit sei, die Macht über ihn hat« (Römer 13,1). Es war die gleiche Einstellung, die ihn zum entschiedenen Gegner der Aufständischen im gerade ausgebrochenen Bauernkrieg machte.

Einer übergroßen Verherrlichung Hermanns stand zudem die christliche Heilsgeschichte im Weg. War es doch Kaiser Augustus, der gute Verwalter und Schöpfer der »Pax Romana«, dem Gott die Ehre erwies, daß unter seiner Herrschaft sein Sohn geboren wurde. Wenn es sein Wille war, Arminius in der Varusschlacht den Sieg zu gewähren, so gleichfalls, ihn nicht zur Gefahr für das Imperium werden zu lassen. Denn das Reich bildete das Gefäß, in dem sich der christliche Glaube sammelte, bis an der Welt Ende, nach einer Zeit entsetzlicher Katastrophen, Kriege, Hunger und Seuchen, Christus selbst eine neue göttliche Ordnung erschaffen würde. Vier Weltreiche mußten bis dahin vergehen und drei, das babylonische, das persische und das griechische Alexanders des Großen waren bereits dahingesunken. Allein das römische hatte noch Bestand, nach Gottes Ratschluß mit Karl dem Großen übergegangen (translatio imperii) auf die Deutschen. Angesichts dieses göttlichen »Tausend-Jahres-Plans« schrumpfte Arminius' Kampf gegen Rom zur Marginalie. Eine Verirrung, erinnerungswert und vorbildhaft nur in ihren persönlichen Zügen, der individuellen Tapferkeit des Arminius und der Tugenden der Deutschen. Solange sich das »Heilige Römische Reich deutscher Nation« als Nachfolger des römischen Imperiums begriff und sich dadurch legitimierte, war für Hermann kein Platz in der ersten Reihe der Heroen. Auf Melanchthons Liste der tugendhaften und rühmenswerten Herrscher stehen der persische König Cyrus, Alexander, Cäsar, Augustus, Konstantin, Karl und Otto der Große, Arminius fehlt. Sein Aufstieg mußte warten, bis Anfang des 19. Jahrhunderts das Heilige Römische Reich durch Napoleon zu Grabe getragen wurde – zur gleichen Zeit, als man Huttens Arminius-Dialog wiederentdeckte und erstmals ins Deutsche übersetzte.[23]

Ob es Hermann wirklich zum Nationalhelden bringen würde, war 1755 noch durchaus zweifelhaft. Im Sommer dieses Jahres durchforschte der Arzt Jacob Obereit (1725–1798) die Bibliothek von Schloß Hohenems im Vorarlberg und fand zwei Handschriften des um 1200 entstandenen Nibelungenliedes. Seit dem 16. Jahrhundert, eben der Zeit als die Humanisten die antiken Quellen über Arminius und die Varusschlacht wiederentdeckten, verlor sich die Spur des Epos, denn niemand interessierte sich damals für die Literatur des verachteten Mittelalters. Jetzt wurde der Sensationsfund bejubelt. Der strahlende Siegfried und der finstere Hagen hatten durchaus das Zeug, Hermann als deutsche Helden Konkurrenz zu machen. Der Schweizer Historiker und Staatsmann Johannes von Müller (1752–1809) traute dem Nibelungenlied sogar zu, es könne zur deutschen Ilias werden – nur Friedrich der Große, auf die Dichter des französischen Klassizismus fixiert, murrte, es sei keinen Schuß Pulver wert.[24]

Im gleichen Jahr erschien freilich der Gegenentwurf. In ihm wurde zwar ausdrücklich zur »Nachahmung der Alten« aufgerufen, als »der einzige Weg für uns groß, ja, wenn es möglich ist, unnachahmlich zu werden«.[25] gemeint waren aber nicht die Nibelungen, geschweige denn Hermann, sondern die Griechen der Antike. Es war Johann Joachim Winckelmanns (1717–1768), des Begründers der Archäologie, berühmte Schrift »Gedancken über die Nachahmung der griechischen Wercke in der Mahlerei und Bildhauer-Kunst«. Im klassischen Athen sah er die Welt in ihrem Idealzustand, das Zusammenspiel von Kunst und Freiheit des Bürgers im selbstverantworteten Gemeinwesen, das zur »wahrhaft menschlichen Bildung« (F. Jacobs)[26] führte. Die alten Griechen, Wahlverwandte im Geiste, sollten Vorbilder der Deutschen sein, nicht die Germanen. Goethe, der große Winckelmann-Verehrer, ist ihm darin gefolgt. »Hermann … liegt zu entfernt, niemand hat dazu ein Verhältnis, niemand weiß, was er damit machen soll«, sagte er am 16. Februar 1826 zu seinem Sekretär Eckermann. Und in Bezug auf die Nibelungen ergänzte er ein Jahr später: »Im Bedürfnis von etwas Musterhaftem müssen wir immer zu den alten Griechen zurückgehen.«[27]

Mußte man? Oder war es nicht eher so, daß »in der Hochachtung dieser Antiqvitäten Wissenschaften einige zu viel täten« und daß man »die Gewohnheiten des Vaterlandes nicht achtete und sich lieber um das alte Rom und Griechenland bekümmerte«, wie Zeidlers Lexikon von 1732 beklagte?[28] Justus Möser (1720–1794), Schriftsteller, Jurist und Regierungsrat im Fürstbistum Osnabrück, schlug einen anderen Weg ein. Sein goldenes Zeitalter suchte er nicht im Athen des Perikles, sondern in der germanischen Vorzeit. Diese frühe Epoche, die er von Arminius bis Karl den Großen datierte, beschrieb er in seiner »Osnabrückischen Geschichte« (1768) als eine auf gleichem Landbesitz basierende und mit gleichen Rechten ausgestattete germanische Urgesellschaft, in der beides geherrscht habe: individuelle Freiheit und kulturelle Größe. Diese Verfassung, gegründet auf Freiheit, Eigentum und eine »Nationalversammlung« mit Respekt vor den Rechten des Einzelnen sei ebenfalls ein Kunstwerk gewesen und übertreffe bei weitem die Leistungen der Griechen. Das Studium der Antike »beruhige den Menschen über den Verlust seiner wahren Größe«. Dabei seien »die kleinen städtischen Republiken der Griechen« im Vergleich zu den germanischen Staaten des Nordens, »worin Millionen Menschen jene großen Rechte ungestört genossen«, nur »Puppenwerke«.[29]

In seinem Trauerspiel »Arminius« (1749) präsentierte er den Cherusker als nachahmenswertes Beispiel. Sein Kampf gegen die Zwietracht der Germanen geriet Möser zur Allegorie auf die Kleinstaaterei der deutschen Verhältnisse und zum Plädoyer für ein einheitsstiftendes Königtum. Zugleich zeigte das Stück, daß man den antiken Heroen etwas entgegensetzen konnte: »Ich kann auch wahrscheinlich hoffen, daß der deutsche Zuschauer ihm vor einem Griechen oder Römer gewogen sein werde, da es der vernünftigen Ehrbegierde eines jeden Volkes schmeichelt, solche Helden erzeuget zu haben.«[30]

Mösers Aufwertung des germanischen Altertums wurde von Johann Gottfried Herder (1744–1803) aufgegriffen. In seinen »Ideen zur Philosophie der Geschichte der Menschheit« (1774) rühmte er die Gesetze der Germanen, denn sie »atmeten männlichen Mut, Gefühl der Ehre, Zutrauen auf Verstand, Redlichkeit und Götterverehrung.«[31] Bewußt grenzte er sich von den »uns fremden Alterthümern der Griechen und Römer«[32] ab. Ohne Überlegenheitsgestus vertrat er den Standpunkt, daß jede Nation ihren eigenen Charakter, ihre eigene Volksindividualität ausbilden, ihre eigene Mythologie haben müsse, die »ihrer eigenen Denkart und Sprache entsprossen.«[33] Nicht durch die Nachahmung fremder Regeln, sondern durch die Betonung von Originalität gewinne Sprache und Kultur.

Der erste, der sich um eine dem deutschen Wesen gemäße Dichtungsgattung bemühte, war Friedrich Gottlieb Klopstock (1724–1803). Bei Tacitus hatte er von den Schlachtgesängen der Germanen gelesen, und er nahm an, daß es bei ihnen, ähnlich den Kelten, eine eigene Sängerzunft, die Barden, gegeben hätte. Ihre Lieder suchte er in »Bardieten« nachzuempfinden, einer Mischung aus Prosadialogen, Choreinlagen und Gesängen. Als passendes Thema wählte er Hermann den Cherusker, den er mit allen nur möglichen heldischen Tugenden ausstattete. In drei Stücken, »Hermanns Schlacht« (1769), »Hermann und die Fürsten« (1784) und »Hermanns Tod« (1787) gestaltete er sein Schicksal als Opfergang fürs Vaterland, dem alles andere, Leben, Liebe, Familie unterzuordnen sei. Dabei wurde Hermann nicht nur zum Retter der germanischen Freiheit, sondern auch der deutschen Kultur und Sprache. Sein Sieg sicherte ihr Überleben, mehr noch ihren Aufstieg »zur prächtigsten unter den Hauptsprachen«.[34] Hier bricht, wie bei den Humanisten, das Gefühl einer Unterlegenheit und Mediokrität durch, das sich der Übersteigerung bedienen muß, weil es ihm an Selbstbewußtsein fehlt.

Doch noch Ende des 18. Jahrhunderts war vollständig offen, ob sich Hermann als Nationalheld der Deutschen durchsetzen, die Germanen der Frühzeit die Rolle der »ersten Deutschen« spielen würden. Die tonangebenden jungen Dichter des »Sturm und Drang«, Goethe, Schiller, Lenz, Bürger, Klinger, Leisewitz, Maler Müller wählten ihre Stoffe vorzugsweise aus der Gegenwart – Schillers »Räuber«, Lenz' »Soldaten«, Goethes »Werther« – oder aus dem Mittelalter, wo Goethes »Götz von Berlichingen« als Tyrannenfeind viel aktueller erschien. Lessing, der Erfinder des »Bürgerlichen Trauerspiels«, und Wieland, der Freund der Antike, winkten ab. Schiller, der wie kein anderer das historische Drama prägte, entschied sich nicht für Hermann, sondern für »Wilhelm Tell« (1802–1804), als er die Geschichte eines Freiheitshelden gestalten wollte.

Als verbindliches Bildungs- und Kunstideal blieben die Griechen verpflichtend, um so mehr als mit dem Beginn der ersten archäologischen Ausgrabungen, sei es in Pompeji oder in Paestum, sich ganz neue Perspektiven auf ihre Kultur eröffneten. Statt der Wälder Germaniens bildeten Unternehmungen wie der von Thomas Bruce, Earl of Elgin, von Athen nach London gebrachte Parthenon-Fries der Akropolis das Tagesgespräch oder die Ägypten-Expedition Napoleons, dessen 167 mitreisende Wissenschaftler die Altertümer des Niltals erforschten und mit der Entdeckung des Steins von Rosette die Grundlage zur Entzifferung der Hieroglyphen legten. Nicht wenige der führenden Intellektuellen sahen es als gravierenden Nachteil an, daß der größte Teil Deutschlands nicht romanisiert worden war.

Inwieweit Hermann und die Varusschlacht über den Kreis der Gebildeten hinaus eine Rolle spielten, läßt sich schwer abschätzen. Zu vermuten ist: keine. Die Beschäftigung mit dem Cherusker und der germanischen Vorzeit blieb den höheren Ständen vorbehalten und erreichte keine Breitenwirkung. Bauern, Tagelöhner und Handwerker, deren Anteil an der Bevölkerung um 1800 etwa siebzig Prozent betrug, besaßen keine Bücher, es sei denn die Bibel. Viele konnten auch gar nicht lesen. 1763 fanden sich in Bochum »unter hundert erwachsenen Leuten kaum zehn, die im Lesen und Schreiben tüchtig sind.«[35] Im Sinne der Obrigkeit war das selbst im »aufgeklärten« Preußen Friedrichs des Großen vollkommen ausreichend. Mehr als Religion und Moral mußte die Schule auf dem flachen Land, auf dem neunzig Prozent der Deutschen lebten, sowieso nicht vermitteln. »Es ist genug, wenn sie ein bisgen lesen und schreiben lernen«, schrieb der König an seinen zuständigen Minister, »wissen sie aber zu viel, so laufen sie in die Städte.« Angesichts einer potentiellen Leserschaft von 25 Prozent der Gesamteinwohnerzahl (25 Millionen) waren Druckauflagen von zwei- bis dreitausend Exemplaren sehr ordentlich – Lessings »Nathan« beispielsweise hatte zweitausend Subskribenten, eine Goethe-Ausgabe von 1790 startete mit viertausend Exemplaren. Sechstausend Stück zu vertreiben, wie mit Klopstocks »Gelehrtenrepublik« geschehen, bedeutete einen sensationellen Erfolg.[36]

Befreiungskriege und Restauration

Am Morgen des 2. Oktober 1808 reiste Goethe von Weimar nach Erfurt, um dort vom mächtigsten Mann Europas empfangen zu werden: Napoleon. Der hatte zwei Jahre zuvor und ganz in der Nähe, bei Jena und Auerstedt, die preußische Armee vernichtend geschlagen und sich mit diesem Sieg zum Herrn Deutschlands aufgeschwungen. Statt dem »Heiligen Römischen Reich deutscher Nation«, das sich 1806 sang- und klanglos aufgelöst hatte, gehörten sämtliche deutsche Staaten nun dem französisch dominierten Rheinbund an. Für viele war das kein schlechtes Geschäft. Napoleon schlug die bislang noch unabhängigen geistlichen Territorien den Flächenstaaten zu (Säkularisation) und beförderte die Fürsten von Sachsen, Bayern und Württemberg zu Königen.

In ihrer Mitte beging er einen zweiwöchigen glanzvollen »Fürstentag« und Goethe fühlte sich durch die Audienz hochgeehrt. Denn der Kaiser begrüßte ihn mit den Worten »Voilà, un homme!« und hatte ihn damit nach Goethes eigener Einschätzung als ebenbürtig anerkannt. Zehn Tage später verlieh ihm Napoleon den Orden der Ehrenlegion. Goethe trug ihn auch noch nach dem Sturz des Korsen. An seinen Verleger Cotta schrieb er, daß ihm »in seinem Leben nichts Höheres und Erfreulicheres begegnen konnte, als vor dem französischen Kaiser, und zwar auf eine solche Weise zu stehen.«[37] Zeit seines Lebens ließ er sich nicht davon abhalten, »den Halbgott und Schlachtensieger« wertzuschätzen.

Dafür sprachen durchaus gute Gründe. In großen Teilen Deutschlands galt fortan der »Code civil«, das bürgerliche Gesetzbuch der Franzosen, das die Gleichheit vor dem Gesetz garantierte. Aufgehoben wurde der Zunftzwang, mit der Bauernbefreiung der Zehnte abgeschafft, Ansiedlungs-, Gewerbe- und Religionsfreiheit dekretiert, die Gleichstellung der Juden angeordnet. Dem geschlagenen Preußen blieb nichts übrig, als sich ebenfalls zu reformieren, Schulen und Universitäten, staatliche Verwaltung und Armee auf neuer Grundlage aufzubauen. Der Preis, den Frankreich für die Modernisierung Deutschlands verlangte, war allerdings hoch. Sämtliche Staaten waren verpflichtet, Soldaten für die französische Armee zu stellen. Die ständigen Einquartierungen von Militär und die hohen Kriegsentschädigungen wurden als drückend empfunden. An der Küste ruinierte die von Napoleon gegen England verordnete Kontinentalsperre – ein rigides Importverbot englischer Waren – die Kaufmannschaft, förderte aber andererseits die Textilindustrie im Rheinland und in Sachsen, deren härtester Konkurrent ausfiel.[38]

Ernst Moritz Arndt (1769–1860), Professor der Theologie zu Greifswald, pflegte ein anderes Napoleon-Bild als Goethe. Im ersten Band seines Buches »Geist der Zeit« (1805) nennt er ihn »ein erhabenes Ungeheuer« und vergleicht ihn mit den »großen Römerfeldherren in der Schlacht, kalt und doch begeistert«. Die demütigende Niederlage Preußens ließ ihn erst recht die germanische Vergangenheit der Deutschen beschwören: »Von jeher lag der Keim des Großen und Guten im germanischen Volke. (…) Wagt es die Vergessenheit uns hohe Begeisterung, Freiheitsgeist und Kühnheit abzusprechen, so mögen ganze europäische Völker, wenn sie nicht die hellste Wahrheit leugnen wollen, für uns bekennen, was sie uns verdanken. Was die letzten verhängnisvollen Jahrzehnte gebracht haben, soll nicht vergessen lassen, weder was wir waren, noch was wir sein werden.« Um die französischen Besatzer aus dem Lande zu treiben, brauche es »Nationalgeist« und einen neuen Hermann; er trägt bei Arndt fast messianische Züge: »Teutsche, vergesset Hermann nicht, flehet die Vorsehung an um einen solchen Mann und Befreier, weist eure Mitwelt und Nachwelt darauf hin; und er wird kommen, und ihr werdet ein Volk seyn und ein freies, starkes Volk.«[39]

In Berlin veröffentlichte der Philosoph Johann Gottlieb Fichte (1762–1814) seine »Reden an die deutsche Nation« (1808), mit denen er dem »gebildeten Teil der ganzen deutschen Nation« vermittelte, daß wir unseren Vorfahren, den Germanen verdanken: »daß wir noch Deutsche sind … und alles, was wir seitdem als Nation gewesen.«[40] Das war für Fichte zum einen der den Deutschen seit altersher eigene Freiheitsdrang, der nur durch »Ausländerei« und die in Klassen zerfallende Gesellschaft gelitten habe. Zum anderen die deutsche Sprache, die nicht nur das deutsche Volk vereinte, sondern auch einen Zugang zum Geistigen und Metaphysischen eröffnete, der anderen Völkern versperrt war. »Germanische Stämme, die die römische Sprache annahmen« wie die Franzosen, hätten ihre Sprache durch die Beimischung lateinischer und griechischer Elemente verdorben, als einzige Ausnahme unter den Europäern hätten die Deutschen die ihre in ursprünglicher Reinheit bewahrt.[41]

Zum Retter der deutschen Sprache und damit zum Retter der deutschen Identität wurde Hermann ausgerufen, die Schlacht im Teutoburger Wald, an der nach Arndt »das Schicksal der Welt hing«, erhielt eine gleichsam sakrale Weihe und wurde damit zum »Gründungsakt der deutschen Nation« (R. Wiegels). Die Parallele zur Gegenwart lag auf der Hand. Die Franzosen wurden zu Römern, Napoleon ein zweiter Augustus, Tiberius oder Varus. Wer mit ihm paktierte wie die Rheinbundfürsten, spielte die Rolle des germanischen »Verräters« Segestes. Flugblätter zeigten einen Hermann, der die Ketten der gefesselten Germania zerbrach. Daß sich Napoleon mit seiner Wahl zum Kaiser und mit der Einführung der Adler als Feldzeichen bewußt in römische Traditionen stellte, erleichterte noch den Geschichtstransfer.

Die preußischen Reformer begriffen rasch, daß ohne Mobilisierung der patriotischen Gesinnung der politische und militärische Widerstand nicht organisiert werden konnte. Der als Verteidiger der Festung Kolberg berühmt gewordene Oberstleutnant Gneisenau (1760–1831) legte in einer Denkschrift dar, daß man das Bürgertum mit dem Versprechen einer Verfassung gewinnen müsse. Der Staatsminister Freiherr von Stein (1757–1831) suchte die Zusammenarbeit mit den kulturellen Eliten, förderte Publizisten und Schriftsteller auch materiell, um den Kampf gegen Frankreich auf eine breite Grundlage zu stellen.[42] Als schließlich Napoleon 1812 in Russland scheiterte, sorgte eine Flut vaterländischer Schriften, Gedichte und Stücke für die moralische Wiederaufrüstung. Arndt, der im gleichen Jahr der Privatsekretär Steins geworden war, predigte den Haß auf die Franzosen am lautesten: »Und wenn das Volk, wie unsere Ahnen vormals, nur zu Keulen und Spießen griffe – das Franzosenungeziefer, das bei uns ist, würde bald vertilgt seyn, und neues würde nicht wieder kommen.« Jedes Mittel schien ihm recht, die Franzosen zu entmenschlichen, keine Rücksichten mehr nehmen zu müssen: »Ja, ich hasse, es ist meine Lust und mein Leben, daß ich noch hassen kann. Haß ist der einzige, gewaltige Retter und Helfer.«[43]

Beim jungen Dichter Theodor Körner (1791–1813), der im Kampf gegen Napoleon fiel, klang es nicht anders: »Und wenn sie winselnd auf den Knieen liegen und zitternd Gnade schreien: Laßt nicht des Mitleids feige Stimme siegen! Stoßt ohn' Erbarmen drein! Ha welche Lust, wenn an dem Lanzenknopfe ein Schurkenherz zerbebt, und das Gehirn aus dem gespaltnen Kopfe am blut'gen Schwerte klebt.« Schon 1809 hatte Heinrich von Kleist (1777–1811) mit einer Ode »Germania an ihre Kinder«, die wegen der Zensur nur handschriftlich zirkulierte, die Deutschen zum Kampf gegen die Franzosen aufrütteln wollen: »Alle Plätze, Trift' und Stätten färbt mit ihren Knochen weiß; welchen Rab' und Fuchs verschmähten, gebet ihn den Fischen preis; dämmt den Rhein mit ihren Leichen; lasst, gestäuft von ihrem Bein, schäumend um die Pfalz ihn weichen, und ihn dann die Grenze sein! – Eine Lustjagd, wie wenn Schützen auf die Spur dem Wolfe sitzen! Schlagt ihn tot! Das Weltgericht fragt euch nach den Gründen nicht.«[44]

Friedrich Ludwig Jahn (1778–1852), dessen »frisch, fromm, fröhlich, freie« Turnbewegung als »patriotische Erziehung zur Vorbereitung auf den Befreiungskrieg« gedacht war,[45] verband wie Arndt, mit dem er befreundet war, Franzosenhaß mit Hermannmythos. In seinem 1810 veröffentlichten Buch »Das deutsche Volkstum« begann der politische Kampf gegen Frankreich mit einem Angriff auf seine Kultur: »Wer seinen Kindern die französische Sprache lehren läßt, ist ein Irrender, wer darin beharrt, sündigt gegen den heiligen Geist.

Wenn er aber seinen Töchtern französisch lehren läßt, ist das ebenso gut, als wenn er ihnen Hurerei lehren läßt. Polen, Franzosen, Pfaffen, Junker und Juden sind Deutschlands Unglück.« Den Tag der Hermannsschlacht, dessen genaues Datum man freilich noch herausfinden müsse, wollte er als Nationalfeiertag, den »Volksheiland Hermann« dichterisch gewürdigt sehen. Mit einer von ihm verfassten »Rede des Arminius an die Deutschen vor der Teutoburger Schlacht« warb er Kriegsfreiwillige für das Lützowsche Freikorps, dem auch er angehörte.[46]

Im Oktober 1813 erlitt Napoleon in der »Völkerschlacht« bei Leipzig seine entscheidende Niederlage. In patriotischen Kreisen firmierte sie, die ebenfalls drei Tage gedauert hatte, als »Neue Hermannsschlacht«. Arndt brachte in diesem Jahr einen »Katechismus für den teutschen Kriegs- und Wehrmann« in der unglaublichen Auflage von über 60000 Exemplaren heraus. In ihm war ein kurzer Abriß der deutschen Geschichte enthalten, die natürlich mit Hermann begann: »Und es sind jetzt etwa achtzehenhundert Jahre, zu der Zeit, als unser Herr Christus als kleiner Knabe unter den Menschenkindern wandelte, da setzten die Römer mit unzähligen Heeren über den Rheinstrom und ließen Flotten mit gewaltigem Zeug und Kriegsgeräth ins Meer, und gedachten die Völker und den Rhein und die Weser und Elbe bis an die Küsten der Ostsee zu bezwingen und zu ihren Sklaven zu machen. Das gefiel aber Gott nicht, sondern erweckte den Teutschen einen gewaltigen Kriegsfürsten, einen Fürsten des Volkes, das um die Weser und den Harz wohnete; und es war ein Jüngling und hieß Arminius oder Hermann.«[47]

Bei soviel Begeisterung und publizistischer Aktivität konnte man auf das bedeutendste poetische Werk zum Thema Hermann glatt verzichten: Kleists »Hermannsschlacht«. Vom Dichter im Jahre 1808 verfaßt, »um die großen politischen Linien der Zeit aufzudecken und die Gesamtlage Preußens den Zeitgenossen zum Bewusstsein zu bringen«, war das Drama so aktuell und in seinen Bezügen so klar – »Wir sind die unterjochten Völker der Römer«, schrieb Kleist am 24. Oktober 1806 an seine Halbschwester Ulrike –, daß es weder die Zensur passieren, noch aufgeführt werden konnte. Gedruckt wurde es 1821, zehn Jahre nach Kleists Tod. Auf dem Theater sah man es in zwei Aufführungen erst 1839 in Bad Pyrmont und Münster, dann nach langer Pause in Breslau 1860.[48] Große Wirkung ging von keiner der drei Inszenierungen aus. Sein Erfolg begann erst im wilhelminischen Kaiserreich, als man das Stück chauvinistisch-imperialistisch interpretierte, es zum nationalen Festspiel erhob, mit dem man den 50. Jahrestag der Leipziger Schlacht, den Sieg über Frankreich bei Sedan 1870 oder die Einweihung des Völkerschlachtdenkmals 1913 feierte. In dieser Tradition war es nur logisch, nach Ausbruch des Ersten Weltkriegs die Berliner Theatersaison mit der »Hermannsschlacht« zu eröffnen, zwischen den Akten und am Ende Siegesmeldungen von der Westfront zu verlesen und am Schluß das Deutschlandlied zu singen.[49] Im Dritten Reich instrumentalisierten die Nationalsozialisten das Drama als vorbildliches Beispiel von Führer und Gefolgschaft und als Lehrstück darüber, daß im Kampf der Völker jedes Mittel recht sei. Dabei wurden die volksdemokratischen Elemente einfach nicht zur Kenntnis genommen. Der von der NS-Propaganda als »Klassiker des Nationalsozialismus« hochgelobte Kleist stellt die Cherusker eben nicht als reine Befehlsempfänger dar, sondern läßt sie Hermann die Gefolgschaft verweigern, falls er einen anderen Krieg als den gewünschten führen will.[50] Daß man Kleists Stück auch als »Modell eines Befreiungskrieges mit all seinen Widersprüchen« oder als »Modell einer Revolution gegen einen übermächtigen Gegner, einen Imperialisten und Eroberer«,[51] lesen kann, bewies nicht zuletzt Claus Peymanns Bochumer Inszenierung von 1982. Am Gewaltpotential des Stücks ändert das freilich nichts – ohne Erbarmen verfüttert Thusnelda den Römer Ventidius an einen Bären, römische Gefangene und romtreue Germanen werden ohne Skrupel hingerichtet, und das von Legionären vergewaltigte Cheruskermädchen Hally, der Schande wegen vom eigenen Vater erdolcht, geht per Kurier, zerlegt in fünfzehn Teile, als Zeichen des Aufstands an die eben so viele Stämme zählenden Germanen. Am Ende – so wollte Peymann seine Inszenierung verstanden wissen – hat der ohne Gnade und Menschlichkeit von Hermann geführte totale Krieg die Sieger selbst in ihrer Humanität unwiederbringlich beschädigt, sie zu psychischen Krüppeln gemacht. Nietzsche, Feind jedes Hurra-Patriotismus, war die Mechanik bewußt: »Wer mit Ungeheuern kämpft, mag zusehn, daß er dabei nicht zum Ungeheuer wird. Und wenn du lange in einen Abgrund blickst, blickt der Abgrund auch in dich hinein.«[52]

Die politischen Hoffnungen, die der Sturz Napoleons und die Befreiung Deutschlands in weiten Teilen der Bevölkerung auslösten, erfüllten sich nicht. Hatte man im Sinne Hermanns für Einheit und Freiheit des Vaterlandes gestritten, sah man sich nun enttäuscht. Die Herrscher der Einzelstaaten sahen keine Veranlassung, ihre souveränen Rechte an eine Bundesversammlung, geschweige denn an ein neues Deutsches Reich, abzugeben. Die in Aussicht gestellten Verfassungen wurden nicht oder nur mit gravierenden Einschränkungen verabschiedet. Arndt, der diese Ziele weiter verfolgte und seit 1818 Professor für Geschichte an der neugegründeten Universität Bonn geworden war, wurden »demagogische Umtriebe« vorgeworfen. Er verlor nach nur zwei Jahren seine Lehrberechtigung, was auch sein alter Gönner, Freiherr von Stein, nicht verhindern, nur beklagen konnte: »Warum muß dieses Schicksal den Mann treffen, der in den Zeiten der Fremdherrschaft mit Mut und Selbstaufopferung Gefühle für Vaterland und König erweckte und verbreitete, während so viele nichtswürdige Werkzeuge und Verehrer Napoleons Einfluß behalten und zu Ehren gelangt sind?«[53]

Jahn ging es nicht besser. Die von ihm organisierte Turnbewegung, deren »heiligste Pflicht es sei, unseren Urahnen den Weltrettern ähnlich, für Volk und Vaterland kräftig zu wirken«[54] wurde aus den gleichen Gründen als staatsgefährdend eingestuft. Das Wartburgfest 1817, auf dem sich auf seine Initiative Turner und fünfhundert Studenten (ein Achtel der damaligen Gesamtzahl) mit ihren Professoren versammelten, geriet unter Aufruhrverdacht. Die Gefährdung bestand nicht so sehr im Verbrennen eines österreichischen Korporalstocks, einer preußischen Ulanenuniform und mißliebiger Bücher, darunter der »Code civil«, sondern in der Gründung einer »Allgemeinen Deutschen Burschenschaft«, die an die Stelle der alten Landsmannschaften treten und damit die Einheit Deutschlands unter der studentischen Jugend vorleben sollte. Ihre Forderungen nach

Gräber gefallener Freiheitskrieger (1812), Gemälde von Caspar David Friedrich

demokratischen Verfassungen, Pressefreiheit und Rechtsgleichheit gingen den in der »Heiligen Allianz« verbündeten Staaten entschieden zu weit. Die auf Druck des österreichischen Kanzlers Metternich in Karlsbad verabschiedeten Beschlüsse bedeuteten das vorläufige Ende aller auf Einheit und Verfassung gerichteten liberalen Bestrebungen. Turner und Burschenschafter wurden 1820 verboten, Jahn wanderte für fünf Jahre ins Gefängnis. Statt der Einheit der Nation hatte man die Einheit der Reaktion bekommen.

Während die »Grande Armée« Napoleons im Sommer 1812 in den Weiten Russlands ihrem Untergang entgegenmarschierte, malte der bedeutendste deutsche Maler dieser Epoche, Caspar David Friedrich (1774–1840), das Bild »Gräber gefallener Freiheitskrieger«. Am Schluß eines einsamen Tals, das eine Felswand bedrohlich abriegelt, öffnet sich eine dunkle Höhle. Im Vordergrund stehen alte Grabmonumente und ein offensichtlich neuerrichteter Obelisk. Er ist mit Todesgenien und gekreuzten Schwertern dekoriert und trägt die Aufschriften »Edler

Jüngling« und »Vaterlandserretter«. Auf den Sarkophagen rechts und links liest man ähnliche Zeilen. Das vollständig überwachsene Grab im Vordergrund trägt im Gegensatz zu allen anderen einen Namen in roten Lettern: Arminius. Auf der teilweise zerbrochenen Grabplatte ringelt sich eine Schlange in den Farben blau-weiß-rot, der Trikolore. Zwei verirrte französische Soldaten stehen winzig am klaffenden Eingang der Höhle und sind in dieser Gedenk- und Ruhestätte der ruhmreichen Toten offensichtlich am Ende ihres Weges angelangt.

Das Motiv des Arminius-Grabes ist eine Erfindung Friedrichs. Er malte es ein Jahr später noch einmal in einer neuen Komposition, die das Grab in den Mittelpunkt rückte. Von Felswand und Höhle eingeschlossen, steht völlig verloren ein einzelner Soldat vor dem Sarkophag, dessen Deckel zur Seite geglitten ist, sich bedrohlich zu öffnen scheint. Das Bild trug früher die Aufschrift: »Deine Treue und Unüberwindlichkeit als Krieger sei uns ewig ein Vorbild.«[55] Friedrich, aus Greifswald gebürtig, in Dresden lebend, war Patriot und »gewöhnlich von Ingrimm gegen die Franzosen« erfüllt . Mit Arndt und Jahn korrespondierte er. Kleist soll während seines Dresdner Aufenthalts Szenen aus der »Hermannsschlacht« in Friedrichs Atelier vorgelesen haben.[56]

Aus der euphorischen Stimmung nach dem Abzug der Franzosen entstand der Ruf nach einem Nationaldenkmal. Was und wen es darstellen sollte, darüber gingen die Meinungen auseinander. Friedrich plante ein Bild mit einem Denkmal für den 1813 gefallenen General Scharnhorst (1755–1813), dessen Ideen vom »Volksheer« und ihre Umsetzung in Wehrpflicht und Landsturm den Sieg in den Befreiungskriegen vorbereitet hatten. Dem Berliner Architekten und Stadtplaner Karl Friedrich Schinkel (1781–1841) schwebte ein Nationaldom als Denkmal der Befreiungskriege vor. Gleichzeitig arbeitete er an einem Reiterstandbild Hermanns, dargestellt als St. Georg, doch statt des üblichen Drachens durchbohrt er mit seiner Lanze einen Legionär, der den römischen Adler trägt. Der Dichter August von Kotzebue (1761–1819) wollte eine im Odenwald in einem römischen Steinbruch liegengebliebene Säule verarbeitet wissen, »zur Erinnerung an den herrlichen Sieg über die letzten Unterjocher der Deutschen«, an-

Nicht fertiggestellte Säule im römischen Steinbruch des »Felsenmeers« im Odenwald bei Bensheim

dere schlugen eine »Hermannssäule« vor. Arndt forderte in einem Aufruf 1818 gleich zwei Denkmäler, eins zur Erinnerung an die Völkerschlacht bei Leipzig, das andere für Hermann. Es sollte ein »Denkmal der Thaten« sein, ein »nöthiges Warnmal gegen die Fehler der Uneinigkeit«, wie es in der Zeitschrift »Hermann« hieß.[57] Aber nichts davon kam in den folgenden Jahrzehnten zur Ausführung. Den Grund hatte Friedrich in einem Brief an Arndt bereits im März 1814 hellsichtig erkannt: »Ich wundere mich keineswegs, daß keine Denkmäler errichtet werden, weder die, so die große Sache des Volkes bezeichnen, noch die hochherzigen Taten einzelner deutscher Männer. Solange wir Fürstenknechte bleiben, wird auch nie etwas Großes der Art geschehen. Wo das Volk keine Stimme hat, wird dem Volk auch nicht erlaubt, sich zu fühlen und zu ehren.«[58]

Dem Deutschland und Österreich der Restauration, der Zensur und der Metternichschen Geheimpolizei wurde Hermann schlagartig verdächtig. Der Cherusker stand für mehr als nur für die Befreiung vom französischen Joch. Bewußt wählten die auf Veränderung des status quo pochenden Burschenschafter für ihre neugegründeten Verbände

Namen wie »Germania«, »Teutonia« oder gleich »Arminia« mit Bezug auf ein geeintes, demokratisches Deutschland. Einer ihrer radikalsten Vertreter, der Student der Rechte, Karl Follen (1796–1840), der 1824 nach Amerika emigrierte, vertrat die Ansicht, daß man für die »Volksfreiheit« zu jedem Mittel greifen müsse, einschließlich »Aufruhr und Tyrannenmord« und dichtete: »Der alte Hermann regt sich wild, der Freiheitsgott, im Eichengrab und hoch vom Himmel winket mild, der uns der Seele Freiheit gab. Am Bundesbanner wonnevoll, Kreuz, Schwert und Eiche glühn, auf Teutoburger Rütli soll ein Eden uns erblühn.«[59] Die Anspielung ist offensichtlich. Wie die Schweizer durch die Vereinigung der drei Urkantone durch den Rütli-Schwur ihre Freiheit von Fürstenwillkür und -herrschaft erlangten, müssen die Deutschen das gleiche im Zeichen Hermanns anstreben.

Der Bannstrahl traf auch denjenigen, den Herder 1776 im »Teutschen Merkur« als »Sprecher für die deutsche Nation und Freiheit und Wahrheit« bezeichnet hatte: Ulrich von Hutten. Ernst Münch, ein Freiburger Burschenschafter, übersetzte 1822 den »Arminius-Dialog« und brachte ihn im Rahmen einer Gesamtausgabe heraus. Resigniert stellte er im Vorwort fest, daß es »mehr denn je not tue, uns aus dem Pfuhl einer würdelosen Gegenwart in ein frischeres Leben der Vergangenheit zu retten.« Die Ausgabe wurde in Preußen verboten, da die Tendenz der Huttenschen Schriften demagogisch sei.[60] Ein Jahr später, zehn Jahre nach dem Beginn der Befreiungskriege, dreihundert Jahre nach Huttens Tod, gestaltete Friedrich seine eigene Enttäuschung. In dem Gemälde »Huttens Grab« beugt sich in einer gotischen Kirchenruine ein Besucher über Huttens Sarkophag, der auch die Namen derjenigen trägt, die auf eine Veränderung der politischen Zustände in Deutschland setzten: Jahn, Arndt, Stein, Görres, Scharnhorst. Der Mann trägt »altdeutsche Tracht«. Wir kennen sie von vielen Bildern Friedrichs und assoziieren sie mit Romantik. In Wirklichkeit wagte der Maler damit eine provozierende politische Aussage. Denn diese Mode, Stulpenstiefel, schwarzer Rock mit weit geöffnetem Hemdkragen – »den Hals befreit vom knechtischen Tuche«[61] –, hatten die Freiwilligen in den Befreiungskriegen getragen. Arndt erklärte sie in seinem Buch »Ueber Sitte, Mode und Kleidertracht« für alle verbindlich, »vom König und der Königin ... bis zu den Bauren und der Bäuerin unter dem Strohdache«. Dazu gehörten lange Haare und ein kräftiger Bart. Die Burschenschafter trugen sich so und alle, die sich mit den vaterländischen Idealen identifizierten. In den Augen der Obrigkeit war es die Kleidung der »Demagogen«. Sie zu tragen war seit 1820 strafbar.[62]

Gleichsam als Reaktion auf die Weigerung, sich staatlicherseits um Hermann zu bemühen, wich das Interesse ins Lokale, in die Suche nach dem Schlachtfeld aus. Der Detmolder Archivrat Christian Gottlieb Clostermeier – der Dichter Christian Dietrich Grabbe (1801–1836) wird elf Jahre später seine Tochter heiraten und bald darauf eine »Hermannsschlacht« schreiben – wollte den genauen Ort bestimmt haben und ließ 1822 den Beweis, die Schrift »Wo Hermann den Varus schlug«, erscheinen. »Mochte es mir gelungen seyn, zu bewirken,« heißt es im Vorwort, »daß von nun an jeder deutsche Mann die heiligen Stätten – worauf Deutschlands Schicksal für zwei Jahrtausende entschieden, der glorreiche Sieg erkämpft ward, welchem wir noch die Reinheit unserer Sprache, unserer Sitten und Gebräuche verdanken – im Fürstentum Lippe finden, und mit der vollen Zuversicht betreten könne, daß gegen die Gewissheit derselben kein gegründeter Zweifel weiter obwalte!«[63]

Nicht Clostermeiers These ist wichtig – er beschrieb zutreffend die Schlacht als sich über Tage hinziehendes Defileegefecht, das sich vom Fuß der nahe Detmold gelegenen Grotenburg, »Hermanns wahrer Burg«,[64] bis südlich des noch heute existierenden »Kreuzkrugs« bei Schlangen/Halstenbeck erstreckt habe –, sondern die Begründung, warum es nötig sei, den genauen Ort aufzufinden. War die Varusschlacht die Geburtsstunde Deutschlands, die alles Zukünftige, Land, Sprache, Sitten, Nationalcharakter entschieden hatte, so wurde die Suche nach ihrem Ort zur patriotischen Pflicht, der Platz selbst zum Heiligtum, sein Entdecker der höchsten Ehren würdig, seine Bewohner ausgezeichnet vor allen Deutschen.[65] Die Suche nach dem Schlachtfeld wurde zur Suche nach der nationalen Identität. Dies ist der Antrieb, der zu den 700 Schlachtfeld-Theorien führte, gleichzeitig der tiefere Grund, warum selbst heute die meisten Schlachtfeldsucher daran festhalten, Arminius' Sieg als das prägende Ereignis der deutschen Geschichte zu behaupten und wahrscheinlich verdankt sich diesem Erbe ein Gutteil der noch immer anhaltenden Popularität von Arminius/Hermann und der Varusschlacht.

Es gab in Deutschland jedoch ein Land und einen Fürsten, der Hermann und den Befreiungskriegen offiziell ein Denkmal setzte. Es war ausgerechnet Bayern, das wie kein anderer Staat vom Bündnis mit Napoleon profitiert hatte. Sein Herrscher, Maximilian I., war vom Kurfürsten zum König erhöht, sein Gebiet auf Kosten Österreichs vergrößert worden. Bayerische Soldaten kämpften für Napoleon in allen seinen Feldzügen, schlugen den Aufstand der Tiroler unter Andreas Hofer nieder und starben zu Zehntausenden in Russland. Erst im letzten Moment, fünf Tage vor der Völkerschlacht bei Leipzig, wechselte Bayern vom französischen ins österreichische Lager und rettete damit Krone und fast alle Gebietsgewinne. Verglichen mit der vornapoleonischen Zeit war das Land doppelt so groß wie vorher, und seine Bevölkerung hatte sich verdreifacht.

Der größte Kritiker dieses auf reiner Machtpolitik beruhenden Erfolges war ausgerechnet der Kronprinz und spätere König Ludwig I. (1786–1868). Schon als sein Vater sich 1805 mit Napoleon gegen Österreich verbündete, bat er ihn, »nicht mit den Franzosen zusammenzugehen und keine gemeinsame Sache mit der Ungerechtigkeit dieser Nation zu machen, die alle Rechte mit Füßen tritt.« Es nützte nichts, und Ludwig fand sich 1807 als Befehlshaber der bayerischen Truppen in Napoleons Hauptquartier wieder. Überliefert ist ein Gedicht aus dieser Zeit, das mit den Zeilen beginnt: »Auf, ihr Teutschen!, auf, und sprengt die Ketten, die ein Corse euch hat angelegt!« Die blieben noch für Jahre fest und Ludwig im Gefolge Napoleons, für den er sogar seine Ansprachen an die Truppen übersetzen mußte, denn die bestanden hauptsächlich aus Deutschen. [66]

Damals entstand sein Plan »den rühmlich ausgezeichneten Teutschen« ein Denkmal zu setzen, wenn die »Tage von Teutschlands tiefster Schmach« vorüber seien. Ohne Ansehen der Person, des Geschlechts und der Religion sollten in ihm Büsten und Gedenktafeln der Besten versammelt werden, die sich auf politischem, militärischem oder geistigem Gebiet hervorgetan hatten. Einzige Voraussetzung bildete die »teutsche Zunge« als gemeinsames Band, was alle Mitglieder der germanischen Sprachfamilie, also Balten, Engländer, Niederländer, Flamen, Schweizer, Österreicher und Skandinavier, einschloß.

Auf die Idee eines Ruhmestempels waren leider bereits die Franzosen gekommen. Sie hatten schon 1791 die Kirche Sainte-Geneviève in Paris zum »Pantheon« für die großen Männer der Revolution erklärt. Aus der Verlegenheit einen eigenen Begriff zu finden, half dem Kronprinzen der Schweizer Historiker Johannes von Müller (s. S. 293), der den Namen »Walhalla« vorschlug. Der Name, seit Mitte des 18. Jahrhunderts aus der nordischen Mythologie bekannt, bezeichnete eine Art Paradies gefallener Helden, einen prächtig ausgeschmückten Riesensaal mit Hunderten von Toren inmitten eines heiligen Haines.

Gleich nach der Niederlage Napoleons machte sich Ludwig im Februar 1814 an die Verwirklichung. Ein Preisausschreiben der Akademie der bildenden Künste in München bat um Entwürfe für »Ein Gebäude dem Andenken großer Deutscher«. Die einzige Bedingung des Bauherrn lautete, es müsse »von reinstem griechischen Geschmack«, in Form eines antiken Tempels mit dorischen Säulen gestaltet sein. Das für Ludwig Selbstverständliche, die Orientierung an der griechischen Antike als Leitkultur, die er mit seinem Hofarchitekten Leo von Klenze (1784–1864) teilte, stieß allerdings auf herbe Kritik. Man fragte, wieso denn das größte deutsche und nur für die Deutschen geschaffene Ehrendenkmal, das zudem noch einen germanischen Namen trage, »so absolut griechisch seyn« müsse. Immerhin hatte Goethe bereits 1772 beim Besuch des Straßburger Münsters die Gotik als »deutsche Baukunst« wiederentdeckt. Es kam hinzu, daß ausgerechnet Napoleon sich zu einer ähnlichen Lösung entschlossen hatte. Sein 1806 in Auftrag gegebener Ruhmestempel für die »Große Armee«, die heutige Kirche Madeleine in Paris, beruhte ebenfalls auf griechischen Vorbildern.

Aber Ludwig hielt trotz schwerer Zweifel den Griechen die Treue und entschied sich für den Plan Klenzes, der sich am Athener Parthenon orientierte, den er für das schönste Bauwerk der Welt hielt. In den

Hermannsschlacht, Nordgiebel der Walhalla, im Mittelpunkt Arminius, ganz rechts Varus

beiden Giebeln sollten Vergangenheit und Gegenwart der deutschen Geschichte abgebildet werden. Im Nordgiebel sah man ihren Anfang: die Hermannsschlacht, in der Mitte Arminius als siegreicher Feldherr. Das südliche Giebelfeld füllte eine Allegorie auf »Teutschlands Befreyung im Jahr 1814«: Der im Zentrum thronenden Figur der »Germania« huldigen die im deutschen Bund vereinigten Teilstaaten. Im Innern des Ruhmestempels eröffnete Hermann der Cherusker den Reigen der zu ehrenden Deutschen. Ihm ist die erste Gedenktafel gewidmet und mit ihm begann das von Ludwig verfasste Buch über »Walhalla's Genossen«, das die dort Aufgenommenen in kurzen Biographien vorstellte.

Am 18. Oktober 1830, dem Jahrestag der Völkerschlacht, erfolgte die Grundsteinlegung. Anwesend war auch der Bildhauer Ernst von Bandel (1800-1876). Er hatte für die spätere Einrichtung eine Büste Franz von Sickingens, dem Freund Ulrich von Huttens, gefertigt und zu Dekorationszwecken für das Fest eine Statue der »Germania« mit Eichenkrone, Schild und Schwert. Wiewohl im Dienste Ludwigs stehend, empfand er das geplante Gebäude als ganz und gar unpassend: »Auf griechischen Konsolen stehen die Büsten deutscher großer

Ansicht der Walhalla, Zeichnung Leo von Klenzes

Männer, in einem Griechentempel, der den ehrwürdigen deutschen Namen ›Walhalla‹ trägt. ... Sollte unser deutsches Volk wirklich so wenig künstlerischen Sinn haben, daß es keinen eigenen Baustil mehr gebären könnte?«[67] – Es war für Bandel der Anstoß, eine alte Idee mit neuem Leben zu erfüllen.

Hermannsdenkmal

Zieht man ein Resümee der künstlerischen Karriere Bandels, so bleibt nichts übrig als festzustellen: Gäbe es nicht das Hermannsdenkmal, man hätte ihn längst vergessen. Der Sohn eines vom bayerischen König geadelten Regierungsdirektors aus Ansbach sollte eigentlich den Försterberuf ergreifen, entschloß sich aber schon früh, Künstler zu werden, und ging nach München. Schon im Alter von achtzehn Jahren will er Skizzen für ein Hermannsdenkmal entworfen haben, »um unser damaliges noch uneiniges schlaffes Volk aufzurütteln zu festem

Zusammengehen«[68]. Über gute Beziehungen zum Königshaus verfügend, arbeitete er durchaus erfolgreich für die Könige Maximilian und Ludwig. Letzter sah in Bandel ein zu förderndes Talent, erteilte ihm etliche gutbezahlte Aufträge, stellte ihn vom Militärdienst frei und schickte ihn nach Rom, um sich weiter auszubilden. Aber Bandel, der schon in München nicht Schüler des Klassizisten Klenze sein wollte, brüskierte in der Stadt am Tiber auch den berühmten dänischen Bildhauer Bertel Thorwaldsen (1770–1844), denn der »Meister« orientierte sich in seinem Kunstschaffen an der klassischen Antike. Von eben der wollte Bandel nichts wissen und lehnte es ab, bei ihm zu lernen. Sehr zum Unwillen Ludwigs, denn damit war der ursprüngliche Sinn von Bandels Romaufenthalt verfehlt. Statt sich zur Antike zu bekehren, pflegte er seine Vorliebe für die Gotik als der eigentlichen deutschen Kunst und vertrat diesen Standpunkt mit Leidenschaft ohne Diplomatie und ohne Rücksicht auf sein Gegenüber. Daß Klenze, Thorwaldsen und Ludwig es nicht besonders angenehm empfanden, sich als »Nachäffer« der Griechen tituliert zu wissen, führte schließlich zu einer Abkühlung des Verhältnisses zwischen König und Künstler. 1834 verließ Bandel München.[69]

Es fiel ihm leicht, denn in seinen Augen verwandelte Ludwig, der »mit seinem Kunstgebrauch deutschem Volkscharakter sehr geschadet hat«, die Stadt in »eine Musterkarte von Nachäffungen aller Baustile, durchaus keine Stadt, die im Stil des Volkes das Volk zu fernerem Festhalten seiner Eigenheit führen könnte. Mir war solch Treiben meiner Natur schnurgerade entgegen; deshalb mochte und konnte ich mich nicht knechten lassen. Als ich ging, begriff man mich nicht.«[70]

In Berlin, Bandels nächster Station, fühlte er sich ebenfalls mißverstanden. Seine Hoffnung, in Karl Friedrich Schinkel, dessen 1821 eingeweihtes Denkmal der Befreiungskriege auf dem Kreuzberg im gotischen Stil gehalten war, einen Gleichgesinnten zu finden, erfüllte sich nicht. Wie schon in München hielt er mit seiner Meinung zu den Werken der Kollegen nicht zurück und verprellte sie mit unerbetenen Ratschlägen innerhalb kürzester Zeit. Schinkel, der gerade mit der Dekoration des Neuen Museums beschäftigt war, kritisierte er öffentlich wegen der von ihm entworfenen geflügelten Löwen. Johann

Gottfried Schadow (1764–1850), Direktor der Berliner Akademie, dessen Quadriga noch heute das Brandenburger Tor ziert, belehrte er über »die Bekleidung und Auffassung unserer Vorfahren«. Denn Schadow hatte die Hermann-Figur antikisch, das heißt nackt und nur mit einem Bärenfell bekleidet, aufgefasst. Das gleiche Argument benutzte er bei dessen Schüler, Christian Daniel Rauch (1777–1857), der gerade am Reiterstandbild Friedrich des Großen arbeitete. Bandels Erkenntnis, »daß man die Wahrheit nicht so gerade heraus sagen darf; man schadet sich immer damit«,[71] kam zu spät.

Noch im gleichen Jahr verlegte er seinen Wohnsitz nach Hannover. Die Begründung, er sei dadurch dem Teutoburger Wald und seinem Plan eines Hermannsdenkmals nähergerückt, darf man getrost ins Reich der beschönigenden Erinnerung verbannen. Wichtiger waren die Aufträge, die ihn hier erwarteten und ihm und seiner, am Ende neunköpfigen Familie, über einige Jahre ein gutes Auskommen sicherten. Da zerstörte, wie Bandel schreibt, der Tod Königs Wilhelm IV. im Juni 1837 alle Aussichten auf weitere Beschäftigung. Fortan widmete sich Bandel dem »Vorhaben der Errichtung eines Armindenkmales« – und brach im September 1836 zu Fuß und mit dem Rucksack auf dem Rücken in den Teutoburger Wald auf, um die passende Stelle zu suchen.[72] Der Widerspruch, der in dieser Chronologie verborgen liegt, ist offenbar weder ihm noch seinen Biographen aufgefallen.[73]

Auf Anhieb boten sich dem Wanderer zwei geeignete Plätze: die Felsgruppe der Externsteine und der Gipfel der Grotenburg, von dem »alle Punkte des Schlachtfelds, auf dem unsere Freiheit durch Arminius gegründet ward, überschauet werden.«[74] Beide lagen unweit der damals fünftausend Einwohner zählenden Residenzstadt Detmold. Der regierende Fürst Leopold II. zur Lippe genehmigte ein Denkmal auf der Grotenburg, allerdings mit der Bedingung, dem Bau müsse ein »großartiger des Gegenstandes vollkommen würdiger Plan« zugrunde liegen und die Kostenfrage geregelt sein. Zu diesem Zweck bildete sich in der Stadt zu Beginn des Jahres 1838 ein »Verein für das Hermannsdenkmal«, der durch in ganz Deutschland zu gründende Zweigvereine – es werden schließlich über dreißig sein – die nötigen

Gelder durch Subskriptionen aufbringen wollte. Der Fürst ging mit gutem Beispiel voran, stellte unentgeltlich das Baugrundstück zur Verfügung und spendete tausend Reichstaler. Allein schon soweit gekommen zu sein, stellt eine beachtliche Leistung dar. Bandel war in Detmold völlig unbekannt. Nur durch die Vermittlung eines Münchner Studienfreundes erhielt er Zugang zu den einflußreichen Männern des Städtchens, allesamt hohe Verwaltungsbeamte, die bei Hofe ein und aus gingen. Als Schlüsselfigur dieses Kreises, den Bandel von seinem Vorhaben überzeugte, fungierte der Kanzleirat Moritz Leopold Petri.[75]

Petri, geboren im Jahre 1802, war nur zwei Jahre jünger als Bandel. Während seines Jura-Studiums in Jena hatte er sich einer Burschenschaft angeschlossen. Mit Bandel, der zeitlebens mit dem engagierten Mitarbeiter Jahns in der Turnbewegung, dem Münchner Germanistikprofessor Ferdinand Maßmann (1797–1874), befreundet war, teilte er eine ähnliche, durch die Befreiungskriege geprägte Jugend. Mit dessen Absicht, »dem Ursprunge des aller Deutschen Herzen durchströmenden Freiheitsbewußtseins ein festes Zeichen zu geben«[76] und daraus eine »Sache des ganzen Volkes« zu machen, konnte sich Petri identifizieren. Bandel verzichtete auf jegliche Bezahlung und erklärte, das Denkmal »seinem lieben Vaterlande schenken zu wollen.« Binnen eines Jahres brachte der Verein 11000 Taler, ein Viertel der für das Denkmal veranschlagten Summe, zusammen.[77]

Bandels ursprünglicher Entwurf beabsichtigte, architektonisch etwas »ureigentümlich« Deutsches zu schaffen. Die Schwierigkeit lag allerdings darin, daß »zur Zeit Hermanns unser Volk keine geregelte monumentale Bauweise hatte«. Als Lösung des Problems schwebte ihm vor, »ein cyclopisches Felswerk« aus unbearbeiteten Steinen aufzuhäufen und die Figur darauf zu stellen. Die statische Ausführung erwies sich aber als zu schwierig und zu teuer. Deswegen griff er, als er sein »deutsches Werk bildete«, auf die »für unsere Zeit passenden Anfänge des deutschen Baustils«[78] zurück. Das war die von ihm so verehrte Gotik, weshalb er den Unterbau des Denkmals als Rundtempel entwarf, dessen zehn Säulen einen Kranz gotischer Spitzbögen und Kapitelle trugen. Als Abschluß und Symbol der germanischen Urzeit war ein Dach in Form eines Felsblocks vorgesehen. Auf ihm sollte sich die Statue Hermanns erheben.

Daraus wurde nichts, denn Ludwig I., der über Bandel wieder seine Gnadensonne scheinen ließ, intervenierte. Dessen Plan für den Unterbau fand er ästhetisch misslungen, so daß er seinem Protestbrief eine Zeichnung beilegte, die eine Kuppel als Bekrönung vorschlug. Bandel stimmte umgehend zu, denn der König machte seine finanzielle Unterstützung davon abhängig. Im Prinzip bekam das Denkmal dadurch, abgesehen von den gotischen Applikationen, die Gestalt eines klassischen antiken Rundtempels (Monopteros), was kunsthistorisch versierte Spötter durchaus bemerkten.[79]

Änderungswünsche äußerte auch der zweite einflussreiche Sponsor, der preußische Kronprinz und spätere König Friedrich Wilhelm IV. (1840–1861). Seine künstlerischen Berater Schinkel und Rauch übersandten im März 1839 dem Detmolder Hermannsverein einen neuen Entwurf. Die beiden Klassizisten hatten Hermann auf einen römischen Sockel postiert und ihn, auf sein Schwert gestützt, in nachdenklicher Haltung, »nach dem Siege« dargestellt. Das vorgeschlagene Denkmal, das uns den heutigen Umgang mit Hermann sicher erleichtert hätte, besaß noch den Vorzug, weniger kostspielig zu sein. Bandel wehrte sich jedoch mit Erfolg gegen den »Kehrer auf Teuts Schornstein«, wie er Figur und antikes Postament abschätzig nannte. Durch das gesenkte Schwert werde der Sinn des ganzen Denkmals aufgehoben. Unbeirrt hielt er daran fest, daß Hermann mit erhobenem Schwert abgebildet werden müsse, »zum gewaltigen Schlagen bereit, das Sinnbild unserer ewig jungen Kraft, hoch durch ein deutsches Bauwerk erhoben … ein Wegweiser zur Stätte unseres Ruhmes und zur Erkenntnis unserer Macht und Herrlichkeit.« Gerade an die »Schwerterhebung« knüpfe sich »die Idee deutscher Einigkeit«.[80]

Im Jahre 1840 schlugen die Wellen der nationalen Erregung noch einmal besonders hoch. Frankreich erhob die Forderung nach dem Rhein als seiner »natürlichen Grenze« und löste damit einen Proteststurm in Deutschland aus. Sein populärster Ausdruck war das »Rheinlied« des aus Geilenkirchen stammenden Hilfsgerichtsschreibers Nikolas Becker: »Sie sollen ihn nicht haben, den freien deutschen

Rhein, ob sie wie gier'ge Raben, sich heiser nach ihm schrei'n«. Das als »deutsche Marseillaise« gefeierte Lied, löste eine Vielzahl ähnlicher Dichtungen aus, darunter die »Wacht am Rhein« und Hoffmann von Fallerslebens (1798–1874) »Deutschlandlied«, seit 1922 unsere Nationalhymne.[81]

1838 war die zwei Jahre vorher entstandene »Hermannsschlacht«, das letzte Werk des Detmolder Dichters Grabbe (s. S. 308), im Druck erschienen. Petri, mit ihm befreundet, hat seinen frühen, durch Alkohol, verzweifelten Kampf um Geld, Anerkennung und eine gescheiterte Ehe beförderten Tod nicht verhindern können. Grabbe, schon von Heinrich Heine zu den »Dichtern ersten Ranges« gezählt, steht quer zu den Zeitströmungen. Die meisten seiner Stücke gelten noch heute als unspielbar. Für die »Hermannsschlacht« studierte er die antiken Quellen, las das Buch seines Schwiegervaters Clostermeier und wagte es, nicht nur die beteiligten Personen, sondern den gesamten Ablauf der Schlacht, Tag um Tag, Nacht für Nacht, auf die Bühne zu bringen. Erst zu seinem 100. Todestag wurde das Stück 1936 im Düsseldorfer Schauspielhaus uraufgeführt, missbraucht von der nationalsozialistischen Propaganda, die in Grabbe den »Vorkämpfer des nationalen Dramas« entdeckte.[82] War es Kleists Bedürfnis zu begründen, warum gegenüber dem Unterdrücker Rom Schonung und Menschlichkeit nicht am Platze sind, herrscht bei Grabbe ein Realismus des Untergangs, der es nicht nötig hat, den Gegner zu diffamieren. Wie in seinen anderen Dramen, »Napoleon« oder »Hannibal«, gilt es, das verhängnisvolle Geschick mit Anstand zu ertragen. Im Kampf mit Hermann wächst Varus über sich selbst hinaus. Am Ende wählt er den Freitod, obwohl ihm gute Behandlung und Schonung seines Lebens geboten werden. – Bandel hat 1841 Grabbes Bildnis in Gips geformt. Er rechnete fest damit, daß Detmold seinen berühmten Sohn mit einer Marmor- oder Bronzebüste auf seinem Grabstein ehren würde. Es fand sich aber niemand, der ihn beauftragte, und endlich schenkte er das Gipsmodell der öffentlichen Bibliothek.[83]

In der gleichen Zeit (1837) veröffentlichte der Gymnasialdirektor Adolf Giesebrecht (1790–1855) seine These, daß sich in der Nibelungensage die Geschichte von Arminius/Hermann und der Varusschlacht verberge. Sie ist seitdem immer wieder vorgetragen und variiert worden.[84] Im Kern besteht sie aus sechs Analogieschlüssen. Da bei den Cheruskern und speziell in der Arminius-Sippe Namen wie Sigimer, Segestes oder ähnlich klingende verbreitet waren, nimmt man an, daß es sich bei der Namensgebung Hermann um eine Fehlübersetzung handelt. Arminius habe eigentlich Siegfried geheißen. Im Nibelungenlied kommt sein Vater aus Xanten, dem Standort des römischen Legionslagers von Vetera. Nicht zufällig sei das, sondern mythischer Hinweis auf die Römerzeit. Wie Siegfried stirbt Arminius durch die Intrigen der eigenen Verwandten. Beider Ehefrauen, Kriemhild wie Thusnelda, stehen gegen den Willen ihrer Sippen zu ihren Männern. Hagen, Siegfrieds Mörder, ist einäugig, ebenso wie Flavus, der romtreue Bruder des Arminius. Schließlich geht das Herrschergeschlecht der Cherusker unter wie das der Nibelungen. Jenseits eines wissenschaftlichen Beweises, dessen Unmöglichkeit das einzige sichere Faktum darstellt, zeigte Giesebrechts These große Wirkung. Tacitus' Satz vom Weiterwirken der Heldentat des Arminius in der germanischen Überlieferung schien belegt (s. Kap. XV, S. 267) – und damit eine literarische Kontinuität der »Deutschen« seit Christi Geburt. Erst durch die Ableitung des Nibelungenlieds vom noch älteren Hermanns-Mythos stieg es zum Nationalepos auf und nahm in Richard Wagners »Ring« neue, moderne Gestalt an, in der es – als einzige – das »Ende der großen Erzählungen« (J.-F. Lyotard) überlebte.

Mittlerweile waren die Arbeiten am Denkmal gehörig vorangeschritten, der Unterbau ragte dreißig Meter hoch. Das Verhältnis zum Detmolder Hermannsverein hatte sich verschlechtert. Angesichts der Bedeutung des Denkmals, errichtet »für das gesamte deutsche Volk und von demselben«, sah Bandel nicht ein, wieso bürokratische Lästigkeiten wie buchhalterische Abrechnungen und Kostenvoranschläge, die er regelmäßig ums Doppelte überschritt, von ihm verlangt wurden. All das sollte ihm ja der Verein abnehmen, Geld eintreiben und ihn ansonsten ungestört arbeiten lassen.

Während sich später die Auffassung durchsetzte, die Grotenburg mit ihrer »wohlerhaltenen, altgermanischen Umwallung« – tatsächlich ist der sogenannte »Große Hünenring« eine keltische Anlage aus der Laténe-Zeit (5.–1. Jh. v. Chr.) – sei der Sitz Hermanns, seine »Teutburg« gewesen, spielte dieses Argument für Bandel keine Rolle. Er ging mit der alten Befestigung reichlich ruppig um und benutzte sie als Steinbruch.[85] Bei seinem Erkundungsgang im Jahre 1836 beschrieb er im Brief an seine Frau noch »eine Verschanzung, die leicht zweitausend Männer fassen kann, außen ist ein Graben; noch jetzt nach 1800 Jahren ist der Wall über zehn Fuß (ca. drei Meter, Anm.d.Verf.) hoch«. Vier Jahre später, nachdem er nach seinen eigenen Angaben die Hälfte des Walles zerstört und verbaut hatte, bestritt er jeglichen Festungscharakter. Die vorgefundenen Mauern seien bloß sechzig Zentimeter hoch und würden »irrig für Reste alten Gemäuers gehalten«.[86] Der lippische Hofbaumeister Brune warf ihm Vandalismus vor und verklagte ihn.

Am 8. September 1841 fand endlich die Feier der Schließung des fertigen Grundsteingewölbes statt. Bandel wollte schon früher, anlässlich der Grundsteinlegung, einen Festakt organisieren. Es gab jedoch Bedenken, es könne dabei zu republikanischen Ausbrüchen kommen, wie 1832 beim Hambacher Fest geschehen, bei dem Tausende Bauern, Handwerker, Bürger und Studenten offensiv die Einheit Deutschlands und die 1815 versprochenen Verfassungen gefordert hatten. Moderne Historiker haben daraus geschlossen, daß auch das Hermannsdenkmal um diese Zeit einen national-demokratischen Anspruch verkörperte und als Symbol der Forderung nach nationaler Einheit in Gegensatz zu den deutschen Fürsten geriet.[87] Es waren jedoch nicht die Fürsten, sondern der Detmolder Hermannsdenkmalverein der Bedenken äußerte. Sie auszuräumen, wandte sich Bandel an die Könige von Preußen und Bayern sowie den Fürsten zur Lippe und bat sie um die Erlaubnis zur Feier. Alle drei stimmten zu und unterstützten den Festakt mit großzügigen Spenden. Vier Prinzen des Hauses Lippe und sämtliche Regierungsmitglieder marschierten im Festzug mit.[88]

Die Rede des Vorsitzenden des Detmolder Denkmalsvereins war überaus maßvoll gehalten, frei von chauvinistischen Ausfällen und stellte keine politischen Forderungen. Petri pries Arminius als »Retter und Gründer« am Beginn der deutschen Geschichte, der die eigenständige Existenz der Deutschen, ihre Sprache, Sitte und Freiheit vor römischer Überfremdung bewahrt habe. Seinen Sieg interpretierte er – eine Generation vor Mommsen – als Wendepunkt der Weltgeschichte, da er das römische Weltreich und seine Tyrannei stürzte und damit auch die übrigen Völker der Erde befreite. Armins »Weltsendung« habe darin bestanden, die Freiheit aller untereinander gleichberechtigten Nationen begründet zu haben.[89] Petri ging so weit, Arminius und Christus auf eine Ebene zu stellen: »750 Jahre hatte Rom die Welt geknechtet … da ging an zwei Enden der Welt das zwiefache Gestirn auf, welches fortan den Völkern der Welt leuchten sollte, statt der untergehenden Sonne Roms. Dort an Syriens Küsten das eine, hier in Teutoburgs Wäldern das andere.«[90] Die anlässlich der Feier erschienene Festschrift sprach den Unterbau des Denkmals allegorisch als »Felsen der Eintracht, Felsen deutscher Gesinnung, Felsen deutscher Stärke und Größe«[91] an. Zum Abschluß rühmte Petri die Harmonie, die zwischen Fürsten und Völkern herrsche: »Sehen wir nicht rings umher das gesamte weite Vaterland im Schmucke der Waffen, und der Künste des Friedens stark durch den Bund, der die Fürsten und die Volksstämme vereint.«[92] In diesem Sinne legte man im Grundstein eine Tafel mit den Namen der Bundesfürsten und der Inschrift nieder: »Deutschlands Fürsten und Volksstämme in Eintracht verbunden.«[93]

Bis auf das Absingen von Arndts Lied aus den Tagen der Befreiungskriege »Das ganze Deutschland soll es sein« wurden Anklänge an Wartburg- und Hambacher Fest sorgsam vermieden. Keine schwarz-rot-goldene Fahne war zu sehen, sondern die Fahnen der zwanzig deutschen Einzelstaaten umwunden mit einem Eichenkranz. Die von den Gymnasiasten im Festzug getragene »altdeutsche Tracht« mit Schärpe in den lippischen Landesfarben – ihnen folgten gleich anschließend die Honoratioren des Denkmalvereins und die Angehörigen des Fürstenhauses – war mit Sicherheit nicht als politische Provokation, sondern eher als Ausdruck »deutscher Gesinnung« gemeint.[94] Deren Kehrseite, die antifranzösische Haltung, hielt sich trotz der überstandenen Rheinkrise in Grenzen. Man beschränkte sich darauf, zwei bei Waterloo erbeutete französische Kanonen donnern zu lassen, und der Darmstädter Zweigverein stiftete zwei mit Rheinwasser und -wein gefüllte Flaschen für den Grundsteinraum mit der eingeschliffenen Inschrift: »An Arminius. Über den Rhein hast du einst Roms Legionen getrieben, und Germanien dankt dir, daß es heute noch ist. Schwinge auch ferner dein Schwert, wenn Frankreichs plündernde Horden gierig lechzend des Rheins heimische Gauen bedrohn.«[95] Insgesamt 7500 Besucher wurden gezählt, darunter Vertreter »fast aller deutschen Volksstämme von nahe und fern«. Mit »fern«, also von außerhalb des Fürstentums Lippe angereist, waren die Delegationen aus Lippstadt und Bielefeld gemeint.[96]

Hatte Bandel gehofft, mit der Einweihungsfeier, über die in ganz Deutschland die Zeitungen berichteten, neue Spenden auszulösen, wurde er bitter enttäuscht. Die anfängliche Denkmal-Begeisterung schwand Jahr um Jahr dahin. Nur knapp und mit vielen Unterbrechungen konnte man bis zum 9. Juli 1846 die Arbeiten am Unterbau abschließen und ihn mit einem Zinn-Dach notdürftig sichern. Am Ende waren 4400 Taler Schulden aufgelaufen. Bandel gab Petri und dem Verein die Schuld, denn die Öffentlichkeitsarbeit sei unzureichend, umgekehrt warf man ihm Verschwendung bei der Bauausführung vor.

Die gemeinhin angeführten Begründungen für das Versiegen der Spendengelder, das Hungerjahr von 1846/47, die gescheiterte Revolution von 1848 und die dann einsetzende Reaktion, kommen erst später zur Wirkung und beschreiben nur Rahmenbedingungen. Zu vermuten steht, daß die Basis der Denkmalsbewegung, das von Bandel angestrebte »Engagement der ganzen Nation« viel kleiner war, als man später aus propagandistischen Gründen behauptete.[97] Der Verein mit seinen 27 Zweigvereinen zählte nicht einmal dreihundert Mitglieder. Das war zunächst kein Problem, da es ja vor allem um Geldbeschaffung ging, die Mitglieder Multiplikatoren sein mußten, Adlige, Honoratioren, Prominente. Eine von Charlotte Tacke durchgeführte Untersuchung der sozialen Zusammensetzung der Mitglieder ergab achtzig Prozent Beamte, zehn Prozent Offiziere, der Rest Kaufleute und Angehörige anderer Berufsgruppen des Bildungsbürgertums. Ein Sechstel der Mitglieder gehörte dem Adel an.[98]

Die von ihnen veranstalteten Sammlungen mit Hilfe von Subskribentenlisten bemühten sich, nach Möglichkeit den jeweiligen Landesfürsten an die Spitze zu stellen. In Bayern also Ludwig I., »der als erster deutscher Fürst bei diesem schönen Unternehmen des gemeinsamen Vaterlandes voranging.« Die finanziellen Zuwendungen aus den fürstlichen Häusern betrugen ein Viertel der Gesamtspenden. In etlichen Staaten machte ihr Anteil mehr als die Hälfte der Spendensumme aus, in einigen betrug er sogar hundert Prozent. Schlüsselt man die restliche Summe nach der sozialen Zusammensetzung der Spender auf, stößt man auf einen überraschend hohen Anteil von sechzig Prozent aus unterbürgerlichen Schichten mit großem Anteil der ländlichen Bevölkerung. Die Freude über die gefundene Massenbasis relativiert sich freilich, wenn man einen Blick auf das Spendensammelverfahren wirft. Während in bürgerlichen Kreisen die gespendete Geldsumme durch die öffentliche Eintragung in die Subskriptionsliste Ansehen und Rang des Spenders in der Gesellschaft dokumentierte, bediente man sich bei den unteren Schichten der Hilfe der städtischen Magistrate und Ämter. Teilweise am Erlös beteiligt oder im Bewußtsein einer gleichsam amtlichen Tätigkeit, sorgten die von Tür zu Tür geschickten Ratsdiener und Steuereintreiber für den erforderlichen patriotischen Druck.[99] Der war offenbar nötig. Selbst im nahe Detmold gelegenen Herford beklagte sich der für die Sammlung zuständige Beamte über das mangelnde historische Bewußtsein der breiten Bevölkerung: »Das Hörensagen geht höchstens bis zum alten Fritz zurück.« Zwei Drittel der kleinen Beamten, Angestellten und Arbeiter, drei Viertel der Handwerker, fast alle Bauern und sämtliche Knechte und Tagelöhner spendeten, weil sie von der staatlichen Verwaltung dazu aufgefordert wurden.[100]

Die Streitigkeiten zwischen Bandel und dem Verein warfen Sand ins Getriebe der Kapitalbeschaffung, auch ließen sich die Sammelaktionen nicht beständig wiederholen. Hinzu kam, daß sich die fürstlichen Hauptmäzene mit eigenen Projekten beschäftigten. Ein Jahr nach der Feier am Hermannsdenkmal weihte Ludwig am 18. Oktober 1842 die »Walhalla« ein, legte am darauffolgenden Tag den Grundstein für die Befreiungshalle bei Kelheim und ließ in Aschaffenburg das »Pompejanum«, eine römische Villa, rekonstruieren. Im Jahr darauf folgte die Grundsteinlegung für die Bayerische Ruhmeshalle mit der Bavaria auf der Münchner Theresienwiese, gleichzeitig begannen die Bauarbeiten am Dom zu Speyer, der im neuromanischen Stil restauriert wurde. Friedrich Wilhelm IV. von Preußen wiederum gründete in Köln einen Dombauverein und legte am 4. September 1842 den Grundstein für die Vollendung des Doms. Für das Vorhaben, im Urteil des Königs das vaterländische Denkmal schlechthin, wurde ebenfalls in ganz Deutschland um Subskribenten geworben.

Zwar reimte ein »patriotischer Dichter: Da stehst du nun, du stolzer Bau, ruinengleich auf Bergeshalde, ein Vorwurf jedem deutschen Gau, ein Babelturm in Teutos Walde.«[101], da andererseits das Denkmal fern von allen größeren Verkehrsverbindungen lag – Detmold besaß keinen Bahnanschluß –, fiel sein halbfertiger Anblick nicht störend ins Auge. Die noch nötigen Summen für die Figur wären wohl aufzubringen gewesen – es gab sogar den Plan, das Denkmal allein aus den Spenden der Einwohner des Fürstentums fertigzustellen[102] –, aber obwohl Hermann langsam die Schulbücher eroberte, fehlte der Schwung für eine letzte Anstrengung. Oder begann die Faszination an einer Figur nachzulassen, die nur noch für Einigkeit, nicht für Einheit stand, deren politische Aussage wohlfeil und fast schon staatstragend geworden war, wenn schon der erzreaktionäre Kanzler Österreichs Fürst Metternich seine Hilfe anbot?[103] Und passte der aus den Befreiungskriegen stammende antifranzösische Freiheitsgestus überhaupt noch in die Zeit? War Heines Kritik am »beschränkten Teutomanismus«, sein Spott über »Hermann und seine blonden Horden« wirklich nur der freche Kommentar eines Außenseiters oder fühlten auch andere, daß »Hermann durch dieses Denkmal zur wächsernen Nase der Nation geworden ist, jeder dreht sie, wie er will«?[104] – Daß Hermann der Cherusker nicht mehr gebraucht wurde, um Einheit und Freiheit, die beiden großen Forderungen des liberalen deutschen Bürgertums im 19. Jahrhundert zu symbolisieren, zeigte sich nirgendwo deutlicher als in der Frankfurter Paulskirche, dem Sitz des Parlaments von 1848. Das von den Parlamentariern bei Philipp Veit (1793–1877), dem Enkel Moses Mendelssohns, in Auftrag gegebene

Monumentalgemälde zeigt als Allegorie Deutschlands die Germania. Gekrönt mit einem Eichenlaubkranz trägt sie das mit einem Ölzweig umwundene Schwert in der rechten, die schwarz-rot-goldene Fahne in der linken Hand. Für Hermann genügte eine Gedenkmünze anlässlich der Eröffnungssitzung.

Trostlose Jahre für Bandel und sein Denkmal. Der Fürst zur Lippe, einziger Lichtblick, beglich die aufgelaufenen Schulden. Doch der Verein, ängstlich bemüht, nie wieder in finanzielle Bedrängnis zu kommen, bildete einen »Kapitalisierungsfonds« für die eingehenden Spenden und legte sie zu $2^1/_2$ Prozent bei der Lippischen Landeskasse an. Sobald die erforderliche Summe für das Denkmal durch Zins und Zinseszins beisammen sei, schrieb Petri an Bandel, könne man zur Vollendung schreiten. Schon bei einem Grundkapital von 400 bis 500 Talern wäre dies in neunzig bis hundert Jahren der Fall. Zugegeben sei es »ein langer Zeitraum für menschliche Berechnung, aber kurz genug, um auch in dieser Weise das Ziel noch für erstrebenswert zu halten.« Das klang für Bandel, der seit 1846 wieder in Hannover lebte, eher nach Zynismus als nach Aufmunterung. Als Petri zudem vorschlug, die bereits fertigen Teile der Figur, Aufrisszeichnungen und Konstruktionsskizzen in einem kleinen Hermann-Museum auszustellen, erschien ihm der Verein als Totengräber seiner Denkmalpläne.[105]

Ernst von Bandel mit Hermannskopf in seiner Werkstatt

Bandel, der beim Verlassen Detmolds bereits auf die fünfzig zuging, tat sich schwer, seinen Lebensunterhalt als Bildhauer zu verdienen. Hatte in Lippe der Fürst durch Ankauf seiner

Werke, beispielsweise einer Thusnelda für fünftausend Gulden, ihm öfter unter die Arme gegriffen, so fand er weder in Hannover, Berlin noch München Abnehmer oder Auftraggeber. Mühsam brachte er sich mit Steinmetzarbeiten durch, fertigte Altarfiguren, Tauf- und Grabsteine, Kapitelle. Seine Entwürfe für geplante Denkmäler wurden sämtlich abgelehnt, seine Bewerbungen um eine feste Anstellung an einer Akademie oder Gewerbeschule abgewiesen. Einer seiner Söhne übersiedelte nach London, drei andere wanderten nach Amerika aus, zwei von ihnen starben in der Fremde. 1859 war der Tiefpunkt erreicht. Mit 600 Talern Schulden, »ratlos, woher ich für die nächste Zukunft Mittel zum Leben erhalten kann«, überlegte Bandel ernsthaft, ob es nicht besser sei, »alles zu verkaufen und auf Arnulfs (einer seiner Söhne, Anm.d.Verf.) Farm im Staate Ohio zu ziehen.«[106] Bandels Kompromisslosigkeit, sein Ruf als schwieriger Künstler, sein – modern gesprochen – mangelndes Netzwerk, wurden ihm jetzt zum Verhängnis. »Du hast alles von jeher verspottet, und was ist daraus geworden?«, klagte seine Frau. »Daß Du im 59. Lebensjahre sorgenvoll fragst: Wo wollen wir hingehen?«[107] – Bandel wußte es: in seine Werkstatt.

Wie immer man seinen Hermann beurteilt – Zeitgenosse Karl Marx (1818–1883) fand den Kopf der Statue »herzlich dumm-ehrlich«, dabei sei Arminius doch »vor allem Diplomat« gewesen und »die westfälische Biederkeit habe ihm nur zur Maske gedient«[108] –, Zähigkeit kann man seinem Schöpfer nicht absprechen. Bandel überstand die Jahre 1846 bis 1862, den schlimmsten Abschnitt seines Daseins, wie er ihn einmal bezeichnete,[109] nur durch das beharrliche Festhalten an seinem Traum. In einem Punkte war es sogar ein Vorteil, daß der Denkmalsbau nicht beendet wurde: Seine ursprünglich geplante Figur wäre im Verhältnis zum Unterbau zu klein gewesen. Den neuen Hermann berechnete er auf eine Höhe von fast 26 Metern, eine Kolossalfigur mit einem Gewicht von knapp 80 Tonnen. Um den Unbilden der Witterung hoch oben auf dem Berg standzuhalten, ersann Bandel eine Konstruktion aus vier Zentimeter dicken eisernen Metallzylindern, die wie ein Knochengerüst Arme, Beine, Leib und Kopf stützen und die, laut Gutachten des Architekten und Ingenieurs-

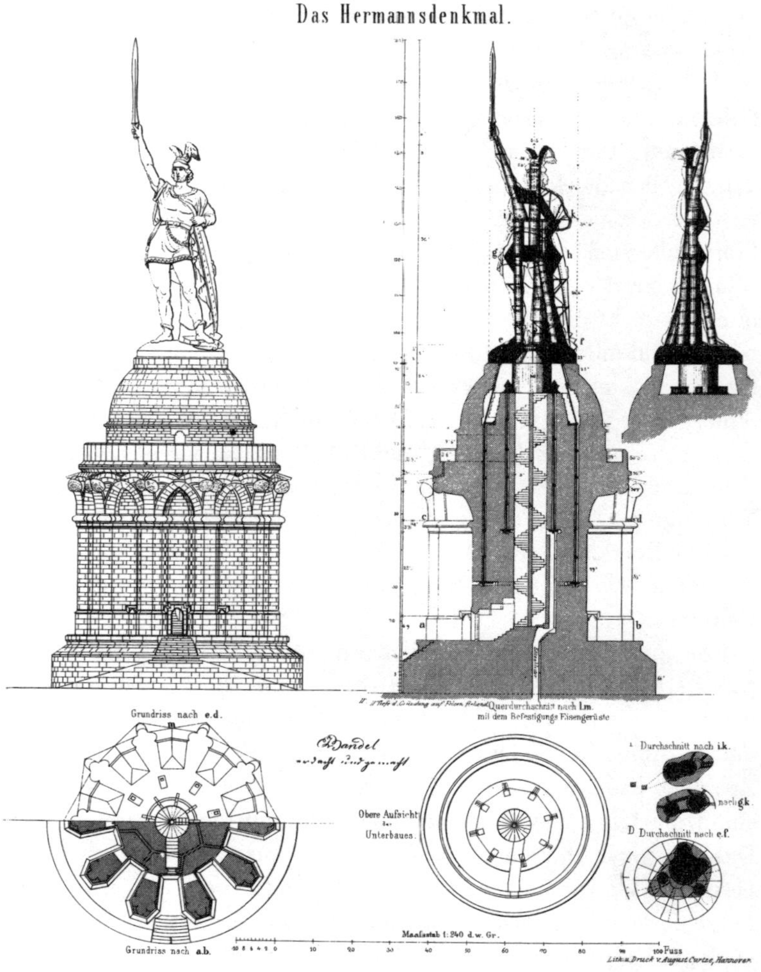

Konstruktionszeichnung Hermannsdenkmal (1860)

vereins von Hannover vom 25. Februar 1861, vierzig bis sechzigfache Sicherheit gegen Erschütterungen bietet.[110] Damit er sie endlich schmieden gießen und aufrichten konnte, brauchte es eine neue Welle patriotischer Begeisterung, die sich in Spendengeld für Hermann, den Kämpfer für Deutschlands Freiheit und Einheit, verwandelte.

Sie begann zu steigen, als ein Jahrzehnt nach der gescheiterten Revolution sich die Nationalbewegung mit neuer Kraft zu Wort meldete. 1859, im Jahr des 100. Geburtstags Friedrich Schillers, feierten in mehr als fünfhundert deutschen Städten die Menschen den Dichter der bürgerlichen Freiheit, des »Wilhelm Tell« und des »Don Carlos«. Weitere nationale Massenveranstaltungen folgten: das »Deutsche Sängerfest« in Nürnberg 1861 mit über zehntausend, das »Deutsche Schützenfest« in Frankfurt am Main mit achttausend, das »Deutsche Turnfest« in Leipzig mit zwanzigtausend Teilnehmern.[111] In dieser vom Ruf nach der deutschen Einheit aufgeladenen Atmosphäre begannen wieder die ersten Sammlungen für das Hermannsdenkmal. Sie gingen nicht mehr von Detmold aus, sondern von Hannover, wo sich ein Verein befand, der die eingehenden Gelder nicht auf die Bank brachte, sondern in eine Werkhalle für Bandel investierte. Nach und nach bekam er alles, was er brauchte: Geräte, Kupferplatten, Hilfskräfte. Angesichts seiner finanziell bedrängten Lage stimmte er sogar zu, für seine Arbeit einen Stundenlohn in Rechnung zu stellen.

Obwohl der Hannoversche Hermannsdenkmal-Verein mit Broschüren, Anschreiben und Zeitungsartikeln über den Fortgang der Arbeiten berichtete, blieb das Spendenaufkommen bescheiden und erreichte nicht entfernt das Aufkommen aus dem Vormärz. Hauptsächlich stammten die Gelder aus Norddeutschland. Da man keine Amtswege mehr benutzte, fiel die Beteiligung der unterbürgerlichen Schichten weg. Ein an die deutschen Lehrer gerichteter patriotischer Aufruf verpuffte ohne Wirkung und erst als man die Gymnasiasten als Spender entdeckte, erzielte man bescheidene Erfolge. Ohne die großzügigen deutschen Fürsten wäre es sowieso nicht vorangegangen. Ihre Zuwendungen lagen mit einem Anteil von knapp dreißig Prozent noch höher als in der ersten Bauphase.[112] Darin lag freilich auch ein Problem. Anfangs der 60er Jahre kam es zu einem Spendenboykott in Preußen. Die Zusage Wilhelms I., mit 500 Talern zum Hermannsdenkmal beizutragen, ließ den bürgerlichen Geldfluß nur noch tröpfeln, denn man stritt sich mit dem König gerade über die Verfassung. Ebenso verhielt es sich 1864 und 1866. Die von Preußen geführten siegreichen Kriege gegen Dänemark und Österreich würgten das Spendenaufkommen überall dort ab, wo man sich die deutsche Einigung anders vorgestellt hatte als unter preußischen Vorzeichen. Typisch ist der Brief eines Spenders, der seine Zusage zurückzog, »weil Charakter und Grundidee des Denkmals vereitelt« seien. Es stelle nicht mehr »ein Wahrzeichen der Freiheit und Einigkeit Deutschlands« dar, sondern »eine traurige Ironie … zur Verherrlichung des preußischen Siegs.«[113]

Das war nicht schlecht beobachtet, denn Bandel hatte sich 1866 nach der Besetzung des Königreichs Hannover, das mit Österreich verbündet war, auf die preußische Seite geschlagen. In den folgenden Jahren erhielt er eine üppig bemessene Spende Wilhelms I. von zweitausend Talern und wurde durch einen Besuch des Königs in seiner Werkstatt geehrt, dem er den bereits fertigen Kopf und etliche Gliedmaßen der Figur vorführte. Ausdrücklich ermunterte ihn der König, mit seinem Besuch Reklame zu machen.

Angesichts des schleppenden Spendenaufkommens, das Marx zu dem bissigen Bonmot inspirierte, »Das Zeug wird ebenso langsam fertig wie Deutschland.«,[114] wandte sich der Denkmalverein mit der Bitte an Wilhelm I., die noch fehlenden 14000 Reichstaler in einer Summe zuzuschießen. Als Begründung wurde die Parallele zwischen Hermann und Wilhelm angeführt: »Auch das Hermannsdenkmal verherrlicht die Taten eines Fürsten, welche Hand in Hand gehen mit dem hochherzigen Bestreben Seiner Majestät des Königs für das Erstarken unseres Deutschen Vaterlandes.«[115] Aus der »Volkssache«, so ein vereinsinterner Kritiker, war ein »Fürstenwerk« geworden. Das blieb es auch, als nach dem Sieg über Frankreich und der Gründung des deutschen Kaiserreiches am 18. Januar 1871 im Spiegelsaal von Versailles die Woge der vaterländischen Begeisterung ihren Zenit erreichte. Statt eines neuen Spendenaufrufs wandte sich der Her-

Einweihungsfeier des Denkmals 1875

mannsdenkmalsverein gleich an den Bundesrat und damit an die deutschen Fürsten und erhielt zehntausend Taler. Damit ließ sich schon etwas anfangen und als im Jahre 1874 das Geld verbraucht war, sprang der nunmehrige Kaiser Wilhelm I. mit neuntausend Talern aus seiner Privatschatulle ein.[116] Am Ende beliefen sich die Gesamtkosten auf 90000 Taler. Verglichen mit dem 1913 fertiggestellten Völkerschlachtdenkmal von Leipzig, das sechs Millionen Mark verschlang, war Hermann eine vergleichsweise preiswerte Angelegenheit.[117]

Das Denkmal, das am 16. August 1875 in Anwesenheit des Kaisers, des Kronprinzen und natürlich Ernst von Bandels dem »deutschen Volk übergeben« wurde, glänzt durch gewaltige Proportionen. Seine Höhe einschließlich der Figur erreicht 57,4 Meter. Hermanns kampfbereit in den Himmel gerecktes Schwert, eine Spende der Firma Krupp, mißt sieben Meter und wiegt 600 Kilo. Auf der einen Seite ist zu lesen »Deutsche Einheit meine Stärke«, auf der anderen »Meine Stärke Deutschlands Macht«. Auf dem Schild findet sich das Wort »Treufest«, wahrscheinlich ein Anklang an die inoffizielle Hymne des

Kaiserreiches »Die Wacht am Rhein«, von der es ebenfalls heißt, daß sie »treu und fest« an seinem Ufer stehe. Hermann trägt auf dem Kopf einen Helm mit Adlerflügeln. Bandel wußte, daß dieser Kopfputz bei den Germanen unbekannt war, doch wollte er symbolisieren, daß »der deutsche Adler über dem römischen siegreich ist.«[118] Den zertritt Hermann unter seinem Fuß, ebenso wie das Rutenbündel der Liktoren, das Zeichen römischer Herrschaft.

Zum Einweihungsfest strömten 30000 Zuschauer herbei. In den gehaltenen Reden und im Inschriftenprogramm des Denkmals wurden Hermann und Wilhelm I. in eins gesetzt. Aus dem Erz einer französischen Kanone hatte Bandel ein Porträtrelief des Kaisers angefertigt, das an prominenter Stelle angebracht und mit dem Text versehen wurde: »Der lang getrennte Stämme vereint mit starker Hand, der welsche Macht und Tücke siegreich überwand, der längst verlorne Söhne heimführt zum deutschen Reich, Armin, dem Retter, ist er gleich.«[119] Hermanns Leistung als Begründer der deutschen Geschichte bewies das Tacitus-Zitat vom »im Kriege unbesiegten Befreier Germaniens«, eine Charakterisierung, die schon deshalb wahr sein mußte, weil sie der römische Gegner formuliert hatte. Andere Inschriften zogen die Parallele zu den Befreiungskriegen – »Nur weil Deutsches Volk verwelscht und durch Uneinigkeit machtlos geworden, konnte Napoleon Bonaparte, Kaiser der Franzosen, mit Hülfe Deutscher Deutschland unterjochen.« – und zur Reichsgründung: »Am 17. Juli 1870 erklärte Frankreichs Kaiser, Louis Napoleon, Preußen Krieg, da erstunden alle Volksstämme Deutschlands und züchtigten von August 1870 bis Januar 1871, immer siegreich, französischen Uebermuth unter Führung des Königs Wilhelm von Preußen, den das deutsche Volk am 18. Januar zu seinem Kaiser erhob.«[120] Wilhelm erschien in dieser Reihenfolge als eigentlicher Vollender der deutschen Geschichte – und erfolgreicher, da dem »Heldenkaiser« glückte, woran Arminius scheiterte. Das neue Selbstbewußtsein der Deutschen, die Besieger zweier Napoleons und Begründer eines neuen Reiches, kam in der Rede des Festredners, Geheimrat Otto Preuß, zum Ausdruck: »Wir stehen wieder da, geehrt und gefürchtet im Rate der Völker, ihnen nicht bloß ein Volk der Dichter und Denker, sondern nun auch wehrbereit und waffengewaltig, ein Volk der selbstbewußten Tatkraft.«[121]

Bandels Denkmal lud sich dadurch mit neuer Bedeutung auf. Jenseits von Hermann und seiner Befreiung Germaniens wurde es zum Erinnerungsmal an die Reichsgründung, zum steinernen Zeichen wilhelminischer Machtpolitik, zum Symbol des Siegs über Frankreich und zum Sinnbild der wiedergewonnenen nationalen Einheit und der Bereitschaft, sie gegen äußere und innere Feinde zu verteidigen (P. Vedeller). Dazu bot nicht nur der Krieg gegen Frankreich Gelegenheit, sondern auch der 1873 ausgebrochene »Kulturkampf«, die Auseinandersetzung des protestantischen Preußen mit dem Katholizismus. Wie schon im Humanismus drängte es sich geradezu auf, Hermann als Kämpfer gegen neue römische Zumutungen zu instrumentalisieren. »Wie aber vor fast zwei Jahrtausenden germanische Kraft über die Macht des kaiserlichen Roms triumphierte, so wird auch die Kraft des neuen Deutschlands siegreich sich erheben über die Anstrengungen des päpstlichen Roms«, heißt es in der zur Einweihung des Denkmals herausgegebenen Festschrift, und das »Berliner Tagblatt« kommentierte: »Hermann der Cherusker war es, der einstmals jene (die Römer, Anm.d.Verf.) abgewehrt, unser Kaiser ist es, der uns gegen diese vertheidigt. Armin und Wilhelm – unser Volk sieht sie wie Brüder zusammen stehen und streiten für ein und daßelbe Heiligthum, das deutsche Vaterland.«[122]

Indem sich die nationale Hoffnung nach Einheit mit der Reichsgründung erfüllte, verlor Hermann seine Funktion als Mahner; seine geschichtliche Sendung war damit erledigt. Beginnend mit Hermann in germanischer Vorzeit, über Hutten und die Humanisten bis zu den Befreiungskriegen ergab sich eine bruchlose nationale Biographie, die in Wilhelm I. und seinem Reichskanzler Bismarck, den Architekten des neuen deutschen Reiches, gipfelte. Dem Kaiser zu Ehren entstanden große Nationaldenkmäler in Berlin, Koblenz (Deutsches Eck), an der Porta Westfalica und auf dem Kyffhäuser, deren jeweilige Baukosten durchschnittlich das fünffache des Hermannsdenkmals erreichten. Parallel zum Kaiserkult feierten Bismarcks Leistung über fünfhundert Monumente. 1899 entstand sogar ein »Einheitsentwurf für Bismarcksäulen«, um dem patriotisch-architektonischen Wildwuchs eine verbindliche Form zu geben. Mit dem Hamburger Bismarckdenkmal (1901–1906) von Emil Schaudt und Hugo Lederer, dem größten Deutschlands, trat der Reichskanzler auch ikonographisch die Nachfolge Hermanns an. Gestützt auf sein Schwert blickte er als Hüter des Reiches Richtung Nordsee und England.[123]

Germanenwahn

Nach der Reichsgründung – und bis 1945 – entwickelte sich die nationale Sinnstiftung in Form einer neuen Arbeitsteilung. Während in der aktuellen Politik »Retter« wie Bismarck, Hindenburg und Hitler Hermanns Platz okkupierten, nahm seine Bedeutung als Grundsteinleger der deutschen Geschichte eher noch zu. Die Gleichung germanisch-deutsch wurde im öffentlichen Bewußtsein genauso zur Selbstverständlichkeit wie die Behauptung einer zweitausendjährigen ungebrochenen Kontinuität der deutschen Geschichte. In dieser Konstruktion erhielt die nunmehr Hermannsschlacht genannte Auseinandersetzung mit dem römischen Imperium ihren nicht mehr angezweifelten Stellenwert als Gründungsmythos der deutschen Nation.

Noch in der ersten Hälfte des 19. Jahrhunderts hatte es abweichende Ansichten gegeben. Der Dichter Ferdinand Freiligrath (1810–1876), wie Grabbe aus Detmold gebürtig, war sich nicht sicher, »ob wir so stolz die Hermannsschlacht als die größte deutscher Waffenthaten in die Bücher unserer Geschichte eintragen dürfen.« Sie liege nämlich »jenseits des Stromes, der ein jenseitiges und diesseitiges Ufer unserer Historie so voneinander abtrennt, daß keine Beziehung zwischen beiden mehr Statt hat; jenseits der Völkerwanderung nämlich.« Der Einwand war genauso berechtigt wie der Verdacht seines Kollegen Karl Immermann (1796–1840), daß Armins Schlachtensieg so bedeutend nicht gewesen sein könne, »wenn der andere römische General (Germanicus, Anm.d.Verf.) sechs Jahre darauf schon wieder mit einer Armee in der hiesigen Gegend stand.«[124]

Offiziel'es Festplakat der Feier 1900 Jahre »Schlacht im Teutoburger Walde«

Ende des 19. Jahrhunderts verflüchtigten sich derartige Einwände weitgehend. Zwar qualifizierte Theodor Mommsen (1812–1903) das Hermannsdenkmal als »eine Satire auf unsere geschichtliche Kenntnis von ihm« ab, ebenso schmähte es Friedrich Engels (1820–1895) als »ein kindisches Phantasiegebilde«, beide waren sich jedoch einig, daß die Varusschlacht »ihren großen welthistorischen Wert« besaß, »weil sie Germanien vor dem römischen Einfluß bewahrte«, Arminius »der Befreier Deutschlands« sei und damals »zum ersten Mal eine Art Nationalgefühl« aufgetreten wäre.[125] Engels sah in der Schlacht wie Mommsen »einen der entscheidensten Wendepunkte der Weltgeschichte. Mit ihr war die Unabhängigkeit Deutschlands von Rom ein für allemal entschieden.«[126] Einig war man sich ebenfalls, daß es »von diesem Tag abwärts ging mit der Macht des römischen Reiches« und daß der »Verdienst des Arminius« darin zu suchen sei, »daß wir heute noch eine deutsche Sprache reden.«[127] Als im Jahre 1909 das Jubiläum der Varusschlacht gefeiert wurde, betonte der Gymnasiallehrer und Publizist Gottlob Egelhaaf (1848–1934), daß »Arminius unsere Nationalität gerettet hat. Daß wir noch Deutsche sind, verdanken wir ihm«,[128] und der Berliner Historiker Hans Delbrück (1848–1929) würdigte in seiner Festrede die Kontinuität als besondere Qualität der deutschen Geschichte: »Unserem Volke aber ist gegeben, vor andern auf eine besonders reiche Geschichte zurückblicken zu können, deshalb, weil sie ununterbrochen von den Urwäldern und ihrer barbarischen Wildheit sich von Stufe zu Stufe verfolgen läßt bis zu den höchsten Gipfeln der Kultur.«[129]

Dabei wurde Hermanns Strategie des Hinterhalts von der Fachwissenschaft, den Historikern und Archäologen überwiegend als solche gesehen und benannt. So charakterisierte ihn Mommsen als »verschlagen«, bei Delbrück kombiniert Arminius »höchste Kühnheit« mit »tiefster Verschlagenheit« und Friedrich Koepp bemerkte, daß er »kein Bild der gepriesenen deutschen Treue« gewesen sei, »der Cheruskerprinz, der im Dienste des römischen Kaisers den Ring des Ritters empfing, um dann den Statthalter dieses Kaisers durch schnöden Verrat zu verderben.«[130] Dagegen bemühten sich die populärwissenschaftlichen Werke der Zeit, Hermanns Handeln als moralisch einwandfrei darzustellen. Johannes Scherrs großformatiges Hausbuch »Germania. Zwei Jahrtausende deutschen Lebens« vermutet noch in den ersten Auflagen, Hermann habe seine Verschlagenheit und List bei den Römern gelernt, läßt in den späteren aber den eigentlichen Vorgang des Verrates im Dunkeln und rühmt ihn ohne Abstriche als »ersten Vorkämpfer und Blutzeugen der nationalen Einheit«.[131] Andere betonen den Opfergang Hermanns, der darin bestanden habe, sich zu verstellen und damit gegen die deutschen Tugenden »Gradheit, Wahrheitsliebe und Gastfreundschaft« zu verstoßen, eben weil er das Volk befreien will »vom wälschen Luge und Drucke«. Auf diese Weise vom Vorwurf des Verrats befreit – als Verräter gilt Segestes, der Varus vor der Verschwörung warnt – wird Hermann zum »edlen Vorbild mannhafter deutscher Jugend, zum seit grauer Vorzeit Ideal aller selbstlosen, reinen Kämpfer«[132] stilisiert.

Eindringlich warnte Mommsen nach der Reichsgründung davor, im Vollgefühl des Sieges über Frankreich die nationalen Grenzen zu überdehnen und führte als Beispiel für das Scheitern einer solchen Politik das römische Ausgreifen auf Germanien an.[133] Die sich formierende »völkische« Bewegung, allen voran der »Alldeutsche Verband«, wollte mehr und entwickelte ein dezidiert imperialistisches Programm. Zwei Gedichte eines seiner führenden Protagonisten, des Geschichtsprofessors und »deutschen Kulturkämpfers« Felix Dahn (1834–1912), illustrieren die Entwicklung von der Idee zur Tat. Hatte Dahn 1872 seine patriotische Begeisterung in einem »Siegesgesang nach der Varusschlacht« noch historisch eingekleidet – »Heil dem Helden Armin. Auf den Schild hebet ihn. Zeigt ihn den unsterblichen Ahnen: Solche Führer wie den gib uns, Wodan, mehr – und die Welt sie gehört den Germanen.« –, folgte 1910 in »Thors Hammerwurf« der aktuelle Anspruch auf die deutsche Weltherrschaft: »Thor stand am Mitternachtsende der Welt, die Streitaxt warf er die schwere: So weit der sausende Hammer fällt, sind mein das Land und die Meere! Und es flog der Hammer aus seiner Hand, flog über die ganze Erde, fiel nieder am fernsten Südens Rand, daß alles sein eigen werde. Seitdem ist's freudig Germanen-Recht mit dem Hammer Land zu erwerben: Wir sind von des Hammer-Gottes-Geschlecht und wollen sein Weltreich erben.«[134]

Die Begründung dazu lieferte nicht zuletzt eine Aufwertung der Germanen durch die Rassentheorie. Im Ende des 19. Jahrhunderts ins Deutsche übersetzten Hauptwerk des französischen Comte Joseph Arthur de Gobineau (1816–1882) »Versuch über die Ungleichheit der Menschenrassen« ließ sich nachlesen, daß es nur eine kulturschaffende Rasse gegeben habe, die Arier. Auf sie seien die großen Zivilisationen der Menschheit zurückzuführen, Ägypten, Babylon, Persien, Griechenland, Rom. Doch indem sie über die dort ursprünglich ansässigen Völker die Herrschaft ausübten, hätten sie sich durch Vermischung mit ihnen erschöpft. Um Christi Geburt hätte dieser Verfallsprozeß endlich auch bei den Römern eingesetzt, und es sei nur noch eine einzige rein-arische von fremden Beimischungen freie Rasse übriggeblieben: die Germanen. Ihre geschichtliche Aufgabe bestehe darin, eine einheitliche Weltkultur unter ihrer Führung zu schaffen.

Der Engländer Houston Stewart Chamberlain (1855–1927), der die Weltgeschichte als sozialdarwinistischen Rassenkampf um Lebensraum interpretierte, wies den Germanen die Führungsrolle der Menschheit zu. In seinem Buch »Die Grundlagen des 19. Jahrhunderts« definierte er den Wert einer Nation über den Anteil germanischen Blutes ihrer Bevölkerung. Die Deutschen hielt er für berufen, das Erbe der Griechen und Römer anzutreten, denn sie seien nach dem Zeugnis der »Germania« des Tacitus »in keiner Weise mit fremden Völkern vermischt«. Voraussetzung sei freilich, daß man sich jeder Rassenmischung enthalte, insbesondere mit Juden. Davon war er, als Schwiegersohn Wagners, derart überzeugt, daß er 1916, mitten im Ersten Weltkrieg, die deutsche Staatsbürgerschaft annahm.

Der große Erfolg seines Werkes – bis 1944 erschienen 27 Auflagen – resultierte nicht aus dem originellen Gedankengang, sondern aus der Fähigkeit, Zeitströmungen zu bündeln. Schon 1893 hatten sich die »Antisemiten Deutschlands« am Hermannsdenkmal versammelt und feierten Arminius als »Urvater aller rassisch reinen Deutschen«. Bei der Jubiläumsfeier 1909 würdigte auch der Vertreter der Deutschen Turnerschaft, Professor Nebelung aus Dortmund, die Leistung Hermanns unter biologischem Gesichtspunkt, denn »ohne die Niederlage des Varus, ohne die dadurch erzielte Absperrung wäre das deutsche Volk bald mit römischen Blute durchsetzt ... zu einer romanischen Völkerschaft geworden.«[135]

Wenn es aber so war, daß »unsere Vorfahren als fertiges Volk unter dem Namen Germanen in die Geschichte traten, von eigener Nationalität, deren gerade Fortsetzung unsere deutsche ist«,[136] wie im eroberten Straßburg am 25. Februar 1873 der Germanist Wilhelm Scherer ausführte, dann konnte es nicht angehen, daß sich Universitäten und Schulen mehr um die Römer als um die Germanen kümmerten. Seit 1834 lernten die deutschen Schüler an den Gymnasien Latein und Griechisch, dessen Verwandtschaft mit dem Deutschen in den zwanziger Jahren behauptet worden war. Ihre Nation hatte der über allen Zweifel erhabene Patriot, der »Turnvater« Jahn, als zweites »heiliges Volk«, als erstes sah er die Deutschen, bezeichnet. Initiiert 1852, institutionalisiert 1892 grub die von Mommsen ins Leben gerufene »Reichslimeskommission« systematisch die alte Grenze des römischen Imperiums in Germanien aus, wurde das Römisch-Germanische Zentralmuseum in Mainz gegründet, etablierte sich die provinzial-römische Archäologie mit der in Frankfurt am Main ansässigen Römisch-Germanischen Kommission (RGK). Gegen diese »Überbewertung des Römischen« wandten sich Prähistoriker wie Gustaf Kossinna (1858–1931), weil die Mehrzahl der als »Römlinge« geschmähten Archäologen und Althistoriker »die germanische Kultur zu barbarischer Wildheit verzerrt« habe. Er forderte eine »Professur für deutsches Altertum«, denn »eine einzelne barbarische Scherbe kann mehr lehren als ein ganzes römisches Relief.«[137] Die erste wurde 1902 eingerichtet und Kossina, nach 1933 als »Vorkämpfer der rassisch gegebenen deutschen Vorzeit und seit frühester Zeit Antisemit« gerühmt [138] nutzte sie, um das nach dem Ersten Weltkrieg verlorene Weichselgebiet als altgermanischen Siedlungsraum nachzuweisen.

Wie nah »Romanismus« und »Germanismus« beisammenlagen, zeigte sich am höchsten Repräsentanten des deutschen Volkes, Kaiser Wilhelm II. Hatte seine Majestät noch 1890 zur Freude völkischer Kreise mit einer Schulreform begonnen, weil es »an der nationalen Basis fehlt. Wir müssen als Grundlage für das Gymnasium das

Deutsche nehmen; wir wollen nationale junge Deutsche erziehen und nicht junge Griechen und Römer«, so förderte er zehn Jahre später maßgeblich den Wiederaufbau des römischen Kastells Saalburg. Denn hier könne die deutsche Jugend lernen, »was ein Weltreich bedeutet«, daß nämlich die Legionen »der Welt ihren Willen aufzwangen und die gesamte Welt der römischen Kultur eröffneten, die befruchtend vor allem auf Germanien fiel.« Die satirische Zeitschrift »Kladderadatsch« porträtierte den Kaiser deswegen in einer Karikatur, die ihn antik und als Wikinger gewandet zeigte. Wilhelm II., ein großer Verehrer Chamberlains, sah darin keinen Widerspruch. Den schwach gewordenen Romanen folge das »junge Volk« der Germanen, respektive der Deutschen. »Zukunft des deutschen Vaterlandes« möge sein, »so fest geeint und so maßgebend zu werden, wie es einst das römische Weltreich war.«[139]

Am Ende bildete sich aus einer beeindruckenden nationalen Erfolgsgeschichte, gewonnenen Kriegen, der erlangten deutschen Einheit, spektakulären Erfolgen in Wissenschaft und Kunst, schließlich dem Selbstbewußtsein der zweitgrößten Industrienation der Erde anzugehören, jene Hybris, die davon überzeugt war, daß »am deutschen Wesen die Welt genesen« müsse. Kurz nach Ausbruch des Ersten Weltkriegs formulierte der Chef des Generalstabs, Helmuth von Moltke (1848–1916), Deutschlands geschichtliche Sendung: »Die romanischen Völker haben den Höhepunkt ihrer Entwicklung schon überschritten, sie können keine befruchtenden Elemente in die Weltentwicklung hineintragen. Die slawischen Völker, in erster Linie Russland, sind noch zu weit in der Kultur zurück, um die Führung der Menschheit übernehmen zu können. England verfolgt nur materielle Ziele. Eine günstige Weiterentwicklung der Menschheit ist nur durch Deutschland möglich. Deshalb wird auch Deutschland in diesem Kriege nicht unterliegen, es ist das einzige Volk, das zur Zeit die Führung der Menschheit zu höheren Zielen übernehmen kann. Dieser Krieg wird eine neue Entwicklung der Geschichte zur Folge haben, und sein Ergebnis wird der gesamten Welt die Bahn vorschreiben, auf der sie in den nächsten Jahrhunderten voranzuschreiten haben wird.«[140] – Für die historische Einordnung der künftigen Schlachten sorgten Ansichtskarten mit der Aufschrift: »Wir kämpfen unter Hermanns Zeichen bis alle unsre Feinde bleichen!«[141]

Weltkrieg und Weimar

Vier Jahre und einen verlorenen Weltkrieg später folgte der nationalen Trunkenheit des auserwählten deutschen Volkes ein gewaltiger Kater. Wider Erwarten und gegen alles historische Gesetz waren die »jugendfrischen Germanen« von den »alternden Romanen« geschlagen worden.[142] Eine wohlfeile Erklärung lieferte die Geschichtslüge Generalfeldmarschall Hindenburgs vom »Dolchstoß«, der das »im Felde unbesiegte Heer« hinterrücks getroffen hätte. Statt einzugestehen, daß die Oberste Heeresleitung im Oktober 1918 mit ihrem militärischen Latein am Ende war und deswegen die Reichsregierung ultimativ aufgefordert hatte, sofortige Waffenstillstandsverhandlungen einzuleiten, behauptete er später, der Krieg sei nur verloren gegangen, weil »sozialdemokratische Wühlarbeit« und die Novemberrevolution den Widerstandswillen in der Heimat gebrochen hätten. Die völkischen Kreise und Hitlers NSDAP fügten noch Bolschewisten und Juden hinzu, die als »Novemberverbrecher« sich den »Schandvertrag von Versailles« hätten aufzwingen lassen.

Als historische Parallele bot sich Hermann in seiner anderen Rolle an. Nicht mehr als Sieger, sondern als Märtyrer, der gleichfalls »im Kriege unbesiegt« der germanischen Zwietracht zum Opfer gefallen, von den eigenen Verwandten gemordet worden war. Dementsprechend erschienen zum 1900sten Jahrestag seines Todes 1921 entsprechende Artikel in den Feuilletons des rechten Zeitungsspektrums. In anderen Beiträgen wurden Hermann, »der erste Befreier Deutschlands«, und Hindenburg, »der heutige erste Volksheld«, nebeneinandergestellt. Letzterer deshalb, weil er »unser Vaterland siegreich (sic!) verteidigt hat.«[143] Eine Geschichtsklitterung, mit der man die Folgen der Niederlage – Versailler Vertrag, Rheinlandbesetzung, Inflation – der neuen Staatsform, der Weimarer Republik, anlastete.

Gelegentlich gab es Versuche, Hermann auch für die Linke in Anspruch zu nehmen. So versammelte sich 1925 das mehrheitlich sozialdemokratische »Reichsbanner Schwarz-Rot-Gold«, der »Bund Deutscher Kriegsteilnehmer, und Republikaner« am Hermannsdenkmal zu einer Kundgebung und der Festredner lobte die germanische Urdemokratie und Einigkeit und daß Hermann Heerführer über Republikaner gewesen sei.[144] Da ihn aber eben diese wegen seines Drangs zur Königsherrschaft umbrachten, war seine Eignung als Vorbild doch reichlich begrenzt.

Viel besser eignete sich Hermann als »Galeonsfigur des nationalen Lagers« (A. Dörner). Ludwig Fahrenkrog (1867–1952), Begründer einer »Germanischen Glaubens-Gemeinschaft«, die eine neue germanische Religion proklamierte, malte kurz nach Kriegsende eine in Fesseln geschlagene Germania, die ein zerbrochenes Schwert dem in einer Gloriole auf seiner Bergeshöhe stehenden Arminius bittend entgegenhält.[145] 1918 erschien der erste Band von Oswald Spenglers (1880–1936) »Untergang des Abendlandes«. In ihm schrieb er vom »Dritten Reich«, dem »goldenen Zeitalter eines ewigen Morgen« als dem »germanischen Ideal«. Der Nationalsozialist Dietrich Eckart (1868–1923), Förderer Hitlers und erster Chefredakteur der Parteizeitung »Völkischer Beobachter«, wußte, wer es verwirklichen konnte, denn es gäbe »nirgends auf Erden ein Volk, das fähiger wäre, das dritte Reich zu erfüllen, als das deutsche.« Warum das so sei, begründete 1923 der »konservative Revolutionär« (F. Stern) Arthur Moeller van den Bruck (1876–1925) in seinem Buch »Das dritte Reich«. Wie Gobineau sah er in den Ariern, die in der Weltgeschichte wirkende schöpferische Kraft. Daß aber nach den »ermüdeten« Indern, den »entarteten« Persern, den »abgebrochenen« Griechen und Römern es allein die Germanen vermocht hatten, »sich bis heute weltgeschichtlich zu erhalten und nicht nachzulassen an Kraft und Spannung«, verdankten sie allein ihrer »angeborenen Kampffreudigkeit und Kampffähigkeit«. Der beste Beweis dafür seien die »ersten Taten mit denen sie sich in die Weltgeschichte einführten« und der Mann, der sie bewirkte, »ein Krieger: Armin.« Grundgesetz der deutschen Geschichte sei ein ewiges Auf und Ab, wobei Phasen des Niedergangs, in welcher man sich nach dem schmachvollen Ausgang des Krieges eindeutig befinde, immer dann zu Ende gegangen seien, wenn sich ein charismatischer Führer und ein williges Volk zum gemeinsamen Handeln zusammengefunden hätten. Durch eine »nationale Revolution« würden dann die »Spalterparteien« der Weimarer Republik hinweggefegt, die Einheit Deutschlands neu begründet, dem Reich Karls des Großen und dem Bismarcks das »Dritte Reich« der Deutschen, das erneuerte, einige, ewigstarke Endreich folgen.[146]

Zur 50-Jahr-Feier des Hermannsdenkmals vom 1.–19. August 1925 kamen mehr als 50000 Besucher nach Detmold. Die Masse stellten die Teilnehmer der »Vaterländischen Verbände«, des 1918 gegründeten »Stahlhelm – Bund der Frontsoldaten« und des »Jungdeutschen Ordens«, ebenso vertreten war die »Deutsche Turnerschaft«. Die dezidiert antirepublikanische Ausrichtung des Festes dokumentierte der Fahnenschmuck. Statt schwarz-rot-gold, der Nationalflagge der Weimarer Republik, hißte man die lippischen Landesfarben und schwarzweiß-rot, die alte Fahne des Kaiserreiches. In den Reden dominierten chauvinistische und revanchistische Akzente. Der »unerschütterliche Glaube an unseres Volkes Auferstehung«, die »Hoffnung, daß aus der Schandennacht ein neuer lichter Tag anbrechen wird, ein Tag, an dem unsere Ketten zerbrochen werden«,[147] verbanden sich mit dem Ruf nach dem nationalen Messias als Anführer in eine neue Hermannsschlacht: »Werdet einig im Willen nach Rettung, so wird der Retter sich finden, wie sich Hermann einst fand.«[148]

Er kam ein Jahr später nach Detmold und trug sich am 25. November 1926 ins Gästebuch des Restaurants »Grotenburg« am Hermannsdenkmal ein: »Keiner red' von alten Recken der Vergangenheit, der nicht die Pflicht zu gleichem Wirken für die Zukunft in sich fühlt. Adolf Hitler.« Im Gegensatz zu dem an seiner Mission gescheiterten Cherusker, der laut »Völkischem Beobachter« am inneren Feind zugrundeging, den er nicht durchschaute, wußten die Nationalsozialisten, was die Voraussetzung für den Wiederaufstieg der Deutschen war: die rassische Säuberung. Ihr Chefideologe Alfred Rosenberg (1893–1946) nutzte 1927 den 150. Geburtstag Kleists, um dessen »Hermannsschlacht« für die »Bewegung« in Anspruch zu nehmen

Modell der Hauptstadt des »Großgermanischen Reiches« Germania, dem früheren Berlin, Volkshalle, Aufmarschplatz der Nation, links »Palast des Führers«

und zu aktualisieren. Nicht mehr die Römer, sondern »Juden, Polen und Franzosen seien heute die ›ganze Brut, die in den Leib Germaniens sich eingefilzt wie ein Insektenschwarm‹.«[149]

Hitler, Himmler und Hermann

Am 20. März 1938, kurz nach dem »Anschluß« Österreichs an das nunmehr »Großdeutsche Reich«, notierte der Reichspropagandaminister Joseph Goebbels (1897–1945) in sein Tagebuch: »Der Führer sitzt stundenlang über der Landkarte und brütet. Ergreifend, wenn er sagt, er möchte das große deutsche Reich der Germanen noch einmal selbst erleben.«[150] Wie es sich architektonisch in seiner Hauptstadt

»Germania«, dem früheren Berlin, präsentiert hätte, wissen wir durch die Entwürfe seines Baumeisters Albert Speer (1905–1981). Eine durch Berlin geschlagene Nord-Süd-Achse hätte mit 120 Metern Breite die Champs-Élysées übertroffen, ein Triumphbogen von 117 Metern Höhe wäre mehr als doppelt so hoch wie der Pariser Arc de Triomphe ausgefallen und die auf ein Fassungsvermögen von 200 000 Menschen angelegte »Volkshalle« erreichte mit ihrer dem römischen Pantheon nachempfundenen Kuppel 290 Meter und war als das größte Gebäude der Welt geplant.[151] Die Megalomanie hätte den endgültigen Sieg der Arier, der »Kulturträger« und ältesten Herrenrasse der Menschheit, über die »jüdisch-bolschewistischen Kulturzerstörer« gefeiert, die in Form der germanischen Deutschen nunmehr und diesmal endgültig die Weltherrschaft antraten. Damit war der Sinn der Geschichte erfüllt.

Mit der nationalsozialistischen Machtergreifung wurde die Rassenlehre zur Staatsdoktrin. Schon in seiner Programmschrift »Mein Kampf« hatte der Chamberlain-Verehrer Hitler – er fand sich 1927 als Trauergast bei dessen Begräbnis ein – gefordert, daß man endlich die Weltgeschichte als Rassengeschichte darstellen müsse. In den Schulen sei die »Erkenntnis über die Notwendigkeit und das Wesen der Blutreinheit« oberstes Gebot.[152] Hans K. F. Günther (1891–1968), »Rassen-Günther« genannt und schon 1930 von den Nazis auf einen Lehrstuhl für Rassenkunde befördert, prägte den Begriff der »Nordischen Rasse«, »deren Germanentum in jedem Falle der Grundstoff der deutschen Kultur und Geschichte gewesen ist.«[153] Alfred Rosenberg konstruierte drei große »Völkerwellen«, in denen diese Indogermanen aus ihrer nordeuropäischen Urheimat hervorgebrochen wären. In der ersten schufen sie sämtliche Hochzivilisationen, angefangen vom alten Ägypten bis zum Römischen Weltreich, in der zweiten, der Völkerwanderung, »legten sie den Grundstein für alle Nationalstaaten Europas«, in der dritten schließlich eroberten sie die modernen Kolonialreiche.[154]

Die Konstruktion hatte den Vorteil, die gesamte Antike für die Germanen mit Beschlag belegen zu können. Umstandslos wurden Plato, Perikles und Alexander der Große – »eine vollendete Siegfried-Gestalt, eine nordisch-anmutende Erscheinung«[155] – Cäsar, Augustus und Jesus der nordischen Rasse zugeschlagen. Im griechischen Tempel, vorzugsweise in der Akropolis von Athen, erblickte man »nordische Baukunst«, die das Architekturmodell des germanischen Bauernhauses im sonnigen Griechenland weiterentwickelt habe. Im indischen Hakenkreuz sah man den »nordischen Lichtkult« gespiegelt, der von den Indogermanen in den Orient getragen worden sei. Die römischen Tugenden waren urgermanisch, und das griechische Sparta galt Hitler als der »erste Rassenstaat der Geschichte, der eine Auslese seines Nachwuchses betrieb«, womit er die dort praktizierte Tötung schwacher und kranker Neugeborener meinte.

Im Gegensatz zu Heinrich Himmler (1900–1945), dem Reichsführer SS, war Hitler nicht übermäßig daran interessiert, die Kulturhöhe der im Norden gebliebenen Germanen zu beweisen, mehr noch, sie den Hochkulturen im Süden an die Seite zu stellen. Rom sah er als Vorbild für imperiale Architektur, die »Rassenpolitik« des Augustus, womit er seine Ehegesetze meinte (vgl. Kap IV., S. 64), kommentierte er anerkennend, genauso wie die »Pax Romana«, die er sich für das Deutsche Reich vorstellte, als »durch das siegreiche Schwert begründeter Friede eines die Welt in den Dienst einer höheren Kultur nehmenden Herrenvolkes.«[156] Aus dem Zusammenbruch Roms ließen sich Parallelen für die Gegenwart ziehen. Nicht Hunnen und die germanischen Stämme der Völkerwanderung hatten dem Reich den Garaus gemacht, sondern das »Rassenchaos« der dekadenten Spätantike, die »Missachtung der Blutgesetze« und das »jüdisch-bolschewistische Christentum«.[157] Rom lieferte Hitler den Maßstab für sein eigenes Reich und dessen Rolle in der Weltgeschichte. Nichts zeigt diese ungebrochene Bewunderung mehr als sein Befehl von 1944, Paris zu zerstören, während Rom, das nach seiner Auffassung »älteste Kulturzentrum der Welt«, geschont und kampflos geräumt wurde.

Die Wertschätzung Roms prägte auch Hitlers Bild von Hermann, den er zwar als »ersten deutschen Einiger« anerkannte, dem es gelungen sei, die germanischen Stämme zu sammeln und dadurch die Römer zu schlagen. Geglückt sei es aber nur, weil er von ihnen ausgebildet worden sei. Zwar habe er damit dem »deutschen Volk zum größten politischen Erfolg dieser Vorzeit verholfen«, letztendlich aber sei er gescheitert, »und das Blut der Hermannsschlacht war umsonst geflossen.«[158] Im übrigen mache sich »die Romantik unserer Geschichtsprofessoren« falsche Vorstellungen von der Schlacht: »Im Wald konnte man damals sowenig wie heute Kämpfe führen.«[159] Seine abschätzige Haltung gegenüber den alten Germanen pflegte er freilich nur im privaten Kreis. So erregte er sich über Himmlers Faible für prähistorische Archäologie: »Nicht genug, daß die Römer schon große Bauten errichteten, als unsere Vorfahren noch in Lehmhütten hausten, fängt Himmler nun an, diese Lehmdörfer auszugraben und gerät in Begeisterung über jeden Tonscherben und jede Steinaxt, die er findet. Wir beweisen damit nur, daß wir noch mit Steinbeilen warfen und um offene Feuerstellen hockten, als sich Griechenland und Rom schon auf höchster Kulturstufe befanden.« Oder er spottete, die von Himmlers Archäologen als altgermanische Kultstätte – »das deutsche Stonehenge« – angesprochenen Externsteine hätten nur als Zufluchtsort bei Überschwemmungen gedient, »um aus dem steigenden Schlamm herauszukommen.«[160]

Hitler. Führer aller Germanen

Die offiziellen Verlautbarungen klangen anders. In einer 1934 in Karlsruhe gehaltenen Rede betonte Hitler, daß »wir darauf hinweisen können, daß die Germanen schon tausend Jahre, bevor Rom gegründet wurde, einen kulturellen Höchststand erlebt haben.« Und Rosenberg wandte sich im gleichen Jahr scharf gegen jede Missachtung »deutscher Vergangenheit und germanischer Kultur« und sah »eine neue Geschichtsreihe entstehen, die von Armin dem Cherusker … bis zu Adolf Hitler führt.«[161] Fortan bemühten sich die Prähistoriker, deren Lehrstühle von einem einzigen 1932 auf siebzehn im Jahre 1942 vermehrt wurden, die entsprechenden Beweise beizubringen.[162]

Prompt wurde man bereits in der Steinzeit fündig, wo man die »Ursitze der Germanen« im südlichen Skandinavien und in Dänemark lokalisierte. Die längst bekannten Goldfunde der Bronzezeit, unter anderem der berühmte »Sonnenwagen von Trundholm«, dienten genauso als Beleg einer frühen germanischen Hochkultur wie Hünengräber und Bronzeluren, die nebenbei beweisen sollten, daß Mehrstimmigkeit und die »Entstehung der Harmonielehre den Germanen der Bronzealters zu verdanken« sind.[163] Die Germanen wurden immer älter und mit ihnen die deutsche Geschichte. Längst reichten die zweitausend Jahre nicht mehr, mit denen sich noch das 19. Jahrhundert begnügt hatte. 1935 rühmte der Berliner Althistoriker Wilhelm Weber (1882–1948) die »viertausendjährige Geschichte unseres germanisch-deutschen Volkes« und ein Jahr später brachte der Prähistoriker und Nationalsozialist Jörg Lechler das Buch »5000 Jahre Deutschland. Germanisches Leben in 700 Bildern« heraus, das den »frühen Gemeinsinn unserer Väter« am Beispiel der Errichtung der Hünengräber lobte.[164] Auf dem Historikertag 1937 in Erfurt beschwor der Wiener Volkskundler Otto Höfler (1901–1987) die germanische Kontinuität. Die »völkische Substanz« der Germanen und ihre Schöpfungen lebten im deutschen Volke ungebrochen weiter.[165]

Die Aufwertung der »germanischen Kultur« fand in allen Bereichen statt. Der »Arminius-Dialog« Ulrich von Huttens (vgl. S. 289 f.) wurde in die Schulbücher aufgenommen, sein Verfasser zu seinem 450. Geburtstag 1937 vom Reichsstatthalter Jakob Sprenger (1884–1945) als »jener wackere und trotzige Mann« gepriesen, »dessen deutsche Sehnsucht erst der Führer in unseren Tagen verwirklichen konnte.«[166] Unter dem Aspekt der Rassengeschichte bekam die »Schlacht im Teutoburger Wald« eine neue Bedeutung, stand doch »Armins Tat als Beginn des bis in die Gegenwart währenden germanisch-deutschen Kampfes gegen mittelmeerische Überfremdung«. Sie bildete somit die Grundlage für das nationalsozialistische Konzept der rassischen Reinheit als Voraussetzung für den Wiederaufstieg des deutschen Volkes. Die sich dadurch bietende Chance wollten sich die Stadtväter von Detmold nicht entgehen lassen und stellten den Antrag, das Hermannsdenkmal zur »nationalen Wallfahrtsstätte« zu erklären. Goebbels lehnte ab, obwohl der Wahlkampf im Januar 1933 unter der Parole »Macht frei das Hermannsland« der NSDAP einen Stimmenzuwachs von siebzehn Prozent und die Regierung in Lippe eingebracht hatte.[167] Die Entscheidung war logisch. An die Stelle des Cheruskers trat der »Führer« und duldete keine Konkurrenz. – Hermanns altväterlich anmutendes, abgelegenes Denkmal verblasste angesichts der neuen Inszenierungen der Macht mit ihren Hunderttausenden von Teilnehmern: der Reichsparteitage in Nürnberg mit ihren Lichtdomen aus 150 Flakscheinwerfern, der Militärparaden auf dem Reichssportfeld in Berlin oder des Massenaufmarsches der »Alten Kämpfer« am »Gedenktag für die Märtyrer der Bewegung« auf dem neu gestalteten Münchner Königsplatz.

Für die Popularisierung der »germanischen Hochkultur« sorgte der von Rosenberg ins Leben gerufene »Reichsbund für deutsche Vorgeschichte«, der die Schulen mit Schautafeln blonder, blauäugiger, langschädliger hochgewachsener Germanen versorgte und für jeden deutschen Gau ein Freilichtmuseum mit Exponaten der germanischen Frühzeit plante. Eine Wanderausstellung »Lebendige Vorzeit« klärte über die Kulturleistungen der Germanen auf und wollte bewußt der »Barbarenlüge« entgegentreten. Gleichzeitig machte sie mit den neuen Bezeichnungen der Chronologie vertraut. Aus der Jungsteinzeit (3000–1800 v. Chr.) wurde die »Nordische Urzeit«, ihr folgte die »Urgermanische Zeit«, vulgo Bronzezeit (1800–800 v. Chr.), der sich die »Großgermanische Zeit« (800 v. Chr.–1000 n. Chr.) anschloß, die damit den Begriff der »römischen Kaiserzeit« bewußt ersetzte. Das Geleitwort des bayerischen Kultusministers schlug bedrohliche Töne an: »Wer behauptet, die Germanen seien kulturlose Heiden gewesen, fälscht die Geschichte und begeht ein Verbrechen am deutschen Volke.«[168]

Himmler, »der größte Vernichter menschlichen Lebens, den es je gegeben hat« (A. Andersch), hatte sich wie Goebbels, Hitler und dessen Stellvertreter Heß im lippischen Wahlkampf engagiert. In den Ja-

Gruft auf der Wewelsburg, vermutlich zur Totenehrung hoher SS-Offiziere gedacht

nuarnebeln war er zum Hermannsdenkmal hinaufgefahren und äußerte anschließend den Gedanken, im »Lande Hermanns des Cheruskers« eine Burg zu erwerben. Sie sollte die dringend benötigte Schule für die SS-Führer abgeben, denn von zweitausend Mitgliedern 1929 war die SS auf 52 000 Angehörige 1933 angeschwollen. Im November 1933 wurde Himmler in der Gegend um Paderborn fündig. Die Wewelsburg, 1603–1609 im Stil der Weserrenaissance errichtet, faszinierte ihn durch ihre ungewöhnliche, trianguläre, mit drei mächtigen Türmen bewehrte Anlage. Ausgrabungen in den 20er Jahren hatten zudem die Existenz einer alten sächsischen Wallburg nachgewiesen.[169] Für Himmler gab es keinen Zweifel, daß es eine der Burgen war, die König Heinrich I. (919–936) im 10. Jahrhundert zur Abwehr der Ungarn oder »Hunnen« erbaut hatte. Mit diesem Herrscher, dem ersten deutschen König, der die »Gefahr aus dem Osten« erkannt und gebannt hatte, identifizierte sich Himmler. Man munkelte sogar, er halte sich für dessen Reinkarnation. Als er am 2. Mai 1936 im von Heinrich gegründeten Quedlinburg feierlich dessen 1000. Todestag beging, betonte er, daß dieser König »niemals vergessen habe, daß die Stärke des deutschen Volkes in der Reinheit seines Blutes liege.«[170]

Den Beweis kontinuierlicher Rassereinheit der Deutschen seit Beginn ihrer Geschichte entnahm er Tacitus' »Germania«, die im Jahr 1924 auf seiner Leseliste auftaucht und die ihm ebenfalls vermittelte, daß »unsere Vorfahren sittenrein und erhaben waren« und sich auf einem zivilisatorischen Hochstand befanden.[171] Dies wissenschaftlich zu dokumentieren, gründete er 1935 die »Studiengesellschaft für Geistesurgeschichte Deutsches Ahnenerbe«, das durch archäologische Ausgrabungen, historische, rassenkundliche und sprachliche Forschungen den Nachweis der »geistigen Weltherrschaft des arischen Germanentums« erbringen sollte. Himmler war davon überzeugt, daß sich aus dieser »Forschungsrichtung eine neue Einheit des germanischen Weltbilds, seine Kontinuität durch alle Jahrhunderte bis in die nationalsozialistische Weltanschauung«[172] ergeben würde. Das Spektrum reichte von konstruierten Nachweisen altgermanischer Kultstätten – »Die Externsteine sind bis auf weiteres germanisch!«[173] – über gesunde Ernährung – »Die Urgeschichte des germanischen Hausbrotes« – bis zur Suche nach dem atlantidischen Ursprung der Arier in Bolivien, Island und Tibet. Im Zweiten Weltkrieg folgten tödliche medizinische Versuche in den Konzentrationslagern und rassenbiologische Schädelvermessungen, deren Opfer als Schaustücke in anthropologischen Sammlungen von Universitätsinstituten endeten.[174] Daneben existierte auch seriöse Wissenschaft. Ein »Ahnenerbe«-Forscher, der Philologe Rudolf Till (1911–1979), reiste 1939 nach Italien, um die wichtigste Germania-Handschrift, den »Codex Aesinas« zu untersuchen. Im Geleitwort formulierte Himmler sein Credo: »Ein Volk lebt so lange glücklich in Gegenwart und Zukunft, als es sich seiner Vergangenheit und der Größe seiner Ahnen bewußt ist.«[175]

Bekanntlich hat Himmler seinen Ideen Taten folgen lassen. Eine neugermanische Ersatzreligion mit Sonnwend- und Julfeiern (Weihnachten) und der »Eheweihe« anstelle der kirchlichen Trauung sollte an die Stelle des Christentums treten, die SS zur rassischen Elite werden, ein »neuer Adel, der sich immer wieder aus den besten Söhnen und Töchtern unseres Volkes ergänzt.«[176] Im mittelalterlichen Deutschen Ritterorden, der sich im Osten Land erobert und sich mit der ostpreußischen Marienburg sein Zentrum geschaffen hatte, sah Himmler einen Vorläufer. Doch wollte er keinen Männerbund, sondern eine »Gemeinschaft germanischer Sippen«, in der gezielt und gesteuert durch das eigens eingerichtete »Rasse und Siedlungshauptamt« (RuSHA) die SS den arisch-reinen Rassekern des deutschen Volkes bildete. Ariernachweis bis 1750, eine erbgesundheitliche Untersuchung und Vollbilder der Heiratskandidaten im Badeanzug waren Bedingungen für die Eheerlaubnis, die im Falle höherer SS-Führer von Himmler persönlich erteilt wurde.

Dergestalt rassisch aufgerüstet, war kein Zweifel möglich, daß man den künftigen »Weltanschauungskampf« siegreich bestehen, eine »neue Blütezeit der arisch-germanischen Menschheit« einleiten würde. Ihr Bild entwarf der Reichsführer SS in seiner berüchtigten Posener Rede vor den Reichs- und Gauleitern am 6. Oktober 1943 – acht Monate nach der Katastrophe von Stalingrad. Durch den Holocaust, die »Endlösung der Judenfrage« als »schwersten Auftrag, den wir bisher hatten«, sei die »zersetzende Pest in unserem Volkskörper« ausgerottet worden. Damit sei die Voraussetzung geschaffen, den Belastungen des Krieges standhalten zu können. Als Vision des »Endsiegs« schilderte er das zukünftige »Germanische Reich Deutscher Nation«, das sich bis zum Ural erstrecken würde, bewohnt von 85 Millionen Deutschen, denen noch 30 Millionen Germanen aus anderen Nationen anzugliedern seien. Dieses Volk von 120 bis 130 Millionen habe dann die Kraft, »weitere Hunderte von Millionen Untermenschen zu beherrschen und sie als Arbeitskräfte zu benutzen.« Nur einmal in zweitausend Jahren habe die Vorsehung dem deutschen Volk den Führer geschenkt, das sei Verpflichtung und – so ergänzte er in einer Rede ein Jahr später – Glücksfall zugleich, denn spätestens in fünfzig, einhundert, zweihundert Jahren kehre der Einbruch der »asiatischen Horden« wieder.[177]

Als am 7./8. Mai 1945 Deutschland kapitulierte, war der Glaube, daß »ein germanisches Reich ein Segen für die Erde sein wird«, ein für allemal erledigt. Himmlers blonde Rasse gab ihren »seit Jahrtausenden bestehenden Auftrag, die Erde zu beherrschen und ihr immer wieder Glück und Kultur zu bringen«,[178] dankend zurück. Die deutsche Geschichte wurde bescheiden und begann erst im 10. Jahrhundert mit der Krönung Otto I. (936).[179] Die so angestrengt aufgewerteten Germanen sanken wieder zu Barbaren herab. Der Historiker Veit Valentin (1885–1947), 1933 als Beamter entlassen und in die USA emigriert, lehnte es strikt ab, in den Kimbern und Teutonen oder in Hermann dem Cherusker den Anfang der deutschen Geschichte zu sehen. »Das deutsche Volk, wie es heute besteht«, schrieb er in seiner 1947 erschienen »Geschichte der Deutschen«, »ist ein verhältnismäßig spätes Ereignis der Mischung verschiedener ethnischer Bestandteile, wobei das germanische Element nur eines von verschiedenen gleichwertigen Elementen gewesen ist.«[180] Dieser Satz gilt noch immer.

Hoch oben über den westfälischen Wäldern pfiff durch Bandels Denkmal schrill der Wind. Von den Amerikanern bei ihrem Einmarsch in Detmold mit dreihundert Schüssen durchsiebt, taugte Hermann ein letztesmal zum Symbol der deutschen Geschichte – indem er ihren Tiefpunkt markierte.

Hermann heute

Die in Detmold nach dem Erbauer des Hermannsdenkmals genannte Bandelstraße führt zwischen malerischen Villen des 19. Jahrhunderts steil bergauf. An ihrem Ende erreicht man einen Fußpfad, der weiter in die Höhe führt. Oben angelangt, durchquert man einen Wald mit alten Buchen. Tritt man aus ihrem Schatten ins Feld hinaus, grüßt aus der Ferne Hermann herüber. Über die Kronen der Bäume ragt die Figur, gegen den Himmel reckt sich das Schwert. Durch die Entfernung zur Miniatur reduziert, ist seine Wirkung ungleich stärker, als wenn man unmittelbar vor ihm stünde.

Zwar sind die Zeiten vorbei, in denen der in den 50er und 60er Jahren übliche Sonntagsausflug ein Millionenpublikum zu Kaffee und Kuchen »am Hermann« zog, doch noch heute kommen jährlich mehrere hunderttausend Besucher zu dem in einer reizvollen Mittelgebirgslandschaft gelegenen Denkmal. Von einigen verirrten Rechtsradikalen abgesehen, hat die touristische die nationalistische Nutzung abgelöst. Spätestens seit dem 16. Juli 1999, als man Hermann mit dem größten Fußballtrikot der Welt bekleidete, was ihn 2001 ins Guiness-Buch der Rekorde beförderte, hat das Denkmal als Symbol deutscher

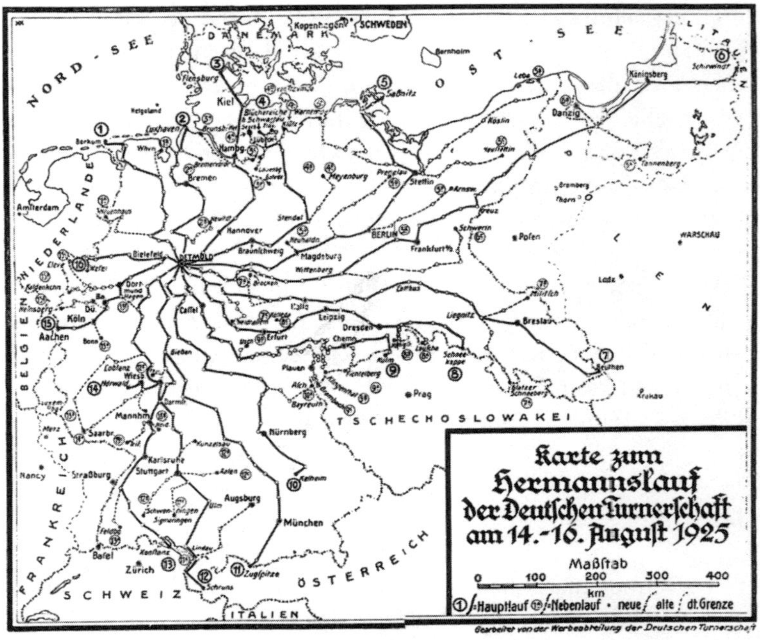

Karte des Hermannslaufs von 1925

Geschichte ausgedient und nur noch historischen Charakter: Der in den Farben des Fußballclubs »Arminia Bielefeld« mit der Rückennummer neun (!) gewandete Hermann wurde als »ältester Fußballspieler der Welt« mit einer »Mega-Party« gefeiert.

Vollständig bar jeder Symbolik präsentiert sich ebenfalls der jährlich organisierte »Hermannslauf«. 1925 erstmals veranstaltet, war er der Höhepunkt der 50-Jahr-Feier am Denkmal. 130000 Teilnehmer aus über sechstausend Turnvereinen liefen auf sechzehn Hauptstrekken von den entlegensten Orten Deutschlands nach Detmold, um mit ihrer sportlichen Leistung Kraft und Einheit der Nation zu demonstrieren. Dort angekommen, gelobten sie »auf Hermanns ragendes Schwert«, es solle »die innere Einigung der auseinandergelebten Brüder unser hohes Ziel sein.«[181] Dem Festakt schloß sich eine Aufführrung von Kleists »Hermannsschlacht« an. Heute ist der Lauf für die mehr als siebentausend Teilnehmer eine attraktive, rein sportliche Herausforderung, die auf 31,1 Kilometern von Detmold nach Bielefeld führt, und nur noch sein Initiator, der »Turn- und Sportverein Einigkeit 1890 Bielefeld«, läßt in seinem Namen etwas von der einstigen Bedeutung ahnen.

Gehört Arminus/Hermann zu unserer Geschichte? Moderne Wissenschaftler wie der Freiburger Archäologe Heiko Steuer oder der Frankfurter Mittelalterhistoriker Johannes Fried erklären jede Identität und Kontinuität heutiger Völker mit denen der Ur- und Frühgeschichte zum Mythos. Die Entstehung der Deutschen läßt sich nicht aus den germanischen Stämmen um Christi Geburt ableiten, die sämtlich, allen voran die Cherusker, binnen weniger Jahrhunderte wieder aus der Geschichte verschwanden.[182] Die früher gern als Argument für Kontinuität benutzte durchgängige Besiedlung, die sich in vielen Landschaften von der vorrömischen Eisenzeit (7. Jh. v. Chr.) bis ins Mittelalter zurückverfolgen läßt, erlaubt keine Rückschlüsse auf die ethnische Zusammensetzung der damals dort lebenden Menschen.[183] In der aktuellen Ausgabe seiner über hunderttausendmal verkauften »Kleinen Deutschen Geschichte« weist der Berliner Historiker Hagen Schulze sogar daraufhin, daß selbst das gängige Datum des Beginns der deutschen Geschichte, die Königskrönungen Heinrich I. (916) und Otto I. (936), fragwürdig sei, da sich diese Herrscher weder als Deutsche verstanden, noch »deutsche Stämme« regierten, sondern »eine Anzahl von Herzogtümern – Thüringer, Bayern, Alemannen, Sachsen –, die keineswegs auf die Völker der Wanderungszeit zurückgeführt werden können.«[184]

Doch jenseits dieser Einwände hält das kollektive Gedächtnis der Deutschen unbeirrt an Arminius/Hermann fest. Auch der Historiker, der den eigentlichen Beginn der deutschen Geschichte in die Zeit zwischen dem 9. und 11. Jahrhundert ansetzt, möchte den »jahrhundertelangen Entwicklungsprozeß« verfolgen, in dem das deutsche Volk entstand – und ist damit bereits bei den Germanen der Völkerwanderungszeit.[185] Deren Image wiederum hat sich seit den Exzessen der

Nazizeit merklich verbessert. Spätestens seit 1990, dem Erscheinen des ersten Bandes von »Siedlers Deutscher Geschichte«, programmatisch »Das Reich und die Germanen« betitelt, wurden die Germanen rehabilitiert, indem man sie als Teil der europäischen Geschichte aller Völker begriff. Deswegen steht ihre Geschichte, so der Autor und Mittelalterhistoriker Herwig Wolfram, auch »am Beginn einer Geschichte der Deutschen … obwohl es in den Zeiten, wo unsere Geschichte beginnt, noch lange keine Deutschen gab.«[186]

Das vielschichtige Problem historischer Kontinuität – so kann bis heute niemand genau sagen, aus welchen ethnischen Gruppen sich der »Stamm« der Bayern irgendwann im Frühmittelalter bildete und woher er seinen Namen erhielt – wird aktuell lieber mit entschiedenem Urteil als mit kleinlichen Bedenken gelöst. So informiert die museale Instanz deutscher Geschichte, das »Deutsche Historische Museum« in Berlin, wie selbstverständlich über »2000 Jahre deutscher Vergangenheit« und präsentiert vom ersten Jahrhundert vor Christus an und natürlich mit der Varusschlacht »die wechselnden Phasen deutscher Geschichte.«[187] Der Althistoriker Alexander Demandt stellt in seiner Kulturgeschichte »Über die Deutschen« kurz und bündig fest, daß »an einer Kontinuität von den Germanen zu den Deutschen nicht zu zweifeln ist, weder auf der Ebene der Abstammung noch auf der des Bewusstseins.«[188] Der ehemalige Kulturchef des SPIEGEL, Matthias Matussek, entdeckt auf der Suche nach einem »lässigen, prononcierten Patriotismus« Arminius im Dickicht der germanischen Wälder, »den ersten Deutschen, sozusagen«, den Erfinder des Nationalgefühls, und der Gymnasiallehrer und Verfasser einer vielgelobten »Geschichte des deutschen Volkes«, Jürgen Mirow, weiß, daß ohne Arminius und seinen Sieg »ein deutsches Volk nie entstanden wäre.«[189] Vergebens stellt die neueste Ausgabe von »Brockhaus Deutscher Geschichte« fest, daß »die Versuche große Gestalten wie Arminius … als deutsche Nationalhelden zu deklarieren, kläglich gescheitert sind.«[190]

Es geht offenbar nicht ohne Arminius. Die deutsche Geschichte ist ohne ihn nicht komplett[191] – dabei kann er sehr gut auch ohne ihre höheren Weihen auskommen, der cheruskische David, der den römischen Goliath in den germanischen Wäldern schlug. Als Figur ganz eigenen Rechts taucht er aus dem Dunkel der Geschichte und verliert sich wieder in ihm, eine nur schattenhafte Silhouette, aber schärfer und origineller geschnitten als die germanischen Könige der Völkerwanderung. Jede Zeit hat ihn für ihre Zwecke gebraucht, seine Wirkung und Bedeutung ins schier Unermessliche gesteigert. Mit Sicherheit werden im Jubiläumsjahr 2009 die alten Klischees wieder aufgewärmt werden, vom Tag, der Deutschland und die Deutschen entstehen ließ, und von der Romanisierung, die Arminius angeblich verhinderte (s. Epilog, S. 276 f.).

Sprechen wir es gelassen aus: Zur Wiederbelebung des von konservativer Seite geforderten Nationalstolzes ist Arminius ungeeignet. Seine Politik der Abgrenzung, die zu einem Einfuhrembargo von Olivenöl und italienischem Wein führte, wurde schon damals heftig kritisiert – heute, wo sich »Germania« und »Italia« als engste Freun-

»Italia und Germania« (1828) schwesterlich vereint, Gemälde von Friedrich Overbeck (1789–1869)

dinnen des geeinten Europa in den Armen liegen, ist sie als Vorbild vollends überholt. Längst relativiert hat sich die ihm zugute gehaltene Rettung unserer Sprache und Kultur. Schwerlich läßt sich glauben, daß sich bei uns, selbst bei lateinischer Überfremdung des Deutschen, keine eigenständige Literatursprache entwickelt hätte – was schließlich den »Romanen«, Franzosen, Spaniern und Portugiesen, Rumänen und Italienern auch gelang. Taugt Arminius als Kämpfer für die Freiheit? Kaum, denn im Gegensatz zum biederen, seriösen Schweizer Wilhelm Tell wollte er vor allem seine eigene. Selbst für die Bundeswehr wäre er als militärisches Vorbild nicht besonders brauchbar, der »verschlagene« Cherusker, der Freundschaft und Fahneneid brach.

Aber bedeutet es nicht – nach den Exzessen des Nationalismus vergangener Epochen – das größte Kompliment für die deutsche Geschichte der letzten sechzig Jahre, daß wir imstande sind, auf Arminius als Heros zu verzichten?

Gerade dadurch, bar jeder politischen Nützlichkeit, Moral und höheren Bedeutung, ohne die Notwendigkeit, ihn für irgendetwas in Anspruch zu nehmen, können seine Geschichte und die seiner Zeit erzählt werden wie nie zuvor – als Epos unserer gemeinsamen europäischen Vergangenheit.

Anhang

Anmerkungen

Prolog

1 Zugrunde gelegt ist die Reisegeschwindigkeit Cäsars beim Ausbruch des gallischen Krieges (100 Meilen pro Tag = 150 km), was als außergewöhnliche Leistung galt, Heinz, Reisewege, S. 82, ebenso John, Varus, S. 956, der vermutliche Ankunftstag ebendort, vgl. auch Rau, Geschichte, S. 336, der Aufstand der Mainzer Legionen am 1. Jan. 69 wurde bereits am 9. in Rom bekannt.

2 Suet., Aug. 73

3 Die Forschung tendiert mehrheitlich zum September (letztes Drittel), Callies, Arminius, S. 418, Kehne, Vermarktung, S. 103 mit Nachweisen, John, a. a. O., S. 956

4 Die von Suet., Aug. 72 gemachten Äußerungen eines bescheidenen provinziellen Lebensstils hat die Archäologie widerlegt. Das »domus augusti« umfasste den gesamten westlichen Teil des Palatin-Hügels und hat schon wegen dieser Größe den Begriff des »Palastes« geprägt, Tomei, Residenz, S. 17

5 Ovid Tristia, III, 1,34

6 Dio, LIII, 16,4

7 Der Vergleich mit Carrhae bei Vell. II 119,1

8 Bei einer geschätzten Einwohnerzahl des Römischen Reiches von 50 Mio. entfiel der Anteil des Militärs auf 0,6% der Bevölkerung (300 000 Mann einschl. Hilfstruppen). Im Vergleich zu den USA (250 Mio Einwohner, 1,6 Mio Armee), die über den gleichen Anteil verfügen, entspräche dies einem Kampftruppenverlust von 80 000 Mann (wohlgemerkt nicht im Verlauf eines Krieges, sondern in einer einzigen Schlacht!).

9 Suet. Aug., 23, der im übrigen ein ähnliches Verhalten von Cäsar berichtet, als dieser um die 14. Legion und ihren Kommandeur Titurius trauert, Suet. Caes., 67

10 Dio, LVI, 24,2–4

11 Plin., NH., VII, 149–150

Kapitel I

1 Strabo VI, 4,1, Aristoteles, Politik, VII,7, Plin., NH II, 190
2 Wolters, Römer, S. 14/15, Lund, Germanenbild, S. 40/41
3 Tac., Germ., 2,1
4 Plin., NH IV,95
5 Zit. nach Wolters, a. a. O., S. 16, Lund, a. a. O., S. 35
6 Cicero, Über die konsularischen Provinzen, 13,33
7 Caesar, BG, VI, 21,1
8 Plin., NH, XVI,6
9 Timpe, Rom, S. 48 u. ders., Wegeverhältnisse, S. 117/118, ders., Entdeckungsgeschichte, S. 319
10 Cäsar, BG, VI, 25
11 Ebd., I, 40,5 u. I, 33,4, s. auch die Angaben zu Livius, Strabo und Plutarch bei Wiegels, Ausgangslage, S. 37, Krause, Germanen, S. 31, Künzl, Germanen, S. 19
12 Glaser, Klima, S. 15/16
13 Strabo, VII, 2,2
14 Krause, a. a. O., die bei Plut., Marius, 11,3 angegebenen Zahlen sind übertrieben.
15 Strabo, VII, 2,3, Orosius zit. nach Goetz/Welwei, Germanien, Bd. 1, S. 219
16 Das Ritual wird auch im AT von den Königen Saul und David praktiziert (1.Sam.15,3)
17 Wolfram, Germanen, S. 28. Auch die Römer kannten Menschenopfer in Zeiten höchster Gefahr. Sie begruben dann je zwei Paare Griechen und Kelten lebendig auf dem Forum Boarium. So geschehen 228, 216 und 113 v. Chr. Diese Form des Opfers wurde erst 97 v. Chr. abgeschafft. Gleichfalls hatten die Gladiatorenkämpfe, ursprünglich bei Beerdigungen als Totenopfer inszeniert, einen religiösen Hintergrund. Ebenso die Erdrosselung des feindlichen Heerführers im Mamertinischen Kerker, dem Staatsgefängnis, während des Triumphzugs des römischen Feldherrn, vgl. Künzl, a. a. O., S. 17 u. 22
18 Die Vorstellung, sie seien über den Brenner, den niedrigsten Alpenpaß nach Italien gezogen, ist weitverbreitet, Simek, Germanen, S. 58, Krause, a. a. O., S. 48. Dieser Paß war aber bis ins 1. Jh. n. Chr. für Wagen unpassierbar, Loose, Kimbern, S. 241, Grabherr, Alpenpässe, S. 36 f., Goetz/Welwei, a. a. O., S. 224, Anm. 57
19 Plut., Marius, 21
20 Ebd., 20, für die Römer bedeutete Nacktheit, die göttliche ausgenommen, einen Statusverlust bzw. ein zivilisatorisches Defizit. Sklaven wurden nackt zum Kauf angeboten, Gefangene vor der Folter entkleidet, vgl. Cordier, Nudités romaines
21 a. a. O., 23, sicher die erste historisch gesicherte Erwähnung des Rennrodelns!
22 Ebd., 26

23 Ebd., 19 u. 27

24 Valerius Maximus, zit. nach Goetz/Welwei, a. a. O., S. 265

25 Dio, XXVII, 94,2

26 Christ, Römer, S. 262 gibt nach Dilke 4,9 Mio an, Frèzouls, Gallien, S. 434, schätzt 11–12, möglicherweise sogar 20 Millionen.

27 Cäsar, BG, IV, 1

28 a. a. O., I, 31–33

29 Riemer, Germanienpolitik, S. 19

30 Nicht überliefert ist, ob er die keltische Sitte des Skalpierens der Feinde übernahm, Maier, Kelten, S. 63

31 Cäsar, BG, I, 36–39

32 Erdrich, Germanienpolitik, S. 197, das älteste Zeugnis diplomatischer Kontakte zwischen einem germanischen Stamm und dem römischen Reich.

33 Cäsar, BG, I, 1, dagegen abweichend VI,2. Kelten siedelten noch in Süddeutschland und höchstwahrscheinlich noch im Lahntal (Dünsberg).

34 Cäsar, BG, VII, 65–68 u. VIII,11–13

35 Cäsar, BG, IV,17 u S. 554 (mit Bauskizzen). Die Pioniere schlugen die Brücke in nur zehn Tagen, weitere Quellenangaben bei Wiegels, Germanienpolitik, S. 51

36 Dies war die Ansicht der germanischen Sugambrer, die sich weigerten, Flüchtlinge an Cäsar auszuliefern, Cäsar, BG, IV,16

Kapitel II

1 Tac., Germ., 2

2 Dio, IL, 36,4, der dies auf Pannonien (Ungarn) bezog, aber es galt genauso für Germanien.

3 Timpe, Entdeckungsgeschichte, S. 357

4 Strabo, I, 2,1 u. VII,1,4, Plin., NH, IV, 97. Die mittlere Distanz zwischen Rhein und Elbe beträgt 400 Kilometer, die Luftlinienentfernung von Xanten nach Magdeburg nur 340 Kilometer, Johne, Römer, S. 200

5 Die ansonsten gern aufgeführten »Handelsgüter« wie Pelze und Felle, Schinken, Seife, Frauenhaar und Gänsefedern waren für den Import römischer Luxus- (Waffen, Schmuck, Geschirr) als auch für Massengüter (Vieh, Getreide, Wein) wertmäßig völlig unbedeutend. Die meisten dieser Waren kamen entweder als Geschenk (Gesandtschaften) oder als Beute nach Germanien. Oder man tauschte sie gegen Sklaven, das Hauptexportgut Germaniens, ein, Todd, Germanen, S. 90

6 Die Frage nach dem Ursprung und der Bedeutung des Namens »ist derzeit vom Historiker nicht zu beantworten«, Wolfram, Germanen, S. 24/25. Zehn Versuche finden sich bei Krause, Germanen, S. 71

[7] Tac., Germ., 2

[8] a. a. O., 22,1

[9] Timpe, Rom, S. 55 f., ders., Wegeverhältnisse, S. 121

[10] Tac., Germ., 43 u. 45

[11a] Nicht zu verwechseln mit der bei Plin., NH, XVIII, 12,51 genannten »sapo«, einem Mittel zum Rotfärben der Haare. Die germanische Seife verfeinerten die Römer mit Olivenöl und der Asche der Barilla (eine sodahaltige Meerespflanze) zu der uns bekannten harten, weißen Seife mit angenehmen Geruch.

[11] Ein römisches Vorurteil, das die Archäologie widerlegte: In fast allen germanischen Männergräbern fanden sich Rasiermesser.

[12] Timpe, Hausen, S. 414 u. 417. Die Römer benutzten dafür eine Skala, die von der strohgedeckten Flechthütte bis zum marmornen Tempel reichte, vgl. Kunst, Leben, S. 7

[13] Strabo, VII,1,3, Cäsar, BG, IV,1 u. VI,21–22, der noch die sexuelle Enthaltsamkeit bis zum 20. Lebensjahr als Grund für ihren großen Wuchs und ihre Muskelkraft hinzufügt.

[14] Junghans, Sweben, S. 37, die Aufzählung folgt der Verbreitung, wie sie die Archäobotaniker ermittelten.

[15] Hofmann, Wohnkultur, S. 42/43, auch Geflügel sucht man vergeblich. Die ersten Hühner und Enten findet man erst im 3. Jahrhundert, Junghans, a. a. O., S. 69, Thiel, Römer, S. 86–89

[16] Asingh/Lynnerup, Grauballe Man, S. 150; Krüger, Germanen, S. 23 f.

[17] Simek, Germanen, S. 22

[18] Peters, Haustierhaltung, S. 183, was schon Cäsar beklagte, der die germanischen Reiter mit den Pferden der römischen Tribunen und Ritter ausstatten mußte, Cäsar, BG, VII, 65

[19] Deswegen auch unser aus dem Lateinischen, »fenestra«, stammendes Lehnwort. Eine römische Innovation wie ein separater Raum (Kammer), »camera«, oder ein mit Mauern, »murus«, erbautes Haus, zu dem eine gepflasterte, »plastrum«, Straße, »strata«, führte.

[20] Simek, a. a. O., S. 23, Hüser, Germanen, S. 46, Krüger, a. a. O., S. 74

[21] So der archäologische Befund des »Herrenhofs« in der germanischen Siedlung Feddersen Wierde.

[22] Steuer, Interpretationsmöglichkeiten, S. 222, Bérenger, Burgen, S. 51 f., Hohenschwert, Befestigungen, S. 213

[23] Junghans, a. a. O., Simek, a. a. O., S. 25 u. 30, Grönbech, Germanen, S. 74 f. erzählt die Geschichte vom Isländer Harvard, dessen einziger Sohn Olaf vom mächtigsten Mann des Gaues getötet wird. Statt der geforderten Buße erntet er

Spott und Hohn und wird schimpflich verjagt, da er zu schwach ist, sein Recht durchzusetzen.

24 Tac., Germ., 13

25 Ebd., 14–15, vgl. dazu den dänischen Geschichtsschreiber Saxo Grammaticus (um 1100): »Denn man dürfe nach nichts mehr streben als nach Ruhm, der durch die Tüchtigkeit der Waffen erworben wird. Daher war es nach dem Sinn der alten Helden, Aufruhr anzustiften, Streitigkeiten vom Zaune zu brechen, die Ruhe zu hassen, den Krieg dem Frieden vorzuziehen.«, zit. nach Hasenfratz, Krieg, S. 205

26 Beispielsweise die »Lübsowgräber« in Pommern oder die »Fürstengräber von Hagenow« in Südwestmecklenburg, vgl. Voss, Hagenow

27 Glaser/Schenk, Naturlandschaft, S. 128, Harnecker, Kalkriese 2, S. 19, nehmen nur zwei pro km² an, weitere Angaben bei Städele (Hg), Tacitus, Agricola/Germania, S. 311. Steuer, Besiedlungsdichte, S. 358, geht von bis zu 20 Einwohnern pro km² aus, was einer Bevölkerung von 5 Mio. entspräche und damit mit Gallien oder sogar Ägypten (7 Mio.) vergleichbar wäre. Ein solches »blühendes« Germanien erklärt schwerlich die logistischen Schwierigkeiten der Römer, insbesondere in puncto Versorgung mit Nahrungsmitteln, sehr wohl aber die germanische Widerstandskraft. Steuer zählt 800 000 Krieger. Dagegen schätzen Glaser/Schenk, a. a. O., selbst im römischen Germanien des 2. Jahrhunderts die Bevölkerungsdichte auf höchstens 30 Einwohner pro km².

28 So hat man im »Großen Moor« nördlich des Wiehengebirges einen kilometerlangen Weg aus Eichenbohlen ausgegraben, dessen Bäume zwischen 60 und 45 v. Chr., also entschieden vor dem Auftreten der Römer gefällt wurden, Johne, a. a. O., S. 126 f., Hayen, Moorwege, 11ff.

29 Timpe, Wegeverhältnisse, S. 135, Glüsing, Germanen, S. 76, Rathmann, Reichsstraßen, S. 1, Steuer, a. a. O., S. 338

30 Glaser/Schenk, a. a. O., S. 131, Todd, a. a. O., S. 24

31 Plinius, NH, XVI 6

32 Mela, Kreuzfahrt III, 25–29, Tac., Germ., 5

33 Bringmann, Augustus, S. 183

Kapitel II

1 Polybios, Hist., VI, 10,12–14

2 Cicero, De re publica, I, 69

3 Plutarch, Antonius, 20

4a Polybios, Hist., VI, 19: »Ein staatliches Amt darf nur erhalten, wer zehn Jahre lang im Felde gestanden hat.« Augustus setzte das Bewerbungsalter auf 25

(Quästur) und 30 Jahre (Prätur) herab. Weitere Ausnahmen, insbesondere für Angehörige des Kaiserhauses, waren möglich.

4 Cicero, Pro Murena, 9,22

5 Tac., Agricola, 46,4

6 Cicero, De re publica, III, 24

7 Nach der Einnahme Alesias und der Beendigung des Gallischen Krieges teilte Cäsar jedem Soldaten einen Gefangenen als Beute zu, Cäsar, BG, VII, 89,5, Augustus entschädigte seine Soldaten mit 1000 Sesterzen pro Mann, weil sie auf die Plünderung von Alexandria verzichteten, Bringmann, Augustus, S. 110, und erbaute sowohl den Mars Ultor Tempel als auch sein eigenes Forum aus der Kriegsbeute, Augustus, Meine Taten, *21*, wie dies bereits vor ihm Cäsar getan hatte, Suet., Iulius, 26,2 und nach ihm Tiberius mit dem Concordia-Tempel tat, Suet., Tib., 20. Die Steuerfreiheit für alle römischen Bürger datiert seit dem Dritten Makedonischen Krieg (171–168 v. Chr.), der den ungeheuren Betrag von 300 Millionen Sesterzen in die Staatskasse spülte.

8 Tac., hist., IV, 74,4

9 Dahlheim, Titus Livius, S. 66–68

10 Polybios, Historien, 6,55

11 Suet., Tib., 1,1–2

12 Ebd., 6,53–54, Tac., ann., IV, 9, Flower, Leichenzug, S. 325 ff.

13 Gelzer, Nobilität, S. 41, errechnete, daß in 300 Jahren nur fünfzehn Neulinge (homines novi) es bis zum Konsulat brachten.

14 Livius, Röm. Gesch., II, 6,9–10, Tarquinius Superbus im Jahre 509 v. Chr.

15 Tac., ann.,I, 4,3, Ungern-Sternberg, Gens Claudia, S. 299 u. 297, Mehl, Geschichtsschreibung, S. 94, Walter, Ebenbild, S. 410 f.

Kapitel IV

1 Suet., Aug., 94,4–8, 95

2 Ebd., 2–3

3 Suet., Iul., 6,1, Leichenrede auf seine Tante Julia 63 v. Chr. – Nach der Zerstörung Trojas soll eine Kriegerschar unter der Führung des Aeneas Zuflucht in Italien gesucht haben. Sie verbanden sich mit den einheimischen Königen Latiums und gründeten später die Stadt Alba Longa, aus der wiederum der römische Stadtgründer Romulus hervorging, s. Livius, Röm. Gesch., I, 1–6 u. 7,2–3

4 Eck, Augustus, S. 13

5 Cicero, Philippika, 13,24

6 Am eindrucksvollsten nachzulesen in Shakespeares Drama »Julius Cäsar«.

7 Dio, XLVII, 39,1

8 a. a. O., 42,3 u. 43,1

9 Bleicken, Augustus, S. 166

10 Dio, a. a. O., 49,2, Suet., Aug., 13,1

11 Mädchen waren mit Vollendung des zwölften Lebensjahres heiratsfähig, Dio, LIV, 16,7

12 Daß die Hochzeit bereits im Oktober 39 v. Chr. stattgefunden habe, vertritt Kunst, Livia, S. 336–340.

13 Normalerweise war es genau umgekehrt. Die römischen Adligen heirateten im Alter von Mitte zwanzig zehn Jahre jüngere Frauen.

14 Er war nicht so beispiellos. Aus politischem Kalkül hatte schon Pompejus die schwangere Stieftocher Sullas, Aemilia, geheiratet und seine eigene Frau verstoßen, Plutarch, Pompejus, 9

15 »Da er, schon zweimal im Kampfe besiegt, seine Schiffe verloren, macht er sich standhaft ans Spielen, um endlich einmal zu gewinnen.«, Suet., Aug., 70,2

16 Ebd., 69 2

17 Dio, LI, ,1–2

18 Dahlheim, Kaiserzeit, S. 80 f.

19 Augustus, Meine Taten, 3

20 Dio, LI, 16,5, dabei soll ein Stück der Nase Alexanders abgebrochen sein!

21 Suet., Aug. 28

22 Bringmann, Augustus, S. 114 f.

23 Sueton Aug., 25,4, Dio, LIV, 13,3

24 Livius, a. a. O., I, 19,2

25 Vergil, Aeneis, I, 292 f., 29 v. Chr. Letztmalig war der Tempel 235 v. Chr., nach dem Ende des Ersten Punischen Krieges, geschlossen worden, Weber, Augustus, Meine Taten, S. 71

26 Augustus, a. a. O., 13

27 Cäsars erbittertster republikanischer Gegner, der jüngere Cato, beging lieber Selbstmord als dessen »Milde« teilhaftig zu werden. Seneca, der Erzieher Kaiser Neros, verfasste einen Fürstenspiegel »De clementia«, in dem er die Milde als eigentliche Tugend eines Monarchen pries.

28 Horaz Säkulargesang, 66–68 u. 53–56

29 Augustus, a. a. O., 29

30 vgl. Bringmann, a. a. O., S. 161 f., Bleicken, a. a. O., S. 359

31 Cicero, De re publica, V,2

32 Dio, LVI, 7,1

33 Vergil, a. a. O., I, 278–282 u. VI, 851–853 Das »Volk im Gewande der Toga« mußte übrigens erst wieder an das unbequeme, leicht verschmutzende reprä-

sentative Kleidungsstück gewöhnt werden. Augustus ordnete Togazwang für Forum, Vollversammlung und Theater an, Zanker, Augustus, S. 168 f.

34 Livius, a. a. O., I, 16

Kapitel V

1 Dio, LIII, 26,4

2 Strabo, IV, 6,11

3 Sonnabend, Augustus, S. 97–101, Grütter, Handels- und Heerstraßen, S. 83 u. 86, Andrikopoulou-Strack, Straßen, S. 242, Bender, Verkehrs- und Transportwesen, 108 ff., Rathmann, Reichsstraßen, S. 7

4 Dio, LIV, 20,3–4, Florus, II, 30,24, vgl. Wolters, Römer, S. 26, Timpe, Rheingrenze, S. 160, Daumer, Aufstände, S. 75 f.

5 Magischem Denken gemäß glaubte man, daß Kraft und Eigenschaften des Tieres auf den Träger übergingen.

6 In Raetien und Noricum lagen zwischen Eroberung und Einrichtung als Provinz (unter Caligula bzw. Claudius) mehr als fünfzig Jahre.

7 Als einziges nicht gesichert, aber für wahrscheinlich gehalten ist Bonn. Kühlborn, Herrschaftssicherung, S. 66. Die Zahl von fünf bis sechs Legionen bei ders.; Militärlager, S. 11, Lehmann, Varus-Katastrophe, S. 86 zählt sechs, Eck, Köln, S. 64 kommt auf sieben.

8 Den Hellweg zwischen Moers und Neuss und die Nutscheidstraße gegenüber Bonn, Wolters, Germanien, S. 596, Gechter, Grenze, S. 123, der die Lager am Rhein als »Durchmarschlager« beschreibt. Eine feste Innenbebauung sei erst ab 21. n. Chr. für das Lager Neuss nachzuweisen, a. a. O., S. 124 f.

9 Cicero, zit. nach Sonnabend, Grenzen, S. 125, Strabo, IV, 6,5

10 Dio, LIV, 22,2

11 Neueste Ausgrabungen von W. Zanier (2007) haben auf dem Septimer Paß zwischen Comer-See und Chur ein römisches Lager entdeckt. Offenbar verlief über diese Route eine der römischen Vormarschstraßen. Mögliche Wegvarianten und beteiligte Legionen in ders., Alpenrheintal, S. 47–61

12 Horaz, Carm., IV, 4,25–28

13 Dio, LIV, 22,5.

14 Plin., NH, III,136 f.

15 Herodot, Hist., IV, 48 u. 50, Strabo VII, 1,5

16 Appian, II, 22,63

17 Plutarch, zit. nach Bringmann, Augustus, S. 200

18 Augustus, Meine Taten, 26

19 Syme, Revolution, S. 424,434,437, John, Varus, S. 908 f.

20 Tac., hist. IV, 74,1

21 Mommsen, Röm. Gesch.V (Weltreich, S. 58)

22 Suet., Claudius, 1,2

23 Bleicken, Augustus, S. 563 u. 569, betont, daß »nach der Vorstellung des Augustus eine ruhende Armee ein Gefahrenpotential darstellt.« Die spanischen Legionen wurden sukzessive ab 16 v. Chr. an den Rhein verlegt.

24 Tac., Agricola, 30,4, vgl. auch Timpe, Rom, S. 49

25 Dio, LV, 24,7

26 Tac., ann. II, 8,1, möglicherweise erst in den darauffolgenden Jahren angelegt, Kehne, Offensiven, S. 307 f.

27 Mommsen, Politik, S. 316 ff., ähnlich Wells, German Policy, vgl. dazu Wiegels, Germanenpolitik S. 54

28 Bringmann, a. a. O., S. 179 u. 184; Kühlborn, Schlagkraft, S. 27, Timpe, Faktoren, S. 19, ders.: Geostrategie, S. 297 u. Entdeckungsgeschichte, S. 353, Zusammenfassung der unterschiedlichen Standpunkte in: Deininger, Germaniam, S. 764 f. Kehne, a. a. O., S. 289 f., Bleicken, a. a. O., S. 754–756

29 Vell., II, 107, 1–2

30 Christ, Germanienpolitik, S. 201, Timpe, Überlieferung, S. 213

31 Bleicken, a. a. O., S. 568– 570, Welwei, Probleme, S. 679, Hüssen, Donaugrenze, S. 58, Kehne, a. a. O., S. 304 f.

32 Timpe, Rheingrenze, S. 167 und Wenskus, Cherusker, S. 432 sehen sie als Verbündete der Sugambrer; Eck, Römer, S. 37, vermutet, sie hätten mit Drusus einen Bündnisvertrag geschlossen.

33 Plin., NH XI, 55, Dio, LIV, 33,3–4

34 Bremer, Nutzung, S. 13

35 Fischer, Römer, S. 24 f., Schnurbein; Untersuchungen, S. 15 f. Kühlborn, Herrschaftssicherung, S. 71–77, Schwemin, Oberaden, S. 17–32, zählt »nur« 9.000 Eichen (S. 18), ein informativer archäologischer Lehrpfad erschließt das Gelände, s. dazu Wilson, Spuren, S. 82 f.

36 Horaz Carm., IV,2,34–36, das Gedicht wurde schon 16 v.Chr. verfaßt

37 Vell., II, 96,2

38 Dio, LIV, 31,3

Kapitel VI

1 Schnurbein, Stützpunkte, S. 34, Grundriß in: Johnson, Kastelle, S. 255, Rekonstruktion in: Grote, Römerlager Hedemünden, S. 67, Becker, Logistik, S. 45 schätzt ihre Kapazität auf über 3000 Tonnen Getreide, ausreichend für den Feldzug eines Mehrlegionenheers einschließlich Hilfstruppen.

2 Grote, a. a. O., S. 63–67, die als »Hüneburg« bekannte Anlage wurde fälschlicherweise für eine keltische Ringburg angesehen, ders., Militärstützpunkt, S. 222. Die Werra trug bei den Römern keinen eigenen Namen, sondern galt als Oberlauf der Weser, Grote, Römerlager Hedemünden, S. 16

3 Dio, LV,1,3, Suet., Claudius, 1,2

4 Tac., Germ., 30,2–3, der damit das Fazit aus den Chattenkriegen (81–85 n. Chr.) Kaiser Domitians zog.

5 Florus, II, 30,24–25

6 Wie Timpe mit feiner Ironie bemerkt, den ich hier paraphrasiere; Timpe, Drusus, S. 172

7 Am bekanntesten das 35 Meter hohe Niederwalddenkmal oberhalb von Rüdesheim am Rhein, das nach dem Sieg über Frankreich und der Reichsgründung 1877–1883 errichtet wurde.

8 Die These ist ausführlich abgehandelt bei Timpe, a. a. O., S. 171–190

9 Timpe vermutet, daß nicht zuletzt die Sorge des Augustus um das Heer hinter der Eile stand, Timpe, a. a. O., S. 188 u. ders., Wegeverhältnisse, S. 134; Moeller, Drusus, S. 211, merkt an, daß die Entfernungsangaben (Plin., NH VII, 84) nicht wörtlich zu nehmen, sondern Ausdruck einer herausragenden Einzelleistung seien.

10 Suet., Aug., 82,1

11 Suet., Tib., 6–9, 21,2 u. 68, Vell. II, 94–95, Mommsen, Kaisergeschichte, S. 144 f., Syme, Revolution, S. 534

12 Suet., Tib., 7,3

13 Der sogenannte »Eichelstein« in der Mainzer Zitadelle, vgl. Panter, Drususstein

14 Suet., Claudius, 1,3–5

15 Timpe, Drusus, S. 188 hält es allerdings auch für möglich, daß der mutige Tiberius bewußt das Risiko auf sich nahm, von den Germanen abgefangen zu werden.

16 Timpe, Arminius-Studien, S. 14–16, 70 f.; Demandt, Arminius, S. 186, hält eine Verleihung im Jahre 4 n. Chr. im Zusammenhang mit dem Heeresdienst für wahrscheinlicher. Arminius' Geburtsjahr (19–16 v. Chr.) ist unsicher.

17 Quellen bei Wiegels, Germanienpolitik, S. 62 f. Wolters deutet die Festnahme der Gesandten als Ausschaltung der antirömischen Opposition und vermutet eine einvernehmliche Lösung, Wolters, Germanien, S. 605

18 Schnurbein, a. a. O.; die Auffassung, daß die Auflassung der Lager als Beweis gelten kann, daß nur eine indirekte Herrschaft angestrebt wurde, vertritt u. a. Johne, Römer, S. 119

19 Vell., II, 97,4

20 Zit. nach Timpe, Überlieferung, S. 191, Lehmann, Zeitalter, S. 220

21 Florus, II, 30,27

22 Timpe, a. a. O., S. 192, Wolters, a. a. O., S. 603, Eck, Augustus, S. 97, ders., Köln, S. 751, Anm. 52 verweist auch auf die massenhafte Bereitstellung von Kupfermünzen (Asse), mit denen offenbar die Einführung der Geldwirtschaft in Germanien geplant war.

23 So die Behauptung bei Tacitus, Germania, 17,2. Römische Frauen zeigten sich nicht mit unbedeckten Armen in der Öffentlichkeit. Das Motiv war bei den Historienmalern des 19. Jahrhunderts sehr beliebt (Piloty, Thusnelda im Triumphzug des Germanicus, 1873, Münchner Pinakothek).

24 Josephus, Jüd. Krieg, VII, 5,140–144, der die Verwüstung Palästinas beschreibt. Sie läßt sich unschwer auf Germanien übertragen.

25 Tac., ann., XII, 23,2, nicht zu verwechseln mit der tatsächlichen Stadtgrenze. Das *pomerium* legte den sakralen Raum fest, innerhalb dessen Waffengebrauch und Bestattungen verboten waren. Amtliche Zuständigkeiten erloschen bei seiner Überschreitung, Wolters, Römer, S. 37, Lehmann, a. a. O., Kienast, Augustus, S. 126, Daumer, Aufstände, S. 87

26 Tac., Agricola, 20, Hellenkemper, Oppidum Ubiorum, S. 248, Bemmann, Vorland, S. 97, Eck, Köln, S. 85–89, Lehmann, Überlieferung, S. 148

27 Vell., II, 99,1

28 Suet., Tib., 10,2 u. 11,1, der Autor, dem in der Bucht von Neapel gleiches widerfuhr, weiß, was das bedeutet.

Kapitel VII

1 Suet., Tib., 6,4

2 Dio, LIV, 5,5

3 Macrobius, zit. nach Gollub, Tiberius, S. 74

4 Suet., Tib., 7,3

5 Sattler, Julia, S. 497 f.

6 Suet., a. a. O.

7 Tac., ann., I, 53,1–4

8 Haehling, Tiberius, in: Clauss, Kaiser, S. 54

9 Sattler, a. a. O., S. 511–513

10 Suet., Aug., 64,3

11 Zanker, Augustus, S. 222. Der nicht adoptierte dritte Sohn des Agrippa, der nach seinem Tod geborene Agrippa Postumus, wurde dieser »Imagekorrektur« nicht unterzogen und sah auf seinen Büsten weiter seinem Vater ähnlich.

12 Bis auf Vinicius, der ritterlicher Herkunft war, aber schon früh von Augustus in den Senat aufgenommen wurde, vgl. Syme, Revolution, S. 407–415

13 Suet., Aug., 58,1–2

14 Augustus, Meine Taten, *35*

15 Suet., Aug., 31,5

16 Kolb, Rom, S. 358–362, Coarelli, Rom, S. 116–121, Claridge, Rome, S. 158–161 (mit Rekonstruktionszeichnung), Zanker, a. a. O., S. 196–217 (mit Grundrißzeichnung)

17 Dio, LV, 10,7

18 Zit. nach Fantham, Julia, S. 82

19 Vell., II, 100,3

20 Plut., Antonius, 87

21 Er soll auch den Beschwerdebrief über Tiberius verfasst haben. Bei dessen Regierungsantritt 14 n. Chr. wurde er hingerichtet, Tac., ann., I, 53,4–6

22 Vell., a. a. O., Dio, LV, 10,12–13, Seneca zit. nach Fantham, a. a. O., S. 86, die Statue stand unterhalb der Rednertribüne, Claridge, a. a. O., S. 85

23 Plinius, NH, VII, 149

24 Syme, a. a. O., S. 441, ihm folgen teilweise Kienast, Augustus, S. 133 f., Sattler, a. a. O., S. 520 f., weitere Vertreter dieser Ansicht referiert Bringmann, Augustus, S. 281, Anm. 67. Fantham, a. a. O., S. 87 f., hält die geschilderten Einzelheiten für konstruiert und in sich unlogisch.

25 Bleicken, Augustus, S. 640

26 Bringmann, a. a. O., S. 235, Bleicken, a. a. O., S. 641

27 Dio, LV, 13,1

28 Suet., Aug., 65,2–4

29 Suet., Tib., 11,5

30 Plut., Moralia, II, 98,10

31 Nach Dio, LV, 10,19, war es Chios, nach Suet., Tib., 12,2 Samos.

32 Sueton, Tib., 14,4

33 Tac., ann., IV, 57,3

34 Vell., II, 104,2

35 a. a. O., 104,3

Kapitel VIII

1 Vell, II. 104,4

2 a. a. O., 104,2

3 Kühlborn, Herrschaftssicherung, S. 86–91

4 Vell., II, 104,3

5 Suet., Tib., 15, über das Ausmaß und den Charakter des »immensum bellum« hat die Wissenschaft zu keiner endgültigen Meinung gefunden, vgl. Wolters,

Germanien, S. 617, eher skeptisch äußern sich Wiegels, Rom und Germanien, S. 255 und Matterr, Materies, S. 481, ein Zeichen für eine bedrohliche Lage erkennt Timpe, Geostrategie, S. 298 u. ders., Überlieferung, S. 201, in der sofortigen Abkommandierung des Tiberius, dito Johne, Römer, S. 128, dem steht m. E. die archäologische Fundsituation entgegen.

6 Eck, Augustus, S. 97, Daumer, Aufstände, S. 85–87, daß im »formalen römischen Rechtssinn« Germanien nicht als Provinz anzusprechen sei, vertreten u.a. Christ, Waldgirmes, S. 490 ff. u. Wiegels, Germanienpolitik, S. 64

7 Gechter, Militärgeschichte, in: Krieg u. Frieden, S. 90, schließt aus der fehlenden Innenbebauung der Rheinlager, daß die Legionen nach der Unterwerfung im Jahre 7 v. Chr. nicht wieder auf die Rheinlinie zurückgenommen wurden und ab 4 n. Chr. ständig im rechtsrheinischen Gebiet überwinterten.

8 Schnurbein, Augustus, S. 10–15, Kühlborn, a. a. O., S. 80–85, ders., Hauptlager, S. 203–206, Moosbauer u.a., Kommunikationslinien, S. 49, Herget u.a., Schiffe, S. 34–36

9 Rasbach, Waldgirmes, S. 253–257 (mit Rekonstruktionszeichnungen), Bekker/Rasbach, Städte, S. 102–116, Rasbach/Becker, Forschungsergebnisse, S. 38–40, Schnurbein, a. a. O., S. 18–26, Schäfer, Jahrtausende, S. 6, Schulze-Forster, Dünsberg, S. 87 ff.

10 Dio, LVI, 18,2

11 Rothenhöfer, Geschäfte, S. 280 u. 285, Bemmann, Vorland, S. 97 f., Hanel/Rothenhöfer, Blei, S. 55 f.

12 Hellenkemper, Oppidum Ubiorum, S. 248–249, Eck, Köln, S. 85–93, Lehmann, Überlieferung, S. 148

13 Bleicken, Augustus, S. 587

14 Timpe, Gedanken, S. 227

15 Tac., ann. II, 26,2 f.

16 Plin., NH, II, 167

17 Augustus, Meine Taten, *26*

18 Vell., II, 107,2

19 Strabo, VII,1,4, Timpe, Überlieferung, S. 212 f.; Johne, a. a. O., S. 146–148 vertritt die These, daß die Erkundungsfahrt bereits im Sommer des Jahres 4 n. Chr. erfolgte, was den Besuch des Tiberius an der Kanalküste (Bononia) erklären würde. Die Erkenntnis, daß sich die Halbinsel Jütland zu weit nach Norden erstreckte und jenseits der Elbe kein weiterer Fluß existierte, um die römischen Heere im Innern Germaniens zu versorgen, hätte dann zum Verbot des Augustus, den Strom zu überschreiten, geführt.

20 Vell., II, 108,2

21 Strabo, VII, 1,3

22 Vell., a. a. O.

23 Vell., II, 109,1–2; Johne, a. a. O., S. 156, interpretiert die Zahl als »Maximalaufgebot aller Waffenfähigen«.

24 Timpe, a. a. O., S. 203

25 Tac., ann., II, 63,3

26 Pietsch, Legionslager, S. 54–56, Schnurbein, Stützpunkte, S. 34, Fischer, Römer, S. 26

27 Suet., Tib., 16,1

28 Kehne, Eroberung, S. 267. Die offizielle Anerkennung seines Königstitels dürfte von einem reichen Strom wertvoller Geschenke und Handelsprivilegien begleitet gewesen sein, ders., Marbod, S. 260

29 Tac., ann., II, 46,2

Kapitel IX

1 Alföldy, Sozialgeschichte, S. 106–109, der als weitere Ausnahme das Beispiel von Augustus' Leibarzt Musa nennt, der ihm das Leben rettete und dafür, obwohl nur Freigelassener, in den Ritterstand erhoben wurde, vgl. Timpe, Arminius-Studien, S. 45

2 Vell., II, 108,2, Timpe, a. a. O., S. 47 und Koestermann, Feldzüge, S. 436, Anm. 17, vertreten mit guten, u.a. chronologischen, Gründen, die Ansicht, daß mit dem Begriff »letzter Feldzug« der pannonische gemeint sei. Ihm ist die Wissenschaft weitgehend gefolgt. Eher konstruiert und ebenso wenig beweisbar, erscheinen Thesen, Arminius habe Germanien nie verlassen oder sei mit Gaius Cäsar in den Partherkrieg gezogen, was ihm den Namen »Armenius/Arminius« eingetragen habe; dazu Timpe, a. a. O., S. 17 u. 21, zuletzt Wolff, Arminius, S. 231 f. u. 245, der die Annahme von Hohl, Arminius, aufgreift, die ritterlichen Karrieren von Velleius und Arminius seien parallel verlaufen; Wiegels, Varusschlacht, S. 21, ohne Wertung; Ausbüttel, Herrscher, S. 26, plädiert wie Timpe für Pannonien.

3 Mommsen, Weltreich, S. 67, Vell, II, 110,5 u. Dio, LV, 29,1–3

4 Jütting, Besiedelung, S. 110

5 Tac., Agricola, 30,4 u. 31,1

6 Vell., II, 110,3 u. 6

7 Rau, Geschichte, S. 328, Bringmann, Augustus, S. 189, Seager, Tiberius, S. 34 u. Kienast, Augustus, S. 371 gehen gestützt auf Vell. II, 113,1, von zehn Legionen aus, dito Eck, Augustus, S. 96, der aber »mindestens« 80 Hilfstruppenkohorten annimmt; Bleicken, Augustus, S. 594, zählt nach Suet., Tib., 16,1, fünfzehn und kommt auf dem Höhepunkt der Auseinandersetzungen zusammen mit den

Hilfstruppen auf eine Mannschaftsstärke von 150 000 Mann, Mommsen, a. a. O., S. 68 löst die Frage, indem er fürs erste Kriegsjahr zehn, danach fünfzehn Legionen veranschlagt. Davon abgesehen läßt die hohe Zahl der Auxiliarverbände die Anwesenheit von Arminius und seinen Cheruskern um so wahrscheinlicher erscheinen. Das manchmal gebrauchte Argument, in augusteischer Zeit seien Hilfstruppen außerhalb ihrer Rekrutierungsgebiete nicht eingesetzt worden, ist schwerlich haltbar. Die in Illyrien kämpfenden Auxiliarverbände können aufgrund ihrer Masse gar nicht allein aus den umliegenden Provinzen gestellt worden sein. Für das Vorhandensein von Germanen spricht auch die Heldentat des Reiters Pusio, Dio, LVI, 11,1–2, bei der Einnahme von Splonum, vgl. Timpe, a. a. O., S. 45

8 Timpe, a. a. O., S. 69

9 Szaivert/Wolters, Löhne, S. 79, 115, 334, 353

10 Vergil, Aeneis, II,354

11 Corpus iuris civilis, zit. nach Ziegler, Vae Victis, S. 54

12 SPIEGEL 42/2007, 15.10.07, S. 136, bezogen auf den Irak-Krieg, Zahlen bei Junkelmann, Legionen, S. 120–123, Bohec, Armee, S. 242 f.

13 Jos., Jüd. Krieg, II, 5,1, 70–78

14 Horn, Römer, S. 332–334

15 Vegetius, Epitoma rei militaris, I,21, der in seinem in der Spätantike verfaßten Buch die wesentlichen Erkenntnisse seiner Vorgänger zusammenfaßte. Die Palisaden waren bereits vorgefertigt. Sie wurden auf Maultieren oder Wagen mitgeführt.

16 Eine Liste der Legionen bietet Dio, LV, 23–24, nach neuesten Erkenntnissen: Junkelmann, a. a. O., S. 97–99, ebenso NP, Stichwort legio, Bohec, a. a. O., S. 35, übrige Angaben bei Bringmann, a. a. O., S. 194

17 Jos., a. a. O.

18 Wovon sich auch der Evangelist Matthäus (Kap. 8, Vers 9) beeindruckt zeigte.

19 Lendon, Soldiers, S. 312

20 Junkelmann, a. a. O., S. 166–189, Gechter, Wechselwirkung, S.14, interpretiert den *gladius* in augusteischer Zeit (Typ Mainz) als »ausgesprochene Stichwaffe«.

21 Tac., ann., II, 21,1, im Krieg gegen Philipp V. von Makedonien wurde die gegnerische Reiterei völlig demoralisiert, als sie die durch die römischen Schwerter verursachten Verletzungen sah; Livius, XXXI, 34

22 Jos., a. a. O., 5,93–97

23 Jöns, Eisenversorgung, S. 289, hält die Kapazität der zur Eisengewinnung eingesetzten germanischen Rennfeueröfen für nicht groß genug, vermutlich sei Eisen in größerem Umfang importiert worden, obwohl Rasenerzvorkommen ausreichend vorhanden waren, vgl. auch Polenz, Römer, S. 94 u. 97

24 Fischer, Römer, S. 43, Junkelmann, a. a. O., S. 99–102, Bohec, a. a. O., S. 26–30 u. 101–109

25 Timpe, a. a. O., S. 42 f.

26 Einen kaum zu unterschätzenden Beitrag zur Erhaltung der Kampfkraft stellen die medizinischen und hygienischen Anstrengungen der Römer dar. Allein die Thermen, die in den festen Lagern zum Standard gehörten, haben die Gesundheit der Truppen wesentlich gefördert und erhalten.

27 Der bürokratische Aufwand läßt sich durchaus mit dem unserer modernen Armeen vergleichen. Allein die Soldabrechnungen der Kaiserzeit bis etwa 300 n. Chr. werden auf mindestens 225 Millionen Stück geschätzt, Speidel, Einheit, S. 173, Stauner, Schriftwesen, S. 73–91; auch die Kurzschrift war bereits erfunden, ebd., S. 141

28 Junkelmann, a. a. O., S. 196–199

29 Junkelmann, a. a. O., S. 233 f., die Marschleistungen der Legionäre wurden erst unter Napoleon wieder erreicht, der sich wie die Römer um den Straßenbau große Verdienste erwarb.

30 Gilliver, Weg, S. 45 ff.

31 Junkelmann, a. a. O., S. 127, allein die Anbaufläche für den Bedarf der pannonischen Legionen dürfte 50 000 Hektar betragen haben, Heather, Untergang, S. 77 kommt auf noch größere Mengen.

32 Kienast, a. a. O., S. 405–407, Dio, LV, 26,1 u. 31,4

33 Vell., II, 112,6, Köstermann, Krieg, S. 362

34 Dio, LV, 33,3, Dyson, Revolts, S. 252

35 Timpe, a. a. O., S, 45

36 Dio, LVI, 14,6–7

37 a. a. O., 16,1

38 Suet., Tib., 20

39 Dio, LVI, 16,3

40 Suet., Tib., 32,2

41 a. a. O., 21,4

Kapitel X

1 Im Mittelalter wie unsere Konversationslexika benutzt, galt sie als Autorität.

2 Plin.d.J., Briefe, III, 5,4, Wiegels, Varusschlacht, S. 19

3 Dihle, Literatur, S. 150

4 Nuber, Varus, S. 228, der eine im römischen Legionslager von Dangstetten gefundene Besitzermarke so interpretiert.

5 Um die Kontrolle über die Armee uneingeschränkt auszuüben, ernannte der Princeps in allen Provinzen, in denen Truppen stationiert waren, selbst die Statthalter. Über die Besetzung der übrigen, deswegen senatorische genannt, entschied der Senat nach Rücksprache mit Augustus.

6 Der Zusammenhang zwischen Maulbeerbäumen und Seidenraupen war den Römern unbekannt, Wood, Seidenstraße, S. 29

7 John, Varus, S. 917, Jos., Jüd. Krieg, II, 2,3

8 Vell., II, 117,2: »Als armer Mann betrat er das reiche Syrien, und als reicher Mann verließ er das arme Syrien.«

9 Jos., a. a. O., 2,2

10 Jos., Jüd. Altertümer, XVII, 10,8; Jüd. Krieg II, 3,1

11 a. a. O., II, 5,1–3

12 Vell., a. a. O. u. 118,4

13 Syme, Varus, S. 327, Tac., ann., IV, 52 u. 66

14 Nuber, a. a. O., S. 227, Kühlborn, Herrschaftssicherung, S. 86

15 Dio, LVI, 18,2 u. 19,1, Timpe, Arminius-Studien, S. 96, 100

16 Eck, Köln, S. 106 f.

17 Dio, LVI, 18,2–4

18 vgl. Timpe, Überlieferung, S. 210, ders., Arminius-Geschichte, S. 230, Eck, Augustus, S. 97, ausführlicher ders., Köln, S. 69–76, Daumer, Aufstände, S. 89, Wolters, Germanien, S. 623, John, Varus, S. 919

19 Dyson, Revolts, S. 268 f., entwickelt die These, daß die Konflikte meist nach 10–20 Jahren wieder ausbrachen, wenn eine neue Kriegergeneration herangewachsen war, vgl. auch das Akkulturationsmodell bei Krausse, Phänomen, S. 16 u. 23

20 Suet., Tib., 16,1, in der sprichwörtlich gewordenen Kesselschlacht gelang Hannibal die fast vollständige Vernichtung des römischen Heeres. In Rom brach eine Panik aus, da man die Einnahme der Stadt befürchtete.

21 Daumer, a. a. O., S. 93, argumentiert, daß Steuererhebungen nur in Absprache mit dem Princeps erfolgen konnten, Bringmann, Augustus, S. 182, bringt das Dilemma auf den Punkt: Augustus muß beides gleichzeitig tun, dem Angriffs- und Aufstandsdruck von außen und im Innern standhalten und den Steuerstaat durchsetzen.

22 Bei den im römischen Reich verbleibenden Friesen beispielsweise erst 28 n. Chr., Tac., ann., IV, 72–73

23 Manuwald, Ungeschick, S. 433, hat jüngst noch einmal darauf hingewiesen, daß der griechisch schreibende Dio die germanische Stammeswelt Mitteleuropas als keltikoi bezeichnet. Von eben der hatten die Römer nur Teile, eben die Provinz Germania, von Dio auch so genannt, in Besitz (Dio, LVI, 18,1). In den gängigen deutschen Übersetzungen wird diese im Griechischen eindeutige

Unterscheidung oft nicht beachtet, Germanien und Germania gleichgesetzt, so daß der Eindruck entsteht, die Römer hätten ihre Provinz Germania nur teilweise kontrolliert, vgl. Wolters, Eroberung, S. 203

24 Dio, LVI, 18,5

25 Timpe, Arminius-Studien, S. 92, schlussfolgert, daß es »eines raffinierten Planes bedurfte, um Varus zu seinem Zug zu veranlassen«. Ich folge ihm hierin, a.a.O., S.102 f., und habe seine Deduktionen nur etwas koloriert. Bei dieser Argumentation wird auch klar, daß der Plan nur funktionieren konnte, weil Arminius nicht als »Privatmann«, der aus der Armee ausgeschieden war, sondern als »Berater« und Offizier im Präfektenrang nach Germanien zurückkehrte. Vertrauen und Glaubwürdigkeit hätten sich sonst nicht eingestellt.

26 vgl. Dreyer, Fundplatz, S. 414

27 Archäologische Ausgrabungen haben Teile dieser Straße u.a. bei Haltern und Anreppen entdeckt. Sie hatte eine Breite zwischen 24 und 40 Metern und Straßengräben, Moosbauer, Kommunikationslinien, S. 49

28 Dio, a.a.O., Timpe, a.a.O., S. 104 u. ders., Arminius-Geschichte, S. 236, weist daraufhin, daß es für ein Sommerlager keinerlei schriftliche Belegstellen gibt. Es kann natürlich trotzdem bestanden haben.

29 Dio, LVI, 19,3–4

30 Timpe, Faktoren, S. 17 u. ders., Wegeverhältnisse, S. 132, Wiegels, a.a.O., S. 20, ders., Kalkriese, S. 652 f., Lehmann, Überlieferung, S. 159

31 Zehm, Kontakt, S. 13, Schlüter, Stand, S.16, zuletzt Wolters, Kalkriese, S. 137, Mommsen, Örtlichkeit, S. 29, hat die Varussroute Minden-Kalkriese-Niederrhein 1885 erstmals ins Gespräch gebracht.

32 Dio, a.a.O., Tac., ann. I, 58,4, Vell., II, 118,4

33 Eine Behauptung, die in keiner Quelle aufscheint, aber eben deswegen wahr sein muß. Fürstentöchter sind immer schön. Nur hässliche werden ausdrücklich erwähnt.

34 Daumer, a.a.O., S. 94 u. 96, zuvor äußerte bereits Wolters, Eroberung, S. 224, Anm. 114, diesen Verdacht.

35 Dio, LVI, 20,2

36 Mommsen, Kaisergeschichte, S. 127, Delbrück, Geschichte, II, S. 69, beharrt auf insgesamt 18000 – 30000 Menschen, Wilbers-Rost, Hinterhalt, S. 139 u. Kalkriese 2, S. 124, schätzt 10000 Soldaten, dito Fischer, Römer, S. 30, Gechter, Militärgeschichte, in: Krieg u. Frieden, S. 92, vertritt eine dezidiert minimalistische Position, demnach »verloren nur die Soldaten einiger Legionsvexillationen und Auxilien ihr Leben«. Erklärungsbedürftig bleiben dabei die Reaktion des Augustus sowie der Zusammenbruch der gesamten rechtsrheinischen römischen Herrschaft. Dagegen plädiert Wolfram, Germanen, S. 42, für das

alte Maximum: 30 000 Mann. Die Kolonnenlänge basiert auf Junkelmann, Legionen, S. 235, der 4200m berechnet, sowie Gilliver, Weg, S. 56, mit 4800m pro Legion. Welche Schwankungsbreiten möglich sind, je nachdem wie man Abstände und Legionäre pro Reihe veranschlagt, zeigt der Unterschied zwischen Schlüter, Varusschlacht, S. 17, 15–20 Kilometer und Wolters, Kalkriese, S. 138, der von nur 4–6 Kilometer Zuglänge ausgeht, dito Becker, Logistik, S. 47.

Kapitel XI

1 Timpe, Arminius-Studien, S. 72–74 u. 79, vgl. auch Wolfram, Germanen, S. 37, Wolters, Eroberung, S. 189 u. 211. Hinsichtlich der Flucht des Arminus und seiner Familie kann es auch nur um den Streit zweier Adelsfraktionen gegangen sein, vgl. Timpe, Überlieferung, S. 197. Die siegreiche hat dann aber im »immensum bellum« einen antirömischen Kurs verfolgt.

2 Seneca, De ira, n. ders., Grenzen, S. 125,15,4, Timpe, Rom, S. 56

3 Mommsen, Geschichte, Bd. 5, S. 39

4 Tac., ann. II,52,1–3, III,73,1–3, IV,23–26, III,40,1, Urban, Gallia, S. 41

5 Tac., hist. IV,17,4, Timpe, Arminius-Studien, S. 137–140

6 Timpe, a. a. O., S. 223

7 Tac., ann. II,9,3, Timpe, Arminius-Studien, S. 42 f.

8 Tac., ann. II, 88,2, Simek, Germanen, S. 68, Wolfram, a. a. O., S. 38 f., Krause, Germanen, S. 108, Demandt, Arminius, S. 195 sieht den Cheruskerfürsten modellhaft am Übergang zwischen aristokratischer Verfasstheit der Stämme und Heerkönigtum.

9 Dahlheim, Wiege, S. 111

10 Diese imperiale Auffassung galt noch 1874 auf der Konferenz der europäischen Staaten in Brüssel, wo man über die »Gesetze und Gebräuche des Landkriegs« beriet. »Barbaren«, so formulierte dort der Völkerrechtler Friedrich von Martens den allgemeinen Konsens, »haben als Staat keinerlei Rechte, mit Ausnahme des Rechts auf eine solche Behandlung, die sie in möglichst kurzer Zeit befähigt, ein Staat zu werden.«, zit. nach Wesel, Weltgericht, S. 92.

11 Schwarcz, Foederati, S. 292

12 Zit. nach Kissel, Beute, S. 41

13 Dio, LIII, 25,4

14 Aristides, Romrede, 104

15 Nach Hasenfratz, Krieg, S. 204 f., galt der Begriff Frieden nur im familiären Bereich, »was die Aggressionsschwelle gegenüber Sippenfremden senkt«.

16 Dio, LVI, 18,2, Florus, II, 30,32

17 Tac., ann. II, 15,3 u. I, 59, 4–6
18 Tac., ann., III, 40,3
19 Wolters, Eroberung, S. 218 f.
20 Wolfram, a. a. O., S. 39
21 Dahlheim, a. a. O., S. 104
22 Tac., Agr., 16,1, Dio, LVI, 18,4
23 Tac., Germ., 7,1–2
24 Noch hundert Jahre zuvor hielten es auch die Römer für hilfreich, im Falle äußerster Bedrohung Menschen zu opfern, vgl. Kap. I, S. 16, Anm. 17.
25 Tac., Agr., 21,1
26 Dahlheim, a. a. O., S. 111, Krausse, Phänomen, S. 19
27 Schucany, Romanisierung, S. 34 f., eine ausgeprägte Renitenz gegenüber der römischen Lebensweise zeigte auch das DFG-Forschungsprojekt »Romanisierung«, das die Lebensverhältnisse der Stämme im Vorfeld des Limes im 1.–3. Jh. n. Chr. untersuchte. Ob Ernährung, Kleidung, Hausbau, Keramik oder Landwirtschaft und Viehzucht – die Germanen blieben ihrer traditionellen Lebensweise treu und übernahmen keine Anregungen aus der produktiveren römischen Agrarökonomie, vgl. Steidl, Blick, S. 40 f.
28 So die Vermutung von Wolff, Arminius, S. 248, dito Ausbüttel, Herrscher, S. 27
29 Wittkowski, Arminius, S. 378
30 Kolbe, Forschungen, S. 167
31 Polybios, Röm. Gesch., XIII, 3
32 Tac., ann., I, 68,4–5
33 Im übrigen waren die Römer gerade gegenüber »Barbaren« nie besonders zimperlich bei der Wahl ihrer Mittel. Polybios formulierte eher einen Idealzustand als die Realität. Wenn es taktisch geboten war, überfiel man den Feind auch ohne Kriegserklärung, wie der Konsul Carbo die Kimbern. Zuvor hatte er ihren Gesandten Frieden versprochen. Oder man machte es wie Cäsar, der germanische Häuptlinge festsetzte, um ungestörter ihren Stamm angreifen zu können. Eine Spezialität bei besonders hartnäckigen Feinden stellten Mordkommandos dar, deren Mitglieder ganz offen vom jeweiligen Statthalter bezahlt wurden. Ihnen fielen der Organisator des spanischen Widerstands, Viriatus, und der Germane Gannascus, der am Niederrhein einen Aufstand anführte, zum Opfer.
34 Kornemann, Varusschlacht, S. 301
35 Dio, LVI, 19,5, Timpe, a. a. O., S. 108–110
36 Timpe, a. a. O., S. 110, Anm. 86
37 Tac., ann., II, 10,3, der »unmilitärischste aller (antiken) Schriftsteller«, wie ihn Mommsen nannte (Römische Geschichte, V, 165), legte wenig Wert auf exakte Rangbezeichnungen.

38 Timpe, a.a.O., S. 46f. u. 36–38, ihm folgt mit Differenzierungen u.a. Callies, Arminius, Held der Deutschen, S. 35f., die Gegenposition u.a. bei Wolters, Eroberung, S. 211–215, Gegenüberstellung bei Johne, Elbe, S. 166f., Wolff, a.a.O., mit interessanter Variante: Arminius sei königlicher Abstammung gewesen, besaß wie sein Vater das römische Bürgerrecht und ging mit Gaius Cäsar und Velleius Paterculus 1–4 n.Chr. in den Orient. 7 n.Chr. wurde er von Tiberius als persönliche Ehrung in den Ritterstand erhoben, gleichzeitig wurde er als Nachfolger seines Vaters König der Cherusker. Als solcher befehligte er auch deren Aufgebot und überfiel damit Varus. »Wegen Streitigkeiten innerhalb seines Stammes, trat er die Flucht nach vorn in einen antirömischen Aufstand an« (S. 248). Wolff schließt eine Meuterei regulärer germanischer Auxilien aus, da die Ritterwürde nicht notwendig ein Kommando über Hilfstruppen bedeute, außerdem seien diese viel zu wenig gewesen, um ein Heer von 20000 Mann (sic!) zu attackieren. Eben deswegen bildete Arminius eine Koalition aus mehreren Germanenstämmen. Daß Arminius von seinen Verwandten ermordet wurde, weil er nach der Königswürde gestrebt habe (Tac., ann. II, 88,2), also nach herrschender Meinung die Königswürde eben noch nicht besaß, erklärt Wolff damit, daß es hier nicht um die heimische der Cherusker ging, sondern um die Position eines supranationalen Heerkönigs, wie sie Marbod innegehabt hatte. (S. 229)

39 Horaz, Oden, I, 9,13, »Was morgen sein wird, frage nicht.« Der Kompromiß formuliert u. a. bei Dahlheim, a.a.O., S. 140: »Meuternde germanische Auxiliarkohorten im Bündnis mit germanischen Stämmen« u. Wiegels, Immensum bellum, S. 119f.

Kapitel XII

1 Dahlheim, Livius, S. 61

2 Vell., II, 117–120, laut Widmung erschien das Buch 30 n.Chr.

3 Schmitzer, Tatsachenbericht, S. 399–417

4 Tac., ann. I, 69,3, der den älteren Plinius namentlich erwähnt und aus seiner »Geschichte der Germanenkriege« zitiert, Lehmann, Tacitus, S. 419–430

5 Fuhrmann, Geschichte, S. 14f., schätzt, »daß nicht einmal ein hundertstel der römischen Literatur von 250 v. – 250 n. Chr. erhalten blieb.«

6 Tac., Germ., 37,4–5, Tac., ann. I, 60,3 u. II, 88,2–3

7 Kolbe, Forschungen, S. 149

8 Florus, II, XXX,38, Callies, Bemerkungen, S. 176, Wolters, Varusschlachten, S. 172

9 Dio, LIII, 19,3–4, zu Biographie und Werk u.a. Mehl, Geschichtsschreibung,

S. 131–135, Hillen, Einführung, Dio, Bd. 1, S. 7–60, Manuwald, Ungeschick, S. 431–449

10 Timpe, Faktoren, S. 20, Versorgungslager- und Proviantschiffe konnten eine Alternative sein, vgl. Becker, Logistik, S. 49. Heinrichs, oppidum Ubiorum, S. 290, und Dreyer, Verlauf, S. 369, schließen dagegen aus den mitgeführten Barschaften und den gefundenen »Prunkwaffen« (silberne Gesichtsmaske und reichverzierte Schwertscheide) auf einen übergroßen, durch »Hoffnung auf Geschäfte« und Repräsentation verursachten Troß.

11 Dio, LVI, 20,2 u. 5. Ich folge hier Petrikovits, Clades Variana, S. 18, der anstelle von »Kindern und Frauen« Troßknechte (calones) und Marketenderinnen/Dienerinnen (lixae) übersetzt, zu letzteren vgl. Oelschig, Frauen

12 Vell., II, 119,2

13 Pohl, Germanen, S. 94, Timpe, a. a. O., S. 27; Wiegels, Kalkriese – Das Problem der Texte, S. 299, formuliert treffend: »Es kann nicht sein, daß ein Heer von weit über zehntausend Mann, zumal von einem Troß mit Wagen begleitet, quer durch den Wald über Stock und Stein zieht.«

14 Dio, LVI, 20,1 u.3, Kornemann verweist darauf, daß Dios Beschreibung eines »Gebirges« auf einem Übersetzungsfehler beruhen könnte, John, Varus, S. 927, Wiegels, Kalkriese, S. 651.

15 Zit. nach Fansa, Varusschlacht, S. 34

16 Florus, a. a. O., der Varus im eigenen Legionslager enden läßt, ergänzte dementsprechend, daß »nichts blutiger war als jene Niederlage in den Sümpfen und Wäldern« und ließ den Adlerträger wie bereits erwähnt in einem Sumpf (mitten im Legionslager?) versinken.

17 Petrikovits, Arminius, S. 179

18 Glüsing, Germanen, S. 78, der dies für den Diemel-Raum/südliches Eggengebirge annimmt.

19 Manuwald, a. a. O., S. 440, John, a. a. O., S. 932: «So muß man sich mit der Feststellung bescheiden, daß … die Schlachtschilderung Dios … unmöglich als eine historische Quelle über den Verlauf der clades Variana gelten kann.«

20 Mommsen, Örtlichkeit, S. 2

21 Ausführliche Abhandlung über die Funde im Lipper Land bei Zelle, Augustus' Legionen

22 Harnecker, Arminius, S. 90/91, Berger, Datierung, S. 113–117, Schlüter, Varusschlacht, S. 24, Wiegels, Kampf, S. 1, skeptisch, ob Kalkriese nicht doch in die Germanicus-Zeit (13–16 n. Chr.) zu datieren wäre, ein spezieller »Germanicus-Horizont« wahrscheinlich gar nicht existiert, äußern sich Wolters, Kalkriese, S. 135–160 u. ders., Prägerhythmen, S. 48, sowie Kehne, Datierung, S. 47–79 u. ders., Vermarktung, S. 99 u. 104. Bedenken äußert auch Kühlborn, Schlag-

kraft, S. 33, dagegen vermutet Heinrichs, a. a. O., S. 289–291, daß ein »Germanicus-Horizont« östlich des Rheins deswegen fehlt, weil die Soldaten nach der Varusschlacht ihr Geld aus Sicherheitsgründen in den Legionslagern am Rhein deponierten und es nicht mit auf die Feldzüge nach Germanien nahmen. Chantraine, Varus, S. 92, zieht das Fazit, »daß deutlich die besseren Argumente für die Datierung von Kalkriese ins Jahr 9 n. Chr. sprechen.«

23 Dio, LVI, 20,1, Bohec, Armee, S. 145, Jos., Jüd. Krieg, V, 2,1, der die Pioniertruppen des Titus bewundert.

24 Anhand von Untersuchungen von Pollen und Sporen ist die Paläobotanik, die Wissenschaft von den fossilen Pflanzen, in der Lage, die Vegetation um Christi Geburt zu rekonstruieren. Die bei Kalkriese aus dem Moor gezogenen Profile stellen gleichsam ein Archiv des pflanzlichen Bewuchses dar. Die Methode zeigt verblüffende Resultate. Bei offenen Flächen steigt der Pollenanteil lichtliebender Sträucher (Wacholder, Schlehen) und Kräuter (Gras, Brennesseln, Disteln) Pollen von Getreide, Kornblumen, Beifuß und Wegerich zeigen Siedlungen und Felder an. Pollen von »Waldbildnern« (Buche, Eiche, Linde, Esche, Erle) werden in der Kulturlandschaft weniger, Speier/Dieckmann, Dichtung, S. 151–153, Harnecker, Kalkriese 2, S. 18

25 Speier/Dieckmann, a. a. O., S. 139 ff.

26 Dio, LVI, 19,5

27 a. a. O., 20,5

28 a. a. O., 21,1, Speier/Dieckmann, a. a. O., S. 147 f., das Drei-Legionen-Lager erwähnt auch Tacitus, ann. I, 61,2

29 Fischer, Römer, S. 36 f., Junkelmann, Legionen, S. 117 f., Bohec, Armee, S. 46 f., nominell war es der Tribun senatorischen Standes, der aber oft zu unerfahren war und sich hütete, ohne den Lagerpräfekten zu entscheiden.

30 Caes., a. a. O., V, 31,1–3

31 Vell., II 119,4

32 Caes., a. a. O., 29,7

33 Lehmann, Varus-Katastrophe, S. 94, geht ebenfalls von einem »Fehlschlag am ersten Kampftag« aus.

34 Tac., ann. III, 20–21

35 Anders John, Varus, S. 929, der zustimmend Dessau zitiert: Ein aus dem Hinterhalt angegriffenes römisches Heer hätte »sich fester verschanzt, den Angriff der Feinde erwartet«, dito Wiegels, Kalkriese, S. 650, Anm. 50, der ein »Versagen der Führung« konstatiert.

36 Dio, LVI, 21,2

37 Caes., a. a. O., V, 34,2–35,5

38 Lehmann, Überlieferung, S. 163, Petrikovits, a. a. O., S. 186, Schlüter, Untersu-

chungen, S. 46/47, Koestermann, Feldzüge, S. 444 spricht von einer »Taktik der langsamen Zermürbung«.

39 Vell., II, 119,2

40 Simek, Germanen, S. 32 f.

41 Tac., ann. II, 14,4

42 Dio, LVI, 21,4

43 Tac., ann., I, 60,1–2

44 a. a. O., 61,3

45 Vell., a. a. O.

46 Seneca, Epistulae morales, V, 47,10b, Tacitus, ann., XII, 27,3 berichtet von Gefangenen, die vierzig Jahre nach der Schlacht befreit wurden.

47 Die betreffende Textstelle bei Dio, LVI, 21,3, ist verderbt und läßt verschiedene Interpretationen zu. Wolters, Varusschlachten, S. 171, argumentiert, daß sich nur für drei Tage »bündige Anhaltspunkte« ergäben, ebenso Wiegels, Kalkriese, S. 655, Anm. 78, dito Berger, Kalkriese 1, der anführt, die im Gelände gefundenen Gold- und Silbermünzen seien bis zuletzt »am Mann« getragen worden, Dreyer, a. a. O., S. 378 geht von vier Tagen aus, die Varus etwas weiter westlich geführt hätten (seine These im Unterkapitel »Varianten des Grauens«).

48 Dio, a. a. O.

49 Caes., BG, II, 21,5, diesbezügliche Ausführungen bei Junkelmann, a. a. O., S. 177 f.

50 Die durch Prospektion belegte Route der Varus-Armee umfasst bisher etwa zwanzig Kilometer von Ostercappeln im Osten bis Engter im Westen, Harnekker, a. a. O., S. 42 f.

51 Schlüter, Stand, S.14

52 »Es ist so gut wie ausgeschlossen, daß von der Ausrüstung des Varus-Heeres Überreste zutage kommen werden.«, Kolbe, a. a. O., S. 143. Allein auf dem Oberesch fanden sich 300 Münzen und 3700 Militaria, Wilbers-Rost, Hinterhalt, S. 138. Die hier seit dem Jahre 1000 eingesetzte »Plaggenwirtschaft«, das Aufbringen von ausgestochenem und mit Dung angereichertem Mutterboden auf dem Acker in einer Mächtigkeit von bis zu einem Meter hat die Funde gleichsam konserviert, s. Lienemann, Oberesch, S. 73ff., Harnecker/Tolksdorf-Lienemann, Kalkriese 2, S. 8 f.

53 Harnecker/Moosbauer, Fundregion, S. 66–68, Deschler-Erb, Bemerkungen, S. 76 f., Kehne, Datierung, S. 73 f., hat bezweifelt, ob eine Fundmenge von 4 000 Einzelfunden der Größe des Varus-Heeres entspreche. Auf den bisher untersuchten Schlachtfeldern (Lützen, Little Big Horn) findet man außer Geschossen fast gar nichts. Insofern ist es eher erstaunlich, daß aufgrund der speziellen Bedingungen nach 2000 Jahren überhaupt noch so viele Funde geborgen wer-

den konnten. Die Militärausrüstung liefert auch Hinweise zur Datierung. In spätaugusteisch-tiberischer Zeit, also nach der Varusschlacht, verbreitete sich eine Niello genannte Verzierungstechnik, die in Kalkriese nicht vorkommt, Deschler-Erb, a. a. O., S. 85.

54 Rost/Wilbers-Rost, Schlachtfeld, S. 225 f., nicht zu identifizieren, da mit römischen Waffen ausgerüstet, sind die meuternden Hilfstruppen, Schlüter, Untersuchungen, S. 41f, Carnap-Bornheim, Überlegungen, S. 496 f.

55 Schlüter, Untersuchungen, S. 46, Wilbers-Rost, Befunde, S. 74–81, Caes., BG, V, 42: dort das Beispiel der Nervier, die ebenfalls gelernt haben, römische Wälle und Gräben anzulegen. Neuste Grabungen zeigen, daß die Gräben unterschiedlich, sowohl als Spitz- als auch Sohlgraben angelegt waren. Offenbar gab es diesbezüglich keine Vorgaben, was wiederum für Germanen als Erbauer spricht.

56 Darauf weisen auch die Drainagegruben hin, die man auf der Rückseite des Walles zum Schutz gegen Oberflächenwasser anlegte. Der Wall selbst wird, abhängig von der Zahl der beteiligten Krieger, wahrscheinlich in einigen Tagen, höchstens einer Woche errichtet worden sein, Wilbers-Rost, a. a. O., S. 79, Anm. 188

57 Dio, LVI, 21,4

58 Kehne, Vermarktung, S. 100: »Kaum etwas hätte militärische Befehlshaber unter Varus mehr erfreuen können als ein sich lokal festsetzender germanischer Widerstand, bei dem sie den Gegner endlich einmal hätten fassen können.« Wilbers-Rost, Hinterhalt, S. 132 u. dies., Befunde, S. 76 u. 79, Wolters, Hermeneutik, S. 159 f., Lehmann, Präsenz, S. 180

59 Schlüter, Varusschlacht, S. 21, ders., Ausblick, S. 62, vertritt die Ansicht, Varus habe, indem er den Weg über den Hangsand am Fuß des Kalkrieser Bergers wählte, »objektiv falsch entschieden«. Teile der Armee hätten mit dem Ausbruch in Richtung Flugsande versucht, diese Entscheidung zu korrigieren. Wahrscheinlich bestand die Möglichkeit jedoch nur theoretisch. Arminius mußte sicher sein, daß die Römer den Wall in jedem Fall passierten. Die im Bereich der Flugsande gefundenen Münzen aus Edelmetall, sowie qualitätvolle Einzelstücke deuten auf ein bewußtes Verbergen auf der Flucht hin.

60 Plut., Brutus, 50

61 Livius, XXII, 59–60

62 Vell., II, 119,4, Jos., Jüd. Krieg, VI, 6,65 u. 5,49

63 Vell., a. a. O.

64 Wolters, Vala, S. 147, Petrikovits, Vala, S. 1461 f., Lehmann, Überlieferung, S. 153, hält es für möglich, daß in Kalkriese nur die Vernichtung dieser Reitereinheiten erfolgte. Daß nur eine Abteilung, nicht das ganze Heer, hier zugrunde ging bei Johne, Römer, S. 170.

65 Tac., ann., I, 71,1, Florus, II, 38, Strabo, VII, 1,4

66 Vell., 119,5 (feritas)

67 Livius, XXVII, 51

68 Dio, LXVIII, 14,3

69 Für das Bündnis plädiert u.a. Timpe, Überlieferung, S. 213, für die Machtdemonstration, Callies, Arminius, S. 417f., dito Bleicken, Augustus, S. 604

70 Lehmann, Präsenz, S. 183, vermutet, daß die Römer »trotz beträchtlicher Verluste weiter nach Westen gelangt sind«, ihm folgt Dreyer, a.a.O., S. 395

71 Tac., ann., I, 61,2–3, Florus, II, 36 läßt die Germanen besonders gegen die Vertreter der römischen Rechtssprechung wüten, denen Augen und Zungen ausgerissen, die Hände abgehackt und die Münder zugenäht werden. Die Beschreibung dürfte ähnlich übertrieben sein wie die des vorgeblichen Überfalls auf das Varussche Sommerlager.

72 Tac., ann., I, 57,5 u. II, 45,3, Seneca, a.a.O.; Flaig, Krieg, S. 270, geht dennoch von einer Weihung der gesamten Kriegsbeute aus, Stupperich, Toreutik, S. 114f.

73 Wolters, Eroberung, S. 225, Johne, Römer, S. 171, warum der Legionsadler der Cherusker später bei einem anderen Stamm wieder auftauchte und bei welchem (Chauken, Friesen?), da die betreffende Dio-Stelle, LX, 8,7 verderbt ist, hat zu zahlreichen Spekulationen Anlaß gegeben.

74 Tac., ann., I, 59,3, Engels, Urgeschichte, S. 446, kommentierte: »Es ist allen erobernden Völkern gemein, ihre Gegner auf jede Art zu überlisten; und dies finden sie ganz in der Ordnung; sobald sich die Gegner jedoch dasselbe erlauben, nennen jene es Treubruch und Verrat. Die Mittel aber, die man zur Unterjochung anwendet, müssen auch gestattet sein zur Abwerfung des Jochs.«

75 Wolters, RGA, Bd. 32, Varus, S. 83, vertritt die Ansicht, daß die Nachricht Asprenas auch im rechtsrheinischen hessischen Gebiet erreicht haben könnte.

76 Vell., II,120,3, Dio LVI, 22,2

77 Vell., a.a.O.

78 Nach anderer Lesart erst im Frühjahr 10 n. Chr., Wiegels, Kalkriese, S. 662

79 Für die Gleichsetzung spricht Schnurbein, Untersuchungen, S. 96, skeptisch dagegen Kühlborn, Schlagkraft, S. 32, letzte Sicherheit gibt es nicht.

80 Dio (Zonaras) LVI, 22,2f., Vell. II, 120,4f. Der Name könnte auch topisch gebraucht sein, waren doch Caedicii in den Schlachten an der Allia und im Ersten Punischen Krieg durch außergewöhnliche Tapferkeit hervorgetreten, vgl. Livius, V, 46f. u. Cat. Orig. 83

81 Dio, LVI, 22,2–4, Fischer, a.a.O., S. 33, vermutet aufgrund der archäologischen Funde (vergrabene Geschützpfeile) eine gezielte Zerstörung des Lagers durch die Römer, anders Kehne, Datierung, S. 66, unter Hinweis auf die schriftlichen Quellen: Der nächtliche Ausbruch verbiete ein Abbrennen.

[82] Nach neuesten Untersuchungen wurden die rheinnah gelegenen Blei- und Silberminen (vgl. Kap. VIII, S. 125) gehalten und produzierten noch bis ins Jahr 20 n. Chr. weiter, vgl. Hanel/Rothenhöfer, Blei, S.53 ff., unter römischer Herrschaft verblieben bis 47 n. Chr. die Stämme an der Nordseeküste: Friesen und Chaucen.

[83] Tac., ann., I, 55,3

[84] a. a. O., II, 46,1, post festum, im Jahre 17 n. Chr. gesprochen, aber dennoch wahr.

[85] Demandt, Rezension, S. 245, Petrikovits, Arminius, S. 190, Anm. 19, Manuwald, a. a. O., S. 440 f.

[86] Daumer, Aufstände, S. 99, der im Verschweigen bzw. Herunterspielen seiner Bedeutung ein probates Mittel sieht, ihn nicht glorifizieren zu müssen, Timpe, Arminius-Studien, S. 128, der Arminius aus römischer Sicht als »das blinde Werkzeug des Schicksals« charakterisiert, ergo uninteressant und unwürdig einer Beschreibung. Daß archäologischer Befund und literarische Quelle voneinander abweichen können, zeigen die Ausgrabungen von Alesia, dessen Belagerung Cäsar akribisch beschrieben hat, vgl. Reddé, Siége, S. 489 f. u. ders., Alésia, S. 277 f.

[87] Timpe, a. a. O., S. 121

[88] Wiegels, Kalkriese, S. 652 u. ders., Kalkriese – Problem der Texte, S. 298 f.

[89] Sonnabend, Grenzen, S. 134

[90] Callies, Bemerkungen, S. 178, dito Wolters, Hermeneutik, S. 145, der vermutet, Dios Wetter und Wege seien »üblicher Nordländer-Topik hinsichtlich feuchtkalten Klimas und undurchdringlicher Wälder entlehnt.«

[91] Schlüter, Stand, S. 18, Wiegels, Kalkriese, S. 650 f., Timpe, Faktoren, S. 25–27, ebenso Jahn, Krieg, S. 154, der Dios Beschreibung auf den »selten benutzten und nur ungefähr bekannten« Hellweg anwendet.

[92] Wolters, Römer, S. 53, ders., Hermeneutik, S. 168, ders., Kalkriese, S. 138–139, Kehne, Vermarktung, S. 100 ff.

[93] Tac., ann., I, 61,1–2, Küster, Landschaft, S. 19, die Beschreibung ist so allgemein, daß sie sich auch auf Kalkriese beziehen ließe.

[94] Dreyer, a. a. O., S. 381 f. u. 395 f., zuvor schon Lehmann, Präsenz, S. 186, der beide Wege von Osten oder von Südosten aus dem Lippischen Raum für möglich hält. Schwer vorstellbar, daß sich Varus angesichts der bekannten Hellweg-Route auf einen so schwer passierbaren und unbequemen Weg eingelassen hätte.

[95] Clunn, Suche, insbes. die S. 103 f., 255 f. und 287

[96] Tac., ann., I, 60,3

[97] zit. nach Timpe, Schlacht, S. 431, Anm. 4. Die Neigung durch Umbenennung die Geschichte dingfest zu machen, teilen wir mit anderen Nationen. In Schottland wurde der Höhenzug, an dem die Römer die entscheidende Schlacht ge-

gen die Britannier gewonnen haben sollen (Mons Graupius), ebenfalls im 16. Jahrhundert zu den »Grampian Mountains« erklärt. Wie im Falle der Varusschlacht vermutet man ihren tatsächlichen Ort heute an anderer Stelle, vgl. Brodersen, Britannien, S. 144

98 Wolters, Varusschlachten, S. 175, Lehmann, a. a. O., S. 158 f., Timpe, Teutoburger Wald, S. 365

Kapitel XIII

1 Junkelmann, Legionen, S. 97–99, Jahn, Krieg, S. 200 f., Artikel »legio« in NP, Bd. 7, Sp 7–22, Johne, Römer, S. 184 u. 186, Gechter, Grenze, S. 125, nennt als neu an den Rhein gekommene Legion auch die V. Alaudae.

2 Dio, LVI, 23,1–3, Tac., ann., I, 31,4

3 Dietz, Geographie, S. 2

4 Ovid, Tristia, IV, 2,1–2 u. 43–46

5 Zanker, Augustus, S. 232 f.

6 Dio, LVI, 22,4

7 Suet., Tib., 18,1–2

8 Vell., II, 115,5, in diesem Punkt war sich Tiberius mit Augustus einig, der gern einen diesbezüglichen Vers des Dichters Euripides zitierte: »Vorsicht läßt den Feldherrn besser fahren als Verwegenheit.«, Suet., Aug., 25,4

9 Tac., ann., I, 51,2 u. 64,5, II, 16,3, vgl. auch Junkelmann, a. a. O., S. 97 f.

10 Der Ausspruch (in den »Strategemata« des Militärschriftstellers Frontinus) geht zurück auf Gnaeus Domitius Corbulo, der unter den Kaisern Claudius und Nero römische Heere in Germanien und im Osten kommandierte, zit. nach Oxe, Limes, S. 115

11 Dio, LVI, 25,2

12 Suet., Tib., 19

13 a. a. O., 21, 4 u. 6, Augustus wandelte einen Ausspruch des Dichters Ennius auf Tiberius passend ab.

14 Der gleichaltrige Sohn des Tiberius, Drusus minor, hatte zu diesem Zeitpunkt erst die unterste Stufe der Ämterlaufbahn, die Quästur, absolviert.

15 Suet., Tib., 20

16 Suet., Cal., 3

17 Tac., ann. II, 14,4

18 Aug., Meine Taten, 26, die Auffassung bei Eck, Augustus, S. 98, Wolters, a. a. O., Lehmann, Ende, S. 128, Timpe, a. a. O., Kienast, a. a. O., S. 375, Johne, Elbe, S. 180

19 Suet., Aug., 98,5–100,1

20 Dio, LVIII, 4,5

21 Perkounig, Livia, S. 148, die zutreffend das ganz anders geartete Verhältnis von Mutter und Sohn verglichen mit dem der Ehegatten betont, a. a. O., S. 158, vgl. auch Hartmann, Frauen, S. 169, Kunst, Livia, S. 239

22 Dio, LVII, 12,3

23 Vell., II, 130,5, der damit auf die Majestätsprozesse anspielt, in die Livia oft mäßigend eingriff.

24 Syme, Revolution, S. 437

25 Dio, LVII, 18,2

26 Fischer, Römer, S. 34, Tac., ann., I, 31,1–4, Gechter, a. a. O., hält Neuss nicht für gesichert.

27 Tac., ann., I, 17,2–5

28 a. a. O., 31,3–32,3

29 Flaig, Politik, S. 112

30 Tac., ann., I, 34–35, Dio, LVII, 5,2–3

31 Caliga war die Bezeichnung für die mit Eisennägeln beschlagene Militärsandale, insofern müßte man eigentlich »Sandälchen« übersetzen. Er wurde 37–41 als Nachfolger von Tiberius der dritte Kaiser.

32 Tac., ann., I, 49,2, das Zitat, die sonstigen Vorgänge a. a. O., 36–46

33 a. a. O., 36,2

34 a. a. O., 59,5

35 a. a. O., 49,3

36 Selbst schwierige Wegeverhältnisse ließen sich also – sogar in der Nacht – bewältigen. Dagegen hebt sich die von Dio behauptete Hilflosigkeit des Varusheeres gewaltig ab.

37 Tulowitzki, Tanfana, S. 140–142

38 Tac., ann., I, 51,1, da die Marser in den nächsten Jahren weiter gegen die Römer kämpften, waren die Verluste ihrer Krieger wohl nicht so schwer. Der Überfall kann auch nicht überall gleichzeitig erfolgt sein.

39 Caes., BG, VIII, 44,1, Dio, LIII, 29,2

40 Caes., BG, VI, 34,9 u. VII, 28,5–6

41 Krause, Germanen, S. 109, Grönbech, Germanen, Bd. 2, S. 144–188, beschreibt ausführlich, allerdings mit Beispielen aus späteren Jahrhunderten und aus Nordeuropa den Kult des Biertrinkens als religiösen Akt.

42 Tac., ann., I, 51,4, da die Vorhut, wie Tacitus beschreibt, gerade aus den Wäldern herausmarschierte, muß sich die Nachhut noch darin befunden haben. Das offene Gelände war also wahrscheinlich eine Lichtung oder eine Verbreiterung des Weges.

1 Tac., ann., I, 56,3

2 a. a. O., 58,5, Timpe, Verzicht, S. 246, Johne, Römer, S. 186, sieht den Ausdruck als Hinweis, daß der Plan einer neuen Provinz weiter verfolgt wurde.

3 Tac., ann., I, 59,2, Wolfram, Germanen, S. 43, sieht im Raub Thusneldas eine »Neidingsthat«, die, genauso wie die Zerstörung des Tanfana-Heiligtums, den Verursacher außerhalb der menschlichen Ordnung stellte.

4 Junkelmann, Legionen, S. 127

5 Tac., ann., I, 60,3

6 a. a. O., 61,1

7 Dreyer, Verlauf, S. 379, Lehmann, Überlieferung, S. 157

8 Rost, Kalkriese, Tac., ann., I, 61,4

9 Tac., ann., I, 62,1, Kehne, Vermarktung, S. 108, sieht in der Entdeckung des Acht-Legionen-Marschlagers des Germanicus den finalen Beweis, daß Kalkriese tatsächlich der Ort der Varusschlacht ist. Der in der Gegend aufliegende Esch hat freilich die Strukturen unkenntlich gemacht. Selbst intensive Luftbildarchäologie brachte keine Resultate.

10 Kehne, a. a. O., S. 100, Wolters, Hermeneutik, S. 165, Dreyer, Fundplatz, S. 402, Anm. 21, unterscheidet »Knochengruben, die der Bestattung dienen« von den »Opfergruben« (scrobes), die er in der Ebene westlich von Kalkriese vermutet, eben dort habe Germanicus den Grabhügel (tumulus) errichtet.

11 Großkopf, Überreste, S. 177, je nachdem ob die Knochen von jeweils einem unterschiedlichen Individuum stammen, könnten in den Gruben Hunderte von Menschen bestattet worden sein.

12 Tac., a. a. O.

13 a. a. O. 63,1

14 Delbrück, Geschichte II, S. 105, plädiert plausibel für letzteres.

15 Einen »empfindlichen Mißerfolg« konstatiert Koepp, Römer, S. 39, dito Koestermann, Feldzüge, S. 445 f.

16 Tac., ann., I, 63,4, wie so vieles andere lassen sich auch die »pontes longi« nicht lokalisieren.

17 Wolters, a. a. O., S. 162, Anm. 151, bezieht diese Beschreibung als mit den literarischen Quellen übereinstimmend auf Kalkriese. Er vermutet, daß nicht Varus, sondern Caecina dort kämpfte. Sein Lager habe demnach östlich des Engpasses gelegen, der Wall sei Resultat der Wege- und Sicherheitsarbeiten der Römer, an denen sie die Germanen durch Ableitung der Bäche zu hindern suchten. Auch die Teilung der Armee träfe auf die Caecina-Schlacht zu: Je zwei Legionen hätten sich auf den Hang-, zwei auf den Flugsanden in Sicherheit gebracht. Das Fundspektrum mit seinen hohen Troß-Anteilen entspreche dem

ebenfalls. Die Zeitstellung der Münzen (s. Kap. XII, S. 2, Anm. 190) widerspräche dem nicht. Sie könnten ebenso gut noch in der Germanicus-Zeit im Umlauf gewesen sein, von der – trotz der großen Truppenbewegungen – keine archäologischen Funde existieren. Wolters These, daß sich Caecina östlich der Ems von Germanicus getrennt habe, er den Engpaß von Kalkriese demnach nur mit seinen vier Legionen passiert habe, erwähnt bereits Delbrück, a.a.O., S. 106, Anm. 1. Dagegen haben Wiegels, Rom, S. 13, Lehmann, Präsenz, S. 185 u. Dreyer, Verlauf, S. 375, darauf hingewiesen, daß sich die Caecina-Schlacht nach Tacitus westlich der Ems ereignet habe, Kalkriese dafür also nicht infrage komme. Letztlich kommt es darauf an, wo man die »pontes longi« verortet: westlich oder östlich der Ems.

18 Tac., ann., I., 65,2

19 Die V., mit dem Beinamen »Alaudae«, die Lerchen, wegen ihrer mit Federn verzierten Helme, einer keltischen Sitte, die sie aus Gallien mitgebracht hatten, und XXI. »Rapax«, die Räuberische, waren auch die treibende Kraft bei der Meuterei der Rheinlegionen gewesen. Wie das Beispiel zeigt, konnte sich Caecina nicht auf sie verlassen.

20 a.a.O., 65,5

21 a.a.O., 65,7

22 a.a.O., 68,1

23 Gegen Caecina spricht auch die Fundsituation am »Oberesch« (vgl. Kap. XII, S. 203). Im Gegensatz zur Varusarmee konnte Caecina seine Toten und Verwundeten bergen, Chantraine, Varus, S. 84, zudem wäre das gründliche Leichenfleddern kaum möglich gewesen, da schon am nächsten Tag die Germanen ihre empfindliche Niederlage erlitten, Caecina das Schlachtfeld behauptete, vgl. dazu Rost, Characteristics, S. 56, ders., Überlegungen

24 Tac., ann., I, 69,1–3

25 a.a.O., 70,1–5, als Fluß ist die Weser genannt, was aber nicht zutreffen kann.

26 Timpe, Triumph, S. 71

27 Tatsächlich finden sich in allen Knochengruben Menschen- mit Tierknochen im Verhältnis 3 : 1 vermischt, Wilbers-Rost, Befunde, S. 92, für Kehne, a.a.O., ein Argument, daß nicht Legionäre, »Bauernsöhne, die Tier- von Menschenknochen unterscheiden können«, die Knochen zusammentrugen, sondern Germanen an einer vielbegangenen Wegstrecke aufräumten.

28 Die Auffassung, Tacitus habe mit der Caecina-Episode eine bewußt positive Variante der Varusschlacht gestalten wollen bei Wiegels, Kalkriese, S. 650, Anm. 50, Johne, Römer, S. 186, Wolters, a.a.O., S. 154 u. Jahn, Krieg, S. 230, der die Caecina-Schlacht richtig schildert, aber dennoch schlussfolgert, sie zeige wie ein Feldherr in ähnlicher Lage (wie Varus, Anm. d. Verf.) die Situation mei-

stern könne. Dagegen Dreyer, Fundplatz, S. 418f., der argumentiert, die Caecina-Episode zeige, »daß unabhängig von der jeweiligen Strategie und von dem individuellen Verhalten des Oberbefehlshabers ein Krieg gegen eine feindliche Koalition von Germanenstämmen, wenn sie durch eine Persönlichkeit wie Arminius geführt wurden, aufgrund der Infrastruktur und der Witterung nicht zu gewinnen und eine dauerhafte Unterwerfung unmöglich sei.«

29 Tac., ann. II, 41,2, im Text des offiziellen Triumphzugs sind auch noch die Angrivarier erwähnt.

30 Kehne, Germanicus, S. 445, Abb. bei Wolters, Römer, S. 59

31 Timpe, a.a.O., S. 54

Kapitel XV

1 Tac., ann., II, 8,1

2 Kienast, Augustus, S. 374f., Wolters, Germanensiege, S. 40f., ders., Römer, S. 59

3 Tac., a.a.O., 14,1

4 a.a.O., 5,2–6,3, daß sich die Stelle wie ein »Rechtfertigungsschreiben des jungen Prinzen an den Kaiser Tiberius« liest, bei Oxe, Limes, S. 126

5 Tac., a.a.O., 7

6 a.a.O., 16,3, Delbrück, Geschichte, II, S. 106 schätzt 50000, Johne, Römer, S. 189, schätzt 80000, Kehne, Germanicus, S. 444, zählt 100000 Mann.

7 Delbrück, a.a.O., S. 111, die Flotte an der Ems liegen zu lassen, hätte auch die laufende Versorgung per Schiff unmöglich gemacht. Das aber sollte doch der eigentliche Effekt des Flottenbaus sein. Die Strecke ist zudem länger, als wenn Germanicus gleich über die Lippe-Trasse zur Weser marschiert wäre, Norkus, Feldzüge, S. 89

8 Seine Orden, die »torques« (silberne oder goldene Halsreifen) erhielten nur römische Bürger, die »corona« (aurea), ein goldener Kranz für Tapferkeit, nur Offiziere, vorzugsweise Zenturionen, Timpe, Arminius-Studien, S. 42f. u. ders., Arminius-Geschichte, S. 225f.

9 Tac., ann. II, 9–10

10 a.a.O., 12,1, Delbrück, a.a.O., S. 117 sieht hierin den eigentlichen Sinn des Germanicus-Feldzugs.

11 Tac., ann., II, 14,2–4

12 a.a.O., 15,1–3, die Stelle spricht ebenfalls für eine Fahrt nur auf dem Wasserweg. Von der Ems zur Weser wären es mindestens zehn Marschtage gewesen.

13 a.a.O., 16,1

14 Simek, Religion, S. 112, er lebt noch immer in unserem »Donnerstag«.

15 Tac., ann., II, 13,4

16 a. a. O., 17,2–3

17 a. a. O., 15,3, Petrikovits, Arminius, S. 182, Koestermann, Feldzüge, S. 459, Jahn, Krieg, S. 245, Ausbüttel, Herrscher, S. 32

18 Tac., ann., II, 16,2

19 a. a. O., 18,1 u. 17,6

20 Timpes Annahme, Tiberius habe sich geweigert, die Akklamation anzunehmen, Triumph, S. 51, ist durch die Auffindung einer dementsprechenden Inschrift widerlegt, Gesche, Datierung, S. 345

21 Tac., ann., II, 19,1, Johne, a. a. O., S. 189

22 Die Suche nach dem Angrivarierwall blieb bislang vergeblich. Dementsprechende »Entdeckungen«, etwa bei Leese, Kreis Nienburg, erwiesen sich meist als mittelalterliche Landwehren, s. Artikel »Befestigungen«, RGA, Bd. 4, S. 431, Johne, a. a. O., Jahn, a. a. O., S. 254, Lehmann, Ende, S. 129

23 Tac., ann., II, 20,2–3; Junkelmann, Legionen, S. 194 f.

24 Tac. ann., II, 21,2. Die Alternative kennen wir aus unserer eigenen Kolonialgeschichte. In einem Jugendbuch von 1904 über den Krieg in Deutsch-Südwest-Afrika lautet sie: »Die Hereros haben sich entweder zu unterwerfen oder sie werden ausgerottet, etwas anderes ist nicht denkbar.«

25 Augustus, Meine Taten, III, Tac., ann., II, 22,2

26 Tac., ann., II, 22,1

27 a. a. O., 24,3

28 Kehne, a. a. O., u. Wolters, Kalkriese, S. 141, schätzen, daß die Verluste so hoch waren, wie die in den zwanzig Kriegsjahren zuvor, einschließlich der Varusschlacht, Chantraine, Varus, S. 86, bezweifelt die angegebene Höhe.

29 Tac., ann., II, 26,1 u. 4, der dritte Adler wurde im Jahre 41 n. Chr. nach erfolgreichen Kämpfen gegen die Chauken (?) zurückgegeben, Dio, LX, 8,7, vgl. dazu Goetz/Welwei, Germanien II, S. 152, Anm. 38

30 Suet. Tib., 52,2

31 Tac., ann., II, 26,3

32 Timpe, Faktoren, S. 24, ders.: Verzicht, S. 260

33 Strabo, VII, 1,4

34 Tac., ann., I, 58,6. Die Lücke wurde im 19. Jh. von dem Schriftsteller Friedrich Halm (d. i. Eligius Franz Joseph Freiherr von Münch-Bellinghausen, 1806–1871) durch seine Tragödie »Der Fechter von Ravenna« (1854) geschlossen. Thumelicus endet als Gladiator. Das Stück wurde »mit rauschendem Beifall allerorts aufgenommen.«

35 Lehmann, Zeitalter , S. 229, dagegen Timpe, Verzicht, S. 249, Anm. 22, der argumentiert, Arminius hätte im Frühjahr 17 nicht wissen können, ob die römischen Offensiven nicht weitergingen.

36 Erdrich, Germanienpolitik, S. 195, sieht in Marbod, Lehmann, Ende, S. 133 in Arminius den Auslöser, Kehne, Marbod, S. 261 u. Timpe, a. a. O., konstatieren, daß wir nichts wissen können.

37 Tac., ann., II, 44,2 u. 45,2

38 a. a. O., 46,1–2

39 a. a. O., 26,3

40 a. a. O., 88, 1–3, Arminius' Konkurrent und Vorbild Marbod rettete immerhin sein Leben. Nach der verlorenen Schlacht besorgten reiche römische Geschenke und die geschickte Diplomatie des Tiberius Sohnes Drusus, daß sich mehr und mehr Gefolgsleute von ihm abwandten. Vertrieben aus seiner Königsburg, bat er Tiberius um Asyl. Er erhielt es und bekam den gleichen Aufenthaltsort zugewiesen wie Bato und Thusnelda: Ravenna. Hier hat er noch vierzehn Jahre gelebt.

Epilog

1 Johne, Römer, S. 194

2 Suet., Aug., 25,4

3 Tac., ann., XI, 16,1–2

4 Tac., ann., I, 11,4, Dio, LVI, 33,5

5 Ober, Tiberius, S. 307–327, mit überzeugenden Argumenten, vgl. auch Wolters, Eroberung, S. 241 f. Velleius weiß von einer Bescheidung ebenfalls nichts. Bei ihm schickt Augustus Germanicus mit dem Auftrag der Eroberung nach Germanien, vgl. Vell., II, 123,1

6 »Tabula Siarense«, zit. nach Wiegels, Immensum Bellum, S. 123

7 Die Kaiser Vespasian und Titus, die den jüdischen Aufstand (67–73 n. Chr.) niederwarfen und Jerusalem eroberten, hatten Münzen mit der Aufschrift »Iudaea capta« geprägt. Domitian, als jüngerer Bruder des Titus als Kaiser zunächst nicht vorgesehen, mußte dem etwas entgegensetzen.

8 Wolters, Römer, S. 67–69; Bechert, Germania, S. 27 f., hält 83 n. Chr. für wahrscheinlich.

9 Tac., Germ., 37,5

10 Das »längste Bodendenkmal Europas« ist mittlerweile UNESCO-Weltkulturerbe. Eine vorzügliche Einführung bietet Schallmayer, Limes.

11 Die Römer bürgerten auch »Exoten« wie Pfau, Fasan und Haustaube ein. Nicht zu vergessen: die Hauskatze, Thiel, Römer, S. 86–88

12 Czysz, Töpferdörfer, S. 36

13 Armenien, Assyrien und Mesopotamia (der heutige Irak) und Arabia (Jordanien). Die Eroberungen im Zweistromland waren nicht von Dauer, vgl. Eck, Traian, S. 123

14 Heather, Untergang, S. 80

15 Plin., NH, XVI, 1–2

16 Tac., Germ., 37,4

17 Tac., Ann., II, 88,3

18 Mommsen, Weltreich, S. 83, dito Engels, Urgeschichte, S. 447: »einen der entscheidensten Wendepunkte in der Geschichte«, die Positionen der jüngsten Zeit vgl. bei Wiegels, Varusschlacht, S. 9–11

19 Losemann, Varuskatastrophe, S. 31

20 Dahlheim, Antike, S. 487

21 Die These – vom Verf. etwas ergänzt – bei Demandt, Geschichte, S. 98–101. Das Ende des Römischen Reiches auf die Völkerwanderung zurückzuführen, ist freilich nur eine von vielen möglichen Erklärungen. Als um die Mitte des dritten Jahrhunderts Alemannen und Franken den Limes in breiter Front durchbrachen, war er weitgehend von Truppen entblößt. Statt gegen äußere Feinde kämpften die Legionen für ihren jeweiligen Feldherrn in erbitterten Bürgerkriegen um die Kaiserwürde. Später zeigten die Aufstände gallischer Landarbeiter und Kleinbauern (Bagauden), daß ein Imperium, in dem sie bis aufs Blut ausgepresst wurden, für sie wenig Wert besaß. Die römischen Steuereintreiber »erschienen ihnen gefährlicher als jede Räubertruppe von Barbaren« (P. Geary, Europäische Völker). Schwer vorstellbar, daß unter diesen Umständen das Reich von germanischen Legionären erfolgreich an der Elbe verteidigt worden wäre.

22 Steidl, Germanen, S. 39 f., Schnurbein, Germanen, S. 31f.

23 Nicht nur aus dem Bereich des Imperiums (Veteranen), sondern auch von jenseits der römischen Grenzen. Die Einwanderung ins prosperierende römische Gebiet, etwa als Hilfstruppensoldat oder Händler, wird gerade die »geistig Beweglichen« (v. Schnurbein) gereizt haben.

24 Die teilweise Bezeichnung der Wochentage nach germanischen Göttern (Donnerstag = Donar, Dienstag = Tiwaz, Freitag = Frya) wurde von den Germanen analog zum römischen Schema angewandt, das die Wochentage nach den Planeten benannte. Sonn- und Montag wurden direkt adaptiert und sogar beibehalten, als die Kirche den verhassten heidnisch-römischen Sonntag durch den »Tag des Herrn« (it. Domenica, frz. Dimanche) ersetzte, vgl. Pusch, Götter, S. 6.

25 Rettner, Baivaria, S. 270

26 Vgl. dazu Demandt, Europa, S. 117 f., und Fried, Geschichte, Einleitung und Anfangskapitel

27 So der Titel eines populären Buches von S. Fischer-Fabian über die Germanen.

28 Kein römischer Begriff, sondern eine Erfindung der Romantik, vgl. Pohl, Germanen, S. 59, Schnurbein, Germanien, S. 26

1 Zit nach Rüdiger, Wiederentdeckung, S. 541
2 Zit. nach Heldmann, Wiederentdeckung, S. 100
3 Büchner, Überlieferungsgeschichte, S. 412
4 Der Kodex stammte ursprünglich aus Fulda, wo der Text im 9. Jahrhundert nachgewiesen ist. Der Versuch des Hersfelder Mönchs ihn »durch Gewalt oder Gunst« (vel vi vel gratia) von dort zu beschaffen, scheiterte offensichtlich; Mertens, Instrumentalisierung, S. 43, Anm. 14.
5 Kloft, Idee, S. 202f., Münkler, Nationenbildung, S. 167, Muhlack, Germania, S. 140, zitiert nach See, Germanen-Ideologie, S. 14
6 Mertens, a.a.O., S. 59–61
7 Tac., Germ., 2,1
8 Zit. nach Pohl, Germanen, S. 1
9 Wiegels, »Varusschlacht« u. »Hermann«-Mythos, a.a.O., S. 521
10 Muhlack, a.a.O., S. 145 u. S. 142
11 Zit. nach Rueb, Hutten, S. 72
12 Zit. nach Wiegels, a.a.O., eine Anspielung auf Papst Julius II., den Namensvetter Cäsars.
13 Tac., ann., II, 88,2–3
14 Blitz, Liebe, S. 42, weist daraufhin, daß Huttens »Sonderrolle als angeblicher Initiator nicht länger aufrechterhalten werden kann«, es gelingt ihm jedoch glänzend, sie herauszuarbeiten, a.a.O., S. 46–58.
15 Hutten, Arminius, zit. nach Roloff, Arminius, S. 223, der Dialogus dort in toto zweisprachig abgedruckt.
16 Timpe, Schlacht, S. 439, zitiert nach Bernstein, Hutten, S. 83
17 Zit. nach Bernstein, a.a.O., S. 94
18 Luther, Tischreden, S. 169 (359)
19 Zit. nach Ridé, Arminius, S. 239/240
20 Zit. nach Münkler, a.a.O., S. 282/283 u. 290
21 Zit. nach Bernstein, a.a.O., S. 96
22 Zit. nach Ridé, a.a.O., S. 242/243
23 Vgl. Münkler, a.a.O., S. 306, Buchholz, Varusschlacht, S. 55
24 Wiwjorra, Germanen-Mythos, S. 103, Dörner, Mythos, S. 129
25 Zit. nach Stauf, Germanenmythos, S. 316
26 Zit. nach Wiwjorra, a.a.O., S. 97
27 Goethes Gespräche, S. 218 u. 270 (31. Jan. 1827), vgl. Zimmermann, Replik
28 Zit. nach Wiwjorra, a.a.O., S. 102
29 Zit. nach Stauf, a.a.O., S. 320
30 Zit. nach Buck, Arminius, S. 272

31 Zit. nach Pohl, a. a. O., S. 61
32 Wiwjorra, a. a. O.
33 Zit. nach See, a. a. O., S. 34
34 Zit. nach Blitz, Identitätskonzepte, S. 85
35 Schenda, Volk, S. 443
36 Kiesel/Münch, Gesellschaft, S. 160–163
37 Brief vom 2. Dez. 1808
38 Willms, Napoleon, S .485, Kleßmann, Napoleon, Ullrich, Napoleon
39 Arndt, Geist der Zeit II, Friedensrede
40 Zit. nach Dörner, a. a. O., S. 123
41 Geary, Völker, S. 35 f., Hermand, Traum, S. 34
42 Johnston, Nationalmythos, S. 60 f.
43 Dörner, a. a. O., S. 139
44 Zit. nach Schulz, Kleist, S. 427 u. 426
45 Jahns Turnbewegung stellte im Kern eine verdeckte vormilitärische Ausbildung dar, da nach der preußischen Niederlage die Armee auf 42 000 Mann reduziert werden mußte. Die Mehrzahl der Turner folgte Jahn bei seinem Eintritt ins Lützowsche Freikorps, vgl. Johnston, a. a. O., S. 175 f.
46 Dörner, a. a. O., S. 143–145. Goethe hat den Franzosenhaß nicht geteilt, »wiewohl ich Gott dankte, als wir sie los waren. Wie hätte ich auch eine Nation hassen können, die zu den kultiviertesten der Erde gehört und der ich einen so großen Teil meiner eigenen Bildung verdankte!«
47 a. a. O., S. 140
48 Kleist, Werke, Bd. 1, S. 942 f.
49 Seeba, Schwerterhebung, S. 74
50 Die Vereinnahmung der Klassiker bezog sich bekanntlich nicht nur auf Kleist. Erinnert sei an den »Nationalsozialisten Schiller« und an das »politische Testament« Goethes, das angeblich Adolf Hitler erfüllte.
51 Zit. nach Bemmann, Arminius, S. 191
52 Nietzsche, Jenseits von Gut und Böse, S. 146, Dörner, a. a. O., S. 169–172 legt plausibel dar, warum die Hermannsoper Kotzebues und das Drama Rambachs (beide 1813) den Zeitgeschmack ungleich besser trafen. Der Bürger wird nicht »konfrontiert mit Hasserziehung, Betrug und Gewalt, sondern mit dem Bild eines schönen und gerechten Freiheitskampfes«. Hermann betrügt nicht, Thusnelda opfert sich, das Ende vereinigt Volk und Fürst in Harmonie.
53 Zit. nach www.ernst-moritz-arndt-gesellschaft.de (Suspendierung vom Amt)
54 Zit. nach Werner, Germania, S. 578
55 Vgl. Howoldt, Botschaften, S. 60–63, Fiege, Friedrich, S. 52 f., das Bild wurde im Zweiten Weltkrieg beschädigt, Dörner, a. a. O., S. 173–176

56 Fiege, a. a. O., S. 49 u 51, Johnston, a. a. O., S.83, ein Treffen mit Kleist ist verbürgt, Hofmann, Friedrich, S. 96

57 Unverfehrt, Hermannsdenkmal, S. 132 f.

58 Zit. nach Fiege, a. a. O., S. 59

59 Zit. nach Nipperdey, Jubiläum, S. 14, Follens Kreis der »Unbedingten« gehörte der Theologiestudent Karl Ludwig Sand (1795–1820) an, der den Dichter Kotzebue als »Spion Russlands« und »Vaterlandsverräter« 1819 ermordete. Als Symbolfigur republikanischer Freiheit hatte schon Christian Friedrich Schubart in seinem Hymnus »An die Freiheit« (1789) Hermann aufgefaßt.

60 Kreutz, Huttenkult, S. 348–350

61 Ein Hieb gegen die »französischen Modetorheiten«. Trotz ihres Namens besaß die »altdeutsche Tracht« keine historischen Vorbilder.

62 Fiege, a. a. O., S. 102–104; Kreutz, Die Deutschen, S. 96 f.

63 Clostermeier, Hermann, S. 6

64 a. a. O., S. 133

65 Noch hundert Jahre später (1922) argumentiert entsprechend Kornemann, die Suche nach dem wahren Schlachtfeld »sei des Schweißes der Edelsten wert« und unter Bezug auf den Ersten Weltkrieg: »Gerade unsere heutige Generation wird mit besonderer Ehrfurcht den Platz betreten, auf welchem zum erstenmal Teile unseres Volkes ... welscher Raubgier ein furchtbares Halt boten.«, Kornemann, Varusschlacht, S. 302 f.

66 Zit. nach Hüttl, Ludwig I., S. 24 u. 33 f.

67 Zit. nach Traeger, Weg, S. 41 u. 38 f.

68 Bandel, Erinnerungen, S. 88

69 a. a. O., S. 68

70 a. a. O., S. 215

71 a. a. O., S. 240–243, 245

72 a. a. O., S. 257–259

73 Vgl. Meier, Hermannsdenkmal, S. 56, Unverfehrt, a. a. O., S. 133, der Bandel ein Jahr später aufbrechen läßt, was aber nicht zutrifft, vgl. Bandel, a. a. O., S. 264

74 Bandel, zit. nach Steuer, Ur- und Frühgeschichtsforschung, S. 407

75 Dörner, a. a. O., S. 224, Tacke, Denkmal, S. 86 ff.

76 Zit. nach Arnold, Hermann, S. 64

77 Schmidt, Verwaltung, S. 153, Bandel, a. a. O., S. 270 f.

78 Zit. nach Dörner, a. a. O., S. 228, im Laufe des 19. Jahrhunderts stellte sich heraus, daß die Gotik nicht von wackeren Deutschen erfunden wurde, sondern vom französischen »Erbfeind« stammte.

79 Unverfehrt, a. a. O., 136 f., Brief und Antwort datieren vom 9. und 30. Juni 1838

80 Bandel, a.a.O., S. 268 f., Anm. 10, den Wünschen des Kronprinzen ist Bandel vermutlich bei seinem neuen Entwurf des Unterbaus (10. Jan. 1840) nachgekommen. Die Säulen ersetzte er durch Wandpfeiler mit Nischen und erzielte so eine monumentalere Wirkung (Abb. 8), Unverfehrt, a.a.O., S. 135 u. 147.

81 Schulze, Weg, S. 80–82

82 s. dazu Broer/Kopp, Grabbe im Dritten Reich

83 Bandel, a.a.O., S. 354 f., als einfühlsame und sehr lesbare Grabbe-Biographie empfohlen: Aufenanger, Grabbe

84 Giesebrecht, Ursprung, S. 203 f., die Spekulation über einen Zusammenhang ist uferlos. Als Beispiele seien nur genannt Ernst Bickel: Arminiusbiographie und Sagensiegfrid, Bonn 1949, Otto Höfler: Siegfried, Arminius und der Nibelungenhort, Wien 1978, Walter Böckmann, Der Nibelungen Tod in Soest. Neue Erkenntnisse zur historischen Wahrheit, Düsseldorf 1981, ihre ungebrochene Eignung zum Füllen des nachrichtenarmen »Sommerlochs« bewies die These als Titelgeschichte in DER SPIEGEL, Heft 20 v. 14. Mai 2005.

85 Festschrift, S. 11 u. 51, Hohenschwert, Befestigungen, S. 110 f., beklagt, durch Bandels Bau seien von der aus großen Blöcken gefügten keltischen Wallanlage »nur noch schwache Reste des gewaltigen Bodendenkmals vorhanden«.

86 Bandel, a.a.O., S. 264, 261, 268 u. 270, Unverfehrt, a.a.O., S. 141 f.

87 Nipperdey, a.a.O., S. 28, Unverfehrt, a.a.O., S. 148, Doyé, Arminius, S. 597, Dörner, a.a.O., S. 230

88 Bandel, a.a.O., S. 295

89 Nipperdey, a.a.O., S. 19

90 Zit. nach Unverfehrt, a.a.O., S. 139

91 Schwanke, Hermann, S. 37

92 Zit. nach Tacke, a.a.O., S. 214

93 Nipperdey, a.a.O., S. 28

94 Vergleichbar mit Ludwig I., der sich aus antifranzösischer Haltung bewußt »altdeutsch« trug, zwar für ein »einiges«, nie aber ein »einheitliches« Deutschland eintrat und in der Bundesversammlung und der Souveränität der Einzelstaaten die Zukunft sah, vgl. Schneider, Herkunft, S. 139 f.

95 Zit. nach Unverfehrt, a.a.O., S. 148, auf die bereits bei der Grundsteinlegung 1838 – 25 Jahre nach der Leipziger Völkerschlacht – mitinbegriffene Frankophonie hat Woesler, Enkel Hermans, S. 408, hingewiesen.

96 Bandel, a.a.O., S. 294, Tacke, a.a.O., S. 212 u. 210

97 Vgl. etwa die zum 50jährigen Jubiläum des Denkmals erschienene u. von Wahlert hrsg. Festschrift, S. 63 f.

98 Die Untersuchung bezieht sich auf die 19 Vereine, deren Mitglieder nach Berufen erfaßt werden können, Tacke, a.a.O., S. 105

99 Bayerischer Landbote (1838), zit. nach a. a. O., S. 171, Spendenangaben ebd. u. S. 141 f., 152–158

100 Zit. nach a. a. O., S. 153, die Aufschlüsselung auf S. 164, vgl. Schwanke, a. a. O., S. 27, der das Sammeln durch die »landräthlichen Behörden« erwähnt, nichtsdestotrotz aber an der Ideologie des Volksdenkmals festhält: »Das ganze Volk steuert zu, der Bettler spart seinen Pfennig, um ihn als Huldigungsgabe darzubringen.«, ebd. S. 38

101 Festschrift, S. 24

102 Tacke, a. a. O., S. 69, ohnehin stammte ein Drittel aller Gelder aus dem Fürstentum, ebd. S. 71

103 Ebd., S. 306

104 Heine, Deutschland – Ein Wintermärchen, Epilog, Hamburg 1844, A. Kornfeger (d.i. A.F. Siebert), Die Hermannsfeier, Bamberg 1839, zit. nach Dörner, a. a. O., S. 231, vgl. auch Woesler, Enkel Hermans, S. 409

105 Bandel, a. a. O., S. 359–362

106 Bandel, a. a. O., S. 354

107 a. a. O., S. 348, der Brief datiert von 1843, aber die Frage war auch sechzehn Jahre später noch aktuell!

108 MEW, Bd. 31, S. 298, Brief an Engels vom 7. Mai 1867

109 Bandel, a. a. O., S. 365

110 Bandel, a. a. O., S. 358

111 Schulze, a. a. O., S. 105

112 Tacke, a. a. O., S. 141 f. u. 160 f.

113 zit. nach Bandel, a. a. O., S. 369, in den ersten drei Jahren liefen aus Preußen nur 700 Taler ein, a. a. O., S. 366

114 Marx, a. a. O.

115 Zit. nach Tacke, a. a. O., S. 173

116 a. a. O., S. 174

117 Schmidt, Hermannsdenkmal, S. 13, Hammer, Hermannsdenkmal, S. 80

118 Motiv und Flügelhelm finden sich bereits auf dem Walhalla-Fries der »Hermannsschlacht« von 1842.

119 Zit. nach Dörner, a. a. O., S. 242, mit den »verlorenen Söhnen« war das wiedereroberte Elsaß-Lothringen gemeint, das seit 1697 (Frieden von Rijswik) bzw. 1766 zu Frankreich gehörte.

120 a. a. O., S. 241

121 Zit. nach Tacke, a. a. O., S. 220

122 Zit. nach Dörner, a. a. O., S. 252 und Doyé, a. a. O., S. 598

123 Hammer, a. a. O., S. 68–77

124 Zit. nach Woesler, a. a. O., S. 403 u. 406, einem Protagonisten seines »Münchhausen«-Romans zugeschrieben.

125 Mommsen, Kaisergeschichte, S. 130 u. 157 f.

126 Engels, Urgeschichte, S. 447

127 Der Augustus-Biograph Viktor Gardthausen, zit. nach Wiegels, Varusschlacht, S. 10 f.

128 Zit. nach Losemann, Interpretationen, S. 421

129 Zit. nach Veddeler, Feiern, S. 176

130 Mommsen, Weltreich, S. 71, Delbrück zit. nach Dörner, a. a. O., S. 266, Koepp, Römer, S. 32

131 Sechste (1905) von Hans Prutz neu herausgegebene Auflage, S. 12

132 A. Leupold, Hermann. Deutschlands Held und erster Befreier, Dresden u. Leipzig 1875, S. 8 u. 23 f.

133 Rebenich, Urgeschichte, S. 108, was ihn nicht davon abhielt die Annexion Elsaß-Lothringens zu begrüßen.

134 Zit. nach Puschner, Bewegung, S. 260

135 Mellies, Einweihungsfeier, S. 396 u. 402, Nebelung fürchtete vor allem um die »reinen Sitten deutscher Frauen«, denn »das strenge Eheleben der Germanen hätte sich bald in römische Zügellosigkeit aufgelöst.«

136 Zit. nach Wiwjorra, a. a. O., S. 65

137 a. a. O., S. 118 f., letzteres Zitat eine Formulierung des Germanisten Rudolf Henning.

138 Rudolf Stampfuß, zit. nach Lund, Germanenideologie, S. 93

139 Erdmann, Römerzeit, S. 79 u. 270

140 Zit. nach Hermand, Traum, S. 96, gegen die sogenannten »Ideen von 1914« half auch Bildung nicht. Achtzig Prozent der deutschen Professoren erklärten, »daß für die ganze Kultur Europas das Heil an dem Siege hängt, den der deutsche `Militarismus` erkämpfen wird.«, Wehler, Gesellschaftsgeschichte, S. 19

141 Mellies, Rezeption, S. 339

142 Nach Gustav Friedrich Hertzberg, Geschichte der Römischen Kaiserzeit, Berlin 1896[3], S. 151, hätte es umgekehrt sein müssen, wie es bereits »die Schlacht im Lippischen Walde der alten Welt angekündigt« habe.

143 zit. nach Dörner, a. a. O., S. 317

144 Mellies, a. a. O., S. 356

145 Unverfehrt, Arminius, S. 335

146 Zit. nach Schmitz-Berning, Vokabular, S. 157, auf Eckart geht der NS-Kampfruf und die Inschrift der SA-Standarten »Deutschland erwache!« zurück, Hitler widmete dem »völkischen Dichter und Märtyrer« den zweiten Teil von »Mein Kampf«, S. 781, vgl. auch Evans, Das Dritte Reich, S. 200, Piper, Rosenberg, S. 76–82

147 zit. nach Veddeler, a. a. O., S. 178 f.

148 Festschrift 1925, S. 13, Mellies, a. a. O., S. 351–353, Ernst Jünger, gleichfalls ein Verfechter der »nationalen Revolution« nannte die von ihm ab 1926 herausgegebene »Kampfschrift für deutsche Nationalisten« interessanterweise nicht Hermann, sondern »Arminius«, vgl. Schwilk, Jünger, S. 302 f.

149 Mellies, a. a. O., S. 361 f., zit. nach Dörner, a. a. O., S. 333

150 Zit. nach Jäckel, Tagebücher, S. 98

151 Weihsmann, Bauen unterm Hakenkreuz, S. 272–278

152 Hitler, Mein Kampf, S. 468 u. 476

153 Zit. nach Schmitz-Berning, a. a. O., S. 431

154 Zit. nach See, Germanenideologie, S. 91

155 Kossinna, zit. nach Lund, a. a. O., S. 48; 85, in nahezu jedem »Kulturträger«, ob Leonardo da Vinci, Columbus, Petrarca oder Galilei wirkte »germanische Rasse«, Puschner, Germanenideologie, S. 119

156 Hitler, a. a. O., S. 438

157 Zit. nach NP, 15/1, Sp 725

158 Zit. nach Mellies, a. a. O., S. 364

159 Picker, Tischgespräche, S. 711, 436 f. u. 95

160 Zit. nach Lund, a. a. O., S. 103 u. Picker, a. a. O., S. 139, 1941 erklärte Hitler die nach völkischer Auffassung »wesensfremde« lateinische Antiqua zur Normalschrift anstelle der Fraktur, dem »Erbgut deutscher Art«, vgl. Demandt, Klassik, S. 299 f., Puschner, a. a. O., S. 110

161 Zit. nach Lund, a. a. O., ebd. u. S. 69, Hitlers Arbeitszimmer in der 1937–1939 erbauten Neuen Reichskanzlei schmückte ein Bild der von ihm sehr geschätzten Malerin Angelica Kauffmann (1741–1807) »Hermanns Rückkehr aus der Schlacht im Teutoburger Wald« und1940 gab er sechs Gobelins mit den Siegen der Deutschen in Auftrag. Der erste zeigte die Hermannsschlacht, Demandt, a. a. O., S. 296

162 Gramsch, Geschichte, S. 13, dagegen zählte die RGK (vgl. S. 33) zu den Verlierern, sie erhielt keine neuen Stellen und ihre Tätigkeit sollte zukünftig nur noch die Auslandsforschung umfassen, vgl. 100 Jahre RGK, zu den Gewinnern zählten neben der Vorgeschichte die Rassen- und Volkskunde, RGA, Bd. 32, S. 533

163 Lund, a. a. O., S. 79

164 Lechler, 5000 Jahre, S. 17, das Buch wurde noch 1983 wieder aufgelegt.

165 Höfler, seit 1936 im »Sachverständigenbeirat des Reichsinstituts für Geschichte des neuen Deutschland«, erhielt 1938 den Lehrstuhl für Germanische Philologie und Volkskunde in München, 1945 amtsenthoben wurde er 1954 a.o Professor für Nordische Philologie und Germanische Altertumskunde eben-

dort, von 1957–1971 war er Ordinarius und Vorstand des Germanistischen Instituts der Universität Wien., Klee, Personenlexikon, S. 261.

166 zit. nach Bernstein, Hutten im Dritten Reich, S. 390, Sprenger, Gauleiter von Groß-Hessen, war u.a. verantwortlich für den Krankenmord.

167 Goebbels, Tagebücher, Bd. 2, S. 747, Mellies, a.a.O., S. 362–364

168 Lund, a.a.O., S. 80

169 Hüser, Wewelsburg, S. 8f. u. 13f., nur der Krieg verhinderte den gigantomanischen Ausbau der Wewelsburg zum repräsentativen Zentrum des SS-Ordens. Himmlers Architekt Hermann Bartels (1900–1989) veranschlagte eine Bausumme von 250 Millionen Reichsmark und eine Bauzeit von zwanzig Jahren. Die Kosten für eine ebenfalls geplante Trinkwassertalsperre und einen Flughafen waren darin nicht enthalten, Abb. a.a.O., S. 294f.

170 Zit. nach Fraenkel/Manvell, Himmler, S. 61

171 Ackermann, Himmler, S. 35

172 Plan der Reichsführung-SS zur Erschließung des germanischen Erbes (1937), zit. nach a.a.O., S. 254

173 vgl. das gleichnamige Buch von Halle, Prähistorische Archäologie

174 Kater, Ahnenerbe, S. 197–210

175 Till, Untersuchungen, Schmutztitel

176 Himmler, Geheimreden, S. 61

177 a.a.O., S. 169f., 175, 245

178 a.a.O., S. 161

179 Als Beispiel sei die »Deutsche Geschichte. Von den Anfängen bis zur Gegenwart« von dem Kölner Historiker Peter Rassow genannt, die 1953 erschien.

180 Valentin, Geschichte der Deutschen, Berlin 1947, zit. nach Vogt, Geschichte, S. V

181 Dörner, a.a.O., S. 347–349, Karte des Hermannslaufs 1925 in Festschrift 1925, S. 30–31

182 Steuer, Ur- und Frühgeschichtsforschung, S. 472, Fried, Weg in die Geschichte, S. 13

183 RGA, Bd. 11, S. 338 (Germanen), Pohl, Völkerwanderung, S. 13ff.

184 Hagen Schulze, Geschichte, S. 19

185 Hans Schulze, Reich, S. 12

186 Wolfram, Reich, S. 38, die gleiche Auffassung bei Krause, Germanen, S. 10f., der die Germanen sogar als »eine der wichtigsten historischen Brücken zwischen Frühgeschichte, Spätantike und der Entstehung des Abendlandes« betrachtet, dem widersprechen entschieden Steuer und Pohl, a.a.O.: Die Behauptung einer stringenten Abfolge sei reiner Mythos und nicht beweisbar..

187 Koschnick, Museum, S. 6 u. 8

[188] Demandt, Über die Deutschen, S. 29

[189] Matussek, Wir Deutschen, S. 169, Mirow, Geschichte, S. 30

[190] Müller, Brockhaus, S. 17

[191] Ein Bedürfnis, das uns mit anderen europäischen Nationen verbindet, Vercingetorix (Frankreich), Boudicca (Großbritannien), Ambiorix (Belgien), Civilis (Niederlande), Decebalus (Rumänien), Viriatus (Portugal); einzig Spanien, das die Verteidigung der Stadt Numantia gegen Rom (133 v. Chr.) bisher als Nationalmythos zelebrierte und 1882 das Gelände zum ersten geschützten Kulturgut des Landes erklärte, plant aktuell dort ein Industriegebiet, Paul Ingendaay, Land und Meute, FAZ 24.05.2008, S. 46.

Zeittafel

vor Chr.

387	schwere Niederlage gegen keltische Stämme, Rom, bis auf das Kapitol, erobert
113–101	Kämpfe gegen die Kimbern und Teutonen
6. Okt. 105	schwere Niederlage der Römer bei Arausio (Orange)
102	Marius schlägt die Teutonen und Ambronen bei Aquae Sextiae (Aix-en-Provence)
101	Marius schlägt die Kimbern bei Vercellae (Oberitalien)
13. Juli 100	Gaius Iulius Cäsar geboren
82–79	Diktatur Sullas
23. Sept. 63	Gaius Octavius, der spätere Augustus geboren
30 Jan. 58	Livia, seine spätere Frau, geboren
58–51	Eroberung Galliens durch Cäsar
58	Sieg Cäsars bei Mühlhausen (Elsaß) gegen den Germanenkönig Ariovist
55	erster Rheinübergang
53	vernichtende Niederlage gegen die Parther bei Carrhae (Harran), Tod des römischen Feldherrn Crassus, Verlust der Legionsadler
49–30	Bürgerkrieg
48	Schlacht von Pharsalos, Cäsar besiegt Pompejus

47/46	Varus geboren
46–44	Diktatur Cäsars, seine Ermordung an den Iden des März (15.3. 44)
43	2. Triumvirat, Octavian, Antonius, Lepidus
23. Okt. 42	Schlacht von Philippi, Tod der Cäsarmörder Brutus und Cassius
16. Nov. 42	Tiberius geboren
Ende 39	Julia geboren, einziges Kind des Octavian/Augustus
17. Jan. 38	Heirat Octavians mit Livia
März/April 38	Drusus geboren
2. Sept. 31	Schlacht von Actium, Octavian besiegt Antonius und Kleopatra, der Geschichtsschreiber Cassius Dio lässt mit diesem Datum die Herrschaft des Augustus (Prinzipat) beginnen
27	Octavian stellt formal die Republik wieder her und erhält den Ehrennamen Augustus (der Erhabene)
21	Heirat Agrippas mit Julia, Augustus' Tochter
20	Rückgabe der römischen Feldzeichen durch die Parther
19–17	Geburt des Arminius aus dem Stamm der Cherusker
19	völlige Unterwerfung der iberischen Halbinsel
17	Adoption von Gaius und Lucius Cäsar, der Söhne von Agrippa und Julia, 31. Mai – 12. Juni Säkularspiele in Rom
16	Niederlage des Lollius in Gallien gegen die germanischen Sugambrer, Verlust des Legionsadlers

15 Alpenfeldzug der Augustus Stiefsöhne Tiberius und Drusus, Geburt des Germanicus (24. Mai)

15–13 Augustus in Gallien, Stationierung der Legionen am Rhein

13 gemeinsames Konsulat von Tiberius und Varus

12–9 Germanienfeldzüge des Drusus, Vordringen bis zur Elbe, zeitgleich erobert Tiberius Pannonien bis zur Donau und kämpft in Dalmatien

12 Tod des Agrippa

11 Heirat Julias mit Tiberius

Herbst 9 Tod des Drusus in Germanien

8 Germanienfeldzug des Tiberius, Unterwerfung der Cherusker und aller übrigen Stämme zwischen Rhein und Elbe, Verleihung des römischen Bürgerrechts an Arminius und dessen Vater

7 Triumph über Germanien, in der Folge Beginn der Provinzialisierung: Köln als Provinzhauptstadt, Ausbau von Haltern, Gründung von Waldgirmes, Bergbau

7–6 Varus Statthalter in Nordafrika

6 Freiwilliges Exil des Tiberius auf Rhodos (bis 2 n. Chr.)

6–4 Varus Statthalter in Syrien

2 Skandal um Julia, Scheidung von Tiberius, Verbannung auf die Insel Pandateria, Augustus erhält den Ehrentitel »Pater patriae« (Vater des Vaterlandes)

nach Chr.

1–4	sogenannter »immensum bellum«, nicht näher definierte Unruhen in Germanien
2	Tod des Lucius Cäsar
4	Tod des Gaius Cäsar, Adoption des Tiberius durch Augustus, gleichzeitig Adoption des Germanicus durch Tiberius (26. Juni)
4–5	Germanienfeldzüge des Tiberius, Arminius tritt in römische Heeresdienste
6	Angriff gegen das Reich des Markomannenkönigs Marbod in Böhmen
6–9	Pannonisch-Dalmatischer Aufstand
7	Schlacht bei den Volcaeischen Sümpfen (Fruska Gora)
7–9	Varus Statthalter in Germanien und Kommandeur der Rheinlegionen
Sept. 9	Arminius siegt in der Varusschlacht, Vernichtung von drei Legionen, Selbstmord des Varus, Verlust der Legionsadler
10–12	Tiberius Kommandeur der Rheinlegionen
13	Germanicus übernimmt den Oberbefehl in Germanien, Tiberius Mitregent des Augustus
19. Aug. 14	Tod des Augustus, wenig später stirbt auch seine Tochter Julia, Livia zur Augusta ernannt, Regierungsantritt des Tiberius, Meuterei der Rhein- und Balkanlegionen
14–16	Feldzüge des Germanicus in Germanien, Wiedereroberung von zwei Legionsadlern

15	Besuch des Varusschlachtfeldes, Bestattung der Gefallenen, Gefangennahme der Thusnelda, Gattin des Arminius
16	römische Siege bei Idistaviso und am Angrivarierwall gegen die Arminius-Koalition, Scheitern der römischen Flotte in der Nordsee
17	Abberufung des Germanicus, Triumph über Germanien, Ende der römischen Offensiven, Sieg des Arminius über Marbod
17–24	Tacfarinas-Aufstand in Nordafrika
18	Sturz Marbods, in der Folge zerfällt sein Reich
10. Okt. 19	Tod des Germanicus
21	Ermordung des Arminius, Aufstand des Sacrovir in Gallien
26–27	Majestätsprozeß gegen Frau und Sohn des Varus
29	Tod Livias
16. März 37	Tod des Tiberius
41	Rückgabe des letzten Legionsadlers aus der Varusschlacht
43	Eroberung von Britannien
47	Cherusker bitten Kaiser Claudius um einen König
50	letzte Überlebende der Varusschlacht durch römische Truppen befreit
82–90	Kaiser Domitian richtet am Rhein die zwei Provinzen Germania inferior und Germania superior ein, in der Folgezeit Ausbau des Limes und Kontrolle großer Teile West- und Süddeutschlands
107	erfolgreiche Kriege gegen die Daker (Rumänien), das Land wird römische Provinz

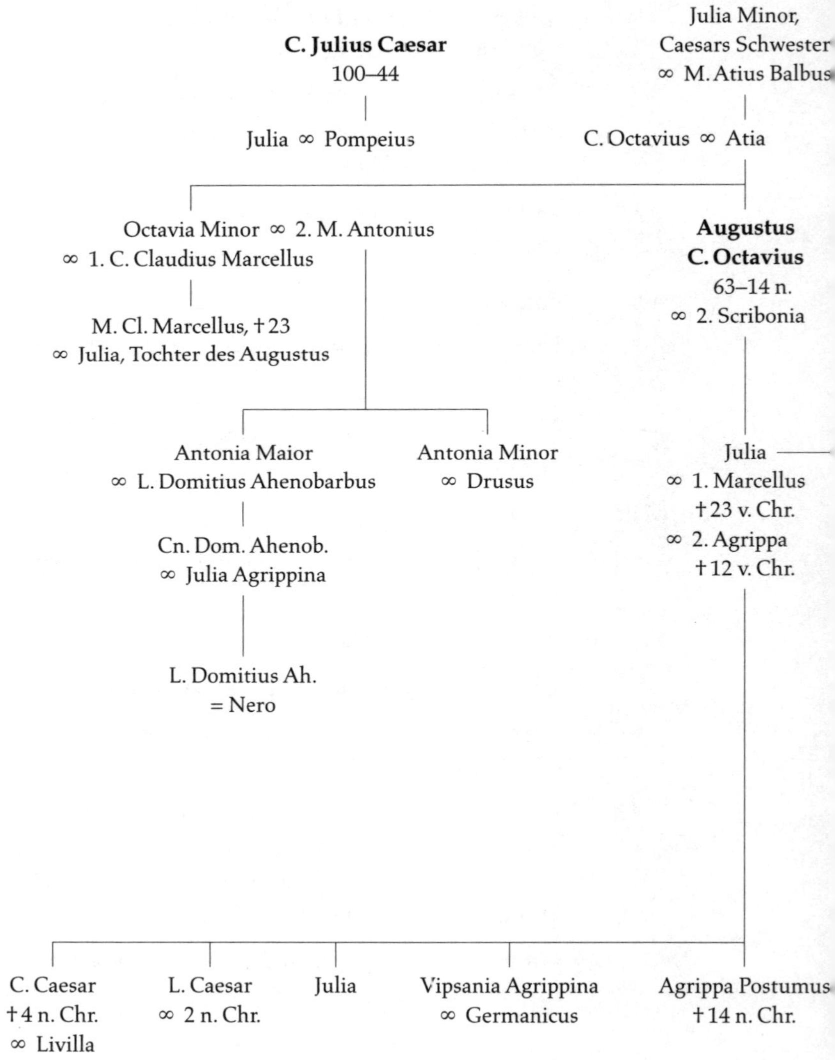
Julia Minor,
Caesars Schwester
∞ M. Atius Balbus
C. Julius Caesar
100–44
Julia ∞ Pompeius
C. Octavius ∞ Atia
Octavia Minor ∞ 2. M. Antonius
∞ 1. C. Claudius Marcellus
Augustus
C. Octavius
63–14 n.
∞ 2. Scribonia
M. Cl. Marcellus, † 23
∞ Julia, Tochter des Augustus
Antonia Maior
∞ L. Domitius Ahenobarbus
Antonia Minor
∞ Drusus
Julia
∞ 1. Marcellus
† 23 v. Chr.
∞ 2. Agrippa
† 12 v. Chr.
Cn. Dom. Ahenob.
∞ Julia Agrippina
L. Domitius Ah.
= Nero
C. Caesar
† 4 n. Chr.
∞ Livilla
L. Caesar
∞ 2 n. Chr.
Julia
Vipsania Agrippina
∞ Germanicus
Agrippa Postumus
† 14 n. Chr.

Das Iulisch-Claudische Haus

3. Livia ∞ 1. T. Claudius Nero † 29 n. Chr

— ∞ 3. **Tiberius** 14–37 ∞ 1. Vipsania, ∞ 2. Julia

Drusus ∞ Livilla

Drusus † 9 v. Chr. ∞ Antonia Minor

Germanicus † 19 n. Chr. ∞ Vips. Agrippina

Livilla ∞ 1. C. Caesar ∞ 2. Drusus

Claudius 41–54 ∞ 3. Messalina ∞ 4. Julia Agrippina

Gaius 37–41 gen. Caligula

und andere Kinder

Julia Agrippina ∞ 1. Cn. Domitius Ahenob. ∞ 2. Claudius

Nero 54–68

Adelsgeschlecht der Cherusker

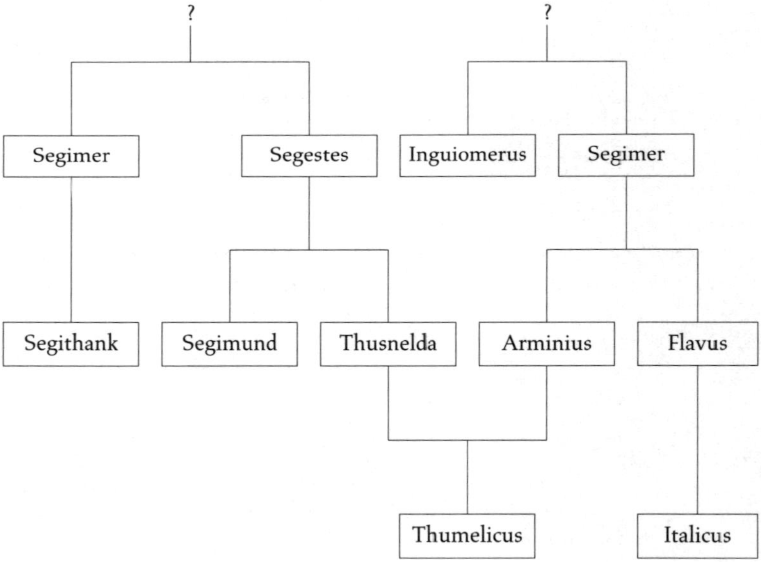

Bibliographie

Quellen

Aristides: Romrede, hrsg. u. übersetzt von Richard Klein, Darmstadt 1983

Appian, Römische Geschichte, Erster Teil. Die römische Reichsbildung, übersetzt von Otto Veh, Stuttgart 1987 (s. insb. das »Illyrische Buch«, S. 265–282), Zweiter Teil. Die Bürgerkriege, Stuttgart 1989

Aristoteles, Politik. Schriften zur Staatstheorie, übersetzt von Franz F. Schwarz, Stuttgart 1989

Augustus: Meine Taten, hrsg. von Ekkehard Weber, München u. Zürich 1985[4]

Cäsar: Der Gallische Krieg, hrsg. von Otto Schönberger, München u. Zürich 1990

Cicero: Staatsreden, Zweiter Teil, übersetzt von Helmut Kasten, Darmstadt 1988[5]

Ders.: Vom Gemeinwesen (De re publica), übersetzt von Karl Büchner, Zürich 1960

Ders.: Sämtliche Reden, übersetzt von Manfred Fuhrmann, 7 Bde., Zürich 1978–1985, Bd. II (Für Murena), Bd. V (Rede über das Gutachten der Opferschauer), Bd. VI (Rede über die konsularischen Provinzen), Bd. VII (Die Philippischen Reden)

Cassius Dio: Römische Geschichte, übersetzt von Otto Veh, mit einer Einführung von Hans Jürgen Hillen, 5 Bde., Düsseldorf 2007

Horaz, Sämtliche Werke, hrsg. von Hans Färber, München u. Zürich, 1985[10]

Herodot, Das Geschichtswerk, übersetzt von Theodor Braun, Frankfurt/M. u. Leipzig 2001

Flavius Josephus, Jüdische Altertümer, übersetzt von Heinrich Clementz, 2 Bde., Halle o. J.

Ders.: Der Jüdische Krieg (De bello Judaico), hrsg. von Otto Michel u. Otto Bauernfeind, 3 Bde., Darmstadt 1963–1982[3]

Florus: Römische Geschichte, übersetzt von Günter Laser, Darmstadt 2005

Livius: Römische Geschichte, Buch I–III, hrsg. von Hans Jürgen Hillen, München 1987
Pomponius Mela: Kreuzfahrt durch die Alte Welt, hrsg. von Kai Brodersen, Darmstadt 1994
Ovid: Briefe aus der Verbannung, übersetzt von Wilhelm Willige, Zürich 1995[2]
Plinius der Ältere: Naturkunde, hrsg. u. übersetzt von Roderich König, Bd. 1–37, München 1973 ff.
Plinius der Jüngere: Briefe, hrsg. von Helmut Kasten, Zürich 1995[7]
Plutarch, Große Griechen und Römer, Bd. I–VI, übersetzt von Konrat Ziegler, Zürich u. München 1979[2]–1965 (Bd. II, Crassus, Bd. III, Pompejus, Bd. IV, Brutus, Bd. V, Antonius, Bd. VI, Marius)
Ders.: Moralphilosophische Schriften, hrsg. u. übers. von Hans-Josef Klauck, Stuttgart 1997
Polybios, Geschichte (Historien), Gesamtausgabe in zwei Bänden, übers. von Hans Drexler, Zürich 1961 u. 1963
Seneca, Über die Wut (De ira), hrsg. und übersetzt von Jula Wildberger, Stuttgart 2007
Strabo, Geographica, übersetzt von A. Forbiger, Wiesbaden 2005 (nach der Ausgabe Berlin u. Stuttgart 1855–1898)
Sueton, Kaiserbiographien, hrsg. und übersetzt von Otto Wittstock, Berlin 1993
Tacitus, Annalen, hrsg. von Erich Heller, München u. Zürich 1982
Ders.: Historien, hrsg. von Joseph Borst, München u. Zürich 1984[5]
Ders.: Agricola/Germania, hrsg. u. übersetzt von Alfons Städele, München u. Zürich 1991
Vegetius, Abriß des Militärwesens (Epitoma rei militaris), hrsg. von Friedhelm L. Müller, Stuttgart 1997
Velleius Paterculus, Römische Geschichte, hrsg. u. übersetzt von Marion Giebel, Stuttgart 1992[2]
Vergil, Aeneis, hrsg. u. übersetzt von Johannes Götte, München u. Zürich 1983[6]
Vitruv, Zehn Bücher über Architektur, übersetzt von Curt Fensterbusch, Darmstadt 1991[5]

Textsammlungen und Nachschlagewerke

Clauss, Manfred: Lexikon lateinischer militärischer Fachausdrücke, Stuttgart 1999
Goetz, Hans-Werner/Karl-Wilhelm Welwei (Hg): Altes Germanien. Auszüge

aus den antiken Quellen über die Germanen und ihre Beziehungen zum Römischen Reich, 2 Bde., Darmstadt 1995
Herrmann, Joachim (Hg): Griechische und lateinische Quellen zur Frühgeschichte Mitteleuropas bis zur Mitte des 1. Jahrtausends u. Z., 4 Teile, Berlin 1988–1992
Lexikon des Mittelalters, Bd. 1 ff., Stuttgart u. Weimar 1999
Der Neue Pauly. Enzyklopädie der Antike, hg. von Hubert Canzik und Helmuth Schneider, Bd. 1 ff., Stuttgart u. Weimar 1996
Reallexikon der germanischen Altertumskunde. Begründet von Johannes Hoops, hg. von Heinrich Beck, Herbert Jankuhn, Hans Kuhn u.a., Bd. 1 ff., Berlin u. New York 1973[2]

Siglen und Abkürzungen

HZ, Historische Zeitschrift
LdM, Lexikon des Mittelalters
NP, Der neue Pauly
RGA, Reallexikon der germanischen Altertumskunde
RGK, Römisch-Germanische Kommission
Caes., BG, Cäsar, Bellum Gallicum (Gallischer Krieg)
Jos., Flavius Josephus
Plin., NH, Plinius, Naturalis historia (Naturkunde)
Plut., Plutarch
Suet., Cal., Sueton, Caligula
Suet., Caes., Sueton, Cäsar
Suet., Aug., Sueton, Augustus
Suet., Tib., Sueton, Tiberius
Tac., Agr., Tacitus, Agricola
Tac., ann., Tacitus, Annalen
Tac., Germ., Tacitus, Germania
Tac., hist., Tacitus, Historien
Vell., Velleius Paterculus

Bibliographie der zitierten und benutzten Literatur

Ackermann, Josef: Heinrich Himmler als Ideologe, Göttingen 1970
Albrecht, Michael von: Geschichte der römischen Literatur von Andronicus bis Boethius. Mit Berücksichtigung ihrer Bedeutung für die Neuzeit, 2 Bde., München 1994[2]

Alföldy, Gèza: Römische Sozialgeschichte, Wiesbaden 1984[3]
Ders. u.a. (Hg): Kaiser, Heer und Gesellschaft in der Römischen Kaiserzeit, Stuttgart 2000
Andrikopoulou-Strack, Jeanne-Nora: Römische Straßen in den Nordwestprovinzen des Imperium Romanum, in: Krieg und Frieden. Kelten – Römer – Germanen, Bonn 2007, S. 239–242
Arnold, Heinz Ludwig: Der germanische Hermann im Teutoburger Wald. Das Hermannsdenkmal bei Detmold (1875), in: Hans Jürgen Koch (Hg), Wallfahrtsstätten der Nation. Zwischen Brandenburg und Bayern, Frankfurt/M. 1986, S. 58–69
Asingh, Pauline/Lynnerup, Niels (Hg): Grauballe Man. An Iron Age Bog Body Revisited, Aarhus 2007
Aufenanger, Jörg: Grabbe. Das Lachen der Verzweiflung. Ein Leben, Frankfurt/M. 2004
Ausbüttel, Frank M.: Germanische Herrscher. Von Arminius bis Theoderich, Darmstadt 2007
Bandel, Josef Ernst von: Erinnerungen aus meinem Leben, herausgegeben, mit Erläuterungen versehen und bis zum Tode des Meisters fortgeführt von Dr. Adolf Gregorius, Detmold 1937
Bang, Martin: Die Germanen in römischen Diensten bis zum Regierungsantritt Constantins I., Berlin 1906
Bechert, Tilmann: Germania Inferior. Eine Provinz an der Nordgrenze des Römischen Reiches, Mainz 2007
Beck, Heinrich (Hg.): Germanenprobleme in heutiger Sicht, Berlin/New York 1999
Ders. u.a. (Hg): Zur Geschichte der Gleichung »germanisch-deutsch«, in: Erg.bde. RGA, Bd. 34, Berlin 2004
Becker, Armin: Zur Logistik der augusteischen Germanienfeldzüge, in: Peter Kneissl/Volker Losemann (Hg.): Imperium Romanum. Studien zu Geschichte und Rezeption, Stuttgart 1998, S. 41–50
Ders.: Rom und die Chatten. Quellen und Forschungen, Darmstadt u. Marburg 1992
Ders.: Die Ausgrabungen in Lahnau-Waldgirmes 1999. Eine nova colonia aus der Zeit des Kaisers Augustus im Lahntal?, in: Denkmalpflege u. Kulturgeschichte. Landesamt für Denkmalpflege in Hessen, Heft 2, 1999, S. 60 ff.
Ders.: Eine römische Stadt an der Lahn?, in: Antike Welt, 31, 2000, S. 601 f.
Ders.: Lahnau-Waldgirmes. Eine römische Stadtgründung im Lahntal aus der Zeit um Christi Geburt, in: Gustav Adolf Lehmann/Rainer Wiegels (Hg): Römische Präsenz und Herrschaft im Germanien der augusteischen Zeit. Der Fundplatz von Kalkriese im Kontext neuer Forschungen und Ausgrabungsbefunde, Göttingen 2007, S. 321–330

Ders.: Die Ausgrabung einer römischen Stadt. Waldgirmes im Lahn-Dill-Kreis, in Dorothea Rohde/Helmuth Schneider (Hg), Hessen in der Antike. Die Chatten vom Zeitalter der Römer bis zur Alltagskultur der Gegenwart, Kassel 2006, S. 88–104
Ders./Rasbach, Gabriele: Waldgirmes. Eine augusteische Stadtgründung im Lahntal. Vortrag zur Jahressitzung 2001 der Römisch-Germanischen Kommission, in: Bericht der RGK 82, 2001, Mainz 2002, S. 591–610
Dies.: »Städte in Germanien«: Der Fundplatz Waldgirmes, in: Rainer Wiegels (Hg), Die Varusschlacht. Wendepunkt der Geschichte?, Stuttgart 2007, S. 102–116
Bellen, Heinz: Die germanische Leibwache der römischen Kaiser des julisch-claudischen Hauses, Wiesbaden 1981
Bemmann, Jan: Das rechtsrheinische Vorland im 1. Jahrhundert nach Christus, in: Krieg und Frieden. Römer – Kelten – Germanen, Bonn u. Darmstadt 2007, S. 97–105
Bemmann, Klaus: Arminius und die Deutschen, Essen 2002
Bender, Helmut: Verkehrs- und Transportwesen in der römischen Kaiserzeit, in: Herbert Jankuhn u.a. (Hg), Untersuchungen zu Handel und Verkehr der vor- und frühgeschichtlichen Zeit in Mittel- und Nordeuropa, Teil V, Der Verkehr. Verkehrswege, Verkehrsmittel, Organisation, Göttingen 1989, S. 108–154
Bennhold, Martin: »Hermann – der erste Deutsche«. Zur Funktion des Hermann-Mythos bei der Konstruktion eines völkischen Deutschtums im 19. und 20. Jahrhundert, in: Hans-Jürgen Hildebrandt, Selbstwahrnehmung und Fremdwahrnehmung. Ethnologisch-soziologische Beiträge zur Wissenschaftsgeschichte und Theoriebildung, Mammendorf/Obb. 1996, S. 235–261
Bérenger, Daniel: Die eisenzeitlichen Burgen Westfalens, in: Hinter Schloß und Riegel. Burgen und Befestigungen in Westfalen, Münster 1998
Berger, Frank: Kalkriese 1. Die römischen Fundmünzen, Mainz 1996
Ders.: Unverändert: Die Datierung der Varusschlacht, in: Gustav Adolf Lehmann/Rainer Wiegels (Hg): Römische Präsenz und Herrschaft im Germanien der augusteischen Zeit. Der Fundplatz von Kalkriese im Kontext neuer Forschungen und Ausgrabungsbefunde, Göttingen 2007, S. 113–117
Ders.: Untersuchungen zu römerzeitlichen Münzfunden in Nordwestdeutschland, Berlin 1992
Ders.: Die Münzen von Kalkriese. Neufunde und Ausblick, in: Rainer Wiegels (Hg), Die Fundmünzen von Kalkriese und die frühkaiserzeitliche Münzprägung, Möhnesee 2000, S. 11–45
Bernstein, Eckhard: Ulrich von Hutten, Hamburg 1988
Ders.: Ulrich von Hutten im Dritten Reich, in: Peter Laub (Bearb.), Ulrich von Hutten. Ritter, Humanist, Publizist. 1488–1523, Kassel 1988, S. 383–397

Binder, Gerhard/Effe, Bernd (Hg): Krieg und Frieden im Altertum, Trier 1989
Bleicken, Jochen: Augustus. Eine Biographie, Berlin 1998²
Ders.: Verfassungs- und Sozialgeschichte des Römischen Kaiserreiches, 2 Bde., Paderborn 1995⁴
Blitz, Hans-Martin: Aus Liebe zum Vaterland. Die deutsche Nation im 18. Jahrhundert, Hamburg 2000
Ders.: »Gieb, Vater, mir ein Schwert!« – Identitätskonzepte und Feindbilder in der »patriotischen« Lyrik Klopstocks und des Göttinger »Hain«, in: Hans Peter Herrmann u.a., Machtphantasie Deutschland. Nationalismus, Männlichkeit und Fremdenhaß im Vaterlandsdiskurs deutscher Schriftsteller des 18. Jahrhunderts, Frankfurt/M 1996, S. 80–122
Boardman, John (Hg): Reclams Geschichte der antiken Kunst, Stuttgart 1997
Bohec, Yann Le: L'Armée Romaine en Afrique et en Gaule, Stuttgart 2007
Ders.: L'armée romaine en Gaule à l'époque de Tibère, in: Wolfgang Schlüter/Rainer Wiegels (Hg), Rom, Germanien und die Ausgrabungen von Kalkriese, Osnabrück 1999, S. 689–715
Ders.: Die römische Armee. Von Augustus zu Konstantin dem Großen, Stuttgart 1993
Boockmann, Hartmut u.a.: Mitten in Europa. Deutsche Geschichte von den Anfängen bis zur Gegenwart, Berlin 1999
Bowman, A. B. u. a.: The Augustan Empire 43 B.C. – A.D. 69, Cambridge 1996
Brebeck, Wulff E.: Die Wewelsburg. Geschichte und Bauwerk im Überblick, München u. Berlin 2005
Bremer, Eckhard: Die Nutzung des Wasserweges zur Versorgung der römischen Militärlager an der Lippe, Münster 2001
Breuer, Stefan: Ordnungen der Ungleichheit – die deutsche Rechte im Widerstreit ihrer Ideen. 1871–1945, Darmstadt 2001
Ders.: Die Völkischen in Deutschland. Kaiserreich und Weimarer Republik, Darmstadt 2008
Bringmann, Klaus: Augustus, Darmstadt 2007
Brodersen, Kai: Das römische Britannien. Spuren seiner Geschichte, Darmstadt 1998
Broer, Werner/Kopp, Detlev: Grabbe im Dritten Reich. Zum nationalsozialistischen Grabbe-Kult, Bielefeld 1986
Buchholz, Ingeborg.: Die Varusschlacht im Urteil der Humanisten, in: Lippische Mittl. Aus Geschichte u. Landeskunde, 28, 1959, S. 5–57
Büchner, Karl: Überlieferungsgeschichte der lateinischen Literatur des Altertums, in: Herbert Hunger u.a., Die Textüberlieferung der antiken Literatur und der Bibel, München 1975, S. 311–422
Buck, Henning: Der Literarische Arminius – Inszenierungen einer sagenhaften Gestalt, in: Wolfgang Schlüter (Hg), Kalkriese – Römer im Osna-

brücker Land. Archäologische Forschungen zur Varusschlacht, S. 267–281
Burleigh, Michael: Die Zeit des Nationalsozialismus. Eine Gesamtdarstellung, Frankfurt/M. 2000
Callies, Horst: Zur augusteisch-tiberianischen Germanenpolitik, in: Jochen Bleicken (Hg), Colloquium aus Anlaß des 80. Geburtstages von Alfred Heuß, Kallmünz 1993, S. 135–141
Ders.: Römer und Germanen im nördlichen Deutschland, in: Ralf Busch (Hg): Rom an der Niederelbe, Neumünster 1995, S. 15–23
Ders.: Bemerkungen zu Aussagen und Aussagehaltungen antiker Quellen und neuerer Literatur zur Varusschlacht und ihrer Lokalisierung, in: Rainer Wiegels/Winfried Woesler (Hg), Arminius und die Varusschlacht. Geschichte – Mythos – Literatur, Paderborn 2003³, S. 175–183
Ders.: Arminius, in: RGA, Bd.1, S. 417–420
Ders.: Arminius – Held der Deutschen, in: Günther Engelbert (Hg), Ein Jahrhundert Hermannsdenkmal, 1875–1975, Detmold 1975, S. 33–42
Carnap-Bornheim, Claus von: Archäologisch-historische Überlegungen zum Fundplatz Kalkrieser-Niewedder Senke in den Jahren zwischen 9 n. Chr. und 15 n. Chr., in: Wolfgang Schlüter/Rainer Wiegels (Hg), Rom, Germanien und die Ausgrabungen von Kalkriese, Osnabrück 1999, S. 495–526
Ders.: Beiträge zu römischer und barbarischer Bewaffnung in den ersten vier nachchristlichen Jahrhunderten, Marburg 1994
Carroll, Maureen: Römer, Kelten und Germanen. Leben in den germanischen Provinzen Roms, Stuttgart 2003
Chantraine, Heinrich: Varus oder Germanicus? Zu den Fundmünzen von Kalkriese, in: Thetis 9, 2002, S. 81–93
Christ, Karl: Germanendarstellung und Zeitverständnis bei Tacitus, Historia 14, 1965, S. 62–73
Ders.: Zur augusteischen Germanienpolitik, in: Chiron 7, 1977, S. 149–205
Ders.: Zur römischen Okkupation der Zentralalpen und des nördlichen Alpenvorlandes, Historia 6, 1957, S. 416–428
Ders.: Drusus und Germanicus. Der Eintritt der Römer in Germanien, Paderborn 1956
Ders.: Zentrum, Grenze und Peripherie. Die Elbe in augusteischer und tiberischer Zeit, in: Acta Classica 42, 1999, S. 35 ff.
Ders.: Velleius und Tiberius, in: Historia 50, 2001, S. 180 ff.
Ders.: Waldgirmes. Historische Aspekte der neuen Ausgrabungen im mittleren Lahntal, in: Herbert Heftner/Kurt Tomaschitz (Hg), Ad fontes!, Wien 2004, S. 487–492
Ders.: Die Römer. Eine Einführung in ihre Geschichte und Zivilisation, München 1984²

Ders.: Geschichte der römischen Kaiserzeit. Von Augustus bis zu Konstantin, München 1988
Ders.: Römische Geschichte und deutsche Geschichtswissenschaft, München 1982
Claridge, Amanda: Rome. An Oxford Archaeological Guide, Oxford 1998
Clauss, Manfred (Hg): Die römischen Kaiser. 55 historische Porträts von Caesar bis Iustinian, München 1997
Clostermeier, Christian Gottlieb: Wo Hermann den Varus schlug. Drei verschiedene, durch die neuesten Untersuchungen über diesen Gegenstand veranlasste Aufsätze, Lemgo 1822
Clunn, Tony: Auf der Suche nach den verlorenen Legionen, Bramsche 2001[5]
Coarelli, Filippo: Rom. Ein archäologischer Führer, Mainz 2000
Connolly, Peter: Greece and Rome at War, London 1998
Cordier, Pierre: Nudités romaines. Un problème d'histoire et d'anthropologie, Paris 2005
Czysz, Wolfgang: Römische Töpferdörfer, in: Archäologie in Deutschland, 1/2008, S. 34–37
Dahlheim, Werner: Julius Cäsar. Die Ehre des Kriegers und die Not des Staates, Paderborn u.a. 2005
Ders.: Geschichte der Römischen Kaiserzeit, München 2003[3]
Ders.: An der Wiege Europas. Städtische Freiheit im antiken Rom, Frankfurt/M. 2000
Ders.: Titus Livius aus Padua – der Patriot als Erzähler, in: Elke Stein-Hölkeskamp/Joachim Hölkeskamp (Hg), Erinnerungsorte der Antike. Die römische Welt, München 2006, S. 59–74
Ders.: Augustus, in: Manfred Clauss (Hg), Die römischen Kaiser. 55 historische Porträts von Caesar bis Iustinian, München 1997, S. 26–50
Ders.: Die Antike. Griechenland und Rom, Paderborn u.a. 1994
Dann, Otto: Nation und Nationalismus in Deutschland. 1770–1990, München 1996[3]
Daumer, Jörg: Aufstände in Germanien und Britannien. Unruhen im Spiegel antiker Zeugnisse, Frankfurt/M. u. a. 2005
Deininger, J.: Germaniam pacare. Zur neueren Diskussion über die Strategie des Augustus gegenüber Germanien, in: Chiron 30, 2000, S. 749–773
Delbrück, Hans: Geschichte der Kriegskunst, Bd. I (Altertum) und II (Die Germanen), Berlin 1966 (Reprint)
Ders.: Die Schlacht im Teutoburger Walde, in: Preuß. Jbücher 137, 1909, S. 381 f.
Demandt, Alexander: Arminius und die frühgermanische Staatenbildung, in: Rainer Wiegels/Winfried Woesler (Hg), Arminius und die Varusschlacht. Geschichte – Mythos – Literatur, Paderborn 2003?, S. 185–196
Ders.: Rezension Marcus Nenninger. Die Römer und der Wald, in: Klio 85, 2003, S. 244–246

Ders.: Ungeschehene Geschichte. Ein Traktat über die Frage: Was wäre geschehen, wenn ...?, Göttingen 2005⁴
Ders.: Klassik als Klischee. Hitler und die Antike, in: HZ, Bd. 274, Heft 2, 2002, S. 281–313
Ders.: Über die Deutschen. Eine kleine Kulturgeschichte, Berlin 2007
Ders.: Was wäre Europa ohne die Antike?, in: Peter Kneissl/Volker Losemann, Alte Geschichte und Wissenschaftsgeschichte, Darmstadt 1988, S. 113–129
Ders.: Das Privatleben der römischen Kaiser, München 1996
Derks, Paul: Die Silva Caesia bei Tacitus und die Silva Heissi in der Topographie der frühen Werdener Überlieferung. Ein Forschungsbericht, in: Detlev Hopp/Charlotte Trümpler. Die frühe römische Kaiserzeit im Ruhrgebiet, Essen 2001, S. 154–172
Deschler-Erb, Eckhard: Bemerkungen zu den Militaria von Kalkriese, in: Gustav Adolf Lehmann/Rainer Wiegels (Hg): Römische Präsenz und Herrschaft im Germanien der augusteischen Zeit. Der Fundplatz von Kalkriese im Kontext neuer Forschungen und Ausgrabungsbefunde, Göttingen 2007, S. 75–88
Dieckmann, Ursula: Paläoökologische Untersuchungen zur Entwicklung von Natur- und Kulturlandschaft am Nordrand des Wiehengebirges, Münster 1998
Dies.: 2000: Varus-Schlacht. Die Landschaft, in: Archäologie in Niedersachsen 3, 2000, S. 34–37
Dietz, Karlheinz: Zur historischen Geographie nördlich der Alpen, in: Ludwig Wamser (Hg), Die Römer zwischen Alpen und Nordmeer, München 1999, S. 1–9
Dihle, Albrecht: Die griechische und lateinische Literatur der Kaiserzeit. Von Augustus bis Iustinian, München 1989
Dobo, Arpad: Die Verwaltung der römischen Provinz Pannonien von Augustus bis Diocletianus. Die provinziale Verwaltung, Amsterdam 1968
Doyé, Werner M.: Arminius, in: Etienne François/Hagen Schulze (Hg), Deutsche Erinnerungsorte, Bd. III, München 2001, S. 587–602
Dörner, Andreas: Politischer Mythos und symbolische Politik. Sinnstiftung durch symbolische Formen am Beispiel des Hermannmythos, Opladen 1995
Dreyer, Boris: Der Fundplatz von Kalkriese und die antiken Berichte zur Varuskatastrophe und zum Heereszug des Caecina, Klio 87, Heft 2, 2005, S. 396–420
Ders.: Zum Verlauf der Varusniederlage. Die Einordnung der Ausgrabungen von Kalkriese, in: Gustav Adolf Lehmann/Rainer Wiegels (Hg): Römische Präsenz im Germanien der augusteischen Zeit. Der Fundplatz von Kalk-

riese im Kontext neuer Forschungen und Ausgrabungsbefunde, Göttingen 2007, S. 363–398
Dyson, S.: Native Revolts in the Roman Empire, in: Historia 20 (1971), S. 239–274
Echternkamp, Jörn: Der Aufstieg des deutschen Nationalismus, Frankfurt/M. u. New York 1998
Eck, Werner: Köln in römischer Zeit. Geschichte einer Stadt im Rahmen des Imperium Romanum, Köln 2004
Ders.: Marcus Agrippa – Der selbstbewusste Parteigänger des Augustus, in: Karl-Joachim Hölkeskamp und Elke Stein-Hölkeskamp (Hg), Von Romulus zu Augustus. Große Gestalten der römischen Republik, München 2000, S. 352–364
Ders.: Traian, in: Manfred Clauss (Hg), Die römischen Kaiser. 55 historische Porträts von Caesar bis Iustinian, München 1997, S. 110–124
Ders.: Augustus und seine Zeit, München 2003[3]
Ders.: Rom und Judaea, Tübingen 2008
Ders.: Agrippina, die Stadtgründerin Kölns. Eine Frau in der frühkaiserzeitlichen Politik, Köln 1993
Ders.: Römer werden – als Römer herrschen. Bürgerrechtserwerb und Integration, in: Krieg und Frieden. Kelten – Römer – Germanen, Bonn 2007, S. 37–47
Ders.:/Heil, Matthäus (Hg): Senatores populi Romani. Realität und mediale Präsentation einer Führungsschicht, Stuttgart 2005
Ellenberg, H.: Vegetation Mitteleuropas mit den Alpen in ökologischer, dynamischer und historischer Sicht, 1996[5]
Engelberg, Günther (Hg): Ein Jahrhundert Hermannsdenkmal 1875–1975, Detmold 1975
Engels, Friedrich: Zur Urgeschichte der Deutschen, in: MEW, Bd. 19, Berlin 1962, S. 425–473
Erdmann, Elisabeth: Die Römerzeit im Selbstverständnis der Franzosen und Deutschen. Lehrpläne und Schulbücher aus der Zeit zwischen 1850 und 1918, Bd. 1, Bochum 1992
Erdrich, Michael: Rom und die germanischen Stämme in Niedersachsen, in: Ralf Busch (Hg), Rom an der Niederelbe, Neumünster 1995, S. 47–70
Ders.: Römische Germanienpolitik im 1. Jahrhundert n. Chr., in: Ludwig Wamser (Hg), Die Römer zwischen Alpen und Nordmeer, München 1999, S. 193–196
Ders.: Rom und die Barbaren. Das Verhältnis zwischen dem Imperium Romanum und den germanischen Stämmen vor seiner Nordwestgrenze von der späten römischen Republik bis zum Gallischen Sonderreich, Mainz 2001
Evans, Richard J.: Das Dritte Reich. Aufstieg, Bd. 1, München 2004

Essen, Gesa von: Hermannsschlachten. Germanen- und Römerbilder in der Literatur des 18. und 19. Jahrhunderts, Göttingen 1998
Fansa, Mamoun (Hg): Varusschlacht und Germanenmythos, Oldenburg 2001[3]
Fantham, Elaine: Julia Augusti. The Emperor`s Daughter, London/New York 2006
Festschrift zur Neunzehnthundertjahr-Feier der Schlacht im Teutoburger Walde, Detmold 1909
Fichte, Johann Gottlieb: Reden an die deutsche Nation, Hamburg 1978
Fiege, Gertrud: Caspar David Friedrich, Hamburg 2006[10]
Firbas, F.: Spät- und nacheiszeitliche Waldgeschichte Mitteleuropas nördlich der Alpen, Bd. 1, Jena 1949
Fischer, Thomas: Die Römer in Deutschland, Stuttgart 1999
Fischer-Fabian, S.: Die ersten Deutschen. Über das rätselhafte Volk der Germanen Bergisch-Gladbach 2003[9], EA 1975
Flaig, Egon: Den Kaiser herausfordern. Die Usurpation im römischen Reich, Frankfurt/M. 1992
Ders.: Ritualisierte Politik. Zeichen, Gesten und Herrschaft im Alten Rom, Göttingen 2004[2]
Ders.: »Heiliger Krieg«. Auf der Suche nach einer Typologie, in: HZ, 285, Heft 2, 2007, S. 265–302
Flower, Harriet I.: Der Leichenzug – Die Ahnen kommen wieder, in: Elke Stein-Hölkeskamp/Joachim Hölkeskamp (Hg), Erinnerungsorte der Antike. Die römische Welt, München 2006, S. 321–337
Fraenkel, Heinrich/Manvell, Roger: Himmler. Kleinbürger und Massenmörder, Berlin 1965
Frèzouls, Edmond: Gallien und römisches Germanien, in: Friedrich Vittinghoff (Hg), Europäische Wirtschafts- und Sozialgeschichte in der römischen Kaiserzeit, Stuttgart 1990, S. 429–509
Fried, Johannes: Der Weg in die Geschichte. Die Ursprünge Deutschlands bis 1024, Berlin 1994 (Propyläen Geschichte Deutschlands)
Fuhrmann, Manfred: Geschichte der römischen Literatur, Stuttgart 1999
Ders.: Cicero und die römische Republik. Eine Biographie, München 1992
Ganschow, Thomas: Krieg in der Antike, Darmstadt 2007
Geary, Patrick J.: Europäische Völker im frühen Mittelalter. Zur Legende vom Werden der Nationen, Frankfurt/M. 2002
Gechter, Michael: Die Militärgeschichte am Niederrhein von Caesar bis Tiberius – eine Skizze, in: Thomas Grünewald/Sandra Seibel (Hg), Kontinuität und Diskontinuität. Germania inferior am Beginn und am Ende der römischen Herrschaft, Berlin/New York 2003, S. 145–161
Ders.: Die Militärgeschichte am Niederrhein von Caesar bis Traian, in: Krieg

und Frieden. Kelten – Römer – Germanen, Bonn u. Darmstadt 2007, S. 89–96
Ders.: Das römische Heer in der Provinz Niedergermanien, in: Heinz Günter Horn (Hg), Die Römer in Nordrhein-Westfalen, Stuttgart 1987, S. 110–138
Ders.: Zur Wechselwirkung zwischen römischer und germanischer Bewaffnung und Kampfweise an Rhein und Donau während der Prinzipatszeit, in: Clive Bridger/Claus von Carnap-Bornheim (Hg), Römer und Germanen – Nachbarn über Jahrhunderte, Oxford 1997, S. 13–17
Ders.: Die Grenze in Deutschland – Der niedergermanische Limes in Nordrhein-Westfalen, in: Grenzen des römischen Imperiums, Mainz 2006, S. 123–132
Gelzer, Matthias: Die Nobilität der römischen Republik, Stuttgart 1983[2]
Gesche, Helga: Die Datierung der 8. imperatorischen Akklamation des Tiberius, in: Chiron 2, 1972, S. 339–348
Giesebrecht, Arnulf: Über den Ursprung der Siegfriedssage, in: Germania 1837, Heft 2, S. 203 ff.
Gilliver, Kate: Auf dem Weg zum Imperium. Eine Geschichte der römischen Armee, Stuttgart 2003
Girardet, Klaus M.: »Gerechter Krieg«. Von Ciceros Konzept des bellum iustum bis zur UNO-Charta, in: Gymnasium 114, 2007, S. 1–35
Ders./Nortmann, Ulrich (Hg): Menschenrechte und europäische Identität. Die antiken Grundlagen, Stuttgart 2005
Glaser, Rüdiger: Klima, RGA, Bd. 17, S. 13–18
Ders./Schenk, Winfried: Von der Naturlandschaft zur bäuerlichen Kulturlandschaft, in: dies./Hans Gebhardt (Hg), Geographie Deutschlands, Darmstadt 2007
Glüsing, Peter: Die Germanen im Spannungsfeld der römischen Okkupation, in: Bendix Trier (Hg): 2000 Jahre Römer in Westfalen, Mainz 1989, S. 70–80
Goebbels, Joseph: Tagebücher, hrsg. von Ralf Georg Reuth, 5 Bde., München 1992
Goldsworthy, Adrian Keith: The Roman Army at War. 100 BC – AD 200, Oxford u.a. 1998[2]
Ders.: Die Kriege der Römer, Berlin 2001
Ders.: Die Legionen Roms. Das große Handbuch zum Machtinstrument eines tausendjährigen Weltreiches, Frankfurt/M. 2004
Gollub, Wilhelm: Tiberius, München 1959
Goodrich-Clarke, Nicholas: Die okkulten Wurzeln des Nationalsozialismus, Graz 1997
Grabbe, Christian Dietrich, Die Hermannsschlacht, in: ders., Werke, Bd. 2, hrsg. von Roy C. Cowen, München 1977, S. 321–387
Grabherr, Gerald: Händler und Legionäre – Die Alpenpässe in römischer Zeit,

in: Uwe A. Oster (Hg): Wege über die Alpen. Von der Frühzeit bis heute, Darmstadt 2006, S. 31–56
Gramsch, Alexander: Eine kurze Geschichte des archäologischen Denkens in Deutschland, in: Leipziger online-Beiträge zur Ur- und Frühgeschichtlichen Archäologie, Jahrgang 2005–2006, Leipzig 2006, S. 1–18 (19–36)
Grimmeisen, R.: Raetien und Vindelikien in julisch-claudischer Zeit. Die Zentralalpen und das Alpenvorland von der Eroberung bis zur Provinzialisierung, Essen 1997
Grönbech, Wilhelm: Kultur und Religion der Germanen, Darmstadt 2004
Großkopf, Birgit: Die menschlichen Überreste vom Oberesch in Kalkriese, in: Kalkriese 3. Interdisziplinäre Untersuchungen auf dem Oberesch in Kalkriese, Mainz 2007, S. 157–178
Dies.: Die menschlichen Überreste der Fundstelle Kalkriese-Oberesch, in: Gustav Adolf Lehmann/Rainer Wiegels (Hg): Römische Präsenz und Herrschaft im Germanien der augusteischen Zeit. Der Fundplatz von Kalkriese im Kontext neuer Forschungen und Ausgrabungsbefunde, Göttingen 2007, S. 29–36
Grote, Klaus: Römerlager Hedemünden. Vor 2000 Jahren: Römer an der Werra, Hannoversch-Münden 2005
Ders.: Stützpunkt der römischen Expansionspolitik: das Römerlager bei Hedemünden an der Werra. Ein Vorbericht, in: Göttinger Jahrbuch, Bd. 52, 2004, S. 5–12
Ders.: Neue Forschungen und Funde im augusteischen Römerlager bei Hedemünden (Werra), in: Göttinger Jahrbuch, Bd. 54, 2006, S. 5–19
Ders.: Der römische Militärstützpunkt an der Werra bei Hedemünden, in: Krieg und Frieden. Römer, Kelten, Germanen, Bonn u. Darmstadt 2007, S. 218–222
Ders.: Das Römerlager im Werratal bei Hedemünden (Ldkr. Göttingen). Ein neuentdeckter Stützpunkt der augusteischen Okkupationsvorstöße im rechtsrheinischen Germanien, in: Germania 84 (1), 2006, S. 27–59
Ders.: Die Römer an der Werra. Das Militärlager aus der Zeit der augusteischen Germanienfeldzüge bei Hedemünden, in: Dorothea Rohde/Helmuth Schneider (Hg), Hessen in der Antike. Die Chatten vom Zeitalter der Römer bis zur Alltagskultur der Gegenwart, Kassel 2006, S. 70–87
Gruen, E. S.: The Expansion of the Empire under Augustus, in: Cambridge Ancient History, Bd. 10, 1996², S. 149–197
Grütter, Heinrich Theodor: Römische Handels- und Heerstraßen in der frühen Kaiserzeit, in: Detlev Hopp/Charlotte Trümpler. Die frühe römische Kaiserzeit im Ruhrgebiet, Essen 2001, S. 79–93
Günnewig, B.: Das Bild der Germanen und Britannier, Frankfurt/M. 1998
Gutsfeld, Andreas: Römische Herrschaft und einheimischer Widerstand in

Nordafrika. Militärische Auseinandersetzungen Roms mit den Nomaden, Stuttgart 1989
Haehling, Raban von: Tiberius, in: Manfred Clauss (Hg), Die römischen Kaiser. 55 historische Porträts von Cäsar bis Iustinian, München 1997, S. 50–63
Hagen, J.: Römerstraßen der Rheinprovinz, Bonn 1932[2]
Halle, Uta: »Die Externsteine sind bis auf weiteres germanisch!«. Prähistorische Archäologie im Dritten Reich, Bielefeld 2002
Dies.: Detmold und die deutsche Vorgeschichtsforschung, in: Hermann Niebuhr/Andreas Ruppert (Bearb.), Nationalsozialismus in Detmold. Dokumentation eines sozialgeschichtlichen Projekts, Bielefeld 1998, S. 528–555
Hammer, Lothar: Das Hermannsdenkmal und seine Zeitgenossen: Ein Streifzug durch die deutsche Denkmallandschaft des 19. Jahrhunderts, in: Stefanie Lux-Althoff (Bearb.), 125 Jahre Hermannsdenkmal. Nationaldenkmale im historischen und politischen Kontext, S. 59–83
Hanel, Norbert/Rothenhöfer, Peter: Germanisches Blei für Rom. Zur Rolle des römischen Bergbaus im rechtsrheinischen Germanien im frühen Prinzipat, Germania 83/1, 2005, S. 53–65
Hänger, Christian: Die Welt im Kopf. Raumbilder und Strategie im Römischen Kaiserreich, Göttingen 2001
Ders.: Die amphibischen Operationen in Germanien unter Augustus und Tiberius. Zur Bedeutung des Meeres für die römische Strategie, in: Eckart Olshausen/Holger Sonnabend (Hg), Stuttgarter Kolloquium zur historischen Geographie des Altertums 7, 1999, Stuttgart 2002, S. 273–279 (Mat.)
Harnecker, Joachim: Arminius, Varus und das Schlachtfeld von Kalkriese, Bramsche 2002[2]
Ders./Günther Moosbauer: Die Fundregion »Kalkrieser-Niewedder Senke« (Lkr. Osnabrück). Untersuchungen zu den militärischen Auseinandersetzungen, in: Gustav Adolf Lehmann/Rainer Wiegels (Hg): Römische Präsenz und Herrschaft im Germanien der augusteischen Zeit. Der Fundplatz von Kalkriese im Kontext neuer Forschungen und Ausgrabungsbefunde, Göttingen 2007, S. 47–73
Ders. /Tolksdorf-Lienemann, Eva: Kalkriese 2. Sondierungen in der Kalkrieser-Niewedder-Senke. Archäologie und Bodenkunde, Mainz 2004
Hartmann, Elke: Frauen in der Antike. Weibliche Lebenswelten von Sappho bis Theodora, München 2007
Hartwich, Wolf Dieter: »Deutsche Mythologie«. Die Erfindung einer nationalen Kunstreligion, Berlin u. Wien 2000
Hasenfratz, Hans-Peter: Krieg und Frieden bei den alten Germanen, in: Gerhard Binder/Bernd Effe (Hg): Krieg und Frieden im Altertum, Trier 1989, S. 204–218

Hayen, Hajo: Bau und Funktion der hölzernen Moorwege: Einige Fakten und Folgerungen, in: Herbert Jankuhn u.a. (Hg), Untersuchungen zu Handel und Verkehr der vor- und frühgeschichtlichen Zeit in Mittel- und Nordeuropa, Teil V, Der Verkehr. Verkehrswege, Verkehrsmittel, Organisation, Göttingen 1989, S. 11–82
Heather, Peter: Der Untergang des Römischen Weltreichs, Stuttgart 2007
Hedinger, Hans-Walter: Bismarck-Denkmäler und Bismarck-Verehrung, in: Ekkehard Mai/Stephan Waetzold, Kunstverwaltung, Bau- und Denkmal-Politik im Kaiserreich, Berlin 1981, S. 277–314
Heinrichs, Johannes: Vor dem oppidum Ubiorum. Münzen einer Zivilsiedlung im Kölner Domareal in ihren Aufschlüssen für das augusteische Köln, die Datierung von Kalkriese und das Problem fehlender nachvaruszeitlicher Befunde östlich des Rheins, in: Gustav Adolf Lehmann/Rainer Wiegels (Hg), Römische Präsenz und Herrschaft im Germanien der augusteischen Zeit. Der Fundplatz von Kalkriese im Kontext neuer Forschungen und Ausgrabungsbefunde, Göttingen 2007, S. 225–320
Heinz, Werner: Reisewege der Antike. Unterwegs im Römischen Reich, Stuttgart 2003
Heldmann, Georg: Von der Wiederentdeckung der antiken Literatur zu den Anfängen methodischer Textkritik, in: Egert Pöhlmann, Einführung in die Überlieferungsgeschichte und Textkritik der antiken Literatur, Bd. II, Mittelalter und Neuzeit, Darmstadt 2003
Hellenkemper, Hansgerd: Oppidum Ubiorum – CCAA. Planstadt in einem Entwicklungsland, in: Krieg und Frieden. Kelten – Römer – Germanen, Bonn u. Darmstadt 2007, S. 248–249
Hellfaier, Karl-Alexander (Hg): Ernst von Bandel an Wilhelm Tegeler. Briefe zur Entstehungsgeschichte des Hermannsdenkmals 1850–1864, Detmold 1975
Herget, Jürgen u.a.: Schiffe auf Rhein und Lippe zur Römerzeit, in: Archäologie in Deutschland, Heft 4, 2007, S. 34–36
Hermand, Jost: Der alte Traum vom neuen Reich. Völkische Utopien und Nationalsozialismus, Weinheim 1995[2]
Heuß, Alfred: Zeitgeschichte als Ideologie. Bemerkungen zu Komposition und Gedankenführung der Res Gestae Divi Augusti, in: Eckard Lefèvre (Hg), Monumentum Chilioniense. Festschrift Erich Burck, Amsterdam 1975, S. 55f.
Ders.: Römische Geschichte. Mit einem neuen Forschungsteil, hrsg. von Jochen Bleicken u.a., Stuttgart 2007[10]
Himmler, Heinrich: Geheimreden 1933 bis 1945 und andere Ansprachen, hrsg. von Bradley F. Smith und Agnes F. Peterson, Frankfurt/M. 1974
Hitler, Adolf: Mein Kampf, 2 Bde., München 1936

Hofmann, M.: Germanische Wohn- und Esskultur, in: Archäologie in Deutschland, 1/2007, S. 42–43
Hofmann, Werner: Caspar David Friedrich. Naturwirklichkeit und Kunstwahrheit, München 2000
Hohenschwert, Friedrich: Ur- und frühgeschichtliche Befestigungen in Lippe, Münster 1978
Hohl, Ernst: Um Arminius. Biographie oder Legende?, SDAW 1951, Nr. 1
Hölkeskamp, Karl-Joachim: Der Triumph – »erinnere Dich, daß Du ein Mensch bist«, in: Elke Stein-Hölkeskamp/ders. (Hg), Erinnerungsorte der Antike. Die römische Welt, München 2006, S. 258–276
Hooff, Anton van: The Imperial Art of Dying, in: Lukas de Blois u.a. (Hg): The Representation and Perception of Roman Imperial Power, Amsterdam 2003, S. 99–116
Hopkins, Keith: Taxes and Trade in the Roman Empire (200 BC to AD 400), in: Journal of Roman Studies 70 (1980), S. 101–125
Horn, Heinz Günter (Hg): Die Römer in Nordrhein-Westfalen, Stuttgart 1987
Ders.: Was ist wahr an Varus? – Eine Frage ohne klare Antworten, in: ders. u.a. (Hg), Von Anfang an. Archäologie in Nordrhein-Westfalen, Köln 2005, S. 111–117
Howoldt, Jenns: Verschlüsselte Botschaften – Patriotische Bilder, in: Hubertus Gaßner (Hg), Caspar David Friedrich – Die Erfindung der Romantik, München 2006, S. 58–65
Hundert Jahre Römisch-Germanische Kommission, Bericht der RGK 82, 2001, Mainz 2002
Hüser, A.: Germanen in Marmstorf, in: Archäologie in Deutschland, 6/2006, S. 46
Hüser, Karl: Wewelsburg 1933 bis 1945 Kult- und Terrorstätte der SS. Eine Dokumentation, Paderborn 1987[2]
Hüssen, Claus-Michael: Die Donaugrenze von tiberisch-claudischer bis in frühflavische Zeit, in: Ludwig Wamser (Hg), Die Römer zwischen Alpen und Nordmeer, München 2000, S. 58–63
Hüttl, Ludwig: Ludwig I. König und Bauherr, München 1986
Imperium Romanum. Roms Provinzen an Neckar, Rhein und Donau, Esslingen 2005
Itgenshorst, Tanja: Tota illa pompa. Der Triumph in der römischen Republik, Göttingen 2005
Dies.: Augustus und der republikanische Triumph, in: Hermes 132, 2004, S. 436–458
Jäckel, Eberhard: Die Tagebücher von Joseph Goebbels. Abschluß der Gesamtausgabe und Neuedition des ersten Teils, in: HZ, Bd. 286, Heft 1, 2008, S. 91–98

Jäger, Helmut: Die naturgeographischen Verhältnisse im Gebiet der Germania zur taciteischen Zeit, in: Günter Neumann/Henning Seemann (Hg): Beiträge zum Verständnis der Germania des Tacitus, Teil II, Göttingen 1992, S. 124–152
Jahn, Ralf G.: Der Römisch-Germanische Krieg (9–16 n. Chr.), Diss., Bonn 2001
Jankuhn, Herbert/Timpe, Dieter (Hg): Beiträge zum Verständnis der Germania des Tacitus, Teil I, Göttingen 1989
John, Walther: P. Quinctilius Varus und die Schlacht im Teutoburger Walde, in: Paulys Realencyclopädie der classischen Altertumswissenschaft (RE), Bd. XXIV, Stuttgart 1963, Sp. 907–984
Johne, Klaus-Peter: Die Römer an der Elbe. Das Stromgebiet der Elbe im geographischen Weltbild und im politischen Bewusstsein der griechisch-römischen Antike, Berlin 2006
Ders.: »Einst war sie ein hochberühmter und wohlbekannter Fluß«. Die Elbe in den Schriften des Tacitus, in: Peter Kneissl/Volker Losemann (Hg), Imperium Romanum. Studien zu Geschichte und Rezeption, Stuttgart 1998, S. 395–409
Johnson, Anne: Römische Kastelle des 1. und 2. Jahrhunderts n. Chr. in Britannien und in den germanischen Provinzen des Römerreiches, Mainz 1987
Johnston, Otto W.: Der deutsche Nationalmythos. Ursprung eines politischen Programms, Stuttgart 1990
Jöns, Hauke: Zur Eisenversorgung Norddeutschlands und Südskandinaviens während der Eisenzeit, in: Andreas Müller-Karpe u.a. (Hg), Studien zur Archäologie der Kelten, Römer und Germanen in Mittel- und Westeuropa, Rahden 1998, S. 277–289
Ders.: Eisengewinnung im norddeutschen Flachland, in: Heiko Steuer/Ulrich Zimmermann (Hg), Alter Bergbau in Deutschland, Stuttgart 1993, S. 63–69
Junghans, Siegfried: Sweben, Alamannen und Rom. Die Anfänge der swebisch-alemannischen Geschichte, Stuttgart 1986
Junkelmann, Marcus: Die Legionen des Augustus. Der römische Soldat im archäologischen Experiment, Mainz 2003[9]
Jütting, Ingrid: Die ländliche Besiedlung und ihre wirtschaftlichen Grundlagen, in: Ludwig Wamser (Hg), Die Römer zwischen Alpen und Nordmeer, München 2000, S. 108–114
Kater, Michael H.: Das »Ahnenerbe« der SS 1935–1945. Ein Beitrag zur Kulturpolitik des Dritten Reiches, München 1997[2]
Keegan, John: Die Kultur des Krieges, Berlin 1995
Kehne, Peter: Formen römischer Außenpolitik in der Kaiserzeit. Die auswär-

tige Praxis im Nordgrenzenbereich als Einwirkung auf das Vorfeld (Mikrofilm Diss,) Hannover 1989
Ders.: Germanicus, RGA, Bd. 11, S. 438–448
Ders.: Marbod, RGA, Bd. 19, S. 258–262
Ders.: Geographische und ethnographische Informationen über das nördliche Germanien und die Elberegion, in: Ralf Busch (Hg): Rom an der Niederelbe, Neumünster 1995, S. 23–33
Ders.: Zur Datierung von Fundmünzen aus Kalkriese und zur Verlegung des Enddatums des Halterner Hauptlagers in die Zeit der Germanienkriege unter Tiberius und Germanicus (10–16 n. Chr.), in: Rainer Wiegels (Hg): Die Fundmünzen von Kalkriese und die frühkaiserzeitliche Münzprägung, Möhnesee 2000, S. 47–79
Ders.: Vermarktung kontra Wissenschaft: Kalkriese und der Versuch zur Vereinnahmung der Varusschlacht, in: Die Kunde, N.F. 54, 2003, S. 93–112
Ders.: Limitierte Offensiven: Drusus, Tiberius und die Germanienpolitik im Dienste des augusteischen Prinzipats, in: Jörg Spielvogel (Hg): Res publica reperta. Zur Verfassung und Gesellschaft der römischen Republik und des frühen Prinzipats, Stuttgart 2002, S. 297–321
Ders.:: Die Eroberung Galliens, die zeitweilige Unterwerfung Germaniens, die Grenzen des Imperium Romanum und seine Beziehungen zu germanischen gentes im letzten Jahrzehnt der Forschung, in: Germania 75, 1997/1, S. 265–284
Kienast, Dietmar: Augustus. Prinzeps und Monarch, Darmstadt 1999[3]
Kiesel, Helmuth/Münch, Paul: Gesellschaft und Literatur im 18. Jahrhundert. Voraussetzung und Entstehung des literarischen Markts in Deutschland, München 1991
Kipper, Rainer: Der Germanenmythos im deutschen Kaiserreich, Göttingen 2002
Kissel, Theodor: Beute Mensch, in: Abenteuer Archäologie, 1/2007, S. 38–41
Klee, Ernst: Das Personenlexikon zum Dritten Reich. Wer war was vor und nach 1945, Frankfurt/M. 2003
Klein, Michael J. (Hg): Die Römer und ihr Erbe. Fortschritt durch Innovation und Integration, Mainz 2003
Kleist, Heinrich von: Die Hermannsschlacht, in: ders., Sämtliche Werke und Briefe, Bd. 1, hrsg. von Helmut Sembdner, München 1977[6], S. 533–628
Kleßmann, Eckart: Napoleon und die Deutschen, Berlin 2007
Kloft, Hans: Die Idee einer deutschen Nation zu Beginn der Neuzeit, in: Rainer Wiegels/Winfried Woesler (Hg), Arminius und die Varusschlacht. Geschichte – Mythos – Literatur, Paderborn 2003[3], S. 197–210
Koepp, Friedrich: Die Römer in Deutschland, Bielefeld u. Leipzig 1912[2]
Ders.: Varusschlacht und Aliso, Münster 1940

Koestermann, Erich: Die Feldzüge des Germanicus 14–16 n. Chr., in: Historia 6, 1957, S. 429–479
Ders.: Der pannonisch-dalmatische Krieg, 6–9 n.Chr., in: Hermes 81/3, 1953, S. 345–378
Kolb, Frank: Rom. Die Geschichte der Stadt in der Antike, München 1995
Kolbe, Walther: Forschungen über die Varusschlacht, in: Klio 25, 1932, S. 141–168
Könnecker, Barbara: Germanenideologie und die Anfänge deutschen Nationalbewusstseins in der Publizistik Ulrich von Huttens, in: Peter Laub (Bearb.), Ulrich von Hutten. Ritter, Humanist, Publizist, 1488–1523, Kassel 1988, S. 279–291
Kornemann, Ernst: Die Varusschlacht. Die erste Befreiungstat auf deutscher Erde, in: ders., Gestalten und Reiche. Essays zur alten Geschichte, Bremen 1980, S. 274–303
Ders.: Tiberius, Frankfurt/M. 1980
Koschnick, Leonore (Hg): Deutsches Historisches Museum. Deutsche Geschichte in Bildern und Zeugnissen, München u. a. 2006²
Krall, Katharina: Der NS-Staat und die Ur- und Frühgeschichtsforschung, Saarbrücken 2007
Krause, Arnulf: Die Geschichte der Germanen, Frankfurt/M. u. New York 2005²
Krausse, Dirk: Das Phänomen Romanisierung. Antiker Vorläufer der Globalisierung?, in: Krieg und Frieden. Kelten – Römer – Germanen, Bonn und Darmstadt 2007, S. 14–24
Kreutz, Wilhelm: Die Deutschen und Ulrich von Hutten. Rezeption von Autor und Werk seit dem 16. Jahrhundert, München 1984
Ders.: Der »Huttenkult« im 19. Jahrhundert, in: Peter Laub (Bearb.), Ulrich von Hutten. Ritter, Humanist, Publizist, 1488–1523, Kassel 1988, S. 347–358
Krüger, Bruno (Ltg.): Die Germanen. Geschichte und Kultur der germanischen Stämme in Mitteleuropa. Teil 1. Von den Anfängen bis zum 2. Jahrhundert unserer Zeitrechnung, Berlin 1988 (5. Aufl.)
Ders.: Die Germanen. Mythos – Geschichte – Kultur – Archäologie, Langenweissbach 2003
Kuehnemund, Richard: Arminius or the Rise of a National Symbol in Literature (From Hutten to Grabbe), Chapel Hill, N.C., 1953
Kühlborn, Johann-Sebastian: Zur Geschichte der augusteischen Militärlager in Westfalen, in: Bendix Trier (Hg): 2000 Jahre Römer in Westfalen, Mainz 1989, S. 9–17
Ders.: Germaniam pacavi – Germanien habe ich befriedet. Archäologische Stätten augusteischer Okkupation, Münster 1995

Ders.: Die römischen Militäranlagen in Westfalen, in: Hinter Schloß und Riegel. Burgen und Befestigungen in Westfalen, Münster 1998, S. 77–119
Ders.: Schlagkraft. Die Feldzüge unter Augustus und Tiberius in Nordwestdeutschland, in: Ludwig Wamser (Hg): Die Römer zwischen Alpen und Nordmeer, München 1999, S. 27–33
Ders.: Zwischen Herrschaftssicherung und Integration: die Zeugnisse der Archäologie, in: Rainer Wiegels (Hg), Varusschlacht. Wendepunkt der Geschichte?, Stuttgart 2007, S. 65–94
Ders.: Lippe-Lager, RGA, Bd. 18, S. 498–502
Ders.: Die Ausgrabungen in den frühkaiserzeitlichen Militäranlagen an der Lippe 1995–2004, in: Gustav Adolf Lehmann/Rainer Wiegels (Hg), Römische Präsenz und Herrschaft im Germanien der augusteischen Zeit. Der Fundplatz von Kalkriese im Kontext neuer Forschungen und Ausgrabungsbefunde, Göttingen 2007, S. 201–212
Ders.: Das augusteische Hauptlager von Haltern, in: Krieg und Frieden. Kelten – Römer – Germanen, Bonn u. Darmstadt 2007, S. 203–206
Ders.: Die Grabungen in den westfälischen Römerlagern, in: Heinz Günter Horn u.a. (Hg), Von Anfang an. Archäologien in Nordrhein-Westfalen, Köln 2005, S. 118–127
Ders.: Die Zeit der augusteischen Angriffe gegen die rechtsrheinischen Germanenstämme, in: Mathias Hofter (Hg), Kaiser Augustus und die verlorene Republik, Mainz 1988, S. 530–541
Kunst, Christiane: Leben und Wohnen in der römischen Stadt, Darmstadt 2006
Dies.: Livia. Macht und Intrigen am Hof des Augustus, Stuttgart 2008
Kunde, Martin: Der Präventivkrieg. Geschichtliche Entwicklung und gegenwärtige Bedeutung, Frankfurt/M. 2007
Kunow, Jürgen: Die Militärgeschichte Niedergermaniens, in: Heinz Günter Horn (Hg), Die Römer in Nordrhein-Westfalen, Stuttgart 1987, S. 27–109
Künzl, Ernst: Die Germanen, Stuttgart 2006
Küster, Hansjörg: Geschichte des Waldes. Von der Urzeit bis zur Gegenwart, München 2003[2]
Ders.: Geschichte der Landschaft in Mitteleuropa. Von der Eiszeit bis zur Gegenwart, München 1999
Laederich, Pierre: Stratégie impossible ou stratégie inachevée? Tacite et les campagnes de Germanie, Bull. de l'Assoc. Guillaume Budé, Okt. 1991, S. 290–305
Langlouis, K.: Raumauffassung und geographisches Weltbild in der römischen Politik von Pompeius bis Traian, Tübingen 1951
Laub, Peter (Bearb.): Ulrich von Hutten. Ritter, Humanist, Publizist, 1488–1523, Kassel 1988

Lechler, Jörg: 5000 Jahre Deutschland. Germanisches Leben in 700 Bildern, Göttingen 1983 (Reprint der Ausgabe Leipzig 1937[2])
Lehmann, Gustav Adolf: Die Varus-Katastrophe aus der Sicht des Historikers, in: Bendix Trier (Hg): 2000 Jahre Römer in Westfalen, Mainz 1989, S. 85–95
Ders.: Zur historisch-literarischen Überlieferung der Varus-Katastrophe 9 n. Chr., in: Boreas 13, 1990, S. 143–164
Ders.: Zum Zeitalter der römischen Okkupation in Germanien: neue Interpretationen und Quellenfunde, in: Boreas 11, 1988, S. 207–230
Ders.: Römische Präsenz und Herrschaft in Germanien und die Ausgrabungen von Kalkriese, in: Jb. der Akad. d. Wiss. zu Göttingen 2000, S. 173–189
Ders.: Tacitus und die Dokumente. Einige Überlegungen, in: ders./Rainer Wiegels (Hg), Römische Präsenz und Herrschaft im Germanien der augusteischen Zeit. Der Fundplatz von Kalkriese im Kontext neuer Forschungen und Ausgrabungsbefunde, Göttingen 2007, S. 419–430
Ders.: Das Ende der römischen Herrschaft über das »westelbische« Germanien: Von der Varus-Katastrophe zur Abberufung des Germanicus Caesar 16/7 n. Chr., in: Rainer Wiegels/Winfried Woesler (Hg): Arminius und die Varusschlacht. Geschichte – Mythos – Literatur, Paderborn u.a. 2003[3], S. 123–141
Ders./Wiegels, Rainer (Hg): Römische Präsenz und Herrschaft im Germanien der augusteischen Zeit. Der Fundplatz von Kalkriese im Kontext neuer Forschungen und Ausgrabungsbefunde, Göttingen 2007
Lendon, J. E.: Soldiers & Ghosts. A History of Battle in Classical Antiquity, New Haven/London 2005
Ders.: Empire of Honour. The Art of Government in the Roman World, Oxford 1997
Lenz, Karl Heinz: Römische Waffen, militärische Ausrüstung und militärische Befunde aus dem Stadtgebiet der Colonia Ulpia Traiana (Xanten), Bonn 2006
Ders.: Die 19. Legion auf ihrem Weg nach Kalkriese. Zu den Feldzügen zur Zeit des Augustus nördlich der Alpen, in: Menschen – Zeiten – Räume. Archäologie in Deutschland, Stuttgart 2002, S. 243–249
Leupold, H.: Hermann. Deutschlands Held und erster Befreier. Zugleich Festschrift bei der feierlichen Einweihung des Hermann-Denkmal's im Teutoburger Walde, Dresden u. Leipzig 1875
Lienemann, Jörg: Der Oberesch am Kalkrieser Berg, in: Wolfgang Schlüter (Hg), Kalkriese – Römer im Osnabrücker Land. Archäologische Forschungen zur Varusschlacht, Bramsche 1993, S. 73–79
Loose, Rainer: Kimbern am Brenner? Ein Beitrag zur Diskussion des Alpenübergangs der Kimbern 102/101 v. Chr., in: Chiron 2, 1972, S. 231–252

Losemann, Volker: Nationalistische Interpretationen der römisch-germanischen Auseinandersetzung, in: Rainer Wiegels/Winfried Woesler (Hg): Arminius und die Varusschlacht. Geschichte – Mythos – Literatur, Paderborn u.a. 2003?, S. 419–432

Ders.: »Varuskatastrophe« und »Befreiungstat des Arminius«. Die Germanienpolitik des Augustus in antiker und moderner Sicht, in: Mamoun Fansa (Hg), Varusschlacht und Germanenmythos, Oldenburg 2001?, S. 25–44

Ders.: Arminius und Augustus. Die römisch-germanische Auseinandersetzung im deutschen Geschichtsbild, in: Karl Christ/E. Gabba (Hg), Cäsar und Augustus. Römische Geschichte und Zeitgeschichte in der deutschen und italienischen Altertumswissenschaft während des 19. und 20. Jahrhunderts, Como 1989, S. 129–163

Ders.: Aspekte der nationalsozialistischen Germanenideologie, in: Peter Kneissl/Volker Losemann, Alte Geschichte und Wissenschaftsgeschichte, Darmstadt 1988, S. 256–284

Lowe, K. J. P.: Church and Politics in Renaissance Italy: The Life and Career of Cardinal Francesco Soderini, Cambridge 1993

Luik, Martin: Der schwierige Weg zur Weltmacht. Roms Eroberung der Iberischen Halbinsel 218–19 v. Chr., Mainz 2005

Lund, Allan A.: Zum Germanenbild der Römer. Eine Einführung in die antike Ethnographie, Heidelberg 1990

Ders.: Germanenideologie im Nationalsozialismus. Zur Rezeption der ›Germania‹ des Tacitus im »Dritten Reich«, Heidelberg 1995

Luthers Tischreden, zusammengestellt von Jürgen Henkys u. mit einem Essay von Walter Jens, Leipzig 2003

Luttwak, E. N.: The Grand Strategy of the Roman Empire. From the First Century A.D. to the Third, Baltimore u. London 1993[6]

Lux-Althoff, Stefanie (Bearb.): 125 Jahre Hermannsdenkmal. Nationaldenkmale im historischen und politischen Kontext, Lemgo 2001

Maier, Bernhard: Die Kelten. Ihre Geschichte von den Anfängen bis zur Gegenwart, München 2000

Meier, Christian: Augustus. Die Begründung der Monarchie als Wiederherstellung der Republik, in, ders., Die Ohnmacht des allmächtigen Dictators Caesar. Drei biographische Skizzen, Frankfurt/M. 1980, S. 225–287

Mantovani, Mauro: Bellum iustum: die Idee des gerechten Krieges in der römischen Kaiserzeit, Bern 1990

Manuwald, Bernd: Politisches Ungeschick oder vorbestimmtes Verhängnis? Cassius Dios Bericht über die Varus-Schlacht, in: Gustav Adolf Lehmann/Rainer Wiegels (Hg), Römische Präsenz und Herrschaft im Germanien der augusteischen Zeit. Der Fundplatz von Kalkriese im Kontext neuer Ausgrabungsfunde, Göttingen 2007, S. 431–449

Marx, Karl/Engels, Friedrich: Über Kunst und Literatur, Bd. 1, Berlin 1967
Mattern, Torsten: Materies gloriae. Die Germanenfeldzüge des Tiberius in den Jahren 4 – 5 n. Chr., in: Klio, Bd. 88, 2006, Heft 2, S. 466–482
Matussek, Matthias: Wir Deutschen. Warum uns die anderen gern haben können, Frankfurt/M. 2006[2]
Mehl, Andreas: Imperium sine fine dedi – die augusteische Vorstellung von der Grenzenlosigkeit des römischen Reiches, in: Eckart Olshausen/Holger Sonnabend (Hg), Stuttgarter Kolloquium zur historischen Geographie des Altertums 4, 1990, Amsterdam 1994, S. 431–464
Ders.: Römische Geschichtsschreibung. Grundlagen und Entwicklungen. Eine Einführung, Stuttgart 2001
Mellies, Dirk: Die Einweihungsfeier des Hermannsdenkmals 1875 und das Jubiläum der Schlacht im Teutoburger Wald 1909 – Ein Denkmal zwischen Politik und Kommerz, in: Hermann Niebuhr/Andreas Ruppert (Bearb.), Detmold um 1900. Dokumentation eines stadtgeschichtlichen Projekts, Bielefeld 2004, S. 385–416
Ders.: »Wir kämpfen unter Hermanns Zeichen, bis alle unsere Feinde bleichen«. Die politische Rezeption des Hermannsdenkmals 1914–1933, in, dies., Krieg – Revolution – Republik. Detmold 1914–1933, Bielefeld 2007, S. 335–373
Ders.: »Blickt auf den Recken, den Hermann dort oben …«. Das Hermannsdenkmal im ›Dritten Reich‹, in: dies., Nationalsozialismus in Detmold, Bielefeld 1998, S. 556–570
Mertens, Dieter: Die Instrumentalisierung der »Germania« des Tacitus durch die deutschen Humanisten, in: Heinrich Beck u.a. (Hg), Zur Geschichte der Gleichung »germanisch-deutsch«, in: Erg.bde. RGA, Bd. 34, Berlin 2004
Meyer, H. D.: Die Außenpolitik des Augustus und die augusteische Dichtung, Köln 1961
Mirow, Jürgen: Geschichte des deutschen Volkes, Gernsbach 2004[3]
Moeller, P.: Drusus, RGA, Bd. 6, S. 204–214
Mommsen, Theodor: Die Örtlichkeit der Varusschlacht, Sitzungsberichte der Preuß. Akad. Wiss., 1885, S. 63–92 u. Gesammelte Schriften 4,1, Berlin 1906, S. 200 ff.
Ders.: Die germanische Politik des Augustus, in: ders., Reden und Aufsätze, Berlin 1905, S. 316–343
Ders.: Das Weltreich der Römer. Das Leben in den Provinzen von Caesar bis Diocletian, Kettwig 1990
Ders.: Römische Kaisergeschichte. Nach den Vorlesungs-Mitschriften von Sebastian und Paul Hensel 1882/86, München 1992
Ders.: Römische Geschichte, Essen 2002
Moosbauer, Günther: Römerschlacht im Osnabrücker Land: Forschungsstand

und Perspektiven der Untersuchungen in Kalkriese, Stadt Bramsche, Landkreis Osnabrück, in: Axel Friedrichs u.a. (Hg), Vom Großsteingrab zur Domburg. Forschungsorientierte Denkmalpflege im Osnabrücker Land, Rahden 2002, S. 93–100

Ders. u.a.: Kommunikationslinien, in: Rainer Wiegels (Hg), Die Varusschlacht, a.a.O., S. 44–49

Mosse, George L.: Die Geschichte des Rassismus in Europa, Frankfurt am Main, 2006

Muhlack, Ulrich: Die Germania im deutschen Nationalbewusstsein vor dem 19. Jahrhundert, in: Herbert Jankuhn/Dieter Timpe (Hg), Beiträge zum Verständnis der Germania des Tacitus, Teil I, Göttingen 1989, S. 128–154

Müller, Helmut u.a.: Brockhaus. Deutsche Geschichte in Schlaglichtern, Leipzig 2007[3]

Münkler, Herfried u.a.: Nationenbildung. Die Nationalisierung Europas im Diskurs humanistischer Intellektueller. Italien und Deutschland, Berlin 1998

Nenninger, Marcus: Die Römer und der Wald. Untersuchungen zum Umgang mit einem Naturraum am Beispiel der römischen Nord-Westprovinzen, Stuttgart 2001

Neumann, Günter/Seemann, Henning (Hg): Beiträge zum Verständnis der Germania des Tacitus, Teil II, Göttingen 1992

Nipperdey, Thomas: Nationalidee und Nationaldenkmal in Deutschland im 19. Jahrhundert, in: ders., Gesellschaft, Kultur, Theorie: Gesammelte Aufsätze zur neueren Geschichte, Göttingen 1976, S. 133–173

Ders.: Zum Jubiläum des Hermannsdenkmals, in: Günther Engelbert (Hg), Ein Jahrhundert Hermannsdenkmal. 1875–1975, Detmold 1975, S. 11–31

Norkus, Johannes: Die Feldzüge der Römer in Nordwestdeutschland in den Jahren 9–16 n. Chr. von einem Soldaten gesehen, Hildesheim 1963

Nuber, Hans Ulrich: P. Quinctilius Varus, Legatus Legionis XIX. Zur Interpretation der Bleischeibe aus Dangstetten, Lkr. Waldshut, in: Archäologisches Korrespondenzblatt, 2/2008, S. 223–231

Ober, Josiah: Tiberius and the Political Testament of Augustus, Historia 31, 1982, S. 306–328

Oelschig, S.: Frauen und lixae im militärischen Umfeld, in: Osnabrücker Online-Beiträge zu den Altertumswissenschaften, 3/1999, s. www.varusforschung.de

Ogilvie, Robert M.: …und bauten die Tempel wieder auf. Die Römer und ihre Götter im Zeitalter des Augustus, München 1984

Okun, M. L.: The Early Roman Frontier in the Upper Rhine Area. Assimilation and Acculturation on a Roman Frontier, Oxford 1989

Oxe, August: Der Limes des Tiberius, in: Bonner Jb. 114/115, 1906, S. 99–133

Panter, Andreas: Der Drususstein in Mainz und dessen Einordnung in die römische Grabarchitektur seiner Erbauungszeit, Mainz 2007

Penrose, Jane: Rom und seine Feinde. Kriege – Taktik – Waffen, Stuttgart 2007
Perkounig, Claudia-Martina: Livia Drusilla – Iulia Augusta. Das politische Porträt der ersten Kaiserin Roms, Wien u.a. 1995
Petrikovits, Harald von: clades Variana, in: RGA, Bd. 5, 14–20
Ders.: Arminius, in: Bonner Jahrbücher, 166, 1966, S. 175–193
Ders.: C. Numonius Vala, in: RE, XVII, 1937, 1461 f.
Peters, Joris: Die Haustierhaltung, in: Ludwig Wamser (Hg), Die Römer zwischen Alpen und Nordmeer, München 1999, S. 182–187
Picker, Henry: Hitlers Tischgespräche im Führerhauptquartier, München 2003
Pietsch, Martin u.a: Die augusteischen Truppenlager Marktbreit. Bisherige archäologische Befunde und historische Erwägungen, Ber. RGK 72, 1991, S. 263–324
Ders. u.a.: Das augusteische Legionslager Marktbreit – Aktuelles zum Forschungsstand, in: Rainer Wiegels/Winfried Woesler (Hg), Arminius und die Varusschlacht. Geschichte – Mythos – Literatur, Paderborn u.a. 2003?, S. 41–65
Piper, Ernst: Alfred Rosenberg. Hitlers Chefideologe, München 2005
Poczy, Klara Sz.: Städte in Pannonien, Budapest 1976
Pohl, Walter: Die Germanen, München 2004[2]
Ders.: Die Völkerwanderung, Stuttgart u.a. 2002
Polenz, Hartmut: Römer und Germanen in Westfalen, Münster 1985
Prinz, Friedrich: Kelten, Römer und Germanen. Deutschlands Frühgeschichte, München 2007[3]
Pusch, Alexandra: Und die Götter sind überall, in: Archäologie in Deutschland, 2005/4, S. 6–9
Puschner, Uwe: Die völkische Bewegung im wilhelminischen Kaiserreich. Sprache – Rasse – Religion, Darmstadt 2001
Ders.: Germanenideologie und völkische Weltanschauung, in: Heinrich Beck u.a. (Hg), Zur Geschichte der Gleichung »germanisch-deutsch«, in: Erg.bde. RGA, Bd. 34, Berlin 2004, S. 103–129
Rasbach, Gabriele: Das Fundmaterial von Waldgirmes – Ein Überblick, in: Gustav Adolf Lehmann/Rainer Wiegels (Hg): Römische Präsenz und Herrschaft im Germanien der augusteischen Zeit. Der Fundplatz von Kalkriese im Kontext neuer Forschungen und Ausgrabungsbefunde, Göttingen 2007, S. 331–336
Dies.: Waldgirmes, in: Krieg und Frieden. Kelten – Römer – Germanen, Bonn u. Darmstadt 2007, S. 253–257
Dies./Becker, Armin: Neue Forschungsergebnisse der Grabungen in Lahnau-Waldgirmes, in Ludwig Wamser (Hg), Die Römer zwischen Alpen und Nordmeer, München 1999, S. 38–40
Rathmann, Michael: Untersuchungen zu den Reichsstraßen in den westlichen Provinzen des Imperium Romanum, Mainz 2003

Ders.: Die Reichsstraßen der Germania Inferior, in: Bonner Jahrbücher, Bd. 204, 2004, Bonn u. Mainz 2006, S. 1–45

Rau, Reinhold: Zur Geschichte des pannonisch-dalmatischen Krieges, in: Klio 19, 1925, S. 313–346

Rebenich, Stefan: »Die Urgeschichte unseres Vaterlandes«. Theodor Mommsen, die Reichslimeskommission und die Konstruktion der deutschen Nationalgeschichte im 19. Jahrhundert, in: Michel Reddé/Siegmar von Schnurbein (Hg), Alésia et la bataille du Teutoburg. Un parallèle critique des sources, Ostfildern 2008, S. 105–120

Ders.: Theodor Mommsen. Eine Biographie, München 2007[2]

Reddé, Michel: Le Siège d`Alésia. Récit littéraire et réalité du terrain, in: ders./Siegmar von Schnurbein (Hg), Alésia. Fouilles et Recherches Franco-Allemandes sur les Travaux Militaires Romains autour du Mont-Auxois (1991–1997), Vol. 1, Les Fouilles, Paris 2001, S. 489

Ders./Schnurbein, Siegmar von (Hg): Alésia et la bataille du Teutoburg. Un parallèle critique des sources, Ostfildern 2008

Ders.: Alésia. Du texte de César aux vestiges archéologiques, in: ebd., S. 277–289

Rettner, Arno: Baivaria romana, in: Gabriele Graenert/Reto Marti (Red.), Hüben und drüben – Räume und Grenzen in der Archäologie des Frühmittelalters, Liestal 2004, S. 255–286

Ridé, Jacques: Arminius in der Sicht deutscher Reformatoren, in: Rainer Wiegels/Winfried Woesler (Hg): Arminius und die Varusschlacht. Geschichte – Mythos – Literatur, Paderborn u.a. 2003[3], S. 239–248

Riemer, Ulrike: Die römische Germanienpolitik. Von Caesar bis Commodus, Darmstadt 2006

Dies.: Was ziemt einer kaiserlichen Ehefrau? Die Kaiserfrauen in den Viten Suetons, in: Christiane Kunst/dies., Grenzen der Macht. Zur Rolle der römischen Kaiserfrauen, Stuttgart 2000, S. 135–155

Ritzmann, Imke: Ideengeschichtliche Aspekte des Hermannsdenkmals bei Detmold, in: Lippische Mittl. 75, 2006, S. 192–228

Rohde, Dorothea/Schneider, Helmuth (Hg): Hessen in der Antike. Die Chatten vom Zeitalter der Römer bis zur Alltagskultur der Gegenwart, Kassel 2006

Roloff, , Hans-Gert: Der Arminius des Ulrich von Hutten, in: Rainer Wiegels/Winfried Woesler (Hg): Arminius und die Varusschlacht. Geschichte – Mythos – Literatur, Paderborn u.a. 2003[3], S. 211–238

Rost, Achim: Kalkriese – Archäologische Befunde und antike Schriftquellen, in: Archäologie in Niedersachsen, Bd. 6, 2003, S. 25–29

Ders.: Quellenkritische Überlegungen zur archäologischen Untersuchung von Schlachtfeldern am Beispiel von Kalkriese, in: Michel Reddé/Siegmar

von Schnurbein (Hg), Alésia et la bataille du Teutoburg. Un parallèle critique des sources, Ostfildern 2008, S. 303–313
Ders.: Characteristics of Ancient Battlefields: Battle of Varus (9 AD), in: Douglas Scott u.a. (Hg), Fields of Conflict: Battlefield Archaeology from the Roman Empire to the Korean War, Westport 2006, S. 50–57
Ders./Wilbers-Rost, Susanne: Das Schlachtfeld von Kalkriese. Vom Umgang mit den Toten und der Beute, in: Krieg und Frieden. Kelten – Römer – Germanen, Bonn u. Darmstadt 2007, S. 223–227
Rothenhöfer, Peter: Geschäfte in Germanien. Zur Ausbeutung von Erzlagerstätten unter Augustus in Germanien, in: Zeitschrift für Papyrologie und Epigraphik (ZPE), 143, 2003, S. 277–286
Rüdiger, Horst: Die Wiederentdeckung der antiken Literatur im Zeitalter der Renaissance, in: Herbert Hunger u.a., Die Textüberlieferung der antiken Literatur und der Bibel, München 1975, S. 511–576
Rueb, Franz: Ulrich von Hutten. Ein radikaler Intellektueller im 16. Jahrhundert, Berlin 1981
Sabin, Philip A. u.a. (Hg): The Cambridge History of Greek and Roman Warfare, 2 Bde., Cambridge 2007
Saddington, Denis Bain: The Development of the Roman Auxiliary Forces from Caesar to Vespasian (49 B.C. – A.D. 79), Harare 1982
Sattler, Peter: Julia und Tiberius. Beiträge zur römischen Innenpolitik in den Jahren 12 vor und 2 n.Chr., in: Walter Schmitthenner (Hg), Augustus, Darmstadt 1969, S. 486–530
Ders.: Studien aus dem Gebiet der Alten Geschichte, Wiesbaden 1962
Schäfer, Andreas: Jahrtausende in Eisen, in: Archäologie in Deutschland, 1/2007, S. 6–11
Schallmayer, Egon: Der Limes. Geschichte einer Grenze, München 2006
Schenda Rudolf: Volk ohne Buch. Studien zur Sozialgeschichte der populären Lesestoffe 1770–1910, Frankfurt/M. 1988[3]
Scherr, Johannes: Germania. Zwei Jahrtausende deutschen Lebens, neu hrsg. von Hans Prutz, Stuttgart 1906[6]
Schillinger-Häfele, Ute: Varus und Arminius in der Überlieferung. Zwei Quellenbeobachtungen, in: Historia 32, 1983, S. 123–128
Schlie, Ulrich: Die Nation erinnert sich. Die Denkmäler der Deutschen, München 2002
Schlüter, Wolfgang (Hg): Kalkriese – Römer im Osnabrücker Land. Archäologische Forschungen zur Varusschlacht, Bramsche 1993[2]
Ders.: Archäologische Forschungen zur Varusschlacht. Prospektion und Ausgrabungen in der Kalkrieser-Niewedder Senke 1987–2002, in: Rainer Wiegels/Winfried Woesler (Hg), Arminius und die Varusschlacht. Geschichte – Mythos – Literatur, Paderborn 2003[3], S. 439–457

Ders.: Die Varusschlacht. Archäologische Forschungen in Kalkriese bei Osnabrück, in: Detlev Hopp/Charlotte Trümpler (Hg), Die frühe römische Kaiserzeit im Ruhrgebiet, Essen 2001, S. 17–24
Ders.: Die archäologischen Untersuchungen in der Kalkrieser-Niewedder Senke, in: ders. (Hg), Kalkriese – Römer im Osnabrücker Land. Archäologische Forschungen zur Varusschlacht, Bramsche 1993², S. 13–51
Ders.: Zum Stand der archäologischen Erforschung der Kalkrieser-Niewedder Senke, in: ders./Rainer Wiegels (Hg), Rom, Germanien und die Ausgrabungen von Kalkriese, Osnabrück 1999, S. 13–60
Ders.: Ausblick zu den Forschungen in Kalkriese, in: Frank Berger, Kalkriese 1. Die römischen Fundmünzen, Mainz 1996, S. 60–62
Ders./Wiegels, Rainer (Hg): Rom, Germanien und die Ausgrabungen von Kalkriese, Osnabrück 1999
Dies.: Kalkriese, in RGA, Bd. 16², S. 180–195
Schmidt, Hans: Das Hermannsdenkmal im Spiegel der Welt. 1838 – 1875 – 1975. Baugeschichte – Beiträge – Besucher – Interpretationen, Detmold 1975
Schmidt, Heinz: »...dann müssen andere sich der Sache annehmen ...«. Die Verwaltung des Hermannsdenkmals durch den »Verein für das Hermannsdenkmal«, die Lippische Regierung und das »Kuratorium der Hermannsdenkmal-Stiftung«, in: Günther Engelbert (Hg), Ein Jahrhundert Hermannsdenkmal 1875–1975, Detmold 1975, S. 151–165
Schmitt, Oliver: Kriegführung und tribale Gesellschaft, in: Burkhard Meißner u.a. (Hg), Krieg – Gesellschaft – Institutionen. Beiträge zu einer vergleichenden Kriegsgeschichte, Berlin 2005, S. 417–444
Schmitz-Berning, Cornelia: Vokabular des Nationalsozialismus, Berlin u. New York 2000
Schmitzer, Ulrich: Tatsachenbericht oder literarische Fiktion? Velleius Paterculus über die clades Variana, in: Gustav Adolf Lehmann/Rainer Wiegels (Hg): Römische Präsenz und Herrschaft im Germanien der augusteischen Zeit. Der Fundplatz von Kalkriese im Kontext neuer Forschungen und Ausgrabungsbefunde, Göttingen 2007, S. 399– 417
Schneider, Eva Maria: Herkunft und Verbreitungsformen der »Deutschen Nationaltracht der Befreiungskriege« als Ausdruck politischer Gesinnung, Bonn (Diss.) 2002
Schneidmüller, Bernd: Die Kaiser des Mittelalters. Von Karl dem Großen bis Maximilian I., München 2006
Schnurbein, Siegmar von: Untersuchungen zur Geschichte der römischen Militärlager an der Lippe, Ber. RGK 62, 1981, S. 5–101
Ders.: Zur Datierung der augusteischen Militärlager, in: Bendix Trier (Hg), Die römische Okkupation nördlich der Alpen zur Zeit des Augustus, Münster 1991, S. 1–5

Ders.: Die augusteischen Stützpunkte in Mainfranken und Hessen, in: Ludwig Wamser (Hg), Die Römer zwischen Alpen und Nordmeer, München 2000, S. 34–37
Ders.: Augustus in Germanien. Neue archäologische Forschungen, Amsterdam 2002
Ders.: Germanien in römischer Sicht. Germania Magna und die römischen Provinzbezeichnungen, in: Heinrich Beck u.a. (Hg): Zur Geschichte der Gleichung »germanisch-deutsch«, in: Erg.bde. RGA, Bd. 34, Berlin 2004, S. 25–36
Ders.: Germanen und Römer im Vorfeld des Obergermanischen Limes, Ber. RGK 87, 2006, S. 19–40
Scholz, Peter: Den Vätern folgen – Die Erziehung zum vir bonus. Studien zu Habitus, Ethos und Ausbildung der republikanischen Senatsaristokratie, Habil. Schrift, Frankfurt/M. 2007
Schönberger, Hans: Die römischen Truppenlager der frühen und mittleren Kaiserzeit zwischen Nordsee und Inn, Ber. RGK 66, 1985, S. 321–497
Schucany, Caty: Romanisierung, in: Krieg und Frieden. Römer – Kelten – Germanen, Bonn u. Darmstadt 2007, S. 25–36
Schuller, Wolfgang: Frauen in der römischen Geschichte, München 1992
Schulze, Hagen: Der Weg zum Nationalstaat. Die deutsche Nationalbewegung vom 18. Jahrhundert bis zur Reichsgründung, München 1985
Ders.: Kleine Deutsche Geschichte, München 2007 (114.–120. Tsd)
Ders.: Gibt es überhaupt eine deutsche Geschichte?, Stuttgart 1998
Schulze, Hans K.: Vom Reich der Franken zum Land der Deutschen. Merowinger und Karolinger, Berlin 1998
Schulze-Forster, Jens: Der Dünsberg bei Gießen – keltisches Oppidum oder germanischer Ringwall? Neue Ergebnisse zur historischen Rolle des Dünsbergs, in: Hessen Archäologie, 2002, S. 87–90
Schürer, Emil: Geschichte des jüdischen Volkes im Zeitalter Jesu Christi, Bd. 1, Leipzig 1901[3]
Schwanke, F.J.: Hermann der Cherusker, und sein Denkmal von Deutscher Nation im neunzehnten Jahrhundert ihm errichtet. Broschüre veranlasst bei Gelegenheit der Feier der Schließung des Grundsteingewölbes am 8. September 1841, Lemgo 1841
Schwartz, A.: Foederati, RGA, Bd. 9, S. 290–299
Schwemin, Friedhelm: Die Römer in Oberaden. Geschichte, Aufbau und Archäologie des römischen Legionslagers in Bergkamen-Oberaden an der Lippe, Werne 1998
Schwilk, Heimo: Ernst Jünger. Ein Jahrhundertleben, München 2007
Seager, Robin: Tiberius, Malden u.a. 2005[2]
See, Klaus von: Deutsche Germanen-Ideologie. Vom Humanismus bis zur Gegenwart, Frankfurt/M. 1970

Ders.: Barbar, Germane, Arier. Die Suche nach der Identität der Deutschen, Heidelberg 1994
Seeba, Hinrich C.: Schwerterhebung. Zur Topographie des heroischen Subjekts (Grabbe, Kleist und Bandel), in: Mamoun Fansa (Hg), Varusschlacht und Germanenmythos, Isensee 2001², S. 71–86
Simek, Rudolf: Religion und Mythologie der Germanen, Darmstadt 2003
Ders.: Götter und Kulte der Germanen, München 2004
Ders.: Die Germanen, Stuttgart 2006
Sonnabend, Holger: Die Grenzen der Welt. Geographische Vorstellungen der Antike, Darmstadt 2007
Ders.: Wie Augustus die Feuerwehr erfand. Große Errungenschaften der Antike, Düsseldorf u. Zürich 2002
Southern, Pat: Augustus, London 2001⁹
Speidel, Michael A.: Einheit und Vielfalt in der römischen Heeresverwaltung, in: Rudolf Haensch/Johannes Heinrichs (Hg), Herrschen und Verwalten. Der Alltag der römischen Administration in der Hohen Kaiserzeit, Köln u.a. 2007, S. 173–194
Speier, Martin/Dieckmann, Ursula: Dichtung oder Wahrheit. Römische Geschichtsschreibung zur Varusschlacht im Lichte geobotanisch-naturwissenschaftlicher Untersuchungen, in: Die Kunde, N.F. 56, 2005, S. 139–160
Spickermann, Wolfgang u.a. (Hg.): Rom, Germanien und das Reich. Festschrift zu Ehren von Rainer Wiegels anlässlich seines 65. Geburtstages, Osnabrück 2005
Spielvogel, Jörg (Hg): Res publica reperta. Zur Verfassung und Gesellschaft der römischen Republik und des frühen Prinzipats, Stuttgart 2002
Stauf, Renate: Germanenmythos und Griechenmythos als nationale Identitätsmythen, in: Rainer Wiegels/Winfried Woesler (Hg), Arminius und die Varusschlacht. Geschichte – Mythos – Literatur, Paderborn 2003?, S. 309–322
Staivert, Wolfgang/Wolters, Reinhard: Löhne, Preise, Werte, Darmstadt 2005
Stauner, Konrad: Das offizielle Schriftwesen des römischen Heeres von Augustus bis Gallienus (27 v. Chr. – 268 n. Chr.). Eine Untersuchung zur Struktur, Funktion und Bedeutung der offiziellen militärischen Verwaltungsdokumentation und zu den Schreibern, Bonn 2004
Steidl, Bernd: Der Blick über den »Zaun«: Die Germanen im Vorfeld des Limes. Freunde – Feinde – Ignoranten?, in: Andreas Thiel (Hg), Forschungen zur Funktion des Limes, Bd. 2, Stuttgart 2007, S. 35–47
Stein-Hölkeskamp, Elke/Hölkeskamp, Joachim (Hg): Erinnerungsorte der Antike. Die römische Welt, München 2006
Steuer, Heiko: Besiedlungsdichte, Bevölkerungsgrößen und Heeresstärken während der älteren römischen Kaiserzeit in der Germania magna, in: Gustav Adolf Lehmann/Rainer Wiegels (Hg): Römische Präsenz und Herr-

schaft im Germanien der augusteischen Zeit. Der Fundplatz von Kalkriese im Kontext neuer Forschungen und Ausgrabungsbefunde, Göttingen 2007, S. 337–362
Ders.: Interpretationsmöglichkeiten archäologischer Quellen zum Gefolgschaftsproblem, in: Günter Neumann/Henning Seemann (Hg): Beiträge zum Verständnis der Germania des Tacitus, Teil II, Göttingen 1992, S. 203–257
Ders.: Das »völkisch« Germanische in der deutschen Ur- und Frühgeschichtsforschung. Zeitgeist und Kontinuitäten, in: Heinrich Beck u.a. (Hg), Zur Geschichte der Gleichung »germanisch-deutsch«, in: Erg.bde. RGA, Bd. 34, Berlin 2004, S. 357–502
Ders. (Hg): Eine hervorragend nationale Wissenschaft. Deutsche Prähistoriker zwischen 1900 und 1995, Berlin/New York 2001
Stupperich, Reinhard: Römische Toreutik und augusteische Feldzüge in Germanien. Der Fall Hildesheim, in: Rainer Wiegels/Winfried Woesler (Hg), Arminius und die Varusschlacht. Geschichte – Mythos – Literatur, Paderborn 2003[3], S. 97–122
Sumner, Graham: Die römische Armee. Bewaffnung und Ausrüstung, Stuttgart 2007
Sünner, Rüdiger: Schwarze Sonne. Entfesselung und Missbrauch der Mythen in Nationalsozialismus und rechter Esoterik, Freiburg 1999
Swan, Peter Michael: The Augustan Succession. A Historical Commentary on Cassius Dio's Roman History Books 55–56 (9 B.C. – A. D. 14), Oxford 2003
Syme, Ronald: Quinctilius Varus, in: ders., The Augustan Aristocracy, Oxford 1986, S. 313–328
Ders.: Tacitus, Oxford 1958
Ders.: Ten Studies in Tacitus, Oxford 1970
Ders.: Die Römische Revolution. Machtkämpfe im antiken Rom, hrsg. von Christoph Selzer und Uwe Walter, Stuttgart 2003
Szaivert, Wolfgang/Wolters, Reinhard: Löhne, Preise, Werte. Quellen zur römischen Geldwirtschaft, Darmstadt 2005
Tacke, Charlotte: Denkmal im sozialen Raum. Nationale Symbole in Deutschland und Frankreich im 19. Jahrhundert, Göttingen 1995
Tausend, Klaus: Wohin wollte Varus?, in: Klio 79, Heft 2, 1997, S. 372–382
Thamer, Hans-Ulrich: Verführung und Gewalt. Deutschland 1933–1945, Berlin 1986
Thiel, Andreas: Die Römer in Deutschland, Stuttgart 2008
Thorbecke, Heinrich: Zur Geschichte des Hermannsdenkmals. Festschrift für den Tag der Uebergabe des Denkmals an das deutsche Volk, nebst einer biographischen Skizze Ernst von Bandels, Detmold 1875

Till, Rudolf: Handschriftliche Untersuchungen zu Tacitus Agricola und Germania mit einer Photokopie des Codex Aesinas, Berlin 1943

Timpe, Dieter: Entdeckungsgeschichte des Nordens in der Antike, in: RGA, Bd. 7, S. 307–389

Ders.: Antike Geschichtsschreibung. Studien zur Historiographie, Darmstadt 2007

Ders.: Teutoburger Wald, in: RGA, Bd. 30, S. 364–368

Ders.: Die Bedeutung der Schlacht von Carrhae, Mus. Helv. 19, 1962, 104 ff.

Ders.: Die Landesnatur der Germania nach Tacitus, in: Günter Neumann/Henning Seemann (Hg): Beiträge zum Verständnis der Germania des Tacitus II, Göttingen 1992, S. 278–310

Ders.: Geographische Faktoren und politische Entscheidungen in der Geschichte der Varuszeit, in: Rainer Wiegels/Winfried Woesler (Hg.), Arminius und die Varusschlacht. Geschichte – Mythos – Literatur, Paderborn 2003³, S. 13–27

Ders.: Zur Geschichte der Rheingrenze zwischen Cäsar und Drusus, in: ders., Römisch-Germanische Begegnung in der späten Republik und frühen Kaiserzeit. Voraussetzungen – Konfrontationen – Wirkungen. Gesammelte Studien (RG), München u. Leipzig 2006, S. 147–170

Ders.: Zur Geschichte und Überlieferung der Okkupation Germaniens unter Augustus, in: RG, S. 191–215

Ders.: Römische Geostrategie im Germanien der Okkupationszeit, in: RG, S. 265–317

Ders.: Rom und die Barbaren des Nordens, in: RG, S. 42–62

Ders.: Wegeverhältnisse und römische Okkupation Germaniens, in: RG, S. 114–146

Ders.: Hausen und Häuser der Nordbarbaren in den Augen der mediterranen Kulturwelt, in: RG, S. 400–428

Ders.: Drusus' Umkehr an der Elbe, in: RG, S. 171–190

Ders.: Neue Gedanken zur Arminius-Geschichte, in: RG, S. 216–241

Ders.: Die Schlacht im Teutoburger Wald: Geschichte, Tradition, Mythos, in: RG, S. 429–456

Ders.: Arminius-Studien, Heidelberg 1970

Ders.: Die germanische Agrarverfassung nach den Berichten Caesars und Tacitus'. Literarische Zeugnisse als Quellengattung, in: ders., Romano-Germanica. Gesammelte Studien zur Germania des Tacitus, Stuttgart u. Leipzig 1995, S. 169–201

Ders.; Der Triumph des Germanicus. Untersuchungen zu den Feldzügen der Jahre 14–16 n. Chr. in Germanien, Bonn 1968

Todd, Malcolm: Die Germanen. Von den frühen Stammesverbänden zu den Erben des Weströmischen Reiches, Stuttgart 2000

Tolksdorf-Lienemann, Eva: Archäologische Forschungen in der Kalkrieser-Niewedder Senke – Bodenkundliche Untersuchungen zu Geländestrukturen und Nutzungen der historischen Oberfläche zur Zeit um Christi Geburt, in: Gustav Adolf Lehmann/Rainer Wiegels (Hg), Römische Präsenz und Herrschaft im Germanien der augusteischen Zeit. Der Fundplatz von Kalkriese im Kontext neuer Forschungen und Ausgrabungsbefunde, Göttingen 2007, S. 37–46
Tomei, Maria Antonietta: Die Residenz des ersten Kaisers – Der Palatin in augusteischer Zeit, in: Adolf Hoffmann/Ulrike Wulf (Hg), Die Kaiserpaläste auf dem Palatin in Rom. Das Zentrum der römischen Welt und seine Bauten, Mainz 2006², S. 6–17
Traeger, Jörg: Der Weg nach Walhalla. Denkmallandschaft und Bildungsreise im 19. Jahrhundert, Regensburg 1991²
Trier, Bendix (Hg): 2000 Jahre Römer in Westfalen, Mainz 1989
Ders. (Hg): Die römische Okkupation nördlich der Alpen zur Zeit des Augustus, Münster 1991
Tulowitzki, Wolfgang: Tanfana – in der lokalen Essener Tradition, in: Detlev Hopp/Charlotte Trümpler (Hg), Die frühe römische Kaiserzeit im Ruhrgebiet, Essen 2001, S. 138–153
Trzaska-Richter, Christine: Furor teutonicus – Das römische Germanenbild in Politik und Propaganda von den Anfängen bis zum 2. Jahrhundert nach Christus, Trier 1991
Ullrich, Volker: Napoleon. Eine Biographie, Hamburg 2004
Urban, Ralf: Gallia rebellis. Erhebungen in Gallien im Spiegel antiker Zeitgenossen Stuttgart 1999
Ungern-Sternberg, Jürgen von: Die gens Claudia – Adelsstolz und Republik, in: Elke Stein-Hölkeskamp/Joachim Hölkeskamp (Hg), Erinnerungsorte der Antike. Die römische Welt, München 2006, S. 290–299
Unverfehrt, Gerd: Ernst von Bandels Hermannsdenkmal – Ein ikonographischer Versuch, in: Günther Engelbert (Hg), Ein Jahrhundert Hermannsdenkmal 1875–1975, Detmold 1975, S. 129–149
Ders.: Arminius als nationale Leitfigur. Anmerkungen zu Entstehung und Wandel eines Reichssymbols, in: Ekkehard Mai/Stephan Waetzold, Kunstverwaltung, Bau- und Denkmal-Politik im Kaiserreich, Berlin 1981, S. 315–340
Valentin Veit: Geschichte der Deutschen, Berlin 1947
Veddeler Peter: Nationale Feiern am Hermannsdenkmal in früherer Zeit, in: Günther Engelbert (Hg), Ein Jahrhundert Hermannsdenkmal 1875–1975, Detmold 1975, S. 167–182
Vielberg, Meinolf: Pflichten, Werte, Ideale. Eine Untersuchung zu den Wertvorstellungen des Tacitus, Stuttgart 1987

Vittinghoff, Friedrich (Hg): Europäische Wirtschafts- und Sozialgeschichte in der römischen Kaiserzeit, Stuttgart 1990
Vogel, Sabine: Kulturtransfer in der frühen Neuzeit, Tübingen 1999
Vogt, Martin (Hg): Deutsche Geschichte. Von den Anfängen bis zur Gegenwart, Frankfurt/M. 2006[3]
Volkmann, Hans/Horsmann, Gerhard: Die Massenversklavungen der Einwohner eroberter Städte in der hellenistisch-römischen Zeit, Stuttgart 1990[2]
Voss, Hans-Ulrich: Hagenow in Mecklenburg. Ein frühkaiserzeitlicher Bestattungsplatz und Aspekte der römisch-germanischen Beziehungen, Ber. RGK 86, 2005, S. 19–59
Wahlert, R. von: 50 Jahre Hermannsdenkmal. Amtliche Festschrift, Detmold 1925
Walser, Gerold: Studien zur Alpengeschichte in antiker Zeit, Stuttgart 1994
Ders.: Rom, das Reich und die fremden Völker in der Geschichtsschreibung der frühen Kaiserzeit. Studien zur Glaubwürdigkeit des Tacitus, Baden-Baden 1951
Walter, Uwe: »Ein Ebenbild des Vaters«. Familiale Wiederholungen in der historiographischen Traditionsbildung der römischen Republik, in: Hermes, 132, 2004, S. 406–425
Wamser, Ludwig (Hg): Die Römer zwischen Alpen und Nordmeer, München 2000
Wehler, Hans-Ulrich: Deutsche Gesellschaftsgeschichte. 1914–1949, München 2003[2]
Weihsmann, Helmut: Bauen unterm Hakenkreuz. Architektur des Untergangs, Wien 1998
Wells, Collin Martin: The German Policy of Augustus. An Examination of the Archaeological Evidence, Oxford 1972
Ders.: Das Römische Reich, München 1994[4]
Wells, Peter S.: Die Schlacht im Teutoburger Wald, Düsseldorf u. Zürich 2007[3]
Ders.: Die Barbaren sprechen. Kelten, Germanen und das römische Europa, Darmstadt 2007
Welwei, Karl-Wilhelm: Römische Weltherrschaftsideologie und augusteische Germanienpolitik, in: Gymnasium, 93, 1986, S. 118–137
Ders.: Probleme römischer Grenzsicherung am Beispiel der Germanienpolitik des Augustus, in: Wolfgang Schlüter/Rainer Wiegels (Hg), Rom, Germanien und die Ausgrabungen von Kalkriese, Osnabrück 1999, S. 675–688
Ders.: Si vis pacem, para bellum – eine Maxime römischer Politik?, in: Gerhard Binder/Bernd Effe (Hg), Krieg und Frieden im Altertum, Trier 1989, S. 85–109
Wenskus, Reinhard: Cherusker, in: RGA, Bd. 4, S. 431–435

Ders.: Stammesbildung und Verfassung. Das Werden der frühmittelalterlichen gentes, Köln u. Wien 1977[2]
Werner, Michael: Die »Germania«, in: Etienne François/Hagen Schulze (Hg), Deutsche Erinnerungsorte III, München 2001, S. 569–586
Werz, Ulrich/Berger, Frank: Die Funde von Kalkriese. Varus, Caecina oder Germanicus? Zu den Beiträgen von Peter Kehne und Reinhard Wolters, in: Rainer Wiegels (Hg), Die Fundmünzen von Kalkriese und die frühkaiserzeitliche Münzprägung, Möhnesee 2000, S. 237–265
Wesel, Uwe: Das Haager Weltgericht, in: DIE ZEIT, Nr. 43, 2007, S. 92
Wiedemann, Conrad: Zwischen Nationalgeist und Kosmopolitismus. Über die Schwierigkeiten der deutschen Klassiker, einen Nationalhelden zu finden, in: Aufklärung. Interdisziplinäres Jahrbuch zur Erforschung des Jahrhunderts und seiner Wirkungsgeschichte, Jg. 4, 1989 (2), S. 75–101
Wiegels, Rainer (Hg): Die Varusschlacht. Wendepunkt der Geschichte?, Stuttgart 2007
Ders.: Römische Germanienpolitik in nachcaesarischer Zeit, in: ebd., S. 50–64
Ders.: Die Varusschlacht – ein unlösbares Rätsel?, in: ebd., S. 8–22
Ders.: »Immensum bellum« – ein »gewaltiger Krieg«, in: ebd., S. 117–127
Ders.: Die Ausgangslage: Germanenbegriff und Germanenvorstellung in caesarischer Zeit und im frühen Prinzipat, in: ebd., S. 37–38
Ders.: Kalkriese und die literarische Überlieferung zur clades Variana, in: Wolfgang Schlüter/ders. (Hg), Rom, Germanien und die Ausgrabungen von Kalkriese, Osnabrück 1999, S. 637–674
Ders.: Vae victis – Siegermacht und Besiegtenschicksal in den frühen Gallien- und Germanenkriegen Roms, in: Detlev Hopp/Charlotte Trümpler (Hg), Die frühe römische Kaiserzeit im Ruhrgebiet, Essen 2001, S. 191–228
Ders.: »Varusschlacht« und »Hermann«-Mythos – Historie und Historisierung eines römisch-germanischen Kampfes im Gedächtnis der Zeiten, in: Elke Stein-Hölkeskamp/Karl Joachim Hölkeskamp (Hg), Erinnerungsorte der Antike. Die römische Welt, München 2006, S. 503–525, erweiterte Fassung in: Michel Reddé/Siegmar von Schnurbein (Hg), Alésia et la bataille du Teutoburg. Un parallèle critique des sources, Ostfildern 2008, S. 27–31
Ders.: Der Streit um die Lokalisierung des Schlachtfeldes im Teutoburger Wald gestern und heute, in: ebd, S. 165–179
Ders.: Kalkriese – das Problem der Texte, in: ebd. S. 291–301
Ders.: Rom und Germanien in augusteischer und frühtiberischer Zeit, in: Wolfgang Schlüter (Hg), Kalkriese – Römer im Osnabrücker Land, Bramsche 1993[2], S. 231–265
Ders.: Rom an der Ems – Ein Desiderat der Forschung, in: Varuskurier 8, 2006, S. 10–13

Ders. (Hg): Die Fundmünzen von Kalkriese und die frühkaiserzeitliche Münzprägung, Möhnesee 2000
Ders.: Legio I in Kalkriese? Zu einer Ritzinschrift auf dem Mundblech einer Schwertscheide, in: Gustav Adolf Lehmann/ders. (Hg), Römische Präsenz und Herrschaft im Germanien der augusteischen Zeit. Der Fundplatz von Kalkriese im Kontext neuer Forschungen und Ausgrabungsbefunde, Göttingen 2007, S. 89–112
Ders.: Im Kampf mit den Germanen – Cohors I in Kalkriese, in: Varuskurier 8, 2006, S. 1–3
Ders./Woesler, Winfried (Hg): Arminius und die Varusschlacht. Geschichte – Mythos – Literatur, Paderborn 2003[3]
Wilbers-Rost, Susanne: Der Hinterhalt gegen Varus. Zur Konstruktion und Funktion der germanischen Wallanlage auf dem »Oberesch« in Kalkriese, in: Die Kunde, N.F. 54, 2003, S. 123–142
Dies.: Die archäologischen Befunde, in: Kalkriese 3. Interdisziplinäre Untersuchungen auf dem Oberesch in Kalkriese, Mainz 2007, S. 1–107
Dies. u.a.: Kalkriese 3. Interdisziplinäre Untersuchungen auf dem Oberesch in Kalkriese. Archäologische Befunde und naturwissenschaftliche Begleituntersuchungen, Mainz 2007
Dies.: Die Ergebnisse der archäologischen Untersuchungen auf dem »Oberesch« in Kalkriese, in: Gustav Adolf Lehmann/Rainer Wiegels (Hg): Römische Präsenz und Herrschaft im Germanien der augusteischen Zeit. Der Fundplatz von Kalkriese im Kontext neuer Forschungen und Ausgrabungsbefunde, Göttingen 2007, S. 9–28
Dies.: Ausgrabungen auf dem »Oberesch« in Kalkriese von 1989 bis 2005. Ergebnisse und neue Arbeitsansätze interdisziplinärer Forschungen, in: Michel Reddé/Siegmar von Schnurbein (Hg), Alésia et la bataille du Teutoburg. Un parallèle critique des sources, Ostfildern 2008, S. 209–226
Will, Wolfgang: Römische »Klientel-Randstaaten« am Rhein? Eine Bestandsaufnahme, in: Bonner Jahrb. 187, 1987, 1 ff.
Willerding, Ulrich: Klima und Vegetation der Germania nach paläo-ethnobotanischen Quellen, in: Günter Neumann/Henning Seemann (Hg): Beiträge zum Verständnis der Germania des Tacitus II, Göttingen 1992, S. 332–373
Willisch, E.: Der Kampf um das Schlachtfeld im Teutoburger Walde – eine Säkularbetrachtung, Neues Jahrbuch Antike und dt. Bildung 12, 1909, S. 322 ff.
Willms, Johannes: Napoleon. Eine Biographie, München 2005
Wilson, Pete R.: Auf Hermanns Spuren. Mit dem Fahrrad von Xanten nach Detmold, in: Buchjournal, 1/2007, S. 82–83
Winterling, Aloys: Caligula, München 2003
Wittkowski, Wolfgang: Arminius aktuell: Kleists Hermannsschlacht und

Goethe: Hermann, in: Rainer Wiegels/Winfried Woesler (Hg), Arminius und die Varusschlacht. Geschichte – Mythos – Literatur, Paderborn 2003[3], S. 367–388
Wiwjorra, Ingo: Der Germanen-Mythos. Konstruktion einer Weltanschauung in der Altertumsforschung des 19. Jahrhunderts, Darmstadt 2006
Woesler, Winfried: »Enkel Hermans und Thusneldens«. Heines Kritik an der Funktionalisierung des Hermann-Mythos, in: Rainer Wiegels/Winfried Woesler (Hg), Arminius und die Varusschlacht. Geschichte – Mythos – Literatur, Paderborn 2003[3], S. 399–409
Wolff, Hartmut: Arminius und die Gründung der Provinz Germanien, in: Altay Coskun (Hg): Roms auswärtige Freunde in der späten Republik und im frühen Prinzipat, Göttingen 2005, S. 225–252
Wolfram, Herwig: Die Germanen, München 2005[8]
Ders.: Das Reich und die Germanen. Zwischen Antike und Mittelalter, Berlin 1990[2]
Wolters, Reinhard: Römische Eroberung und Herrschaftsorganisation in Gallien und Germanien. Zur Entstehung und Bedeutung der sogenannten Klientel-Randstaaten, Bochum 1990
Ders.: »Tam diu Germania vincitur«: römische Germanensiege und Germanensieg-Propaganda bis zum Ende des 1. Jahrhunderts n. Chr., Bochum 1989
Ders.: Germanien im Jahre 8 v. Chr., in: Wolfgang Schlüter/Rainer Wiegels (Hg): Rom, Germanien und die Ausgrabungen von Kalkriese, Osnabrück 1999, S. 591–635
Ders.: Anmerkungen zur Münzdatierung spätaugusteischer Fundplätze, in: Rainer Wiegels (Hg), Die Fundmünzen von Kalkriese und die frühkaiserzeitliche Münzprägung, Möhnesee 2000, S. 81–117
Ders.: Die Römer in Germanien, München 2006[5]
Ders.: Varusschlachten – oder Neues zur Örtlichkeit der Varusschlacht, in: Die Kunde N.F. 44, 1993, S. 167–183
Ders.: Hermeneutik des Hinterhalts: die antiken Berichte zur Varuskatastrophe und der Fundplatz von Kalkriese, in: Klio 85, Heft 1, 2003, S. 131–170
Ders.: Kalkriese und die Datierung okkupationszeitlicher Militäranlagen, in: Gustav Adolf Lehmann/Rainer Wiegels (Hg): Römische Präsenz und Herrschaft im Germanien der augusteischen Zeit. Der Fundplatz von Kalkriese im Kontext neuer Forschungen und Ausgrabungsbefunde, Göttingen 2007, S. 135–160
Ders.: C. Numonius Vala und Drusus. Zur Auflösung zweier Kontermarken augusteischer Zeit, in: Germania 73, 1995/1, S. 145–150
Ders.: Varus, in: RGA, Bd. 32, S. 81–86
Ders.: Prägerhythmen, Soldverhältnisse und Geldumlaufgebiete in der frühen römischen Kaiserzeit. Methodische Überlegungen zur Datierung ar-

chäologischer Komplexe, in: Detlev Hopp/Charlotte Trümpler (Hg), Die frühe römische Kaiserzeit im Ruhrgebiet, Essen 2001, S. 39–50
Ders.: Der Waren- und Dienstleistungsaustausch zwischen dem Römischen Reich und dem Freien Germanien in der Zeit des Prinzipats. Eine Bestandsaufnahme, in: Münstersche Beiträge zur antiken Handelsgeschichte, Teil I, 1990/1, S. 14–44, Teil II, 1991/1, S. 78–132
Wood, Frances: Entlang der Seidenstraße. Mythos und Geschichte, Stuttgart 2007
Yavetz, Zvi: Tiberius. Der traurige Kaiser. Biographie, München 1999
Zanier, Werner: Der Alpenfeldzug 15 v. Chr. und die augusteische Okkupation in Süddeutschland, in: Ludwig Wamser (Hg), Die Römer zwischen Alpen und Nordmeer, München 2000, S. 11–17
Ders.: Das Alpenrheintal in den Jahrzehnten um Christi Geburt: Forschungsstand zu den historischen und archäologischen Quellen der Spätlatène- und frühen römischen Kaiserzeit zwischen Bodensee und Bündner Pässen (Vorarlberg, Liechtenstein, Sankt Gallen, Graubünden), München 2006
Zanker, Paul: Der Kaiser baut fürs Volk, Opladen 1997
Ders.: Augustus und die Macht der Bilder, München 1997[3]
Zehm, Bodo: Kontakt – Konflikt – Grenze. Die Hase-Hunte-Region als vorgeschichtlicher Verkehrsraum, in: Varuskurier 7, 2005, S. 11–13
Zelle, Michael: Augustus' Legionen in Lippe – Untersuchungen zur römischen Präsenz in Lippe während der augusteisch-frühtiberischen Zeit, in: Lippische Mitteilungen aus Geschichte und Landeskunde, Bd. 74, 2005, S. 241–279
Ziegler, Karl-Heinz: Vae Victis – Sieger und Besiegte im Lichte des römischen Rechts, in: Otto Kraus (Hg), »Vae victis« – Über den Umgang mit Besiegten, Göttingen 1998, S. 45–66
Zimmermann, Rolf Christian: Die kritische Replik der deutschen Spätaufklärung und Klassik auf Arminius-Enthusiasmus und Germanen-Utopie der Epoche, in: Wolfgang Wittkowski (Hg), Verantwortung und Utopie. Zur Literatur der Goethezeit. Ein Symposium, Tübingen 1988

Abbildungsnachweis

S. 8: Ronald Sheridan/AAA Collection Ltd.
S. 10: Picture-alliance/KPAIHIP/Ann Ronan Picture Library
S. 18: Interfoto
S. 22: Bildarchiv Preußischer Kulturbesitz. Die Antikensammlung, Staatliche Museen zu Berlin – Preußischer Kulturbesitz, SK 342 (R9), Foto: Jürgen Liepe
S. 24: Connolly 1981, Abb. S. 240 unten
S. 28: Jutta Holzhey, Lippisches Landesmuseum Detmold
S. 33: Wohnstallhaus: Krüger 1976
Gehöft: von Uslar 1980
S. 35: Gary Embleton © Osprey Publishing Ltd.
S. 45: Palazzo del Senato, Rom. Foto: Alinari
S. 46/47: Zeichnung von Nicholas N. Solovioff
S. 60: Verlag Bayerische Akademie der Wissenschaften
S. 62: Staatliche Antikensammlung und Glyptothek, München
S. 63: Alinari (Vatikanische Museen, Rom)
S. 73: Jürgen Wackenhut
S. 77: Deutsches Archäologisches Institut, Rom
S. 79: Peter Palm, Berlin
S. 83: Jutta Holzhey, Lippisches Landesmuseum Detmold
S. 87: Peter Palm, Berlin
S. 88: RGK, Frankfurt, H.-J. Köhler
S. 89: Coventry City Museum
S. 93: British Museum, London
S. 95: 4a: Landesmuseum Mainz,
4b: Hans Gerhard Frenz, Mainz
S. 97: nach P. Connolly. Römisch-Germanisches Zentralmuseum Mainz

S. 109: nach A. Boethius – J.B. Ward Perkins, Etruscan an Roman Architecture (London 1970) 190
S. 112: The George Ortiz Collection, Berlin 1996
S. 119: Westfälisches Museum fur Archäologie, Münster, J.-D. Jasczurok
S. 122: St. Brentführer, Westfälisches Museum für Archäologie, Münster
S. 124: Gruppe 5 Filmproduktion/WDR, FaberCourtial Darmstadt
S. 126: Römisch-Germanisches Museum der Stadt Köln/Roderic Stokes
S. 127: Ch. Haußner, München
S. 135: Peter Palm, Berlin
S. 141: Iris Buchholz, Egbert von der Mehr
S. 142: FO Mainz, Kästrich (aus römischer Stadtmauer), Kat.Nr. 266, Inv.-Nr. S 341
S. 145: Graham Sumner
S. 146: Römisch-Germanisches Zentralmuseum Mainz
S. 187: Museum und Park Kalkriese
S. 190: Peter Palm, Berlin
S. 197: Graham Sumner
S. 202: Salamander Books LTD, London
S. 204: Peter Palm, Berlin
S. 205: Archäologischer Museumspark Oldenburger Land gGmbH, Bramsche-Kalkriese
S. 208: Rheinisches Landesmuseum, Bonn
S. 224: Wien, Kunsthistor. Museum, Inv. lX A 79, Maße: 19x23 cm. Museumsfoto
S. 230: Deutsches Archäologisches Institut, Rom
S. 231: akg.images/Nimatallah
S. 238: Bildarchiv, Preußischer Kulturbesitz (Staatsbibliothek), Berlin
S. 241: Peter Palm, Berlin
S. 242: Bildarchiv, Preußischer Kulturbesitz (Staatsbibliothek), Berlin
S. 246: Museum Schwabach
S. 259: Annelies Dallmer, Berlin
S. 265: (Postkarte) Bayerische Staatsgemäldesammlung, München, Neue Pinakothek Artothek – Blauel/Gnamm
S. 272: Peter Palm, Berlin
S. 273: Peter Palm, Berlin
S. 279: picture-alliance/akg-images/Bildarchiv Steffens
S. 281: SLUB Dresden/Deutsche Fotothek/Hans Reinecke
S. 304: Hamburg, Kunsthalle/Elke Walford
S. 306: picture-alliance/akg-images/Bildarchiv Monheim
S. 326: [Ernst von Bandel], Hermannsdenkmal (1862)
S. 329: Standort, Lippische Landesbibliothek, Detmold

S. 333: Staatsarchiv Detmold, Plakatsammlung D 81, Nr. 155
S. 342: Landesbildstelle Berlin
S. 348: Dirk Nothoff, Gütersloh

Mehrere Rechteinhaber konnten trotz intensiver Bemühungen nicht festgestellt oder erreicht werden. Der Verlag wird rechtmäßige Ansprüche nach den üblichen Honorarsätzen angemessen vergüten.

Register

Danksagung

Ich danke:

Benediktinerabtei Gerleve
Dr. Cordelia Borchardt
Nina Bschorr
Dr. h.c. Jörg Friedrich
Barbara Golz
Renate Kasten
Eike Kinne
Prof. Christian Kupke
Federico Luci
Magdalena Messner
Irene Nießen
Dr. Gabriele Rasbach
Bibliothek der RGK
Dr. Achim Rost
Wolfgang Schmidt
Prof. Dr. Siegmar von Schnurbein
Dr. Peter Sillem
Stammtisch »Hilfe Aktiv«
Sabine Stehle
Dr. Susanne Wilbers-Rost
Dr. Michael Zelle

Sie wissen wofür.